모두의 바람

THE COMMON WIND by Julius Scott

모두의 바람

아이티혁명의 시대
아프로아메리카 혁명의 조류

초판 1쇄 발행 2022년 11월 30일

지은이 줄리어스 스콧
옮긴이 권윤경

펴낸곳 서울대학교출판문화원
주소 08826 서울 관악구 관악로 1
도서주문 02-889-4424, 02-880-7995
홈페이지 www.snupress.com
페이스북 @snupress1947
인스타그램 @snupress
이메일 snubook@snu.ac.kr
출판등록 제15-3호

ISBN 978-89-521-3129-4 93950

THE COMMON WIND

Afro-American Currents in the Age of the Haitian Revolution

모두의 바람

아이티혁명의 시대 아프로아메리카 혁명의 조류

줄리어스 스콧 지음 | 권윤경 옮김

서울대학교출판문화원

나의 부모님,

그리고 조부모님의 기억에 바친다.

옮긴이의 말

대서양사와 아래로부터의 혁명사가 만나는 곳

권윤경

이 책은 미국 미시간대학교 명예교수였던 줄리어스 스콧이 1987년 듀크 대학교에 제출한 박사학위논문을 단행본으로 재출간한 것이다. 스콧의 논문은 학위논문의 전설이라 할 만하다. 아무리 훌륭한 논문을 써도 출판이 되지 않으면 잊히기 마련인데, 스콧의 책은 한 역사가의 표현을 빌리자면 "지하 세계의 믹스 테이프"처럼 연구자 가운데 공유되며 숨겨진 고전의 지위에 올랐다.* 그러나 저자의 건강 문제 때문에 책으로 출판되지 못하다가 2018년 영국 버소출판사의 강권으로 마침내 정식 출간되었다. 그 후 미국 역사학계는 이를 기념하는 학회와 세미나를 대대적으로 열어 스콧의 책이 역사학에 미친 영향을 기념하고 되새겼다.** 역자 역시 박사논문을 준비하던 시절 스콧의 논문을 출력해 한 장씩 넘기며 감탄하던 기억이 있다. 이 책이 출간된다면 꼭 한국에 소개하고 싶다고 생각하던 차에 반가운 소식을 듣고 부족한 능력이나마 번역을 결심하게 되었다. 번역본을 다듬던 중에 저자의 부고를 듣게 된 것이 안타깝기 그지없다.

『모두의 바람』은 7년전쟁(1756-1763)이 끝난 18세기 중반부터 프랑스

---

* https://time.com/5157662/black-history-month-books-2018/

** 대표적으로 "AHR Review Roundtable: Julius S. Scott's The Common Wind: Afro-American Currents in the Age of the Haitian Revolution," *American Historical Review*, vol. 125, no. 3 (2020).

혁명과 아이티혁명(1791-1804)이 일어난 18세기 말까지 식민제국들이 다스리던 카리브해와 아메리카 해안 지방을 배경으로 한다. 18세기 이후 카리브해는 영화와 소설에 흔히 나오는 해적의 바다에서 설탕 경제의 첨단으로 재탄생했다. 사탕수수 대농장 체제를 떠받친 것은 아프리카 노예무역으로 수급한 대규모 노예 노동력이었고, 이 때문에 카리브해에는 '아프로아메리카인(Afro-Americans)' 공동체가 여기저기 생겨났다. 설탕 경제의 번영이 절정에 이른 18세기 후반은 서양사에서 '혁명의 시대'라고 부르는 격변이 시작된 때이기도 했다. 그러나 이 책의 주인공은 우리가 익히 아는 백인 혁명가들이 아니다. 대신 대농장 경제와 제국의 지배에서 탈주하여 자유롭게 살고자 끝없이 이동하던 사람들, 스콧이 "주인 없는 카리브해인(Masterless Caribbeans)"이라고 부르는 이들이 집합적으로 무대에 등장한다. 그들은 노예와 도망노예, 유색인 상인과 선원, 밀수꾼, 탈영병, 항구와 선창의 일꾼, 해안 도시와 항구 도시의 유색인 공동체, 아일랜드인 병사, 아메리카 선주민 등 이른바 '대지의 저주받은 사람들'이었다.

당시 아메리카 식민지 중 가장 부유했던 프랑스의 설탕섬 생도맹그(Saint-Domingue)에서 벌어진 아이티혁명이 이야기의 중심에 있다. 책의 서사를 따라가면 자연스레 이해하게 되겠지만 독자의 편의를 위해 여기서 아이티혁명의 역사를 간략히 알아보자.

쿠바 옆에 있는 히스파니올라섬은 카리브해에서 두 번째로 큰 섬으로 섬의 동부는 에스파냐령 산토도밍고, 서부는 프랑스령 생도맹그로 나뉘었다. 당시 프랑스령 생도맹그는 유럽 설탕 소비량의 절반을 책임질 정도로 최고의 생산성을 자랑하는 "서인도제도의 진주"였다. 그러나 18세기 후반 설탕 경제가 급격히 팽창하면서 아프리카 노예 수입이 급증하여 인구 균형이 가장 위태로운 곳이기도 했다. 혁명 전야 생도맹그에는 백인 3-5만 명이 자유민 유색인 3-4만 명과 50만 명이 넘는 아프리카 노예에 둘러싸여 살고 있었다. 프랑스혁명이 일어나고 섬의 지배계급이 분열하면서 기회를 포착한 흑인 노예들은 1791년 생도맹그 북부에서 대반란을 일으켰다. 설상가상으로 혁명전쟁이 카리브해로 확전되면서 영국과 에스파냐가 생도맹그를 침공했다. 프랑스에서 파견된 혁명정부의 대리인인 판무관들은 백인 반혁명파, 노예와 유색인 반란군, 외국군에 둘러싸여 사면초가의 신세가 되고 말았다. 결국 그들은 노예 무장 세력을 공화국에 끌어들이기 위해 1793년 역사적인 노예해방령을 포고했고, 이듬해 프랑스의 국민공회는 이를 받아 프랑스 식민지 전역에 보편적인 노예해방령을 선포했다. 본국이 식민지에 대한 통제권을 잃은 사이 생도맹그에서는 투생 루베르튀르를 비롯한 흑인 혁명가들이 권력을 잡고 노예해방을 수호했다. 이 책은 투생이 집권 중이던 1800년 즈음 마무리되지만, 이후의 역사는 더 극적이다. 본국에서 프랑스혁명을 마무리하고 권력을 장악한 나폴레옹 보나파르트는 1802년 식민지에 원정군을 파견하여 본국의 지배권을 재확립하고 노예제를 복구하려 했다. 다른 섬들에서는 노예제가 부활했지만 생도맹그 인민들은 피비린내 나는 전쟁 끝에 1804년 아이티로 독립하여 노예해방을 지켜 냈다. 신세계에서 유일하게 성공한 노예반란인 아이티혁명은 대서양 세계 지배계급에 충격과 공포를, 피지배계급에는 새로운 희망을 선사했다.*

그러나 사실 아이티혁명 자체는 저자의 주요 분석 대상이 아니다. 여기서 주목하는 것은 아이티라는 진앙에서 퍼져 나온 혁명의 충격파가 대서양 세계를 어떻게 변화시키는지다. 18세기 중반부터 시작하는 스콧의 이야기는 아이티혁명이 예외적 사건이 아니라 아메리카 노예제 사회에서 장기적으로 만들어진 반란과 저항의 문화 속에서 영글었음을 보여 준

* 아이티혁명에 관한 가장 고전적인 저작은 C. L. R. 제임스, 『블랙 자코뱅』, 우태정 옮김(필맥, 2007)이고, 최근 나온 책 중에는 로런트 듀보이스, 『아이티혁명사: 식민지 독립전쟁과 노예해방』, 박윤덕 옮김(삼천리, 2014)이 손꼽힌다. 역자가 쓴 아이티혁명에 관한 논문 「부르주아-민주주의 혁명과 식민지: 프랑스 혁명, 아이티 혁명, 다시 생각하는 "혁명의 시대"」, 『서양사론』 113호(2012)와 「아래로부터 대서양사 쓰기: 노예제와 아이티혁명의 시각에서 본 대서양사의 과제」, 『미국사연구』, 50호(2019) 참조.

다. 동시에 아이티혁명은 이 저항의 문화에서 획기적인 전환점이 되었다. 브레다 농장의 해방노예 투생이 자신을 '루베르튀르(L'ouverture; 영어로 breakthrough)'라고 칭했듯이, 아이티혁명은 노예들의 저항에 새로운 '돌파구'를 열었다. 스콧은 시시각각 변하는 아이티혁명에 관한 뉴스가 대서양 세계에 어떠한 파급효과를 미쳤는지, 제국과 섬 사이의 경계를 넘나드는 "주인 없는 카리브해인"이 생도맹그에서 벌어진 반란과 해방의 뉴스를 어떻게 저항의 집결점으로 삼았는지, 그리하여 노예제 사회에 어떤 방식으로 균열을 냈는지 이야기한다.

이 책이 현대 역사학의 고전으로 손꼽히는 이유는 역사 연구의 흐름에서 하나의 이정표와 같기 때문이다. 스콧은 20세기 역사학에 쇄신을 가져온 주요한 흐름을 흡수하여 종합한 후 21세기 역사학의 청사진을 제시했다. 레디커도 이야기하듯이 스콧의 책은 출간된 후 30여 년이 지난 지금 읽어도 역사학의 첨단처럼 보인다. 물론 아이티혁명사와 대서양 노예제 연구는 스콧이 논문을 쓴 후 수십 년간 눈부시게 발전했기 때문에 이 책의 참고문헌은 오늘날 보면 사실상 기초적인 수준이다. 하지만 여기서 스콧이 제시하는 연구 방향이 대부분 이후 실제 연구를 통해 실현되었음을 생각하면 그가 그토록 희박한 자료를 통해 정확한 방향을 가리켰음이 놀랍게 느껴진다. 이 책에 영향을 준 여러 역사학적 흐름에 대해서는 레디커가 서언에서 언급하지만, 역자는 대서양사와 아래로부터의 혁명사가 만날 때 나타나는 새로운 지평을 다시 한번 강조하고 싶다.

이 책은 오늘날 흔히 대서양사(Atlantic History)라 일컫는 초국가적(transnational) 역사, 카리브해에 어울리는 횡단의 역사의 전범을 보여 준다. 21세기 이후 전 세계적으로 초국가적 역사, 글로벌 역사가 강조되었지만, 이를 선언하기는 쉬워도 실천하기는 어렵다. 각국의 역사별로 나뉜 교육과정과 학계는 물론 언어와 사료의 장벽이 역사가의 앞을 막아선다. 그러나 스콧은 영국, 프랑스, 에스파냐, 미국, 네덜란드의 문서고를 오가며 자료를 비교하고 대조한다. 자메이카에서 끊긴 어느 도망노예의 기록이 트리니다드에서 이어지기도 하고, 생도맹그 문서고에서는 침묵된 사실이 섬을 다녀간 영국 상인들의 기록을 통해 드러나기도 한다. 킹스턴, 포르토프랭스, 카라카스, 뉴올리언스 등지에서 각기 단편적인 사건과 사고로 존재하던 에피소드들이 연결되니 순환하는 거대한 저항의 윤곽이 드러난다.

스콧이 참조한 문서고 자료들은 그 자체로는 새롭지 않다. 사실 아래로부터의 역사를 쓰기 위한 사료가 따로 존재하지도 않는다. 미셸-롤프 트루요가 『과거 침묵시키기』에서 말하듯이 과거에 대한 기록이 생성되고, 그중 일부가 문서고에 보존되고, 역사가가 다시 그중 일부를 선별하여 역사 해석에 활용하는 매 순간에는 권력이 개입한다.• "카리브해의 주인 없는 사람"은 사료 생산 과정에서 절대적으로 불리했다. 그들 대부분은 문맹이거나 자기 생각을 글로 남길 여유가 없었고, 그들이 남긴 얼마 안 되는 자료는 문서고에 들어가지 못한 채 시간 속에 사라졌다. 더구나 대서양 노예제는 제노사이드에 비견될 만큼 지극히 폭력적인 체제였다. 아프리카인의 인간적 존엄을 박탈하려는 제도 내에서 인간으로 살아남는 것 자체가 투쟁이었다. 그 결과 노예제의 경험을 복원하려는 역사가는 대서양 세계의 문서고에 아로새겨진 권력의 극단적 불균형 속에서 작업할 수밖에 없다.••

스콧은 이러한 근본적인 한계, 즉 사료의 부재와 부족을 어떻게 극복하려 했을까? 그는 전통적인 문서고 작업을 하되 제국의 경계선을 넘나들며 광범위하게 자료를 수집한 후 이를 혁신적으로 해석했다. 이 사료들은 카리브해 섬들, 미국, 베네수엘라 등지에서 발간된 신문과 팸플릿, 제국의 행정과 군사 문서고에 축적된 법령집, 항구 도시의 형사재판과 처벌

• 미셸-롤프 트루요, 『과거 침묵시키기: 권력과 역사의 생산』, 김명혜 옮김(그린비, 2011)의 1장 참조.

•• 노예제와 사료, 문서고의 관계에 관해서는 "The Question of Recovery: Slavery, Freedom, and the Archive"(특집호 제명), *Social Text*, vol. 33, no. 4 (2015) 참조.

기록, 식민지 관료들이 본국과 주고받은 보고서와 서신, 선박 입출항 기록과 세관 기록, 식민지 의회의 의사록 등이다. 이 기록을 남긴 이들은 농장주, 상인, 선장, 식민지 관료와 군인, 언론가 등 대부분 백인 엘리트였다. 거기서 예전 역사가들은 상업 자본주의의 팽창과 제국의 지배력을 읽어 냈다.

그러나 스콧이 제국의 자료를 그 의도와 반대로, 서발턴 연구에서 이야기하듯이 "결을 거슬러(against the grain)" 읽자 흩어진 위반과 범죄 사례로부터 지배계급의 염려와 경계, 공포와 편집증 그리고 그 뒤에 숨은 피지배계급의 저항이 드러난다. 수배령이 떨어지는 것은 노예제로부터 탈주하려는 끝없는 시도 때문이고, 계엄령과 금지령이 계속되는 것은 노예제 사회가 위험에 처했기 때문이다. 여기저기 흩어진 사료의 파편을 모아 모자이크처럼 카리브해 유역 전체를 아우르는 그림을 만들어 냈을 때, 겉으로는 공고해 보이던 노예제 사회가 직면한 위기의 규모와 깊이가 드러난다. 이를 통해 노예와 유색인은 수동적인 희생자가 아니라 역사의 행위자로 새롭게 등장한다. 탈주한 도망노예를 수배하는 광고 속에 그들의 생애사가 축약되어 드러나고, 봉기를 일으킨 노예들의 심문 기록에는 겹겹이 둘러쳐진 권력의 장막을 뚫고 그들의 목소리가 울려 퍼진다. 항구도시의 법원에 쌓인 선박 압류 문서에는 선장과 선원의 신원 조회 기록이 붙어 있고, 이를 통해 아메리카를 떠돌아다니며 반란의 소문을 전파했던 '잡색 승무원'들의 면모가 드러난다. 스콧이 복원한 탈주와 저항의 이야기에서 그들은 '유색인'이나 '흑인 노예'가 아니라 마침내 브루투스나 올드블루처럼 개인의 이름을 가진 역사적 주체가 된다.•

물론 여기에는 근본적인 한계가 있다. 스콧이 복원하고자 한 '카리브

• 스콧이 참조한 도망노예 수배 광고들은 오늘날 디지털 데이터베이스로 만들어져 누구나 활용할 수 있다. http://www.marronnage.info/fr/index.html 참조. 노예 저항에 관한 디지털 인문학 기획으로 빈센트 브라운의 "Slave Revolt in Jamaica, 1760-1761: A Cartographic Narrative" (http://revolt.axismaps.com/)도 참조.

해의 지하 세계(underground)'는 본질상 비밀의 세계, 보이지 않는 세계다. 노예와 하층 계급 유색인은 대부분 문맹이었고, E. P. 톰슨이 연구한 영국 산업혁명기의 기계파괴자들("러다이트")처럼 그들은 결코 자신의 봉기 계획이나 조직망을 문서로 남기지 않았다.* 그들의 비밀과 비밀조직은 그들과 함께 죽었다. 가능한 사료 작업을 통해 그들의 행적을 복원하는 과정에는 결코 알 수 없을, 사라진 과거의 윤곽을 더듬는 작업이 언제나 동반된다. 대신 스콧은 사료에 끝없이 질문을 던진다. 프랑스혁명과 생도맹그 대반란이 벌어지자 영국령 자메이카의 백인은 급진적인 사상가와 혁명가의 허수아비를 불태우는 반혁명 의례를 조직한다. 백인이 쓴 기사는 의식이 얼마나 성공적이었고 군중이 얼마나 많이 모였는지 이야기하지만, 스콧은 의문을 품는다. 권력을 재확인하고 유색인을 겁박하기 위한 의례가 과연 지배계급의 의도대로 먹혔을까? 오히려 이 의례들이 그들이 그토록 통제하려던 혁명 사상과 뉴스를 환기하지 않았을까? 이를 지켜본 유색인 구경꾼은 선술집에 모여 흥분과 분노를 토로하지 않았을까? 아마 우리는 과거의 전모에는 결코 닿을 수 없을 테지만, 사료로 잘 증명된 익숙한 역사적 서사의 바깥쪽에 이처럼 사라진 과거의 세계가 깊이를 알 수 없는 산맥처럼 도사리고 있음을 인지하는 것만으로도 역사를 보는 관점은 많이 바뀔 것이다.

그 결과 드러나는 제국과 자본주의의 모습은 훨씬 복잡하다. 그것은 전지전능하지도 않고, 개별 행위자의 삶을 압도하는 거대한 익명의 구조로 나타나지도 않는다. "권력이 있는 곳에 저항도 있다."라는 미셸 푸코의 명제처럼 제국들이 권력을 다투고 글로벌 자본주의가 전진하는 가운데 이에 대한 저항의 창구 역시 만들어진다. 예컨대 7년전쟁 후 제국들은 식민지의 생산성을 올리고자 일부 자유무역을 허용했다. 식민지 농장주

* E. P. 톰슨, 『영국 노동계급의 형성』, 나종일 외 옮김(창비, 2000).

와 상인은 자유무역을 환영했지만, 자유무역항을 따라 돌아다니는 "주인 없는 유색인들"은 식민지 안보와 노예제의 미래에 심각한 위협을 제기했다. 물자와 제국군의 이동이 있는 곳마다 통제의 틈바구니를 어떻게든 빠져나가 자유를 추구하고야 마는 길들일 수 없는 사람들도 이동했다. 물론 여기저기서 저항하고 노망친 많은 이가 체포되어 다시 노예로 팔리거나 감옥에서 생을 마쳤고, 최악의 경우 처형당했다. 그들의 투쟁은 아이티를 제외하고는 최종적인 정치적 승리에 이르지 못했다. 하지만 스콧은 그들 역시 혁명의 시대의 주역이며 거듭된 패배를 통해 역사를 만들었다고 말한다.

여기서 가장 중요한 것은 아프로아메리카인들의 의사소통망이다. 뉴스는 주로 배와 선원을 통해 이 섬 저 섬으로 전파되었다. 항구와 선창이 뉴스의 진앙지이자 저항의 중심지가 되었고, 도망노예와 자유민 유색인이 도시에서 시골의 대농장으로 소식을 옮겼다. 노예들의 비밀 정보망은 다시 대농장에서 다른 대농장으로 뉴스를 전했다. 뉴스는 무역망을 따라 각 제국의 영역에서도 돌고, 제국의 경계를 넘어가면서도 순환했다. 이를 통해 카리브해 섬들과 남북 아메리카 연안을 포함한 카리브해 유역에는 광범위한 저항의 문화가 형성되었다. 한 곳에서 노예 반란이 일어나거나 노예제를 개혁하려는 시도가 벌어지면 이에 관한 뉴스가 퍼지면서 다른 곳의 저항을 촉발했다. 18세기 후반에는 에스파냐 왕실의 식민지 개혁 소식이나 영국 의회에서 벌어진 노예무역 폐지 논쟁이 아메리카에서 "기대의 문화"에 불을 지폈다. 아프로아메리카인은 대서양을 건너온 뉴스를 부풀려 해석하면서 해방을 향한 희망을 키웠다. 가장 전형적인 패턴은 본국의 왕이나 의회가 노예를 이미 해방했는데 식민지 관료와 농장주가 법령 포고를 막고 있다는 소문이 퍼지면서 노예들이 봉기를 일으키는 것이었다. 그러나 그 무엇도 프랑스혁명과 아이티혁명의 결합된 효과와 비교할 수 없었다. 국가가 법령을 통해 노예제도 자체를 폐지하는 '보편적 자유', 그리고 스스로 싸워 자유를 쟁취하고 평등한 시민이 된 해방노예들의 사례가 처음으로 역사적 현실이 되면서 아프로아메리카인의 경험과 기대의 지평선은 급격히 확장되었다.

혁명이 이처럼 국경을 넘어 퍼져 가는 것은 사실 역사적으로 익숙한 현상이다. 파머(R. R. Palmer)의 전통적인 "대서양 혁명" 명제가 이야기했듯 미국혁명은 프랑스혁명을 촉발했고, 프랑스혁명은 전 유럽으로 퍼졌다. 그러나 역사가들은 오랫동안 아메리카의 흑인 노예와 하층 계급 아프로아메리카인을 혁명가로 상상하지 못했다. 이것은 무엇보다 이들이 정련된 문자 언어로 소통하지 않았기 때문이었다. 혁명의 시대에 인쇄물은 변화의 원동력이었고, 특히 계몽 사상을 담은 팸플릿과 서적이 중요한 역할을 했다. 이 책에 등장하는 톰 페인의 팸플릿과 「인권선언」 사본, 본국의 뉴스를 담은 신문과 잡지 등은 혁명 사상을 전파하는 데 핵심적인 매체였다. 프랑스혁명을 목격하고 감화받은 라틴아메리카 혁명가들은 '한 손에 총, 한 손에 인쇄기'를 들고 고향에 돌아왔다는 말이 있을 정도였다. 그러나 "카리브해의 주인 없는 사람"은 대부분 문맹이었고, 자신들의 경험과 동기를 '권리'나 '공화주의'를 논하며 세련되게 표현할 수 없었다. 그들은 계몽주의 시대의 "문필 공화국"이나 "부르주아 공론장"의 정의에서 배제되어 단지 봉기와 폭력을 통해 역사에 발자국을 남기는 존재로 생각되었다.

그러나 예전부터 카리브해 역사가들은 노예의 행위에 정치적 의미와 사상이 깔려 있지 않다고 생각하는 유럽중심주의적 가정에 의문을 제기했다. 또한 이후 많은 연구는 공론장의 형성이나 혁명 사상의 전파가 문자와 인쇄물을 통해 독점적으로 이루어지지 않는다는 사실을 밝혀냈다. 심지어 대혁명의 고향인 프랑스에서도 문자와 입말이 서로를 증폭시키는 과정이 중요했다. 인권선언문이나 혁명의회의 논의가 인쇄되어 아메리카에 퍼진 것은 혁명의 핵심 조건이었다. 그러나 아직 문자 해독률이 낮은 시대에 이것이 진정 폭발력을 가지는 것은 여기에 입말을 통한 재해석과 논평이 덧붙여져 사람들 사이에 퍼질 때였다. 이 책에서 다루는 정보, 의사소통망, 소문, 가짜뉴스 등은 인터넷 공론장의 생리에 익숙한 오늘날 우리에게 오히려 친숙하게 다가온다. 그러나 그들의 공론장은 '포스트 트루스(Post-truth) 시대'라고 불리는 오늘날의 병리적 상황과는 달랐다. 백인 지배계급이 권력과 정보를 독점한 상황에서 그들이 퍼뜨린 것은 단순한 사실이 아니라 그들의 희망과 세계관이 담겨 변형된 반노예제 사상과 전략이었다. 톰슨이 그린 19세기 영국의 수직공이 "맹목적으로가 아니라 지적인 힘과 도덕적 열정을 가지고" 착취에 맞서 싸웠듯 "카리브해의 주인 없는 사람" 역시 노예제의 경험에서 길어 낸 자유의 꿈을 위해 싸웠다.* 역사학의 하위 분류에는 여전히 암묵적인 위계가 있어서 세계를 해석하고 변혁하려는 노예, 농민, 여성의 노력은 보통 지성사나 정치사가 아니라 문화사의 영역으로 간주된다. 하지만 스콧은 그의 지도교수 우드로부터 노예가 된 이들을 '생각하는 사람들'로 보는 법을 배웠고, 뒤이은 연구자 세대는 노예들의 정치사와 지성사라는 새로운 영역을 개척하고 있다.**

근대 서구의 메타 서사는 역사를 자유의 전진으로 파악했다. 하지만 자유를 박탈당하고 제약당한 이보다 더 자유를 잘 이해할 사람이 누구일까? 1789년 「인권선언」은 구체제에 도전한 부르주아 혁명가들의 작품이었지만, 그 이후 민주주의와 인권의 의미를 확장한 사람들은 노동계급, 농민, 노예, 여성, 흑인, 식민지 선주민 등 이 세상의 '빼앗긴 자들(dispossessed)'이었다. 제국과 자본주의의 승리가 아니라 이에 맞서 끝없이 달걀로 바위를 치던 이들의 패배를 기억함으로써, 근대 아메리카의 역사를 아래로부터, 그리고 바다로부터 바라봄으로써 우리의 역사관은 어떻게 바뀔 수 있을까? 승자독식주의와 무제한의 탐욕이 인류 생존의 기반

* 톰슨, 『영국 노동계급의 형성』 하권, 529쪽.

** Laurent Dubois, "An Enslaved Enlightenment: Rethinking the Intellectual History of the French Atlantic," *Social History*, vol. 31, no. 1 (2006); Vincent Brown, "Social Death and Political Life in the Study of Slavery," *American Historical Review*, vol. 114, no. 5 (2009) 참조.

까지 파괴하는 오늘날, 대안적인 사회와 삶을 꿈꾸다 패배한 사람들의 경험과 통찰로부터 새로운 미래를 구상할 힘을 얻기를 기대한다.

마지막으로 번역에 관해 몇 가지 설명하고 양해를 구하고 싶다. 원제목인 'Common Wind'는 레디커가 서문에서 인용한 워즈워스의 소네트에서 나왔다. 제목을 『모두의 바람』으로 번역한 이유는 파블로 네루다의 연작시 『모두의 노래』가 떠올라서다.• 남미 민중의 고통과 저항의 역사를 기록한 네루다의 시집은 시로 구현한 아래로부터의 역사나 다름없다. 이 책에서 '바람'은 은유로서도 실제 물리적 요소로도 중요하다. 증기선이 상용화되기 전에는 바람이야말로 대서양의 주인이었다. 바람은 제국과 섬 사이의 경계를 마음대로 넘나들었고, 제아무리 통제해도 바람을 타고 다니는 배를 다 막을 수는 없었다. 바다와 섬이 주요 무대가 되는 책이라서 혁명을 조류, 태풍, 풍랑과 같은 바다의 각종 움직임에 비유하는 때도 많고, 읽다 보면 마치 배를 타고 항해하는 듯한 경쾌한 속도감을 느끼게 된다. 설명을 여기저기 덧붙이느라 이 속도감을 제대로 살리지 못한 것은 역자의 실력 부족이니 미리 양해를 구한다. 저자가 사료 원문의 표현을 그대로 끌어 쓰는 경우가 많다 보니 문장에 부분적인 직접 인용이 많은데, 매끄러운 표현을 위해 일부 수정했음도 밝혀 둔다.

이 책을 즐겁게 읽기 위해서는 카리브해와 남북 아메리카의 지리 공간을 알아야 한다. 특히 카리브해의 경우 영국령, 프랑스령, 에스파냐령, 네덜란드령 섬들이 나란히 붙어 있었고, 제국 간의 잦은 다툼 때문에 주인이 여러 번 바뀌었다. 이와 함께 스콧은 일찍부터 '글로벌 역사'의 방법론을 활용했기에 다양한 공간 단위가 연결되는 모습에 관심을 기울여야 한다. 카리브해의 무역망과 의사소통망을 구분하자면, 가장 작은 단위로 각 섬과 섬 내부의 특정 도시와 지방에는 '현지(local)' 네트워크가 있고,

• 파블로 네루다, 『모두의 노래』, 고혜선 옮김(문학과지성사, 2016).

그 위에는 카리브해 섬 사이를 이어서 하나의 권역으로 만드는 '지역적(regional)' 네트워크가 있다. 이 지역적 네트워크는 주로 해로나 무역망에 따라 형성되므로 종종 제국의 경계를 넘었다. 'local'이 '지역적'으로 번역되곤 해서, 혼동을 줄이기 위해 'regional'은 종종 '카리브해'나 다른 단어로 바꿔 번역했다. 이와 함께 대서양을 넘어 유럽 본국과 아메리카 식민지를 연결하는 '횡대서양적(transatlantic)' 네트워크가 있다. 한 섬에서 벌어진 사건을 이해하려면 이러한 다양한 공간 단위가 중첩되어 작용하는 모습에 주목해야 한다.

오늘날 노예제나 인종주의, 식민주의를 다루는 책을 번역할 때 가장 고민하는 부분은 비(非)백인 집단에 대한 다양한 비하적 지칭이다. 이 표현들은 그 자체가 특정 집단을 '인종화(racialization)'하고 있어서 오늘날 학계에서는 대안을 찾느라 고심 중이다. 이 책에 많이 나오는 '유색인(people of color; gens de couleur)'과 '물라토(mulatto)'는 인종차별적 멸칭이라 오늘날 학술서적에 최대한 쓰지 않거나 의미를 따로 표기하는 것을 지향한다. 비슷한 의미에서 '노예(slave)'를 '노예화된 사람들(enslaved)'로, '흑인(blacks)'을 '아프로아메리카인(Afro-Americans)'으로 대체하려는 움직임이 있다. 하지만 스콧이 이 책을 썼던 1980년대에는 이런 용어들이 대체로 문제시되지 않았다. 역자 생각대로 핵심 용어를 모두 바꾸기도 꺼려지고 우리말로 풀면 문장이 지나치게 길어져서 이 책에서는 용례를 밝히고 원문대로 번역하고자 한다. '니그로(Negroes)'라는 멸칭은 사료 인용문에서 쓰이는 경우에만 그대로 사용했다.

차례

서언

마커스 레디커(Marcus Rediker)

투생, 세상에서 가장 불행한 이여!
시골의 젖 짜는 처녀가 소 곁에서
그대가 듣는 가운데 노래를 하고 있어도, 그대가 지금
홀로 아무것도 들리지 않는 깊은 감옥의 굴 안에 누워 있어도,
비참한 지도자여! 어디서 그리고 언제
그대는 이를 버텨 낼 힘을 얻을 수 있겠소? 그렇더라도 죽지 마오.
족쇄를 찬 가운데서도 기분 좋은 표정을 짓는 것이 낫다오.
그대는 다시는 일어서지 못하도록 무너졌지만
살아가오. 그리고 위안을 얻으오. 그대는 그대를 위해
작용하는 힘을 남기고 갔소. 그것은 대기이고 대지이고 하늘이오.
세계 곳곳에 부는 바람(common wind)도 불 때마다
그대를 기억하고 있소. 그대에겐 위대한 동지들이 있소.
그대의 아군은 환희와 고통,
사랑, 그리고 인간의 굴복하지 않는 정신이오.•

이 책의 제목은 윌리엄 워즈워스(William Wordsworth)가 1802년 쓴 소네트 "투생 루베르튀르에게(To Toussaint L'Overture)"로부터 따왔다. 아이티혁명

• (이후 각주는 모두 이해를 돕기 위한 역주이며, 원저에 괄호로 나오는 간략한 단어 설명도 각주로 배치했다. 원주는 각 장의 맨 끝에 미주로 배치했다.) 번역은 한서린, '워즈워스와 아이티 혁명', 『19세기 영어권 문학』 16호 (2012), 145-146쪽에서 약간 수정해서 가져옴.

의 위대한 지도자인 그는 곧 나폴레옹의 포로가 되어 프랑스 동부의 주요새(Fort de Joux)에서 폐렴으로 사망할 터였다.

줄리어스 스콧은 워즈워스의 시어 뒤에 숨겨진 인간의 집합적인 힘을 우리에게 보여 준다. 그는 "모두의 바람을 호흡하는 것"에 초점을 맞춰 누가 투생과 혁명의 역사를 들이마셨고, 누가 그것을 전복적인 이야기로 다시 뱉어 내어 대서양 전체에 그 같은 속도와 힘으로 유포했는지 묻는다. 스콧은 선원, 도망노예, 자유 유색인, 마룬(maroons)•, 탈영병, 시장의 여인, 도망친 기결수, 밀수꾼으로 이루어진 잡색 부대(motley crew)를 통해 작동하는 "굴복하지 않는 정신"을 보여 줌으로써 워즈워스의 아름다운 관념에 구체적 내용을 부여한다.•• 여기저기로 이동하는 사람들은 아이티혁명 안팎에서 뉴스와 경험을 유통하는 매개체가 되었다. 스콧은 아래로부터 본 혁명의 사회사와 지성사를 숨 막히는 방식으로 우리에게 보여준다.

* * *

『모두의 바람』을 "지하 세계의 고전(underground classic)"이라고 부르는 것은 정확한 표현은 아니다. 고전의 지위를 가짐은 의심의 여지가 없지만, 땅과 관련된 은유는 들어맞지 않는다. 이 책은 땅 아래가 아니라 아이티 혁명의 시대에 배의 갑판 아래, 바다 위, 선창, 배 위와 카누 안, 그리고 항구도시의 야단법석 속에서 벌어진 일을 다루기 때문이다. 하지만 이 책과 그 유명세가 여기 나오는 주요 주제인 선원과 그 외 '이동 노동자(mobile workers)'의 세계와 유사하다고 말한다면 맞는 표현일 것이다. 둘 다 도망

• 도망노예들이 식민 권력의 힘이 미치지 못하는 산악 지방으로 숨어들어 공동체를 이루는 것을 아메리카에서는 마룬(maroon 혹은 marronage)이라고 불렀다.

•• "잡색 부대"는 피부색뿐만 아니라 출신, 종교, 문화, 언어가 다양한 선박 승무원들을 말하는 것으로 레디커가 『히드라: 제국과 다중의 역사적 기원』, 정남영, 손지태 옮김(갈무리, 2008)에서 쓴 표현이기도 하다.

자의 삶을 살았기에 그에 관한 이야기는 발견하기 어렵고 대부분 구전으로 이어졌다. 수십 년간 역사가들은 학회에 모여 공모하는 듯한 감탄조로 "들어보셨어요…?"라고 속삭이며 스콧의 책에 대해 말하곤 했다. 1986년 박사논문으로 탄생하여 오늘날까지 다양한 분야의 학자들에게 끝없이 인용되는 동안 『모두의 바람』은 학계에서 보기 드문 위치를 차지했다.

처음 그 책에 관해 들었던 순간이 생생히 기억난다. 줄리어스 스콧의 친구이자 스승인 듀크대학교의 피터 우드(Peter Wood)가 1985년 내가 가르치던 조지타운대학교에 강의하러 왔다. 그 후 우리가 워싱턴의 "붉은 광장"을 지나치며 강의에서 나온 질문에 관해 이야기하고 있을 때 우드는 박사과정 학생이 1790년대와 그 후, 즉 포르토프랭스(Port-au-Prince)에서 벨파스트, 파리, 런던에 이르기까지 대서양 세계가 불타오르던 10여 년 동안 아이티혁명의 이념과 뉴스가 바다를 통해 어떻게 이동했는지 연구 중이라고 알려 주었다.

우드에게 던진 내 첫마디는 "도대체 누가 **그런 걸** 연구할 수 있단 말이죠?"였다. 나는 당시 18세기 대서양 선원에 관한 논문을 막 끝낸 참이었으니 만일 스콧이 그것을 어떻게 연구했는지 알 법한 사람이 있다면 바로 나였다는 점을 상기해 주길 바란다. 그런데도 나는 우드가 설명한 그 연구를 듣고 너무나 놀라 더 알고 싶어 안달이 났다. 우드가 다리를 놓아주어 나는 스콧과 연락을 주고받기 시작했고, 1년쯤 지나 논문 제출과 발표가 끝난 후 『모두의 바람』을 읽었다. 그때나 지금이나 이 책이 내가 읽은 가장 창조적인 역사 연구임을 확신한다.

스콧이 천착한 문제는 대서양 주변의 노예 소유주들을 오랫동안 괴롭혔으니, 그중 1명은 1791년 이를 가리켜 "니그로끼리 첩보(intelligence)를 전달하는 미지의 방법"이라고 불렀다. '첩보'가 정확한 표현인 까닭은 "모두의 바람"을 타고 유통되는 지식은 전략적인 방식으로 투입되어 영국의 노예무역 폐지 운동, 에스파냐의 개혁주의, 프랑스혁명의 뉴스를 카리브해를 가로질러 펼쳐지는 각 지역의 투쟁에 연결했기 때문이다. 이동이 잦은 사람들은 교역망과 자체의 자율적인 기동성을 이용하여 반체제적인 네트워크를 만들었고, 스콧 이전의 후대 역사가들과 달리 당대의 지배계급은 이를 예리하게 인식하고 있었다.

그리하여 스콧은 역사의 큰 주제 중 하나로서 에릭 홉스봄(Eric Hobsbawm)이 "혁명의 시대"라고 명명한 시기를 보는 새로운 시각을 창조해 냈다. 그는 우리의 시각을 두 방향으로 바꿔 놓았으니, 우리는 이제 이 불타오르는 시대를 아래로부터, 그리고 바다로부터 보게 된다. 스콧은 바다를 통해 파리, 세비야, 런던을 포르토프랭스, 산티아고데쿠바, 킹스턴과 연결했던 이들, 또 작은 배를 타고 항구, 대농장, 섬과 식민지 사이를 오간 남녀를 강조함으로써 새롭고 매우 창의적인 초국가적 투쟁의 지형도를 만들어 냈다. 세계 곳곳에서 벌어진 아래로부터의 저항의 사례들은 그전까지 분리되어 인식되었으나 이제는 하나의 광범위한 운동을 구성하는 요소로 나타난다. 혁명을 만드는 힘—그리고 그 인자들(makers)—이 전례 없이 명확히 드러난다.

이 책에는 오래도록 망각되었으나 한때는 자신만의 전설을 만들어 낸 인물들이 가득하다. 카프프랑세(Cap Français)에서 도망친 한 노예는 자신을 "상푀르(Sans-Peur)"*라고 불렀는데, 노예제에 대적하는 그의 동료들과 그를 잡아들이려는 이들 모두에게 진정 의미 있는 이름이었다. 생도맹그의 시장에서 일하던 무명의 아프리카 여인들은 서로를 "선원"이라고 부름으로써 오가는 인사말 속에 17세기 해적들로 거슬러 올라가는 일종의 연대 의식을 표현했다. "올드블루(Old Blue)"라고 불리던 존 앤더슨(John Anderson)은 자메이카의 선원이었는데 목에 커다란 쇠고랑을 차고 주인으로부터 도망쳤다. 그는 해안가를 따라 14년 동안 잡히지 않고 도망쳤는데, 그동안 그의 명성은 "희끗희끗해져 가는 그의 턱수염"(114쪽)만큼이나 오래가고 유별났다. 이 책에 담긴 서사의 풍요로움은 특별하다.

* '두려움 없음'을 뜻한다.

스콧의 저작에서 핵심은 전 세계에서 온 '이동하는 사람들(mobile people)'이 함께 모여 일하는 항구도시다. 초국가적 자본에 의해 협업적인 노동관계에 투입되어 다양한 세계의 상품을 운반하게 된 이 일꾼들은 그들의 협업을 자신만의 기획으로 번역해 냈다. 스콧은 자본주의적 생산양식이 항구도시에서 실제로 어떻게 작동했는지, 이것이 어떻게 교역을 통한 막대한 부를 생산했을 뿐만 아니라 아래로부터의 저항 운동도 만들어 냈는지 보여 준다. 1800년 자메이카 총독이었던 불행한 밸캐러스 경(Lord Balcarres)이 설명했듯이 "전 세계에서 온 사나운 사람들"이 킹스턴의 하층계급을 형성했다. "널리 퍼진 평등주의 정신"에 온통 물든 그들은 반란을 일으켜 도시를 불태우고 잿더미로 만들 준비가 되어 있었다(55쪽). 스콧은 어떻게 해안가가 "반란의 도가니"(162쪽)가 되었는지, 또한 1730년대, 1760년대 그리고 1790년대에 많은 항구도시에서 어떻게 초국가적인 "소요의 순환"이 발생했는지 보여 준다. 그중 마지막에 일어난 소요는 대서양 규모의 혁명으로 폭발했다.

스콧은 초국가적 역사와 대서양사가 역사 서술에서 최첨단의 흐름이 되기 훨씬 전에 그러한 역사를 쓰고 있었다. 그가 시대를 앞섰다고 말하는 것조차 절제된 표현일 것이다. 그가 30년도 더 전에 쓴 많은 문장은 마치 어제 쓰인 것처럼 읽힌다. "노예제 사회의 이동하는 사람들이 만들어 낸 (…) 이 태풍은 언어, 지리, 제국을 가르는 경계선을 넘어 퍼져 나가 아메리카 역사의 주요한 전환점이 될 터였다."(30쪽) 이러한 결론은 에스파냐, 영국, 자메이카, 미국에서 수행한 심도 있는 문서고 조사와 쿠바, 생도맹그 및 다른 카리브해 지역에 관한 자료와 현지에서 나온 출판된 1차 사료에 기반하여 내려진 것이다. 이들이 들려주는 이야기는 자랑스러운 "아래로부터의 역사"의 연대기에서도 놀랍도록 새롭다.

스콧은 이 책을 구상하는 과정에서 급진적 학술 연구의 풍요로운 전통을 창조적으로 활용했다. 스콧은 크리스토퍼 힐(Christopher Hill)의 『거꾸로 뒤집힌 세상: 영국혁명의 급진 이념』(1972)에서 원래 누군가에 속박

되지 않은, 보통 토지를 박탈당한 17세기 남녀를 가리키는 데 쓰이던 "주인 없는 자들(masterless)"이라는 개념을 끌어와 "주인 없는 카리브해 사람들(masterless Caribbean)"이라는 완전히 새로운 무언가를 만들어 냈다.[•] 이는 대농장 체제를 구성하는 대단히 "주인 있는(mastered)" 공간들을 점유하고 그 사이와 주변을 오갔던 남녀를 뜻하는 말이다. 스콧은 C. L. R. 제임스(C. L. R. James)의 『선원, 이탈자, 추방자: 허먼 멜빌과 우리가 사는 세상』(1953)에서 근대 초 세계를 이어 준 이들, 나중에 멜빌의 소설에서 되살아난 잡색의 부유하는 인물들을 차용했다.[••] 스콧은 또한 1930년대에 "아래로부터의 역사"라는 말을 만들어 낸 위대한 프랑스혁명사가인 조르주 르페브르(Georges Lefebvre)의 저작 역시 활용했다. 르페브르의 고전인 『1789년의 대공포: 혁명기 프랑스 농촌의 공황』(1932)은 소문이 어떻게 거대한 사회적, 정치적 격변을 일으켰는지 보여 준다.[•••] 주인 없는 잡색 부대가 퍼뜨린 해방의 소문은 1790년대에 카리브해를 가로질러 대서양 주변에서 실질적인 힘이 되었다.

『모두의 바람』은 새로운 증거와 새로운 주장뿐만 아니라 (물론 양쪽 다 풍부하지만) 역사적 시대, 이 경우에는 세계사에서 중대한 순간 중 하나인 혁명의 시대를 보는 완전히 새로운 비전을 제시해 주는 드문 책이다. 워즈워스가 알았다면 좋았겠지만, 그의 말처럼 아이티혁명은 "사라지지 않는다." 줄리어스 스콧은 새로운 이야기, 즉 환희와 고통, 사랑과 혁명의 이야기를 들려줌으로써 자신이 연구한 굴복하지 않는 사람들의 발자국을 뒤쫓는다. 그는 우리에게 오랫동안 간직할 선물을 준 것이다.

• Christopher Hill, *The World Turned Upside Down: Radical Ideas During the English Revolution* (New York: The Viking Press, 1972).

•• C. L. R. James, *Mariners, Renegades, and Castaways: The Story of Herman Melville and the World We Live In* (New York, 1953).

••• 조르주 르페브르, 『1789년의 대공포』, 최갑수 옮김(까치, 2002). 원전은 Georges Lefebvre, *La Grande Peur de 1789* (Pairs: Colin, 1932).

서문

1792년 여름 바스티유 요새 함락 3주년 기념식이 열리기 사흘 전, 육군 자원병 세 대대가 프랑스의 항구 라로셸(La Rochelle)에서 프랑스령 카리브해로 떠날 배를 초조하게 기다리고 있었다. 프랑스 공화국에 열정적으로 충성하는 이 병사들은 주변에서 펼쳐지는 혁명의 이상에 굳게 헌신했지만, 식민지에서 그들을 기다리는 복잡한 상황에 대해서는 막연한 인상만 가지고 있었다.

1789년 프랑스혁명이 시작되자마자 프랑스의 해외 식민지에 살던 이들은 모국에서 벌어진 정부와 사회의 전면적인 변화가 자기 이익을 증진할 기회가 될 수 있음을 알아차렸다. 농장주와 상인은 식민지 관료의 통제를 벗어난 더 큰 자유를 추구했고, 자유민 유색인은 식민지에서 신분적 불평등을 없애기를 바랐지만, 아메리카 내 프랑스 영토에 거주하는 인구의 절대다수를 차지하는 노예야말로 본국의 권위에 가장 근본적인 의미의 도전을 제기했다. 이미 1789년 가을부터 프랑스령 섬들에서는 "자유, 평등, 우애"의 이상에 감화되어 노예들이 산발적으로 봉기를 일으켰다. 이러한 초반의 혼란은 백인 식민자들(colonists)•이 어렵사리 진압했지만, 1791년 8월 프랑스령 카리브해의 노예제 식민지 중 가장 부유하고 중요한 섬이었던 생도맹그(Saint-Domingue)에서 대대적인 노예 반란이 일어났다. 젊은 부대원들이 라로셸에 집결해 있던 바로 그 순간에도 프랑스군

• colonists와 settler는 식민지에 정착한 유럽계 주민을 가리킨다. 여기서 전자는 '식민자'로, 후자는 '정착민'으로 통칭하겠다.

은 꼬박 1년간 계속된 생도맹그의 노예혁명을 진압하기 위해 헛된 싸움을 이어가는 중이었다. 자원병들은 프랑스 국민의회의 이름으로 생도맹그에 질서를 재확립한다는 어려운 과업을 부여받았다.

떠나기 전 젊은 신병들은 같은 파견대의 일원으로 생도맹그로 떠날 준비를 하던 라살(A. N. de la Salle) 장군에게 점검을 받았다. 새로 조직된 부대 중 둘은 프랑스혁명 당시 만들어진 많은 대대가 그러했듯이 세심한 민주주의적 고심 끝에 그들의 사명과 책무를 잘 드러내는 구호를 채택했다. 그들은 이 귀중한 문구를 군모에 가로질러 새겨 넣었고, 자신들이 들고 다니는 오색찬란한 깃발에도 수놓았다. 라살은 각별한 관심을 가지고 이 구호를 뜯어보았다. 한 대대 깃발의 한쪽 면에 적힌 "행동하는 미덕"과 "나는 조국을 위해 깨어 있다"라는 표어는 괜찮았다. 그러나 르와르 부대가 선택한 구호가 장군의 예리한 눈에 띄었으니, 거기에는 "자유로운 삶 아니면 죽음을"이라고 적혀 있었다.

병사들이 자신의 임무가 얼마나 미묘한 성격을 지녔는지 이해하지 못할까 염려한 장군은 부대를 소집하여 그러한 구호가 이 지역, 즉 "모든 소유권이 니그로의 노예화에 기초해 있고, 이 노예들이 그 구호를 스스로 채택하는 날이면 자기 주인들은 물론 식민지에 법과 평화를 가져다주려고 바다를 가로지르고 있는 우리 군대까지 학살하게 될" 그곳에 미칠 위험에 관해 설명했다. 라살은 자유의 이상에 대한 병사들의 깊은 헌신을 치하하면서도 부대원들에게 이를 표현할 새롭고 덜 자극적인 방식을 찾아보도록 조언했다. "멋지게 수놓은" 깃발을 두고 갈 수도 있다는 불쾌한 전망과 마주한 부대원들은 장군의 제안을 마지못해 수용했다. 그들은 급하게 고른 다른 신조 2개가 새겨진 천으로 원래의 자극적인 구호를 덧대어 가렸는데, 생판 다른 의미를 가진 새로운 신조는 "국민, 법, 왕"과 "프랑스 헌법"이었다. 이에 더해 군모에 "자유로운 삶 아니면 죽음을"이라고 자랑스럽게 새긴 병사들도 이 구호를 "가리겠다"고 약속했다. 부대원들에게 더욱 실망스럽게도 장군은 다른 것도 바꾸라고 명령했다. 그들은 생도맹그에 도착하자마자 혁명 전통에 따라 상징적인 "자유의 나무"를 심는 대신 "국민, 법, 왕"이라고 새겨진 "평화의 나무"를 심어야 할 터였다. 라살은 생도맹그 총독에게 미리 편지를 쓰면서 이제 남은 일은 "바람직하지 못한 자들의 영향력을 불식시키고" 병사들의 오도된 혁명적 열정이 긴 대서양 항해를 거치는 동안 식게 놔두는 것이라고 말했다.[1]

라살이 인식했듯이 아메리카에서 당시 벌어진 일들, 특히 생도맹그 혁명은 혁명의 시대의 이념과 의례가 노예제에 기반한 사회에 폭발적인 파급력을 발휘했음을 증명했다. 지난 3년 동안 라살과 같은 프랑스 관료들은 혁명의 구호와 실천이 대서양 너머 프랑스령 섬들에 유포되어 노예와 자유 유색인을 자극하지 않도록 갖은 애를 썼지만, 노력은 실패로 돌아갔다. 분명 "자유로운 삶 아니면 죽음을" 택한 프랑스 식민지의 흑인 저항 세력은 이미 반란을 시작했고, 이 반란은 1792년 7월에 라살과 함께 배를 탄 이들을 비롯한 군인 수천 명의 공세에도 끝내 노예해방을 성취하고 종국에는 1804년 신세계에서 두 번째로 독립국을 건설하게 될 터였다.

아프리카인 노예제가 존재하는 영국령, 에스파냐령, 북미 그리고 그 밖의 식민지 관료도 라살의 문제의식을 공유했다. 프랑스혁명의 뉴스와 이념이 너무 빨리 퍼져 제어할 수 없던 것과 마찬가지로, 생도맹그의 흑인 반란에 관한 이야기는 서반구 전체로 걷잡을 수 없이 신속하게 번져 나갔다. 무역(합법적 무역과 밀무역 양쪽 다)을 통해, 그리고 선원부터 도망노예에 이르기까지 온갖 형태의 이동하는 인간 집단을 통해 1790년 이전 아메리카 식민지 사이에는 광범위한 지역 내 접촉이 벌어졌다. 1790년 무렵이면 서인도제도와 남북 아메리카 대륙의 주민 모두가 선박, 상품, 정보의 이동에 의존하게 된 상태였다.

아이티혁명 이전과 이후를 통틀어 지역적 의사소통망(regional networks of communication)은 특별한 의미를 지닌 뉴스를 카리브해 전역과 그 너머에 퍼진 아프로아메리카인에게 실어 날랐다.* 생도맹그 반란이 일어나기 전부터 영국과 에스파냐의 관료는 이미 노예제의 종식을 예고하는 소문의 확산을 막느라 애쓰는 중이었다. 그러한 보고서들은 1790년대에 더 집중적으로 나타났다. 농장주들은 흑인들만의 독립된 영토가 현실화될 전망이 커지는 상황을 경계심을 품고 바라보는 가운데 흑인들의 성공한 폭력 봉기가 자기 노예들도 폭동을 일으키게 유혹할까 봐 두려워했다. 다른 한편 생도맹그 사건은 노예와 자유민 유색인에게는 흥미진진한 뉴스를 공급하여 지역 내 문제에 관심을 촉발하고 스스로 음모••를 조직하도록 자극했다. 1790년대 말 미국 버지니아주에서 베네수엘라에 이르기까지 노예제 사회의 지배자들은 식민지 사이를 연결하는 효과적인 의사소통망에 장애물을 설치하여 흑인 반란의 연결망을 끊고자 움직였다.

1792년 라살 장군은 대서양 세계에 몰려온 혁명의 조류가 서인도제도 노예들의 마음과 열망에 미칠 잠재적 영향력을 이해했지만, 그도 부하들도 혁명의 바람이 또 다른 방향으로 어디까지 불어갈지는 예상할 수 없었을 것이다. 생도맹그의 흑인 혁명가들이 만들고 다른 노예제 사회의 이동하는 사람들이 전달한 이 태풍은 언어, 지역, 제국을 가르는 경계선을 넘어 퍼져 나가 아메리카 역사의 주요한 전환점이 될 터였다.

• 아프로아메리카인(Afro-American)이란 아프리카 노예제 때문에 아메리카와 대서양 세계 전역에 퍼져 살게 된 아프리카계 주민을 말하며, 아프로아메리카 세계는 이들 공동체로 이루어진 디아스포라를 의미한다. '옮긴이의 말'에서 이야기했듯이 여기서 '지역적(regional)'이란 카리브해 섬들을 잇는 의사소통망을 말한다.

•• 식민지의 백인 지배 계급은 노예들이 조직적인 집단 폭동을 일으켰을 때 '음모(conspiracy 혹은 plot)'라고 불렀다. 지금은 반란이나 봉기로 바꿔 지칭하는데 이 책에서는 예전 용례대로 '음모' 혹은 '모의'라는 표현을 많이 쓴다.

주

1 (이하 본문의 미주는 모두 원주임을 밝혀 둔다.) General La Salle to Governor-General Desparbés, 11 July. 다음에 재수록됨. A. Corre, *Les papiers du Général A.-N. de la Salle* (Saint-Domingue 1792-1793) (Quimper, 1897), pp. 26-27.

감사의 말

감사할 분이 많고도 많다. 도저히 모두에게 감사 인사를 전할 수가 없다. 제일 먼저 듀크대학교 대학원에서 나를 도와준 모두에게 감사한다. 피터 우드는 우리 스스로와 지성사에 관해 완전히 새롭게 사고하는 법을 보여주었다. 그는 내가 노예가 된 이들을 '생각하는 사람들(thinking people)'로 이해하게 가르쳤고, 이 책은 그에게 바치는 내 헌사다. 식민지 시대 라틴아메리카 역사를 가르쳤던 존 제이 테파스케(John Jay TePaske)는 내게 세비야로 가야 한다는 확신을 주었다. 레이먼드 게빈스(Raymond Gavins)는 어떻게 직업적 삶 속에서 시민이 될 수 있는지 가르쳐 주었다. 래리 굿윈(Larry Goodwyn)과 빌 셰이프(Bill Chafe)로부터도 많은 것을 배웠다.

버지니아대학교 카터 우즌 연구소(Carter G. Woodson Institute)의 연구원과 직원 그리고 특별히 당시 연구소 소장이셨던 고(故) 암스테드 로빈슨(Armstead L. Robinson)에게 사의를 표한다. 이에 덧붙여 수년 동안 나를 돕고 『모두의 바람』 기획을 지지해 준 사람들은 다음과 같다. 로런트 두보이스(Laurent Dubois), 에이다 페러(Ada Ferrer), 네빌 홀(Neville Hall), 테라 헌터(Tera Hunter), 로빈 켈리(Robin Kelley), 제인 랜더스(Jane Landers), 피터 라인보우(Peter Linebaugh), 마커스 레디커(Marcus Rediker), 엘리샤 리니(Elisha Renne), 래리 로울리(Larry Rowley), 레베카 스콧(Rebecca Scott), 제임스 시드버리(James Sidbury), 매튜 스미스(Matthew Smith), 레이철 투어(Rachel Toor), 스테판 워드(Stephen Ward).

많은 문서고와 도서관의 직원들께도 감사드린다. 세비야의 인디아스 문서고(Archivo General de Indias), 이제는 국립문서고(National Archives)로 불리는 런던의 영국국립공문서관(Public Record Office), 스패니시타운의 자메이카 문서고(Jamaica Archives), 킹스턴의 자메이카 국립도서관(National Library of Jamaica), 런던의 영연방연구소(Institute of Commonwealth Studies), 미국 프로비던스의 존 카터 브라운 도서관(John Carter Brown Library), 필라델피아의 펜실베이니아 역사협회(Historical Society of Pennsylvania), 매사추세츠주 우스터의 미국골동품학회(American Antiquarian Society), 아이티 포르토프랭스의 수도사도서관(Bibliothèque des Frères), 퀘벡의 생루이드공자그 도서관(Bibliothèque de Saint-Louis-de-Gonzague) 등이 있다.

미시간대학교의 아프로아메리카 및 아프리카 학과 공동체에 특별히 감사를 표한다. 마지막으로 버소출판사의 벤 메이비(Ben Mabie)와 던컨 랜슬럼(Duncan Ranslem)이 제공한 세심하고 친절한 도움에 감사드린다.

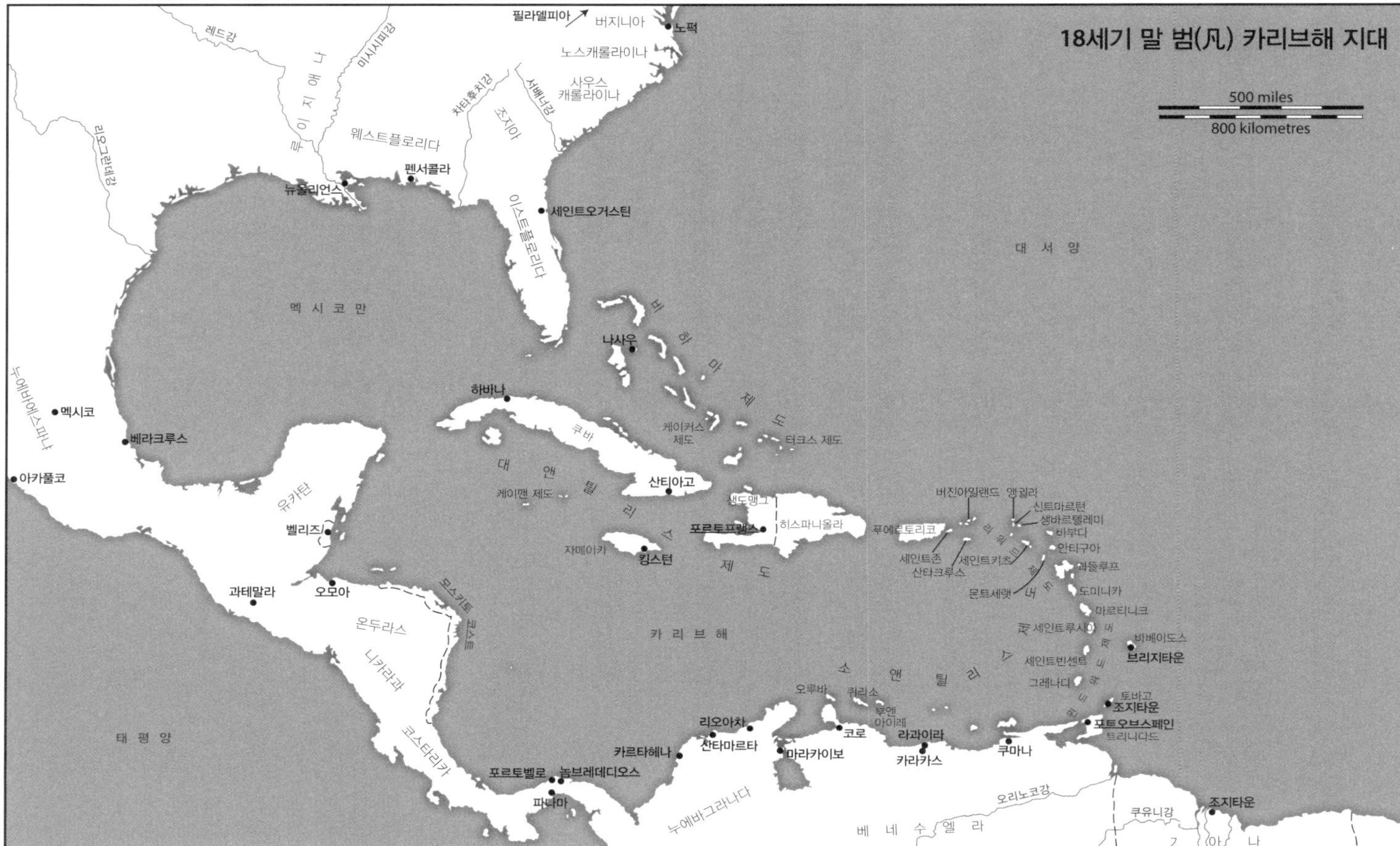
18세기 말 범(凡) 카리브해 지대
500 miles
800 kilometres
필라델피아
버지니아
노퍽
노스캐롤라이나
사우스 캐롤라이나
레드강
미시시피강
루이지애나
차타후치강
서배너강
조지아
웨스트플로리다
이스트플로리다
리오그란데강
펜서콜라
뉴올리언스
세인트오거스틴
대서양
멕시코만
바하마 제도
나사우
하바나
쿠바
케이커스 제도
터크스 제도
누에바에스파냐
멕시코
베라크루스
아카풀코
대앤틸리스 제도
케이맨 제도
산티아고
유카탄
벨리즈
생도맹그
히스파니올라
포르토프랭스
자메이카
킹스턴
푸에르토리코
버진아일랜드
앵귈라
신트마르턴
생바르텔레미
바부다
세인트존
산타크루스
세인트키츠
안티구아
과들루프
몬트세랫
도미니카
마르티니크
세인트루시아
바베이도스
브리지타운
세인트빈센트
그레나다
토바고
조지타운
포트오브스페인
트리니다드
리워드 제도
윈드워드 제도
과테말라
오모아
모스키토 코스트
온두라스
니카라과
코스타리카
카리브해
소앤틸리스
오루바
퀴라소
부엔 아이레
리오아차
산타마르타
코로
라과이라
카라카스
쿠마나
마라카이보
카르타헤나
포르토벨로
놈브레데디오스
파나마
태평양
누에바그라나다
베네수엘라
오리노코강
쿠유니강
조지타운
가이아나

약어 표기

AAS	미국골동품학회(American Antiquarian Society), 우스터
ADM	영국국립공문서관 내 해군부 기록(Admiralty Records, Public Record Office), 런던
AGI	인디아스문서고(Archivo General de Indias), 세비야
C.O.	영국국립공문서관 내 식민부 기록(Colonial Office Records, Public Record Office), 런던
CVSP	Palmer and McRae, eds., *Calendar of Virginia State Papers*
FLB	Letterpress Books, Stephen Fuller Papers, 듀크대학교 도서관(Duke University Library)
HSP	펜실베이니아 역사협회(Historical Society of Pennsylvania), 필라델피아
JA	자메이카 문서고(Jamaica Archives), 스패니시타운
JHCVA	자메이카 상급해사법원 기록(Records of the Jamaica High Court of Vice-Admiralty), 자메이카 문서고(Jamaica Archives)
leg.	*legajo*; 에스파냐 문서고들에 있는 문서 묶음
Minutes	서인도제도 농장주와 상인 위원회 의사록(Minutes of the West India Planters and Merchants, West of WIPM India Committee Archives), 영연방 연구협회(Institute of Commonwealth Studies), 런던
NLJ	자메이카 국립도서관(National Library of Jamaica) 자메이카협회(Institute of Jamaica), 킹스턴
PRO	영국국립공문서관(Public Record Office), 런던
RSD	생도맹그혁명 컬렉션, 존 카터 브라운 도서관(Revolutions de Saint-Domingue Collection, John Carter Brown Library), 프로비던스
W.O.	영국국립공문서관 내 전쟁부 기록(War Office Records, Public Record Office), 런던

1

판도라의 상자

18세기 말 주인 없는 카리브해인

17세기 말, 유럽의 식민주의 국가들은 그들 간의 의견 차이를 잠시 제쳐두고 카리브해에서 버커니어(buccaneers), 해적(pirates) 그리고 피신처를 찾아 이곳에 온 기타 도망자를 축출하기 위해 공조하기 시작했다.• 서인도제도의 "주인 없는" 사람들을 몰아내기 위한 움직임은 이 섬들이 약탈자와 무법자의 천국에서 대농장과 노예 노동에 바탕한 이주 식민지로 탈바꿈하는 신호탄이 되었다. 이러한 공세는 1670년대 바베이도스(Barbados)에서 대농장주들에게 주도권을 안겨 주더니, 18세기 중반에 카리브해 전역에서 결정적인 추진력을 얻었다. 대략 1740년 이후 세계 시장에서 설탕 가격이 꾸준히 상승함에 따라 대농장 단일경작(monoculture) 체제는 한때 소와 돼지가 풀을 뜯던 곳, 그리고 가죽 사냥꾼, 나무꾼, 도망노예, 카리브해의 다른 반체제 인사가 안식처를 찾던 곳으로 퍼져 나갔다.

• 흔히 말하는 '해적'에도 여러 범주가 있는데, 정부와 계약을 맺고 전시에 합법적으로 적국의 배를 공격할 권리를 받은 사략선(privateer), 17세기 전반에 주로 에스파냐 선박을 공격한 프랑스계 해적을 뜻하는 버커니어(buccaneer), 17세기 말부터 18세기 초반에 카리브해에서 번성한 불법 약탈 세력인 좁은 의미의 해적(pirate) 등으로 나뉜다. Corsair는 원래 지중해에서 활동하던 해적을 가리키지만, 대서양에서는 사략선을 의미했으므로 같은 의미로 번역했다. 주경철, 『대항해시대』(서울대학교출판문화원, 2008), 164-167쪽 참조.

카리브해 전역에서 오랫동안 해적 기지 노릇을 하던 자메이카의 포트로열(Port Royal)이 1692년 지진으로 파괴된 지 반세기도 채 지나지 않아, 카리브해는 해적들의 전성시대 때와 완전히 다른 장소가 되었다. 오래된 해적 소굴만 없어진 게 아니었다. 대농장이 한때 변경이던 땅까지 탐욕스럽게 집어삼키면서 구세계의 위계로부터 자유로운 "마법에 걸린" 섬들이라는 오래된 이미지도 사라졌다. 대농장주들은 토지에 대한 통제력을 획득하자 노동에 대한 통제의 고삐도 바짝 조였다. 18세기 내내 아프리카 노예무역은 증대했고, 노예선이 흔해지면서 "주인 없는" 삶을 영위하려던 예전의 꿈은 가장 극적인 형태로 전복되었다. 18세기 말이면 대농장 체제 이전의 유동적이었던 경제와 사회는 제국의 군인과 군함, 대농장, 제당소, 주인과 노예로 이루어진 암울한 풍경으로 바뀐 지 오래였다.[1]

하지만 이러한 전진과 확립의 시대에도 대농장주와 상인은 절대 권력을 추구하는 과정에서 여러 저항과 마주했다. 경제적 풍요로 의기양양한 중에도 대서양 양안의 고용주들은 여러 개인과 집단이 주인 없는 생활 방식을 지키고 확장하고자 갖은 수단을 동원하는 상황을 여전히 우려했다. 특히 구세계와 신세계 양쪽에서는 노동계급 중 상당수의 집단이 보유한 "활발한 이동성"이라는 해묵은 문제를 가장 우려했다. 톰슨(E. P. Thompson)에 따르면, 18세기 잉글랜드에서 노동 고용주들은 "자유로운" 노동 시장의 발전이 초래하는 성가신 노동의 이동성으로 인한 "노동자들의 기강 해이, 경제적 독립성, 사회적 불복종"에 불만을 표시했다.[2] 카리브해 지역의 대농장주들도 이와 비슷한 우려를 표명했다. 대농장주와 상인의 오랜 골칫거리였던 버커니어와 해적은 효과적으로 제압되었지만 자존심 세고 반항적인 부류들은 다양한 모습으로 계속 이동하며 권위에 도전했다. 물론 "자유로운" 노동에 기초하여 구세계의 경제를 산업화하던 주인 계급과 고용주들에게 이러한 이동성으로 인한 위험은 대단치 않았다. 하지만 대농장에 기반한 카리브해 사회에서는 노동자 대부분의 부자유가 법으로 성문화되고 강제적으로 재가되었으며 "자유로운" 노동자는 예외적인 경우였기에, 끈덕진 노동 이동성은 지배 계급을 고뇌에 빠뜨렸다. 같은 이유로 대농장의 영향권 바깥에서 주인 없이 이동하는 삶을 이어 갈 수 있다는 전망은 이전 시대의 미몽에서 깨어나 새로운 선택지를 찾아 헤매던 사람들에게 특별히 유혹적이었다. 잉글랜드 고용주계급은 때때로 발생하는 노동자들의 통제할 수 없는 이동성을 못마땅해했다. 같은 때 카리브해의 주인계급은 이동성을 가능한 한 좁은 범위로 한정하고자 수많은 현지 법과 국제조약에 의지했다.

자유를 제약하려는 대농장주들의 노력은 18세기 내내 이동성에 심대한 제약을 가하긴 했지만, 대농장 체제를 벗어나 대안적인 삶을 찾으려는 사람들을 완전히 막을 수는 없었다. 18세기가 저물 무렵에도 세기 초와 마찬가지로 다양한 부류의 사람들은 주인으로부터 탈주하고자 불가능한 도전을 시도했다. 노예들은 떼를 지어 대농장에서 도망쳤고, 도시 노동자들은 소유주를 따돌리고 달아났으며, 선원들은 채찍질과 강제 징집을 피하고자 배를 버렸다. 민병대와 정규군은 불평을 늘어놓으며 명령을 무시하다가 탈영했고 "도붓장수들(higglers)"•은 작업장을 떠나 자기 상품을 암시장에서 밀거래했으며, 밀수꾼과 수상한 외국인들은 알 수 없는 임무를 띠고 이 섬 저 섬으로 돌아다녔다. 게다가 대농장주와 상인이 환영한 상업의 팽창은 새로운 이동의 통로를 만들어 냈다. 성장하고 발전한 도시들은 도망노예를 끌어들이는 한편 놀라운 지역적 연결망이 들어찬 지하 세계의 안식처가 되었다. 상업적 교류망이 확장되자 여러 나라의 크고 작은 배들이 출입했다. 섬의 항구에는 입항하는 상인들이 닻을 안전히 내리도록 인도할 경험 많은 항해사가 승선한 수로 안내선(pilot boat)도 있어야 하고, 바쁘게 돌아가는 시장을 유지하려면 연안선(coastal vessel)과 숙련된 선

• 행상인(peddler)의 일종으로 자메이카 여성 노예와 유색인 자유민 사이에서 발달한 유형이다. 여기서는 둘을 구분하기 위해 'higgler'는 우리말인 도붓장수로, 더 큰 범주인 'peddler'는 행상인으로 옮겼다.

원들의 연결망도 필요했다. 이러한 상업 교류망은 18세기에 걸쳐 지역 내 섬들 사이를 더욱 가깝게 만들었으며, 의사소통의 통로뿐만 아니라 도주를 위한 유혹적인 경로까지 제공했다.

카리브해 혁명 전야, 이 지역 내 잉글랜드, 프랑스, 에스파냐 대농장주와 상인 대부분은 오래 이어진 번영의 파도에서 최정점에 올라 있었다. 하지만 지난 세기말에 그러했듯이 그들은 여전히 도망자, 탈영병, 유랑민을 제어하기 위한 공통의 해결책을 모색했다. 그들은 당국의 눈을 벗어날 수단을 찾아 돌아다니는 주인 없는 남녀를 어느 때라도 수면 위로 터져 나올 수 있는 잠재적인 민중 저항의 전통을 체화하는 존재로 여겼다. 이동하는 도망자들이 살던 다채로운 세계, 즉 카리브해의 "뱃사람, 무법자, 버림받은 자들"이 대농장주의 지배에 맞서 자기를 보호하고자 만들어 낸 복잡한(그리고 대부분 눈에 띄지 않는) 지하 세계를 연구해야만 18세기 말의 열띤 정치 환경에서 뉴스, 이념, 사회적 흥분이 어떻게 이동했는지 이해할 수 있다.[3]

* * *

서인도제도 전역이 18세기 중반에 설탕의 호황에 따른 효과를 누렸지만, 자메이카, 쿠바, 히스파니올라 그리고 북서 카리브해의 큰 섬들로 이루어진 대앤틸리스제도(Greater Antilles)는 그에 따른 변화가 특히 더했다.[•] 그 속도나 역사적 과정은 저마다 달랐지만 1670년 이후 한 세기 동안 설탕 재배가 확장되면서 앞서 말한 세 섬은 변경의 인적 없는 전초기지에서 아프리카인 노예 노동력에 기초한 대농장 사회로 변모했다.

• 34쪽의 지도 참조. 앤틸리스제도는 프랑스어로는 앙티유라고 하지만, 여기서는 국내에서 자주 사용하는 영어식으로 표기하겠다. 히스파니올라(Hispaniola)섬은 콜럼버스가 처음 도착한 섬으로, 18세기 당시 오른쪽은 에스파냐령 산토도밍고(오늘날 도미니카 공화국), 왼쪽은 프랑스령 생도맹그(오늘날 아이티)로 나뉘어 있었다.

영국의 성장은 자메이카에 집중되었다. 1740년 이후 대농장주 계급은 격심한 파벌 싸움과 10년간 이어진 흑인들의 반항을 어느 정도 통제한 후 백인 이주자들을 끌어들였고, 이들 대부분은 발전이 더딘 동쪽 섬에서 왔다. 그들은 섬 북부와 서부의 새 땅을 개간하고 경작했으며, 아프리카인 수십만 명을 사들여 새로운 대농장을 운용하기 시작했다. 1766년이면 자메이카는 중계무역항으로서나 작물생산 경제를 통해서나 서인도제도에 있는 영국의 다른 식민지보다 훨씬 중요해졌다. 영국의 '설탕 식민지(sugar colonies)'• 인구의 절반에 이르는 약 20만 명이 그곳에 살았고, 섬의 항구들은 카리브해 내 영국 무역의 절반을 장악하여 인산인해를 이루었다. 미국 독립혁명 동안 겪은 어려움에도 자메이카에서는 1780년대 내내 설탕 단일경작이 빠르게 확대되었다.[4]

설탕이 자메이카 경제를 지배하면서 흑·백 자메이카인 인구 비율은 아프리카계 주민 쪽으로 완전히 기울어졌다. 섬으로 들어가는 노예 인구는 18세기 동안 꾸준히 증가하여 1741년에서 1760년 사이 12만 명을 넘어섰고, 그다음 20년 동안 거의 15만 명에 이르렀으며, 1781년 이후 훨씬 더 빠른 속도로 늘어났다. 1730년에도 자메이카 인구 10명당 9명은 흑인 노예였고, 미국 독립혁명 전야가 되면 섬 인구의 94%가 아프리카계였다.[5]

쿠바에서는 설탕 산업에 대대적 투자가 이루어지고 아프로아메리카인들로 인구가 집중되는 현상이 자메이카보다 더 나중에, 더 갑작스럽게 일어났다. 쿠바에서 설탕 생산이 확대된 데에는 1762년 영국이 쿠바의 아바나(Havana)를 점령한 사건이 결정적이었다.•• 11개월의 점령기 동안 영국은 노예 1만여 명을 섬에 실어 와 설탕 생산에 활력을 불어넣었고, 영국이 퇴각한 후에는 쿠바 대농장주들이 이를 유지했다. 아프리카 노예무

• 자메이카나 생도맹그를 비롯하여 카리브해에서 설탕 생산에 특화된 섬들을 '설탕 식민지' 내지 '설탕섬(sugar islands)'이라 부르곤 했다.

•• 7년전쟁 막바지에 에스파냐가 프랑스 쪽 동맹에 가담하자 영국은 쿠바의 아바나와 필리핀의 마닐라를 점령했다가 전후 반환했다.

역에서 쿠바의 비중은 훨씬 더 발달한 이웃 섬들과 비교하면 아직 미미했지만, 1763년 이후 현저하게 늘어났다. 1763년에서 1789년 사이 아프리카인이 3만 1,000명 가까이 매매되었고, 이 섬에서 두 번째로 진행된 인구조사에 따르면 1792년경 쿠바의 백인 인구는 섬의 역사상 처음으로 비(非)백인 인구보다 적은 수를 기록했다.[6]

그러나 프랑스의 식민지 생도맹그보다 더 빠르고 완전하게 변모한 사회는 찾아볼 수 없다. 자메이카와 쿠바에서의 설탕 경제의 발전은 히스파니올라섬 서부의 3분의 1을 차지하는 길쭉한 산간 지방에서 일어난 경제적 대약진과 비교하면 색이 바랜다. 7년전쟁에 이르는 격렬한 제국 간 경쟁에서 프랑스의 운이 흥하다 마침내 기우는 중에 생도맹그가 갑작스럽게 놀라운 모습으로 부상했다. 1697년 에스파냐가 생도맹그를 프랑스에 양도할 때만 해도 사략질을 위한 전초기지에 불과했던 이곳은 1739년이면 세계에서 가장 부유하고 이윤이 높은 노예제 식민지가 되었다. 18세기가 시작될 무렵에는 35개뿐이던 제당소는 450개로 늘어났고, 생도맹그에서 일하는 노예화된 아프리카인은 11만 7,000명을 넘어 자메이카나 다른 카리브해 섬보다 더 많았다. 3년 후 생도맹그는 영국령 설탕섬들에서 생산되는 양을 모두 합친 것보다 더 많은 설탕을 생산해 냈다. 미국 독립혁명 동안 프랑스 농장주들은 기근과 영국령 식민지의 경제적 혼란을 틈타 세계 설탕 시장에서 훨씬 더 큰 지분을 차지했다. 생도맹그에서 증대된 노예무역량은 1770년대의 새로운 호황을 반영한다. 노예무역상들은 1771년에 1만 명이 약간 넘는 아프리카인을 생도맹그로 새롭게 들여왔는데, 5년 후에 이 수는 2배 이상으로 뛰었다. 프랑스 식민지의 팽창은 1780년대 내내 계속되었다. 프랑스혁명 전 10년 동안 생도맹그의 경제 호황은 프랑스의 노예무역량을 1770년대보다 3배로 뛰게 만든 주요 원인이었다. 공식 기록에 따르면, 매년 유입되는 아프리카인의 수는 식민지의 백인 인구 전체와 맞먹어 1785년에 총 3만 명이라는 어마어마한 수에 도달했다. 1789년 생도맹그는 세계 최대의 설탕과 커피 생산지가 되었고, 그곳의 대농장은 다른 프랑스 식민지 전부를 합친 것보다 생산량이 2배나 더 많았으며, 이 섬의 항구를 드나드는 프랑스 선박들은 본국 해외 무역량의 3분의 1 이상을 실어날랐다.[7]

* * *

1770년 이후의 결정적인 경제적 팽창으로 (겉모습으로도 실제로도) 이전 시대의 주인 없는 카리브해 세계의 조종이 울려 퍼지는 와중에, 대농장의 영향권 바깥에서 살아남으려는 반체제적 인물들로 구성된 새로운 계층이 생겨났다. 이미 카리브해 지역의 고질적 문제가 되어 버린 저항의 형태도 계속 번성하고 퍼져 나갔다. 예를 들어 아프리카인들이 노예 소유주로부터 도망가는 관행은 18세기 전환기 무렵이면 일상화되었다. 설탕 생산이 확대되고 지역 내 인구 비율이 아프리카인 쪽으로 과하게 쏠리면서 도망노예를 막는 문제는 카리브해의 대농장주, 식민 관료, 기타 백인에게 최우선 관심사가 되었다. 대농장에서 달아나 그들만의 공동체를 만들려는 노동자들은 대농장 체제에 대한 구체적 대안을 제공하고 카리브해 내에서 또 다른 형태의 이동성과 저항을 부추기는 강력한 상징이 되었다.

자메이카의 아프리카인들은 자유로운 존재가 되기 위한 노력에서 괄목할 성과를 보였다. 섬 북서쪽에 있는 바위투성이의 "콕피트 지방(cockpit country)"[*]과 동쪽의 블루마운틴(Blue Mountains)에는 에스파냐가 지배한 초창기부터 노예제를 피해 달아난 도망자들이 숨어 살았다. 이 외진 곳의 도망노예들이 카리브해 최초의 "마룬(maroons)"이 되었다.[**] 1700년 이후

• 자메이카 북부의 험준한 산간 지대. '콕피트 지방'이란 영국과 도망노예들 간의 전쟁 중 붙은 명칭으로, 전함에서 고물 쪽의 하부 갑판을 연상시킨다 하여 이렇게 불렀다.

•• 카리브해에서는 주인에게서 도망친 노예를 마룬이라 불렀는데, 이러한 탈주 행위(marronage)는 잠시 도망갔다 돌아오는 것부터 아예 도망쳐 산속에서 공동체를 만드는 것

노예 수입이 급증하자 아프리카인들은 선조가 잘 다져 놓은 길을 따라 대농장에서 떠나 트릴로니(Trelawny), 세인트제임스(St. James), 세인트엘리자베스(St. Elizabeth), 세인트조지(St. George) 교구 등에 마룬 공동체를 확대했다. 이 공동체들이 성장함에 따라 대농장과의 접촉 역시 늘어났는데, 마룬과 노예 사이에 화약과 식료품 밀무역이 계속되었고 마룬이 주기적으로 약탈을 감행했기 때문이다. 카리브해 전역에서 노예들의 소요가 일어난 1730년대, 노예들의 탈주와 도망자 공동체의 무력시위라는 서로 연결된 문제가 특별히 심각해지자 대농장주 계급은 마룬과 공공연한 전쟁을 벌였다. 10년 동안 대치 끝에 정부는 1739년 조약을 통해 몇몇 '마룬 마을(maroon towns)'에 어느 정도 독립적 지위를 인정할 수밖에 없었다. 이 조약에 따라 영국 정부는 마룬 마을이 제한된 자치를 누리도록 허용하는 동시에 섬의 치안을 유지하는 데 협력하도록 요구했다. 공식 인정을 받은 대가로 마룬은 미래의 도망자들을 막거나 체포하여 되돌려 보내기로 약속했다. 그러나 사실 반란 후 통과된 법들은 마룬 마을과 인근 대농장 사이에 분열을 조장하려는 목적으로 고안된 것으로, 대농장에서 "노예를 꾀어 내거나" "도망자들을 숨겨 준" 혐의가 밝혀진 마룬을 섬에서 추방할 것이라고 위협했다.[8]

당연한 일이지만, 대농장주 계급과 마룬 사이에 맺어진 협약의 역사는 1740년 이후 반세기 동안 갈등과 모호함으로 더 꼬이고 말았다. 때가 되면 마룬 마을 주민들은 지역 내 도망자들을 색출하기 위한 원정대를 성실히 꾸렸고, 다시 잡혀 온 도망자들이 장원에 전하는 이야기는 노예들의 오두막에서 현저한 적의를 불러일으켰다.[9] 이러한 충성의 예에 고무된 애덤 윌리엄슨(Adam Williamson) 총독은 1793년 "마룬은 충성스러우니 섬을 방어하거나 내부 반란을 진압하는 데 최선을 다할 것이다."라고 낙관적으

까지 다양했다.

로 확언했다.[10] 하지만 대농장주들은 표면상 동맹 세력인 흑인들이 아무 걱정 없이 돌아다니는 데 따르는 위험을 염려했으며, 이러한 걱정을 계속 되풀이했다. 그들은 마룬의 이동을 제한하는 법이 태만하게 집행된다고 관측하며, 도시와 시골에서 마룬이 쉽게 돌아다니며 대농장 노예들과 폭넓게 접촉하는 상황을 예의 주시했다. 1795년 어느 보고서에 따르면, 가장 큰 마룬 정착지인 트릴로니 마을의 남자들이 인근 교구에 있는 "저지대 대농장에 거주하는 여자 노예들에게 많은 아이를 낳게 했다."라며, "이 관계의 성격이 걱정스럽다."라고 결론 내렸다. 같은 해 트릴로니의 마룬이 정부에 대항하여 무기를 들었을 때 관료들은 이들 사이의 연락망을 차단하여 반란자들을 신속하게 고립시키고자 했으며, "섬에 있는 모든 니그로 오두막에 숨겨진 무기를 수색하여" 그들의 연락망을 적발하고 와해할 수 있으리라 기대했다.[11]

정부가 맺은 조약을 비판하는 이들이 지적한 바에 따르면, 결과적으로 마룬과의 협약은 새로운 도망자 집단이 더 진전된 자치를 추구하여 숲과 산악 지방으로 들어가 그들만의 마을을 세우는 것을 막는 데 별 효과가 없었다. 도망자 집단을 이끄는 지도자들의 대담한 위업이 농장마다 전해져 자메이카 노예 사이에서 열띤 대화의 주제가 되었고, 이런 행동으로 인한 위험과 그 가능성을 계속 상기시켰다. 장날, 무도회, 경마 그리고 노예들이 많이 모이는 다른 공적 행사 때마다 이러한 사건들은 뉴스로 퍼져 나갔다. 어부이자 트릴로니에 있는 큰 농장의 전직 관리인이었던 밍고(Mingo)가 1791년 가을 "수확이 끝난 후 (…) 무도회를 열었을 때" 인근 농장의 노예들은 무도회에 참석한 브루투스(Brutus)를 보고 깜짝 놀랐다. 브루투스는 1780년대에 허가 없이 마룬 마을을 만드는 데 가담한 죄로 마사브레이(Martha Brae River) 강변에 있는 교구 노역장에서 종신형을 살던 고집 센 도망자로, 최근 탈출하여 예전의 삶으로 돌아갔다. 무도회에 온 브루투스는 자신을 다시 잡으려는 주인의 헛수고에 코웃음을 치면서 최근 잡혀 온 도망자들이 퍼뜨린 소문, 즉 그가 트릴로니, 런어웨이베이

(Runaway Bay), 클래런던(Clarendon) 교구에서 온 "여러 나라와 주인들 출신의 남자 노예 18명과 여자 노예 3명과 함께" 교구의 산간벽지에 난공불락의 새 마을을 세웠다는 이야기는 진짜라고 장담했다. 밍고의 무도회에 참석한 이들 중 다수는 분명 브루투스 마을을 알고 있었을 것이다. 브루투스 마을 주민들은 식량 작물을 재배했고, 믿음직한 농장 노예들과 "교신(correspondence)"하여 정착지에 "럼주, 설탕, 소금, 다른 생필품"을 그득하게 채워 놓았기 때문이다. 브루투스가 극적으로 등장한 지 몇 달 후, 세인트앤(St. Ann) 교구와 트릴로니 교구의 노예들은 지역 관료 앞에서 "니그로는 모두 이 마을을 알고 있다."라면서 "이 마을이 파괴되지 않는 한 모든 니그로는 이곳에 들어오려고 애쓰니 [밧줄로 묶더라도] 아무도 막지 못할 것이다."라고 증언했다. 사실 브루투스 마을은 "콕피트 지방" 전역에서 노예들의 (비록 실제 참여는 아니더라도) 상상력을 고양했던 몇몇 비슷한 도망자 마을 중 하나였다.[12]

1791-1792년 가을과 겨울에 이웃한 생도맹그에서 일어난 흑인 혁명이 일으킨 흥분은 자메이카에서 노예들의 의사소통망에 활력을 불어넣었고, 브루투스처럼 돌아다니는 도망노예는 대농장마다 뉴스를 퍼뜨리는 데 숨겨진, 그러나 핵심적인 역할을 했을 것이다. 이 시기에 자메이카의 북쪽 해안에서 벌어진 두 사건은 노예들이 주변 사건에 면밀한 관심을 기울였고, 서로 정보를 빠르고 효율적으로 전달하고자 은밀한 방법을 고안했음을 보여 준다. 1791년 11월, 변두리에 대농장을 소유한 존 휘태커(John Whittaker)는 노예들이 최근 해안에서 벌어진 사건에 관한 소식을 자기보다 먼저 입수했음을 알게 되었다. 말을 타고 온 심부름꾼이 소식을 전하기 하루 전에 자기 일꾼으로부터 몬테고베이(Montego Bay)에서 벌어진 일을 전해 들은 휘태커는 놀라움과 경계심과 함께 "니그로 사이에는 정보를 전달하는 어떤 알지 못하는 방법"이 있는 게 틀림없다고 추론했다. 그렇다면 노예들의 비밀 정보망은 몇몇 커다란 장애물을 돌파한 셈이 된다. 휘태커의 장원은 "근처까지 이어지는 공공 도로가 전혀 없는 외딴

곳"에 있었고, 휘태커는 노예들을 계속 감시하고 있어서 "노예 중 누구도 낮에 일터를 떠나지는 못했을 것"이라고 장담했다. 마지막으로 몬테고베이까지 30마일 정도 되는 거리를 "밤에 왕복하기는 너무 멀었다." 그러나 휘태커가 말하길, 그의 노예들은 "사건이 벌어지고 24시간도 지나지 않아 모든 상황을 아주 잘 알고 있었다." 같은 무렵에 몬테고베이의 가구 장식 업자 로버트 파커(Robert Parker)는 어느 잠 못 이루는 밤에 침실에서 나왔다가 야간 통신의 순간을 우연히 목격했다. 그는 자기 건물 앞에서 "매우 진지하게 대화하는 (…) 니그로 4명"을 보았는데, 이들은 "다리 건너편에 있는 다른 니그로 2명"과의 약속된 만남을 기다리는 게 분명했다. 기다리는 동안 그들은 백인들이 가진 "총과 병사"의 수에 관해 이야기했다. 더욱 놀라운 것은 친구들이 도착하자 4명이 모두 영어 대신 파커가 듣기로 "코라만티어"•로 대화하기 시작한 것이었다.[13]

자메이카에서 도망노예 공동체가 벌인 활동은 가까운 쿠바에도 알려졌는데, 이는 18세기 두 섬에 있던 마룬 공동체의 역사가 밀접하게 엮여 있음을 입증한다. 먼저 두 섬의 마룬은 사실상 같은 공간을 공유했다. 에스파냐 식민지에서 활동한 마룬의 중심지 중 하나는 쿠바 남동쪽 끝자락의 동서 해안선을 따라 자리한 가파르고 삼림이 우거진 시에라마에스트라산맥(Sierra Maestra)이었는데, 자메이카의 "콕피트 지방" 가장자리에서 잠시 항해하면 이곳에 닿았고, 심지어 산맥 높은 곳에서는 자메이카의 블루마운틴 꼭대기가 보였다.[14] 두 섬 사이가 너무 가까워서 에스파냐 관료들은 시에라마에스트라의 도망노예 공동체가 자메이카에 있는 영국 적군과 손잡을까 두려워했다.[15]

• 코라만티(Coramantee)는 노예무역이 성행하던 아프리카 가나 지방의 요새에서 따온 말로, 영국령 식민지에서는 주로 아칸어(Aka)나 가어(Ga)를 하는 아프리카 노예를 이렇게 불렀다. John K. Thornton, "War, the State, and Religious Norms in 'Coromantee' Thought: The Ideology of an African American Nation," in Robert Blair St. George, ed., *Possible Pasts: Becoming Colonial in Early America* (Ithaca: Cornell University Press, 2000)에서 참조.

1730년대에 자메이카와 쿠바의 마룬은 역사의 한 장을 함께 장식했다. 자메이카에서 제1차 마룬전쟁이 일어난 시기와 쿠바의 동부 해안 근처에서 노예들 사이에 일어난 봉기의 시기가 정확하게 겹쳤다. 1731년 자메이카의 반란자들이 독립을 위한 무장투쟁을 시작한 그때, 산티아고데쿠바(Santiago de Cuba)에서는 국가 소유의 구리 광산에서 일하던 노예들이 '단체로(en masse)' 봉기를 일으켜 오늘날 엘코브레(El Cobre) 근처에 있는 도시 동쪽의 산간지대로 옮겨 갔다. 자메이카의 도망노예와 마찬가지로 일명 '구리 광부들(cobreros)'•은 무리를 해산시키려는 거듭된 시도에 성공적으로 저항하며 언덕 아래의 농장주들에게 상당한 근심을 안겼다. 1780년대에 들어 이들의 후손은 1,000명을 넘어 엘코브레 주변 산맥의 작은 정착지에까지 널리 퍼졌다.[16] 1790년대에는 마룬 활동에 대한 사회적 불안과 관료들의 걱정이 다시 증가하여 자메이카 못지않게 쿠바에도 영향을 미쳤다. 쿠바가 아프리카 노예 노동에 투자를 전면적으로 증대하는 중에, 여기에 깊숙이 발을 들인 산티아고데쿠바의 총독은 '구리 광부들'에 대한 통제는 모두 실패로 끝났다고 보고했다. 사실상 1790년대 중반까지 엘코브레는 "구리 광부와 다른 노예들"을 비롯하여 노예제로부터 도망친 탈주자를 모두 맞아들였으며, 수년간 수배 중이던 몇몇 악명 높은 인물의 안식처가 되어 주었다.[17] 1795년에서 1796년 사이에 자메이카에서 벌어진 마룬전쟁이 1730년대와 마찬가지로 쿠바의 산간 지방으로 퍼질까 염려한 쿠바 관료들은 주저 없이 이웃한 영국과 연대했다. 자메이카 도(島)의회(Jamaica Assembly)••가 반란자들을 평정하기 위해 쿠바인들에게 사나

• '구리'를 뜻하는 엘코브레는 신세계 최대의 구리 광산지로, '구리 광부'는 여기서 일하던 노예를 일컫는다. 1670년 이후 에스파냐 국왕이 광산과 노예를 소유했다.

•• 자메이카섬이 1865년 국왕 직할 식민지가 되기 전까지 자메이카의 대의기구이자 입법기관이었다. 주로 백인 농장주를 비롯한 백인 남성 유산자들이 의회를 지배했다. 원서에서 'the Assembly'로 언급되는 경우가 많은데, 영국 의회(Parliament)와 구별하기 위해 도의회라고 번역했다.

운 사냥개와 '추적자(chasseurs)'들을 보내 달라고 요청하자 그들은 평소와 달리 신속하게 응했다.[18]

이처럼 불확실하고 요동치는 시대에 '구리 광부들'은 여기저기 이동하며 대서양 너머의 뉴스와 소문까지 잇는 연결망을 구축했다. 1780년대에 에스파냐 관료들은 국왕이 마침내 '구리 광부들'에게 자유와 토지를 하사했지만 지방 관료의 저항에 막혔다는 소문이 퍼지는 것을 막을 수 없었다. 노예들에게도 대서양 너머의 정보를 전해 주는 독립적인 소식통이 있어야 한다고 확신한 소규모의 '구리 광부' 집단은 그레고리오 코스메 오소리오(Gregorio Cosme Osorio)를 에스파냐에 대표로 파견하여 궁정에서 엘코브레 도망노예들의 이익을 대변하게 했다. 오소리오가 전해 온 소식은 1790년대 중반까지 저항의 기운을 살리는 데 이바지했다. 산티아고데쿠바의 총독인 후안 바티스타 바양(Juan Baptista Vaillant)이 보고하기를, 1795년에는 해방에 대한 소문이 쿠바 동쪽 해안을 다시 휩쓸고, 노예들이 위험할 정도로 많이 대농장에서 탈주하고 있었다. 바양 총독은 오소리오의 최근 편지들이 멀리 퍼진 탓에 이런 일들이 벌어졌다고 말했다.[19]

식민지의 길고 들쭉날쭉한 동쪽 국경선 가장자리에 바위투성이의 험준한 산맥이 자리잡은 생도맹그의 지형은 이동하는 노예가 탈주하기 좋은 기회를 제공했다. 1700년 이후 마룬 활동은 대농장 노예제만큼 신속하게 성장하고 퍼져 나갔다. 18세기 초반 마룬 집단은 풍요로운 북쪽 평원을 둘러싼 지역에 살았다. 18세기 중반에 마룬 활동의 중심지는 새롭게 발달하는 경제 중심지인 미르발레(Mirebalais), 퀴드삭(Cul-de-Sac), 앙스아피트르(Anse-à-Pitre)를 굽어보는 산맥의 가장자리를 따라 남쪽으로 이동했다. 탈주 행위는 생도맹그 전역의 노예제에 영향을 미치는 주요한 요소였지만, 퀴드삭과 에스파냐 국경 사이에 있는 중동부 지역은 혁명의 시대까지도 가장 안정적인 마룬 사회의 중심지이자 정부가 조직한 원정대와 계속 전투를 벌인 곳이었다. 노예제의 지배가 타도되기 직전인 1780년대에 다양한 크기와 종류의 마룬 집단은 생도맹그의 최북단에서 남쪽 끝까지 점선을 이루며 뻗어 있었다. 아이티의 마룬이 다가올 혁명을 진전시키는 데에 어떤 역할을 했는지에 대해서는 여전히 치열한 논쟁이 벌어지고 있다.[20]

농장주는 주로 생도맹그 마룬 공동체의 활동을 걱정했지만, 짧은 시간에 개별적으로 탈주하는 관습은 대농장의 일상적 기능과 노예 사이에서 분명히 더 중요한 의미를 지녔다. 친척을 방문하기 위해서든, 임박한 처벌을 피하기 위해서든, 아니면 거래나 다른 금지된 활동을 하기 위해서든, 짧은 시간 가까운 곳으로 떠나는 노예들은 어느 농장에서든지 관리인의 골칫거리였다. 농장 소유주와 감독관은 농장에서 잠시 떠나는 이들에게 너무 익숙해졌고, 또 이들을 막을 방법도 없었기에, 부재중인 노예들(특히 습관적으로 나갔다 오는 이들)의 이름을 현재 농장의 인원 명단에서 지우는 수고조차 하지 않는 경우가 많았다.[21] 게다가 감독관들은 종종 다른 지역의 농장에서 도망친 노예들이 자기 구역에 숨은 것을 발견했다고 보고했다. 1790년 카프프랑세에 있는 한 대농장의 감독관은 단기간에 근처에서 도망노예 27명을 체포했는데, "언덕에 있는 만큼 많은 수가 노예 오두막에 있었다."[22]라고 했다. 하지만 프랑스혁명 전의 방임주의는 혁명의 뉴스가 대농장의 노예들에게 무엇을 의미할지 새로운 두려움이 일면서 사라지기 시작했다. 1790년 즈음이면 백인들은 반란이 시골로 쉽게 번질 가능성이 있음을 인지했으므로 이러한 단기간의 이동을 더 이상 묵과할 여력이 없었다.[23]

마룬 공동체가 있는 산맥과 산간 지방이 18세기 내내 개별적 탈주와 집단적 저항을 꿈꾸는 대중적 상상력에 희망을 불어넣는 사이, 성장하는 해안 도시들에서는 복잡하기 그지없는 이동 양상이 발달하여 모든 식민주의 세력은 이를 어떻게 통제할지 골치를 앓게 되었다. 카리브해의 도시는 상업 교역, 인구, 정부의 중심지였을 뿐만 아니라 사실상 교육의 중심지이기도 했다.* 소도시들은 (도망노예를 포함하되 그에 국한되지 않는)

엄청나게 다양한 주인 없는 남녀에게 익명성과 피난처를 제공했고, 이들이 가까이 지내며 경험을 나누고 카리브해 세계와 그 너머에 대한 지식을 습득할 특별한 기회를 주었다. 1790년대에 킹스턴, 카프프랑세, 아바나와 같은 대규모 도시는 아프로아메리카인들의 수도라 불릴 만했고, 더 작은 해안 중심지 수십 곳에서는 체제에 불만을 가진 이들이 각종 교역에 종사하고 있었다. 이야말로 혁명의 시대가 가져온 흥분을 카리브해에 퍼뜨리는 데 결정적 역할을 할 터였다.

하지만 18세기 초만 해도 이 도시들의 모습은 매우 달랐다. 1700년 무렵, 위압적인 석조 성당과 요새가 있는 아바나는 부근에서 경쟁을 불허하는 거대 도시였다. 나중에 영국령과 프랑스령 카리브해의 중심이 되는 도시들은 에스파냐인과 포르투갈인이 이미 만들어 놓은 행정 중심지(capital)보다 영국령 북아메리카의 동부 해안에 있는 "웃자란 촌락들"에 더 가까운 초기 단계의 정착지에 불과했다. 1692년에 (지진으로 파괴된) 포트로열 대신 건설된 킹스턴에는 18세기로 접어들 때만 해도 2,000여 명밖에 살지 않았다. 마찬가지로 생도맹그에서 가장 중요한 도시이자 나중에 카리브해 혁명의 수도가 되는 카프프랑세는 해협 건너편에 있는 해적의 기지인 라토르투(La Tortue 혹은 Tortuga)로부터 정착 중심지 역할을 이어받은 지 얼마 되지 않았다. 일명 "르카프"••에는 백인 남자 160명, 백인 여자 63명, 흑인 노예 34명이 살고 있었고, 20년 후에도 거주자가 1,000명을 채 넘지 않았다.[24]

1700년에서 1790년 사이에 이 지역에서 현금 작물 농업이 발달하면서 정착지의 규모와 역할이 변화했다. 주기적인 자연재해와 끝없는 전투

• 여기서 '교육(education)'이란 정규 교육이 아니라 도시에서 얻는 자유에 관한 경험을 일컫는다.

•• 생도맹그 최대 도시인 카프프랑세(le Cap Français)는 줄여서 종종 르카프(Le Cap)라고 불렸다. 이 책에서도 번갈아 썼다.

에서 살아남은 해안 중심지 여러 곳은 아이티혁명의 시대가 도래할 무렵이면 상당 수준으로 성장했다. 1763년 이후 한 세대에 걸친 고도의 경제 활동과 개혁의 결과, 1791년 아바나는 사람들이 바글거리는 중계무역항으로 변모했고, 교외 지역까지 포함하면 인구는 4만 4,000명에서 5만 명가량 증가했다. 이 도시는 생도맹그에서 혁명이 진행되는 동안에도 계속 팽창하여 1791년에서 1810년 사이에 2배로 성장했다. 다른 에스파냐령 아메리카 도시들 역시 인구와 무역 중심지로서 비슷하게 빠른 성장을 경험했는데, 특히 1772년에서 1812년 사이에 인구가 거의 2배가 된 카라카스(Caracas)와 부에노스아이레스(Buenos Aires)가 특기할 만했다.[25] 1790년이면 킹스턴은 영제국의 궤도에서 중첩되는 지역적·횡대서양적 무역망의 중심지가 되었으며, 영어권 아메리카의 도시 중 이곳보다 인구가 더 많은 지역은 뉴욕과 필라델피아밖에 없었다.[26] 1788년의 공식 통계에서는 카프프랑세 인구가 12,151명으로 추산되었는데, 여기에는 도시와 밀접하게 연결된 인근 산악 지방의 대농장에 살던 수만 명이 포함되지 않았다.[27]

지역 내 최대 도시들이 성숙하고 성장하는 것과 더불어, 해안에 자리 잡은 몇몇 더 작은 중심지도 18세기 말까지 도시와 가까운 지위까지 치고 올라왔다. 대도시가 횡대서양 무역을 지배하는 동안, 이들과 공격적으로 경쟁하는 작은 도시들은 현지에서 만든 작은 선박을 이용하여 해안선 주변 내 단거리 무역을 발달시킴으로써 현지 대농장의 생산품에 판로를 제공했다. 아바나와 쿠바 서쪽 해안을 둘러싼 다른 도시들이 플로리다 해협을 지배하며 대서양을 통해 바깥쪽으로 향한 것과 달리, 남쪽 해안의 트리니다드(Trinidad)와 푸에르토프린시페(Puerto Príncipe)로부터 반대편의 올긴(Holguín)에 이르기까지 섬의 동쪽 지역을 둘러싼 소도시들은 둥근 호를 그리며 카리브해 안쪽을 향했다. 아바나보다도 오래된 도시로서 히스파니올라 해안에 가까워서 쿠바 최초의 식민지 행정 중심지가 되었던 산티아고데쿠바는 1791년 거주자가 총 19,703명으로 킹스턴보다 그리 작지 않았다.[28]

산티아고데쿠바의 안전한 항구는 무역과 지리적 인접성 때문에 서로 연결된 자메이카와 생도맹그의 더 작은 항구도시들로 이루어진 무역망을 향해 열려 있었다. 여기서 동쪽으로 12시간이 채 되지 않게 항해하면 자메이카 북쪽 해안의 훌륭한 항구들을 만난다. 18세기에 자메이카의 "북부 지대(North side)"가 발달하자 이 항구들은 설탕을 생산하는 북부의 교구들—하노버, 세인트제임스, 트릴로니, 세인트앤, 세인트메리, 포틀랜드(Portland)—에 바다를 통한 판로가 되었다. 이와 함께 외국 식민지에 가깝고 "소규모 선박으로 언제라도 통행할 수 있는 크고 작은 여러 만"으로 둘러싸인 이 도시들은 자메이카에 근거지를 둔 밀수꾼에게 집결지를, 그리고 쿠바, 생도맹그와 기타 지역에서 온 밀수꾼에게는 기항지를 제공했다.[29] 1758년이면 그중 가장 분주한 몬테고베이와 포트안토니오(Port Antonio) 항구는 킹스턴이나 사바나라마르(Savanna-la-Mar)처럼 공식적인 통관항으로 불릴 만한 지위를 획득하고, 그에 걸맞은 법원과 세관을 갖추었다. 다른 북부 소도시들인 세인트앤스베이(St. Ann's Bay), 팰머스(Falmouth), 마사브레이, 루시아(Lucea)는 대규모 정주민을 끌어들이기 전부터 상업 중심지였다. 1794년 한 관찰자는 팰머스와 마사브레이에 인접한 정착지에 "백인 거주민이 700명에서 800명가량 있고, 유색인도 상당히 많다."라고 했지만, 도시 내륙 지역에서 대농장이 하도 급속히 발달해 관료들은 "때가 되면 이곳을 통해 다른 항구보다 더 많은 설탕과 럼주가 수송될 것이다."라고 내다봤다. 그리하여 마사브레이가 자유무역항의 지위를 요청하자 보잘것없는 규모에도 불구하고 상당히 진지한 고려의 대상이 되었다.[30] 그러나 킹스턴과 포트로열의 관리들은 자메이카 북쪽 해안에 대해서 발달한 상업만큼 그 취약성도 강조했다. 북쪽 항구의 거주민은 "쿠바에서 출발한 에스파냐 배의 잦은 약탈"에 무방비할 뿐만 아니라 "콕피트 지방"과 마룬 마을의 긴 그림자 아래 살고 있었다. 1792년 윌리엄슨 총독은 이러한 이유로 북쪽 해안의 노예 사이에서 "불만의 분위기가 처음 나타나는 것이 보통이다."라고 보고했다.[31]

에스파냐령 쿠바 남동쪽에서 불과 14리그(혹은 42마일) 떨어진 생도맹그 해안에는 몰생니콜라(Môle Saint-Nicolas)가 있었다. 이곳은 윈드워드 해협(Windward Passage)으로 통하는 전략적 중심지였고, 이 부유한 프랑스령 식민지의 들쭉날쭉한 해안선에는 그 외에도 하나같이 활기차고 다양한 크기의 해안 소도시들이 흩어져 있었다.[32] 산맥과 해안 사이의 좁고 길쭉한 땅에 끼어 있는 생도맹그 식민지는 쿠바와 자메이카보다 도시와 바다를 지향하는 성격이 훨씬 더 강했다. 산티아고데쿠바와 몬테고베이, 그 주변의 작은 위성도시들과 마찬가지로 생도맹그 서부와 남부 지방 도시들의 발전과 전망은 본국의 개입만큼이나 카리브해 내부 요인에 크게 좌우되었다. 내륙의 험준한 산맥 때문에 카프프랑세로부터 고립된 서부와 남부 생도맹그의 도시들은 자립해야 했다. 그 때문에 서부의 고나이브(Gonaïves), 생마르크(Saint-Marc), 포르토프랭스(Port-au-Prince), 남부의 제레미(Jérémie), 레카이(les Cayes), 자크멜(Jacmel)은 지리적으로나 다른 측면으로나 아마 카프프랑세나 프랑스 본국보다는 쿠바, 자메이카, 남미 북부 해안과 더 가깝다고 느꼈을 것이다. 이 도시들은 프랑스에서 오는 선박으로부터 대개 소외되어 부족한 물자를 외국 식민지의 공급망에 의지하는 데 익숙했으므로, 이곳의 상인과 농장주는 프랑스혁명 초기에 상업적·정치적 독립을 가장 우렁차게 주장했다.

* * *

북미, 프랑스, 생도맹그, 에스파냐령 아메리카에서 혁명이 일어나 이 도시들이 독립적인 자치를 위한 투쟁에 합류하기 전부터, 카리브해의 항구도시들은 개인의 독립성을 추구하는 온갖 사람을 끌어들이는 천연 자석과 같았다. 식민 당국은 도시가 자아내는 주인 없는 삶을 향한 온갖 유혹, 그리고 소도시 내 생활을 통제하는 데 따르는 어려움 때문에 항상 골머리를 앓았다. 비교하자면 시골에서의 생활은 (설사 노예 노동 관리에 따르는 각종 문제를 참작하더라도) 목가적이고, 질서 있고, 적절히 관리되어 있었다. 시골 생활이 대농장의 예측 가능하고 안정적인 생활 습관에 따라 돌아간다면, 도시에서는 이러한 노동 가치가 노예제 체제에 가장 해로운 방식으로 전도되었다. 1801년에 분주한 킹스턴을 방문하고 깊은 인상을 받은 한 영국인 여행자는 "별다른 노력 없이 부를 얻으려는 욕구가 가장 강렬하고 치명적인 열정이다. 그 때문에 무역용 창고가 있는 곳에서는 다른 곳에 비해 도박꾼, 야바위꾼, 도둑, 거지, 사기꾼, 행상인을 볼 확률이 훨씬 높다."라고 썼다.[33] 이러한 다채로운 파노라마에 익숙한 백인들은 소도시에서 벌어지는 주인 없는 삶의 행태가 선동(sedition)이라는 상존하는 위험을 불러올까 염려했다. 한 해 전 같은 도시에 관해 총독이 남긴 기록은 아프로아메리카 전역에서 대농장주들이 품었던 고뇌와 공포를 정확히 반영한다. 1800년 밸캐러스 경(Lord Balcarres)은 다음과 같이 썼다.

> 상업 도시에서 발견할 수 있는 모든 종류의 악덕이 킹스턴에 창궐하니, 판도라의 상자를 상상한다면 여기서 그 예를 다 볼 수 있다. 온갖 나라에서 온 사나운 사람들이 불법 거래에 종사하고 있는데, 가장 타락한 니그로 계급은 온갖 말썽에 다 휘말려 있고, 전반적으로 평등주의적 정신이 킹스턴 하층 신분의 특징을 이룬다 (…) 어느 때건 노예 사이에 반란이 일어난다면, (그가 추측하건대) 이곳은 처음에 피신 장소였다가 한순간에 잿더미로 변할 수도 있다.[34]

밸캐러스도 잘 알고 있었듯이, 도시는 수 세대 동안 대농장 체제에 불만을 가진 이들에게 피신처를 제공했다. 18세기 중반에 더 큰 소도시들은 주변 시골로부터 많은 도망노예를 끌어 모았다. 1744년 킹스턴 경찰국은 자유민 흑인과 이들이 보호하는 도망노예들이 거주하던 도시 외곽의 오두막에는 문 하나, 그리고 오두막 4채 이상을 합친 복합건물에는 공동 출입구 하나만 설치하도록 규제함으로써 이 문제를 해결하고자 했다.[35]

1764년 창간된 『생도맹그 신문(*Gazette de Saint Domingue*)』에 실린 초창기 도망노예 수배 기사•를 보면, 생도맹그 북부 교구에 살던 도망노예들은 산간지대나 이웃한 에스파냐 식민지로 넘어가도록 유혹하는 국경선 부근보다 오히려 카프프랑세나 그 주변이 탈주에 성공할 가능성이 더 크다고 느꼈다.[36]

카리브해 항구도시들의 규모가 커짐에 따라 도망노예를 끌어들이는 흡입력도 높아졌다. 1790년대 에스파냐 식민지들에서 나온 보고서를 보면, 해안 도시들 안팎으로 도망노예 집단이 활동 중이었음을 확인할 수 있다. 카라카스의 경우에 이러한 집단은 카라카스로부터 뻗어 나가는 광활한 평원, 즉 야노스(llanos)에 살았다. 1791년 카라카스 근방에 살며 활동하던 도망노예는 적게 잡아도 대략 300명이었고, 다음 10년 동안 그 수는 급격히 증가했다. 이 집단은 아마도 대농장과 목장(cattle farm)에서 도망쳤거나 도시에서 일하던 이들로 구성되었을 것이다.[37] 이와 비슷한 집단은 쿠바의 아바나 지구에도 몰려 있었는데, 이곳의 도망노예들은 섬 반대편 산티아고데쿠바 산간 지방에 있는 이들만큼이나 적극적으로 활동했다. 1791년 6월 "소유주들에게 필수 불가결한 일인 도망노예를 체포하고, 시골에 퍼져 있는 탈영병을 잡고, 마지막으로 산간 지방에 숨은 악한이 온 사방에 퍼뜨리는 혼란을 막는" 문제는 아바나 시(市)정부 관료들의 일거리를 과중하게 만들었다.[38] 1년도 채 지나지 않아 쿠바 동쪽 해안에 있는 아바나의 위성도시로서 인구도 별로 없는 자루코(Jaruco)의 '시장(alcalde)'은 도망노예들의 "강도질과 기타 추문"을 막고자 정부에 도움을 요청했다.[39] 1798년 쿠바에서는 급성장하는 노예제 경제에서 벗어나려는 노예를 막기 위한 새로운 법령이 만들어졌는데, 이로써 도시로 도망치는 노예들의 문제뿐 아니라 "대부분 아바나시 거주민의 소유인 도망노예들이"

• 노예가 도망치면 주인은 신문에 수배 광고를 싣곤 했다. 이 광고들은 오늘날 노예제 연구의 중요한 자료로 쓰인다.

도시에서 무단이탈하는 것을 막는 문제도 드러났다.[40]

도망노예들은 1790년대에 영국과 프랑스 식민지의 도시 안팎에서도 활발하게 활동했다. 1790년 10월에서 1791년 8월 사이에 프랑스 당국은 카프프랑세 주변에서만 도망자 500명을 체포했다. 다시 잡혀 온 노예의 수와 그들이 체포된 지역에 대한 통계 자료를 보면, 도시로 들어온 도망자들이 변경 지역을 돌아다닌 이들보다 당국의 추격을 따돌리는 데 더 성공적이었음을 알 수 있다.[41] 1790년대 자메이카에서는 도망자들이 분주한 포트로열로 몰려들었다. 1801년 포트로열의 백인 주민들은 "[도시에] 우글거리는 니그로 도망자의 수"를 인용하며, 이들을 통제하고 다른 흑인이 더 들어오지 못하게 막기 위한 "감금 장소"를 짓도록 재원을 달라고 도의회에 청원했다.[42]

카리브해 도시들은 탈주한 노예에게 귀중한 기회를 제공했을 뿐만 아니라 주인 없는 카리브해를 구성하는 다양한 집단 중에서도 가장 주변적인 이들, 즉 자유민 흑인과 물라토(browns)에게 특별한 의미를 가졌다.* 장사에 여념이 없건, 일자리를 찾건, 혹은 이러저러한 재주로 먹고살건 상관없이 자유민 신분의 비백인은 소도시에 자리 잡는 경향이 있었고, 프랑스혁명기 동안 도시 내 자유민 유색인은 계속 늘어났다. 자유민 유색인과 자유민 흑인으로 이루어진 도시 공동체는 그들의 이동성과 대농장 체제의 순조로운 작동을 어지럽히는 능력 때문에 언제나 공포의 대상이었거니와, 이들은 당시의 평등주의적 정신을 흡수한 결과 1790년대에 급부상한 정치적 발언권을 빠르게 자기 것으로 만들었다.

자유민 유색인이 가장 많은 곳은 에스파냐령 카리브해였는데, 여기 도심 지역에서 이들은 눈에 띄게 중요한 인구학적 비중을 차지했다. 자유

* 당시 카리브해에는 인종을 크게 세 가지 색, 즉 'white(백인)', 'black(흑인)', 'brown(혼혈)'으로 구분했다. 'brown'은 아메리카 선주민이나 인도인을 의미할 때도 있었지만, 이 책에서는 물라토 혼혈을 뜻한다. '갈색인'으로 번역하기에는 무리가 있으므로 여기서는 물라토로 통칭하겠다.

민 유색인은 1791년 아바나와 근교 인구의 22%를 차지했다. 카리브해 방향의 동쪽 해안선에 늘어선 소도시들에서는 자유민 흑인과 물라토 거주자의 인구 비율이 훨씬 더 높았다. 1791년의 통계를 보면, 산티아고데쿠바의 도시 인구 19,703명 중 자유민 "니그로"와 자유민 "물라토"가 6,698명으로 34%를 차지했다. 인구조사는 다음 해 바야모(Bayamo)에서도 비슷한 양상을 보였는데, 흑인 인구의 절반이 자유민 신분이었고, 자유민 신분의 비백인이 도시의 전체 인구 22,417명 중 37% 이상을 차지했다.[43] 1791년 이후 혁명기 동안 도시에 집중된 자유민 유색인의 수는 빠르게 팽창했다. 아이티가 독립한 후 얼마 지나지 않아 쿠바를 방문한 알렉산더 폰 훔볼트(Alexander von Humboldt)•는 쿠바의 도시 지역에서 자유민 흑인의 인구 규모가 최근 얼마나 커졌는지 길게 설명했다. 그에 따르면, "에스파냐 법은 유별날 정도로" 자유에 대한 그들의 열망을 지지하기 때문에 "많은 흑인(니그로)이 도시에서 자유를 얻는다." 또한 훔볼트는 1811년 아바나의 '시의회(ayuntamiento)'와 '영사재판소(consulado)'가 행한 인구조사에서 흑인 인구가 자유민 신분과 노예 모두 유례없이 높은 수준으로 도시화된 사실이 드러난 것도 인용했다. 자유민 흑인의 수가 노예 수와 거의 비슷한 아바나 지구에서는 시골에 있는 흑인과 물라토의 수가 도시 거주자의 수를 3:2 정도로 약간 앞질렀다. 동부 해안에서는 흑인과 물라토 인구의 딱 절반이 도시에 살았고, 자유민 유색인은 상당히 큰 규모의 몇몇 정착지에서 우세했다. 훔볼트가 기록하기를, "바야모 지구(partido)에서 매년 늘어나는 자유민 유색인의 수가 눈에 띄는데, 이는 올긴과 바라코아(Baracoa)에서도 마찬가지다." 그는 카리브해의 노예제 지배 체제(slavocracy)에 명백한 경고장을 날리며 "아이티가 해방되었으니 앤틸리스에는 이미 노예보다 자유민 흑인과 물라토가 더 많다."라고 결론 내렸다.[44]

• 훔볼트는 프로이센의 저명한 지리학자, 자연사학자로 당시 에스파냐령 아메리카를 탐사 중이었다.

에스파냐령에 살던 자유민 유색인 도시민은 프랑스혁명의 표어를 듣기 전부터 이미 주인 없는 지위의 한계가 어디까지인지 시험하며 특정한 형태의 평등을 요구했다. 이러한 정신은 군대의 일반 병사에게서 가장 뚜렷하게 나타났다. 1760년대에 자유민 유색인이 인종별로 분리되었지만 명목상으로 평등하게 민병대 부대에 충원된 이후, 이들 무장한 부대의 당당한 태도는 지속적으로 행정당국의 불만을 샀다. 카라카스의 '갈색(pardo)'과 '흑색(moreno)' 민병대• 부대 장교들이 1789년에 백인 장교들과 똑같은 장례 절차와 예복 차림을 요구하자, 에스파냐 관료들은 군의 불평등 체제에 대한 공격이 결국 식민지 사회 구조에 대한 일반적 공격으로 이어질까 염려했다. 또한 지휘관은 이러한 최근의 사건이 평등주의로 가는 위험한 단초, 혹은 양날의 검이 될까 걱정했다. 그는 4월에 "이른바 평등한 일상생활이 가져올 심각한 문제를 알고 있는 만큼 그들의 주장이 거부되었을 때 나타날 악영향 역시 두렵다. 장교들은 더 거만하고 대담해질 위험이 있고, 두 번째로 (…) 배신, 복수심, 선동이 문제다."라고 썼다.[45] 동요의 기미가 나타나자 왕실은 강경한 정책을 선보였다. 이웃한 생도맹그에서 대농장이 처음 불타기 불과 며칠 전, 쿠바의 총독이자 최고사령관인 루이스 데 라스카사스(Luis de las Casas)는 국왕으로부터 아바나의 '갈색'과 '흑색' 부대 장교들이 백인 장교들에게 내뱉는 "오랜 불만"을 가라앉히라는 명령을 받았다.[46]

영국과 프랑스령 식민지에서 자유민 유색인은 쿠바나 다른 에스파냐령보다 상당히 적었는데, 역설적이게도 이 때문에 주인 없이 도시에 사는 그들의 존재가 훨씬 더 눈에 띄었다. 인구조사에서 자유민 흑인과 물라토를 상세하게 조사한 적은 거의 없지만, 그들의 존재는 자메이카와 생도맹

• 에스파냐 식민지에서는 보통 물라토를 'pardo', 흑인을 'moreno'라고 불렀다. 에스파냐어로 둘 다 어두운 피부색을 의미하는데 의미상의 구분을 위해 '갈색'과 '흑색'으로 번역했다.

그 양쪽 정부 관료와 백인 주민에게 에스파냐 식민지에서보다 훨씬 더 큰 일상적 염려의 대상이 된 듯했다. 자메이카의 자유민 유색인들은 킹스턴 근처 지역으로 이주했다. 1761년 법령이 섬의 모든 자유민 유색인에게 등록을 요구함에 따라 자유민 등록증을 받은 "흑인과 유색인" 3,408명 중 거의 60%가 킹스턴과 그 인근에 있는 섬의 행정 중심지인 스패니시타운(Spanish Town)에 살았다. 1788년 킹스턴에만 섬의 자유민 유색인 인구 중 3분의 1 이상이 살았는데, 비교하자면 여기에는 백인 전체 인구의 22%, 노예 전체 인구의 7%가 살고 있었다.[47]

1788년 무렵 자메이카의 백인은 자유민 유색인 인구 집단의 성장과 이동성에 대해 근심한 나머지 이들을 더 면밀하게 감시했다. 도의회는 노예들이 슬그머니 자유민 유색인 신분으로 옮아가려는 것을 막으려면 노예와 자유민 사이의 경계선이 명확하게 구분되어야 한다고 생각하고 다음과 같이 요청했다.

> 모든 교구의 치안판사와 교구위원은 교구마다 자유민 신분의 니그로, 물라토, 인디언의 수를 자세히 조사하고, 그들에게 다음 회합에 출석하여 자유를 얻은 방식과 이름 및 자유를 얻은 경로가 해당 교구의 의사록에 기재되었는지 증언하도록 하라.[48]

그러나 주인 없는 계급의 하층 부류에서 노예들을 솎아 내려는 이러한 노력도 다음 10년 동안 자유민 유색인 인구의 급증을 막기에는 역부족이었다. 쿠바와 마찬가지로 그들은 아이티혁명 기간 동안 더 증가했는데, 생도맹그에서 이민자 다수를 포함하여 많은 자유민 유색인이 킹스턴에 몰려들었기 때문이다. 킹스턴의 교구 관리들은 1801년 도시법인 지위 획득(incorporation)을 위한 청원을 하면서, "최근 인구가 급격히 늘어났는데 특히 외국인과 자유민 유색인이 그러하다."라는 사실을 지적한 후, 주인 없는 이주자들이 가져오는 위험을 최소화하기 위해 더욱 엄정한 법 집

행과 "효과적이고 엄격한 치안"을 요구했다.[49]

생도맹그에서는 도시의 자유민 유색인과 물라토가 그들의 처지를 개선하려는 과정에서 프랑스혁명 이념에 적극적으로 동조했고, 이는 부지불식간에 1791년 노예 폭동으로 가는 길을 닦았다. 1770년대부터 도시 내 물라토와 자유민 흑인의 존재에 대한 근심과 논평이 늘어났다. 1775년 한 관찰자는 이미 익숙한 광경인 물라토 직공들 말고도 "이제 도시에는 스스로 자유민 신분이라고 하지만 어떻게 생계를 유지하는지 알려진 바 없는 물라토와 니그로가 있다."라고 썼다. 초반에는 이들을 거리에서 내쫓기 위해 자유민 유색인 남성을 경찰 부대에 편입시키고자 했으나, 해당 계급의 충성심에 대한 의문이 제기되면서 혼선이 빚어졌다. 이 조치에 반대하는 이들은 "공적 평온(public tranquillity)이 확립되었는데 무엇 하러 이를 어지럽히기만 할 이들에게 무기를 쥐여 준단 말인가?"라고 생각했다.[50] "공적 평온"이 방해받지 않으리라는 자신감은 프랑스혁명의 발발로 이어지는 몇 년 동안 빠르게 줄어들었다. 1780년대에 백인들은 도시 내 자유민 신분의 비백인을 주의 깊게 감시하고 통제해야 할 선동의 근원으로 보았고, 정부 관리들은 종종 수행하는 인구조사에서 도시의 '해방민(affranchis)' 수를 세는 데 특별히 주의를 기울였다. 예를 들어 공식 통계에 따르면 1775년 카프프랑세의 자유민 유색인 거주민은 195명밖에 되지 않았는데 1780년에 보다 면밀하게 계수해 보니 1,400명으로 드러났다. 이는 이들의 성장과 이에 대한 우려가 높아졌음을 잘 보여 준다.[51] 프랑스혁명 초반의 드라마가 생도맹그의 해안 도시들을 사로잡을 무렵에 섬 전역의 대농장주들은 소도시에서 발생한 소요가 부근 도시에 있는 흑인과 물라토의 중계로 대농장 지대까지 퍼질 수도 있다는 두려움을 표명했다. 1790년 아르카예(Arcahaye) 서쪽 교구에 살던 어느 전형적인 설탕 대농장주는 "도시의 게으른 니그로들이 제일 위험하다."라고 기록했다. 그에 따르면 "도시에서 모든 부랑자와 잃을 게 하나도 없는 이들을 쫓아내려는" 조치가 이미 시작되었으며, 이들이야말로 모든 분란의 중심이었다.[52]

그들의 염려는 틀리지 않았다. 18세기 내내 대농장주들에게 도시와 시골 사이의 연결 관계는 필수적인 동시에 문젯거리였다. 그들은 자유민이 사는 도시가 불만에 찬 노예들에게 탈주를 자극하는 유혹임을 잘 알고 있었으나, 대농장의 생존을 위해서는 항구도시를 통해 시장과 바다에 접근할 수 있어야 했다. 따라서 그들은 내륙과 해안 사이의 자유로운 물자 교류를 보장하고자 적극적으로 노력했지만, 이것이 그들의 사회체제에 가져올 잠재적 위험 역시 명백한 상황이었다.

카리브해 사회에서 내부 시장 교역 체제가 성장한 것은 도시의 팽창과 밀접히 연결되어 18세기에 나타난 현상이었는데, 도시와 시골의 세계가 가까워지면서 개인이 이동할 기회도 더 많아졌다. 자메이카와 생도맹그에서는 다양한 종류의 주인 없는 사람들이 도시와 교외 사이에 벌어지는 식료품과 값싼 소비품의 교환을 대부분 떠맡았다. 18세기 중반 영국 식민지에서는 노예들이 이를 위해 따로 떼어 놓은 텃밭에서 과실과 채소를 재배하는 관행이 섬 전체에 퍼졌다. 도시의 자유민 인구가 늘어남에 따라 노예들은 자신이 키운 생산품을 팔아 돈이나 다른 물품과 교환할 시장을 손쉽게 찾을 수 있었다.[53]

자메이카의 시장 교역 체제에서는 노예와 자유민 흑인, 물라토 중에서도 여성이 처음부터 주요한 참여자였다. 오늘날까지도 자메이카의 "도붓장수"는 사회에서 두드러지는 범주이며 도시와 시골 사이의 활발한 교역을 담당하는 중계상이다. 많은 여성이 중계상의 수입과 도붓장수의 삶이 가져다주는 자유와 이동성에 매혹되어 대농장에서 도망쳐 전업 도붓장수가 되고자 했다. 1787년에 킹스턴의 대농장을 떠난 피비(Phebe)라는 여성 재봉사는 5년 후에도 여전히 잡히지 않고 "자유민 행세를 하며" 살았다. 그는 "올드하버(Old Harbour)나 올드하버 시장, 아니면 그 주변에서 도붓장수로 산다는 말이 돌았다."[54] 대농장주와 도시 상인은 "우리 시장에서 팔리는 수많은 생필품을 선점하고" 도시의 뉴스를 대농장 노예들에게 전해 주는 "유랑 도붓장수"를 제어하고자 몹시 애썼다.[55] 따라서 도붓장수나 그 외에 돌아다니며 물건을 파는 상인과 행상인은 경제와 안전을 이유로 법에 따라 엄격하게 직업적 제약을 받았는데, 카리브해 혁명 초기처럼 긴장이 고조되는 시기에는 특히 더했다. 1792년 북쪽 해안의 농장주 집단은 "이 나라에서 행상인보다 더 위험한 인물은 없으며, 서인도제도 노예 사이에서 벌어진 반란 중 전부든 부분이든 이 계급 사람들이 주동하지 않은 것은 아마 하나도 없을 것이다."라고 말했다.[56]

생도맹그에서도 내부 시장 교역은 대농장과 도시를 연결하는 역할을 했다. 생도맹그의 내수경제가 주는 기회는 온갖 사람을 끌어들였으니, 도시의 실직한 가난한 백인, 자유민 흑인과 물라토, 노예 중 특혜를 입은 이들을 비롯하여 모두가 농산물과 작은 유럽산 공산품을 거래했다. 도시 내에서도 자유민 흑인과 물라토 여성들이 중심적 역할을 했는데, 그중 다수가 상업 "판매소(houses)"와 자신의 노예를 소유하고 있었다. 그리고 자메이카의 도붓장수들과 마찬가지로 시골 여성들은 일찍 일어나 대농장을 돌아다니며 노예들로부터 농산물을 사들여 도시 시장에 내다 팔았다. 농장주들은 이처럼 돌아다니며 사고파는 사람들의 이동성에 대해 염려했는데, 이는 내수시장에서 큰 몫을 챙기는 그들의 성가신 능력뿐 아니라 더 큰 사회적 역할 때문이기도 했다. 1760년대에 전설적인 마룬 지도자였던 통칭 마캉달(Mackandal)•은 북쪽 주의 백인 전부를 독살하려는 작전을 전개할 때 행상인의 연결망을 영리하게 활용하여 멀리서 사건을 예측하고 통제했으며, 이로써 노예 추종자 사이에서 강력한 종교적 신비주의자로서 입지를 굳혔다.[57] 이 중간 매개자들은 1789년 이후 끓어오른 열띤 뉴스를 도시에서 대농장으로 실어 나르는 데 주된 역할을 할 터였다.[58]

• 생도맹그에 살던 아프리카 출신 노예로 마룬 지도자이자 노예들의 종교인 부두교(vodou) 사제로 알려져 있다. 1757년 거대한 규모의 백인 독살 음모를 꾸몄다가 발각되어 다음 해 카프프랑세에서 공개 화형을 당했다.

* * *

카리브해의 소도시에서는 아주 다양한 주인 없는 사람이 노예, 도망자, 자유민 흑인의 대열에 합류했다. 식민지 정부는 노예를 통제하는 것만큼 수많은 유럽계 이주민을 다루는 데도 큰 어려움을 겪었다. 예를 들어 18세기 초부터 백인 이주민이 부를 찾아 스스로 오거나 혹은 점차 벌어지는 흑백 인구 간의 불균형을 해소하고자 유입되었는데, 이들은 영국과 프랑스령 카리브해 당국의 골칫거리였다. 수형자 노동자들을 식민지에 계약 하인으로 실어 보낸 1717년 영국 의회의 실험은 곧 역풍을 맞았다.• 형벌이나 계약으로 묶인 이주민들의 첫 물결이 도착한 지 몇 달 지나지 않아 자메이카 총독은 다음과 같이 보고했다.

> 그들은 나쁜 길과 사악한 생활 방식을 버리고 우리에게 유용한 존재가 되기는커녕 (…) 대부분 달아나 버렸고 되레 다른 이들도 꾀어 같이 해적질하러 떠났으며, 몇몇 니그로가 도망치도록 부추겼다 (…) 남아 있는 소수는 사악하고 게으른 종자이니, 바라건대 제발 이 나라가 더는 그들로 골치를 앓는 일이 없기를.

정부 관료들은 이른바 "부족분 법(Deficiency Laws)"의 결과물을 그 못지않게 불쾌해했다. 1718년부터 매년 나온 이 법령에 따르면, 대농장 소유주는 흑인과 가축 대비 정해진 비율의 백인 수를 유지해야 하며 이를 어길 경우에 벌금을 물어야 했다. 1731년 로버트 헌터(Robert Hunter) 총독은 이 법 때문에 들여온 백인은 대부분 아일랜드계 가톨릭교도로서 지역

• 수형자(convict) 노동자는 영국에서 범죄를 저질러 식민지 유형을 선고받은 이를 말한다. 계약 하인(indentured servant)은 식민화 초기에 흔했던 백인 이주의 형태로, 정해진 기간 동안 일하기로 고용주와 계약을 맺고 식민지로 오는 노동자를 말한다.

사회에 부담이 될 뿐 "게으르고 쓸데없는 종류의 사람"이고, 그들의 충성심도 항상 의심스럽다고 불만을 토로했다.[59] 하지만 1780년대에 들어 농장주 계급은 하층 계급 백인에 대한 적대감을 적어도 얼마간 억눌렀다. 두 계급이 백인들 간에 맺은 위태로운 연대 때문에 치를 대가가 혹자에게는 자못 커보였음에도 말이다. 농장주이자 역사가인 브라이언 에드워즈(Bryan Edwards)는 백인 평민이 "고용주에게 악수를 청하며 말을 거는데, 유럽에서는 이렇게 하층 신분이 상급자에게 자유를 과시하는 모습을 흔히 볼 수 없다."라고 이야기했다. 에드워즈는 이들이 평등을 주장하는 것이 나중에 자유민 유색인이 그러는 것만큼이나 불쾌하다고 여겼다.[60]

생도맹그의 전설적인 "번영"으로 1770년대와 1780년대에 한몫 챙기려는 유럽 이민자들이 대거 유입되면서, 이 섬의 프랑스 관료들도 비슷한 감정을 토로했다. 한 관찰자에 따르면, 새로 도착한 이는 대부분 건장한 직공으로서 "목수, 소목장이, 석공, 통 제조공, 대장장이, 수레바퀴 제조공, 마구 제조공, 마차 제조공, 시계장이, 금세공인, 보석세공업자, 이발사"들이 본국의 어려운 경제적 여건을 피해 이주했다.[61] 하지만 1780년 카프프랑세의 경찰 보고서에는 "유럽에서 매일 도착하는 사람들은 대부분 자기 가족과 나라로부터 도망쳐 친족과 법의 심판을 피하고자 아메리카로 왔다."라고 우려를 드러냈다.[62] 야심만만하고 종종 절박하며 대부분 젊은이로 이루어진 이주민의 물결은 민족 구성이 유별나게 다양했고, 생도맹그 도시에 광범위한 이동성과 의심스러운 충성심을 지닌 "소백인(petits blancs)"•이라는 새롭고 활동적인 인구 집단을 만들어 냈다. 한 대령이 나중에 회고하기를, 1793년 영국군이 생도맹그를 침공했을 때 도시 내 백인들이 상당히 저항했는데, 이들은 "유럽 각지로부터 온 모험가들"로서 "부를 찾아" 카리브해로 왔다고 설명했다.[63]

• '소(小)백인'은 대농장주, 대상인, 고위 관료와 군인 등 식민지 사회의 유력 인사였던 '대(大)백인(grands blancs)'과 달리 재산이나 지위가 보잘것없는 백인 하층민을 말한다.

반항심 강한 유럽 이민자들은 이 사회는 주인 계급의 권력이 전적으로 사회 질서 유지에 달려 있는 곳이기에 자신들 역시 이곳에 와서 본 자유민 흑인, 물라토, 도망노예와 마찬가지로 환영받지 못하는 손님임을 곧 깨달았다. 일리아르 도베르퇴이(Hilliard d'Auberteuil)는 생도맹그의 기득권 계급에 팽배한 감정을 반영하여, 그들에 대해 "우리 해안으로 몰려드는 사악한 부랑자와 모험가 무리로서 (…) 직업도 재산도 없고 (…) 어떤 시민과 거주민도 그들을 믿을 엄두를 내지 못한다."라고 경멸하듯이 묘사했다.[64] 그들은 자유민 유색인과 함께 도시 범죄율이 증가하는 원인으로 지목받았고, 카프프랑세 당국은 그들이 "강도질, 싸움질, 도박, 성적 방탕, 반란과 심지어 선동"을 포함하여 유럽 도시의 프롤레타리아가 가진 온갖 악덕을 가져왔다고 비난했다.[65] 또 다른 프랑스 식민지인 마르티니크(Martinique)의 총독은 가만히 못 있는 도시 백인 다수가 생도맹그로 향하자 심지어 안도하며 "그들이 거기에서는 사냥과 무질서를 탐닉하고 성적 분방함도 마음대로 누리겠지."라고 말했다.[66] 1790년과 1791년 카리브해에서 복무했던 한 프랑스 해군 중위는 선견지명을 발휘하여 도시의 '소백인들'은 "온 나라에서 온 떨거지"로서 "혁명을 선동하는 프로파간다에 대해 최고의 지지자가 될 것이다."라고 예측했다.[67]

도시의 하층 신분 백인들에는 단지 가난한 모험가만 있는 것이 아니었다. 상당수는 자기 의사에 따라 주인 없는 사람이 된 군대의 탈영병이었는데, 식민 당국은 이들을 도망노예와 같이 취급했다. 카리브해 전역에서 활동하는 식민지 연대의 지휘관들은 본국에서 파견된 휘하 장병들이 하나같이 자질이 떨어지는 데다 독립할 기회만 있으면 임무를 내던지고 달아날 마음으로 가득하다고 불평했다. 영국령 세인트빈센트(St. Vincent)섬의 총독은 1777년 가장 최근에 온 신병들을 두고 이러한 좌절감을 토로하면서, "인간쓰레기들 같으니라고. 쓰레기를 다 여기 보냈으니 이제 런던 거리는 말끔하고 감옥도 텅 비었겠군. (…) 장담컨대 교수형 당해 마땅한 자들을 모아서 신병으로 채운 거고, 대부분은 말 그대로 (…) 구덩이에 처넣는 것 말고는 쓸모가 없다니까."라고 말했다.[68] 서인도제도에 파견된 잉글랜드 군인들이 "불규칙한 습관"을 가진 "규율 없는 남자들"이라는 나쁜 평판은 18세기와 마찬가지로 최근 글에서도 계속 찾아볼 수 있다.[69]

탈영률은 전쟁이 나거나 전쟁 소문이 퍼져 병사가 군영에서 떠나고 수병이 배에서 도망칠 때 치솟지만, 카리브해에서 탈영은 다른 형태의 민중 저항과 마찬가지로 18세기가 끝날 때까지 전시와 평시를 막론하고 유서 깊은 전통이었다. 탈영을 유도하는 요인은 차고 넘쳤다. 식민지 연대의 군율은 엄격하고 비타협적이었으며, 잦은 전염병이 새로 도착한 부대의 사병들을 덮치면 이들은 종종 좁고 비위생적인 구역에 갇혔다. 게다가 현지 문화에 참여할 기회가 많은 것도 유혹적이었다. 에스파냐 연대의 탈영병들은 법과 관습 덕분에 교회를 피난처로 삼아 체포를 면할 수 있는 특별한 기회가 있었다. 그러나 다른 나라 사람들은 기꺼이 작은 상선이나 밀수선을 타고 도시 속으로 사라지거나 부랑자로 떠돌아다녔다.

1790년대 초반 대서양 연안에 소용돌이치던 정치적 급류는 병사와 수병들에게 탈영은 물론 군 당국에 더욱 직접적으로 저항하도록 부추겼다. 자메이카 연대의 탈영병 수배 광고는 이러한 정치적 설명을 뒷받침한다. 예를 들어 많은 자료에서 아일랜드 출신 탈영병이 꽤 나오는데, 심한 아일랜드 억양 때문에 특이한 인물로 찍힌 제임스 리건(James Regan)은 1792년 킹스턴 군영에서 탈주하면서 옷, 돈, 심지어 잉글랜드인 대위의 임관증까지 가져갔다. 그러고서 말 1필과 젊은 흑인 길잡이를 고용한 후에 섬을 가로질러 "북쪽 항구 중 어딘가로" 떠났으며, 섬을 떠날 수 있는 통행증을 얻고자 대위인 양 행세했으나 실패했다.[70] 비슷한 시기에 제62연대에서 무단이탈한 5명 중에는 잉글랜드인 1명과 아일랜드인 3명이 있었다.[71] 1793년 8월 아일랜드 출신으로 직업이 수직공인 헨리 해밀턴(Henry Hamilton)은 마찬가지로 수직공인 연상의 스코틀랜드인 전우와 스토니힐(Stony Hill) 군영에서 도망쳤다.[72] 1790년대 초반 영국군 내 아일랜드 병사와 수병 사이에 퍼진 명백한 불만은 당시 아일랜드에서 민족주의적 공화주의가 등장하면서 영국의 지배에 다시 적극적으로 저항한 것과 밀접한 관련성이 있었다. 만일 서인도제도에서 활동하는 영국 연대의 탈영병들이 아일랜드 반체제 인사들을 포함하고 있었다면, 이들의 활동은 1797년 스핏헤드(Spithead)와 노어(Nore)에서 일어난 수병 반란에서 '아일랜드인연합(United Irishmen)'의 역할을 어느 정도 예측케 한다.• 그러한 급진적 흐름은 카리브해 내 영국에 대항한 현지 투쟁에서 종종 바로 표출될 수도 있었다. 1793년 늦은 봄 생도맹그의 흑인 반란자들이 카프프랑세를 함락한 직후, 반란을 일으킨 식민지 해안 근처에서 복무 중이던 영국 무장 쾌속정의 함장은 "덩치 크고 억양이 센 악명 높은 아일랜드인"을 일별하고는, 그가 "예전에 자기 쾌속정에서 갑판장으로 일하던 탈영병"임을 알아보았다. 이 탈영병은 최근 "피부색이 다양한 남자 50-60명으로 무장된 커다란 노 젓는 배(rowboat)"에 탄 잡색 승무원들과 함께 목격되었는데, 영국과 미국의 배를 약탈하며 육지의 흑인 반란자들에 동조하는 것이 틀림없었다.[73]

식민 정부는 도망노예를 규제하려 했던 것처럼 이들의 행동을 저지하기 위해서 폭넓게 노력했다. 자메이카의 경우 군대 탈영병 수배 광고가 도망노예 수배 광고와 신문의 같은 면에 실렸고, 붙잡힌 탈영병에게는 반항적인 노예에게 일상적으로 부과되는 신속하고 엄한 처벌을 내렸다. 1791년 초에 군사 법정은 포트로열의 영국군 전함에서 탈영하여 유죄 판결을 받은 "수병 1명과 수부 1명"에게 형벌로 각각 채찍질 500대를 선고했다. 나중에 "제독께서 자비롭게도 반으로 감형해 주기"는 했지만 말이다.[74] 총독, 장교, 식민지 의회, 개인도 무단이탈한 노예를 잡을 때와 마찬가지로 탈영병에게 상금을 걸었다. 다양한 형태의 탈주를 구분하는 경계

• 1797년 영국이 한창 프랑스와 혁명 전쟁을 치르고 있을 때 영국 포츠머스 근처의 스핏헤드와 템스강 유역의 노어에서 수병 반란이 여러 차례 일어났다. '아일랜드인연합'은 프랑스혁명의 영향을 받아 1791년에 결성된 아일랜드 민족주의 단체다.

선은 종종 모호해졌다. 하나의 예로 당국은 새벽 2시에 아바나의 중앙광장 입구 근처에서 요세프 이시드로 푼셀(Josef Isidro Puncel)이라는 물라토를 잡아 도망노예로 투옥시켰는데, 나중에 자세히 조사해 보니 그는 함대에서 탈영한 자유민이었다.[75] 하지만 대농장주, 상인, 식민 관료와 그 가족의 안전은 크게 보면 군대의 힘과 충성심과 준비 태세에 달려 있었기 때문에, 탈영병에게는 도망노예와 달리 어느 정도 유예가 주어졌다. 1789년 초, 그리고 다시 4년 후에 전쟁의 암운이 드리워졌을 때 에스파냐 왕실은 수배 중이건 감옥에 있건 상관없이 탈영과 밀수로 유죄 판결을 받은 모든 이에게 사면령을 내림으로써 탈영병을 다시 품고자 했다.[76]

* * *

영국군의 군악대와 관련된 한 탈영 사건을 통해 우리는 밸캐러스 총독이 "판도라의 상자"라고 부른 것, 즉 카리브해 노예제 사회의 규율로부터 도망자들을 보호한 복잡한 도시 지하 세계의 모습을 들여다보는 드문 기회를 얻을 수 있다. 군사사 연구자들은 보통 무시하고 지나쳤지만, 군악대는 서인도제도나 어디에서든 영국군에 필수적인 존재였으며 그 규모와 역할은 18세기 중반부터 나폴레옹 전쟁 때까지 계속 증대한 것으로 보인다.[77] 유럽 내 군악대의 규모와 기악 편성이 확장되는 동안, 흑인 군악병들은 점차 눈에 띄게 늘어나 1780년대에 들어서면 대륙 곳곳에서 백인과 나란히 연주하는 모습을 볼 수 있었다. 영국 군악대의 흑인은 심벌즈를 맞부딪치고 팀파니, 탬버린, 큰북, 트라이앵글 그리고 이른바 "짤랑이 조니(Jingling Johnies)"*를 치면서 새로운 음악을 도입했고, 군악대는 이를 열렬히 환영했다. 이는 영국 군대 음악의 특징인 문화적 차용 현상의 일부

* 종이 달린 타악기.

였다.[78] 더 광범위한 차용 현상은 서인도제도에서 벌어졌다. 이 섬들에서는 18세기가 시작될 무렵부터 유럽 군악대에 흑인이 나타났으니, 1720년대 프랑스군에서 흑인이 북을 쳤다. 18세기 말에는 영국 군악대도 흑인의 재능을 기꺼이 활용했다. 현지의 흑인 음악가들이 군악대에 합류하면서 군대 음악에만 영향을 미친 것이 아니었다. 그들은 불만에 찬 영국 병사들이 섬의 활기찬 음악 문화와 궁극적으로는 이를 살찌운 지하 세계에 접근할 통로를 제공했다.

1790년대 자메이카에서 영국군의 군악병은 탈영하는 성향이 특히 높았던 것으로 보인다. 킹스턴 근처에 주둔했던 보병 제10연대는 확실히 그렇다. 제10연대의 지휘관은 1793년 4월 한 달 만에 제각기 무단이탈한 군악병들에 대한 수배 광고를 현지 신문에 게재했다. 그중 클라리넷과 여러 악기를 연주하던 새뮤얼 리드(Samuel Reed)는 스무 살 남짓한 아일랜드인 "일꾼(labourer)"이었다. 리드가 사라지고 불과 며칠 후에 조지프 리스(Joseph Lees)라는 북 연주자도 뒤따라 병영을 떠났다.[79]

리드와 리스는 아마 1년 이상 탈영 중인 동료 군악병 2명과 합류하려고 했을 것이다. 1792년 2월, 같은 악대 소속이 분명한 군악병 10명이 제10연대를 탈영해 킹스턴으로 향하는 극적인 사태가 벌어졌다. 이는 분명 사전에 잘 계획된 도주였다. 탈영병들은 먼저 최근에 같은 연대의 포병대에서 파이퍼(fifer)*를 연주한 물라토 제이콥 하이엄(Jacob Hyam)이라는 옛 친구의 집에 피신했다. 그들의 자취를 추적한 군 당국은 하이엄의 집에서 군악병 3명을 체포했으나 나머지는 달아났다. 며칠 후 탈영병 3명이 더 잡혔는데, 이번에는 흔히 "지옥의 골목(Damnation-alley)"이라 불리는 킹스턴의 어둡고 불결한 구역에 있는 "메리 엘리스(Mary Ellis)라는 나이 든 백인 여자"의 집에 숨어 있었다. 여전히 도주 중인 4명을 쫓던 이들은 하루

* 작은 플루트 모양의 악기.

이틀 전에 "자신들이 맹렬히 추적당하고 있음을 알고" 놀란 군악병들이 "패를 나눠 서로 다른 길로 떠났음"을 알게 되었다. 2명은 그 직후 사바나라마르로 가는 배에 탑승하기 직전 붙잡혔다.[80]

3월 말에는 10명 중 2명만 당국의 손을 벗어나 있었다. 이 둘은 친구들에게 "도러스(Dorus)"로 알려진 조지 시어도러스 에스컬킨(George Theodorus Eskirkin)이라는 아일랜드 토박이와 퀘벡 선주민 존 심스(John Sims)였다. 에스컬킨과 심스 모두 원숙한 음악가로서, 그들의 재능과 관심은 군악대에 지급된 일반 악기인 플루트, 오보에, 파이퍼, 클라리넷을 익히는 것을 훨씬 뛰어넘는다. 그의 지휘관 말에 따르면 에스컬킨은 "북을 칠 수 있었고" 심스는 "바이올린, 비올론첼로, 하프시코드 (…) 바순, 기타" 연주를 즐겼다. 둘의 음악적 배경이 현지 음악가들과 근본적으로 다르기는 했지만, 그들은 자메이카의 흑인 음악가 사이에서 인기 있던 타악기와 현악기에 관심이 있어서, 아마도 그 덕분에 지하 세계에서 찾은 비슷한 동료의 도움으로 추적자를 계속 따돌릴 수 있었을 것이다. 제이콥 하이엄(도망자들을 숨겨 준 죄로 이제 교구 감옥에 수감된)과 메리 엘리스의 집을 떠난 심스와 에스컬킨은 법망보다 한 걸음씩 앞서 도망쳐 근처의 스패니시타운으로 이동했다. 여기서 그들과 함께 종종 목격된 악명 높은 음악가 "잭 네일러(Jack Nailor)라는 흑인"은 심스처럼 "바이올린 연주자"로서 "유대인 시장" 어딘가에 근거지를 틀었다. 네일러의 가르침을 받았는지 자기 생각인지는 모르겠지만, 두 탈영병은 수도를 분주하게 오가는 사람들 속으로 모습을 감추고자 변장했다. 기다란 검정 스타킹과 기름이 묻은 헐렁한 바지 차림의 영국인 선원이 되는가 하면, 어떤 날은 에스파냐인이 되어 "머리에 착색한 손수건을 묶고 줄무늬 리넨 윗옷과 바지"를 입은 채 말씨를 꾸며 내며 어슬렁거렸다. 한여름이 되자 지친 당국은 그들이 킹스턴과 스패니시타운에 사는 더 짙은 색 피부의 동료들과 전혀 구분되지 않는다며, 이들을 체포하려는 시도조차 포기했다. 남쪽 해안을 따라 "물고기를 잡고 사냥하며" 살았다고 전해지는 두 음악가는 "몇몇 유색인만큼이나 갈색 피부로 보였다." 그들이 군에 체포되었거나 복귀했다는 기록은 찾을 수 없다.

도러스와 존에게 음악은 그들의 모험을 킹스턴 도시 지하 세계의 주인 없는 남녀들이 카리브해 관료 집단의 감시 바깥에서 삶을 일구고자 벌인 투쟁과 묶어 주는 공통된 경험의 연결고리였다. 그들의 성공은 관료들이 이러한 연결망으로 겪었을 어려움을 짐작하게 한다. 반면 이 연결망 덕분에 각인각색의 사람들이 권력에 저항하고 이동하는 생활 방식을 확립할 수 있었다. 이러한 민중 저항과 이동성은 카리브해에서 사회혁명의 흥분을 전파하는 핵심적 요인이 될 터였다. 하지만 이러한 연결망이 한 섬이나 구역에 국한되지 않고 카리브해 전역으로 뻗어 나갔음을 주지할 필요가 있다. 다음 장에서는 이 활력 넘치는 섬과 섬 사이의 이동성, 즉 배와 선원의 세계를 들여다볼 것이다.

주

1 이러한 변화에 관한 서술로 Clarence H. Haring, *The Buccaneers in the West Indies in the XVII Century* (London, 1910), pp. 200-231; Richard Pares, *Merchants and Planters* (Cambridge, 1960), pp. 14-20; and Christopher Hill, "Radical Pirates?" in Margaret Jacob and James Jacob, eds., *The Origins of Anglo-American Radicalism* (London, Boston, and Sydney, 1984), pp. 20-28을 참조하라. 힐은 17세기 중반 잉글랜드에서 "주인 없는 사람들"의 역할을 *The World Turned Upside Down: Radical Ideas during the English Revolution* (London, 1972), pp. 32-45에서 생생하게 묘사한다.

2 E. P. Thompson, "Patrician Society, Plebeian Culture," *Journal of Social History* 7 (Summer 1974), p. 383.

3 "뱃사람, 무법자, 버림받은 자들"이라는 표현은 C. L. R. James, *Mariners, Renegades, and Castaways: The Story of Herman Melville and the World We Live In* (New York, 1951)에서 빌려 왔다.

4 Richard B. Sheridan, *Sugar and Slavery: An Economic History of the British West Indies 1623-1775* (Baltimore, 1973), pp. 216-223; Frances Armytage, *The Free Port System in the British West Indies: A Study in Commercial Policy, 1766-1822* (London, New York, and Toronto, 1953), p. 4; George Metcalf, *Royal Government and Political Conflict in Jamaica. 1729-1783* (London, 1965), pp. 33-197; Robert V. Wells, *The Population of the British Colonies in America before 1776: A Survey of Census Data* (Princeton, 1975), p. 196.

5 Richard S. Dunn, *Sugar and Slaves: The Rise of the Planter Class in the English West Indies, 1624-1713* (Chapel Hill, 1972), p. 155; Wells, *Population of the British Colonies*, p. 196.

6 Manuel Moreno Fraginals, *The Sugarmill: The Socioeconomic Complex of Sugar in Cuba 1760-1860*, trans. Cedric Belfrage (New York and London, 1976), pp. 15-30; Ramiro Guerra y Sánchez, *Sugar and Society in the Caribbean: An Economic History of Cuban Agriculture* (New Haven and London, 1964), pp. 44-50; Hubert H. S. Aimes, *A History of Slavery in Cuba, 1511 to 1868* (New York and London, 1907), p. 269; Nicolas Sánchez-Albornoz, *The Population of Latin America: A History*, trans. W. A. S. Richardson (Berkeley, Los Angeles, and London, 1974), pp. 139-140.

7 경제적 팽창에 관해 참고할 책은 다음과 같다. Lawrence Henry Gipson, *The British Empire before the American Revolution*, 15 vols. (New York, 1966-1970), II, 252n.; Noel Deerr, *The History of Sugar*, 2 vols. (London, 1949-1950), I, pp. 239-240; and C. L. R. James, *The Black Jacobins: Toussaint L'Ouverture and the San Domingo Revolution*, 2nd ed., rev. (New York, 1963), pp. 45-46. 인구와 노예무역 통계 수치에 대해서는 다음을 참조하라. Philip D. Curtin, *The Atlantic Slave Trade: A Census* (Madison, Milwaukee, and London, 1969), pp. 78-79; Jean Tarrade, *Le commerce colonial de la France à la fin de l'Ancien régime: l'évolution du régime de l'Exclusif de 1763 à 1789*, 2 tomes (Paris, 1972), II, pp. 759-760; Charles Bréard, *Notes sur Saint-Domingue, tirées des papiers d'un armateur du Havre. 1780-1802* (Rouen, 1893), p. 4; Perry Viles, "The Slaving Interest in the Atlantic Ports, 1763-1792," *French Historical Studies* 7 (Fall 1972), p. 530; *Mémoire envoyé le 18 juin 1790, au Comité des Rapports de l'Assemblée Nationale, par M. de la*

Luzerne (Paris, 1790), p. 70, in the collection entitled *Révolutions de Saint-Domingue*, John Carter Brown Library, Brown University (이하 RSD로 표기) 참조.

8 R. C. Dallas, *The History of the Maroons, from their Origin to the Establishment of their Chief Tribe at Sierra Leone*, 2 vols. (London, 1803), I, pp. 22-97; Frank Wesley Pitman, *The Development of the British West Indies, 1700-1763* (New Haven, 1917), pp. 113-118. 이 시기 영국령 카리브해에서 벌어진 저항에 대한 개관은 David Barry Gaspar, "A Dangerous Spirit of Liberty: Slave Rebellion in the West Indies during thc 1730s," *Cimarrons* 1 (1981), pp. 79-91을 참조하라.

9 다시 잡힌 도망자가 험한 취급을 받은 예가 다음 책에 묘사되어 있다. Orlando Patterson, *The Sociology of Slavery: An Analysis of the Origins, Development, and Structure of Negro Slave Society in Jamaica* (Rutherford, Madison, and Teaneck, N. J., 1967), p. 263.

10 Adam Williamson to Henry Dundas, 9 March 1793, Colonial Office Records, Public Record Office, London, class 137/volume 91 (이하 C.O. class/vol., PRO로 표기).

11 Lord Balcarres to Duke of Portland, 11 August, 25 August 1795, C.O. 137/95, PRO.

12 럭키(Luckey)에 대한 심문은 "Examinations of sundry Slaves in the Parish of St. Ann Jamaica respecting an intention to revolt," 31 December 1791, 11 January 1792, 그리고 듀크(Duke)와 글래모건(Glamorgan)에 대한 심문은 "Examinations of sundry Slaves in the Parish of Trelawny Jamaica," 5 January 1792, C.O. 137/90, PRO을 보라.

13 John Whittaker to J. L. Winn, 11 January 1792 and report of Robert Parker, n.d., enclosed with "Minutes of the proceedings of the Committee of Secrecy and Safety in the Parish of St. James's, Jamaica," C.O. 137/90, PRO.

14 이러한 묘사에 대해서는 Robert T. Hill, *Cuba and Porto Rico, with the other Islands of the West Indies* (New York, 1898), pp. 39-40, and Alexander von Humboldt, *The Island of Cuba*, trans. J. S. Thrasher (New York, 1856), 129n 참조.

15 Juan Nepomuceno de Quintana to Eugenio Llaguno, Cuba, 31 December 1796, Archivo General de Indias, Sevilla, Spain, Sección de Gobierno, Audiencia de Santo Domingo, leg. 1264 (이하 AGI, Santo Domingo로 표기).

16 Francisco Pérez de la Riva, *La habitación rural en Cuba* (La Habana, 1952)의 일부를 참조하라. 이 부분은 Richard Price, ed., *Maroon Societies: Rebel Slave Communities in the Americas* (Baltimore, 1979), esp. pp. 54-55에 번역되어 재수록됨.

17 Quintana to Llaguno, Cuba, 31 December 1796, AGI, Santo Domingo, leg. 1264.

18 Luis de las Casas to Príncipe de la Paz, La Habana, 14 November 1795, AGI, Papeles procedentes de la isla de Cuba, leg. 1489 (이하 AGI, Cuba로 표기); Lord Balcarres to Duke of Portland, 29 December 1795, C.O. 137/96, PRO. 이를 흡족하게 여긴 자메이카인들은 몇 주 후 당시 영국의 점령 아래 있던 생도맹그 지역의 도망노예를 제어할 때에도 이러한 해결책에 의존했다. 다음 자료를 보라. Quintana to Las Casas, Cuba, 25 February 1796, AGI, Cuba, leg. 1435.

19 José Luciano Franco, *Las minas de Santiago del Prado y la rebelión de los cobreros, 1530-1800* (La Habana, 1975), pp. 58-63; Juan Baptista Vaillant to Las Casas, Cuba, 14 September 1795, AGI, Cuba, leg. 1435.

20 Gabriel Debien, "Le marronage aux Antilles françaises au XVIIIe siècle," *Caribbean Studies* 6 (October 1966), pp. 3-41. 아이티 역사가 장 푸샤르(Jean Fouchard)는 아이티 독립과 흑인들의 해방을 위한 긴 투쟁에서 생도맹그 마룬이 핵심적 역할을 했다고 강조

한다. 다음을 보라. Jean Fouchard, *Les marrons du syllabaire (Port-au-Prince, 1953), and Les marrons de la liberté* (Paris, 1972); Edner Brutus, *Révolution dans Saint-Domingue*, 2 tomes ([Belgium], n.d.); Leslie Manigat, "The Relationship between Marronage and Slave Revolts and Revolution in St-Domingue-Haiti," in Vera Rubin and Arthur Tuden, eds., *Comparative Perspectives on Slavery in New World Plantation Societies* (New York, 1977), pp. 420-438. "아이티학파"에 매우 비판적인 견해로는 다음을 보라. David P. Geggus, *Slavery, War, and Revolution: The British Occupation of Saint- Domingue* (Oxford, 1982), pp. 27, 411, 457-458.

21 Debien, "Marronage aux Antilles françaises," pp. 3, 7-9.

22 Séguy de Villevaleix to Comte de Polastron, 31 September 1790, reprinted in Gabriel Debien, *Études antillaises* (XVIIIe siècle) (Paris, 1956), p. 170.

23 예를 들어 다음을 보라. Debien, *Études antillaises*, p. 164; Pierre Léon, *Marchands et spéculateurs dans le monde antillais du XVIIIe siècle: les Dolle et les Raby* (Paris, 1963), p. 141.

24 Colin G. Clarke, *Kingston, Jamaica: Urban Development and Social Change, 1692-1962* (Berkeley, Los Angeles, and London, 1975), pp. 6, 141. 클라크는 1700년 무렵 킹스턴 인구를 5,000명으로 추산한다. 보스턴, 뉴욕, 필라델피아의 "웃자란 촌락들"에 대해서는 Gary B. Nash, *The Urban Crucible: Social Change, Political Consciousness, and the Origins of the American Revolution* (Cambridge and London, 1979), pp. 3-4를 참조하라. 카프프랑세에 대한 통계는 M. L. E. Moreau de Saint-Méry, *Description topographique, physique, civile, politique et historique de la partie française de l'isle Saint-Domingue*, nouvelle édition, 3 tomes (Paris, 1958), I, p. 479를 참조하라.

25 Alexander von Humboldt, *Ensayo político sobre la isla de Cuba* (La Habana, 1960), p. 108; Sánchez-Albornoz, *Population of Latin America*, p. 127.

26 1790년 이 도시의 인구는 23,500명으로 추산된다(Clarke, Kingston, p. 141). 같은 해 미국에서 벌어진 최초의 인구조사에 따르면 뉴욕 거주자는 49,401명, 필라델피아는 28,522명, 보스턴은 18,320명이었다.

27 Moreau de Saint-Méry, *Description*, I, p. 479.

28 Juan Baptista Vaillant to Las Casas, 18 June 1791, "Resumen general de los moradores que comprehende la Ciudad de Cuba, y su respectivo territorio formado en el año de 1791," 18 June 1791, AGI, Cuba, leg. 1434; Antonio J. Valdés, *Historia de la isla de Cuba y en especial de la Habana,* rep. of 1813 edition (La Habana, 1964), pp. 63-64. 또한 쿠바의 동쪽 해안선을 따라 있던 "다수의 연안선 정박지"에 대해서는 Ramon de la Sagra, *Histoire physique et politique de l'isle de Cuba*, 2 tomes (Paris, 1844), I, pp. 34-35 참조.

29 Jamaica Assembly, *Proceedings of the Honourable House of Assembly of Jamaica, on the Sugar and Slave-Trade* (London, 1793), p. 13. 지역 내 밀무역에서 자메이카의 핵심적 역할에 관해서는 Allan Christelow, "Contraband Trade between Jamaica and the Spanish Main and the Free Port Act of 1766," *Hispanic American Historical Review* 22 (May 1942), pp. 309-343 참조.

30 Sir Alan Burns, *History of the British West Indies* (London, 1954), p. 495; Stephen Fuller to Duke of Portland, 18 February 1794, C.O. 137/93, PRO; Fuller to Henry Dundas, 18 February 1794, Letterpress Books, Stephen Fuller Papers, Duke University Library (이

하 FLB로 표기).

31 Philip Affleck to Philip Stephens, 7 June 1790, Admiralty Records, PRO, class 1/volume 244 (hereinafter ADM class/vol., PRO); Adam Williamson to Henry Dundas, 5 August 1792, C.O. 137/90, PRO.

32 Sagra, *Historia*, I, p. 19.

33 Robert H. Fisher, "Narrative of a voyage to the West Indies, for the purpose of attempting the establishment of an Ice Market in the Island of Jamaica" (West Indian Travel Journal, 1800-1801), University of Virginia Library, pp. 26-27.

34 Lord Balcarres to Commander-in-Chief, 31 July 1800, C.O. 137/104, PRO.

35 Pitman, British West Indies, 40n.

36 Gabriel Debien, "Les marrons de Saint-Domingue en 1764," *Jamaican Historical Review* 6 (1966), p. 15.

37 다음에 나오는 개요 참조. "Expediente relativo al recurso de los Ganaderos y Hacendados de la Provincia de Caracas … Años de 1790 a 92," AGI, Sección de Gobierno, Audiencia de Caracas, leg. 15 (이하 AGI, Caracas).

38 Manuel Ventura Montero y Uriza to Las Casas, La Habana, 3 June 1791, AGI, Cuba, leg. 1465.

39 Las Casas to Marques de Cárdenas, La Habana, 10 February 1792, Marques de Cárdenas to Las Casas, La Habana, 14 February 1792, AGI, Cuba, leg. 1460.

40 "Supplemento al reglamento sobre esclavos cimarrones, mandado publicar por el Exmo. Sr. Gobernador y Capitán General," La Habana, 1 June 1798, Conde de Santa Clara to "Alcaldes de Hermandad de esta Ciudad y Pueblos de su Jurisdicn.," La Habana, 20 July 1798, AGI, Cuba, leg. 1508-A.

41 Jean Fouchard et Gabriel Debien, "Aspects de l'esclavage aux Antilles françaises: le petit marronage à Saint-Domingue autour du Cap (1790-1791)," *Cahiers des Amériques Latines: série "Sciences de l'homme"* 3 (janvier-juin 1969), pp. 31-67.

42 Jamaica Assembly, *Journals of the Assembly of Jamaica*, 14 vols. (Jamaica, 1811-1829), X, p. 491.

43 Vaillant to Las Casas, Cuba, 18 June 1791, "Resumen general de los mora-dores que comprehende la Ciudad de Cuba," 18 June 1791, Vaillant to Las Casas with enclosed estados, Cuba, 22 June 1792, AGI, Cuba, leg. 1434; Kenneth F. Kiple, *Blacks in Colonial Cuba, 1774-1899* (Gainesville, 1976), p. 85; Humboldt, *Island of Cuba,* pp. 112-114.

44 Humboldt, *Island of Cuba,* pp. 187, 190-191, 212-213, 242.

45 Juan Guillelmi to Antonio Valdés, Caracas, 14 February, 30 April 1789, AGI, Caracas, leg. 113; Allan J. Kuethe, "The Status of the Free Pardo in the Disciplined Militia of New Granada," *Journal of Negro History* 56 (April 1971), p. 109. 이런 인종적 용어는 항상 모호하지만, 전반적으로 에스파냐인은 "moreno"는 자유민 흑인, "pardo"는 영국인이 물라토라고 부른 사람을 가리키는 말로 썼다. Magnus Mörner, *Race Mixture in the History of Latin America* (Boston, 1967), p. 44 참조.*

---

* 저자가 pardo와 moreno 개념을 혼동해서 수정 번역했음.

46 Las Casas to Conde del Campo de Alange, La Habana, 16 August 1791, AGI, Santo Domingo, leg. 1255.

47 "Return of the number of White Inhabitants, Free People of Colour and Slaves in the Island of Jamaica-Spanish Town, Nov. 1788," C.O. 137/87, PRO; George W. Roberts, *The Population of Jamaica* (Cambridge, 1957), pp. 38-39; W. J.

48 *The New Act of Assembly of the Island of Jamaica ... Commonly Called. The New Consolidated Act ... Being the Present Code Noir of that Island* (London, 1789), article LXIX.

49 *Journals of the Assembly of Jamaica*, X, p. 507.

50 Michel René Hilliard d'Auberteuil, *Considérations sur l'état présent de la colonie française de Saint-Domingue,* 2 tomes (Paris, 1776), II, pp. 85-86.

51 통계 수치는 Moreau de Saint-Méry, *Description*, I, pp. 479-480.

52 Joseph Laurent to Antoine Dolle l'Américain, Bordeaux, 4 August 1790, quoted in Léon, *Marchands et spéculateurs,* pp. 140-141.

53 다음의 기념비적인 논문 참조. Sidney W. Mintz and Douglas Hall, "The Origins of the Jamaican Internal Marketing System," *Yale University Publications in Anthropology* (no. 57, 1960), esp. pp. 12-13, 15, 20.

54 Kingston *Royal Gazette*, 20 October 1792, file in National Library of Jamaica, Kingston (hereinafter NLJ).

55 Matthew Gregory Lewis, *Journal of a Residence among the Negroes in the West Indies* (London, 1845), p. 41; *Royal Gazette*, 2 March 1793. 오늘날 도붓장수의 활동을 묘사하면서 이들이 자기 공동체와 "이제 소도시에 사는 예전 이웃들" 사이에 의사소통 매개 역할을 하는 모습을 강조하는 연구로는, Margaret Fisher Katzin, "The Jamaican Country Higgler," *Social and Economic Studies* 8 (December 1959), pp. 421-435 참조.

56 "Minutes of the proceedings of the Committee of Secrecy and Safety in the Parish of St. James's, Jamaica," [1792], C.O. 137/90, PRO.

57 "Minutes of the proceedings of the Committee of Secrecy and Safety," C.O. 137/90, PRO.

58 See Hénock Trouillot, "Les sans-travail, les pacotilleurs et les marchands à Saint-Domingue," *Revue de la société haïtienne d'histoire* 29(1956), pp. 47-66.

59 Nicolas Lawes to Board of Trade, 1 September 1718, C.O. 137/13, PRO, Robert Hunter to Board of Trade, 13 November 1731, C.O. 137/19, PRO, both quoted in Pitman, British West Indies, pp. 54, 55-56.

60 Edwards, *History, Civil and Commercial*, II, pp. 7-8.

61 S. J. Ducoeurjoly, *Manuel des habitans de Saint-Domingue*, 2 tomes (Paris, 1802), II, p. 63.

62 "Mémoire sur la police du Cap" (1780). 다음에 재수록. Pierre de Vassière, *Saint-Domingue: la société et la vie créoles sous l'ancien régime (1629-1789)* (Paris, 1909), pp. 337-338.

63 Colonel Chalmers, *Remarks on the Late War in St. Domingo, with Observations on the Relative Situation of Jamaica, and Other Interesting Subjects* (London, 1803), pp. 8-9.

64 Hilliard d'Auberteuil, *Considérations,* II, pp. 55-56.

65 "Mémoire sur la police du Cap."

66 T. Lothrop Stoddard, *The French Revolution in San Domingo* (Boston and New York, 1914), p. 4에서 재인용.

67 Chevalier Camille de Valous, *Avec les "rouges" aux Iles du Vent: souvenirs du Chevalier de Valous* (1790-1793) (Paris, 1930), p. 5.

68 Lowell Joseph Ragatz, *The Fall of the Planter Class in the British Caribbean, 1763-1833* (New York and London, 1928), pp. 31-32에서 재인용.

69 Roger Norman Buckley, *Slaves in Red Coats: The British West India Regiments, 1795-1815* (New Haven and London, 1979), p. 3, 166n.

70 *Royal Gazette*, 4 August, 1 September 1792.

71 *Royal Gazette*, 20 October 1792.

72 *Royal Gazette*, 17 August 1793.

73 Samuel G. Perkins, *Reminiscences of the Insurrection in St. Domingo* (Cambridge, 1886), pp. 72-73. 아일랜드 공화주의의 초기 발달 과정과 프랑스혁명과의 관계에 관한 개관은 Marianne Elliott, *Partners in Revolution: The United Irishmen and France* (New Haven and London, 1982), pp. 17-34 참조.

74 *Kingston Daily Advertiser*, 6 January 1791, file in American Antiquarian Society, Worcester, Massachusetts (이하 AAS). 1792년 6월 포트로열에서 체포되어 재판에 회부된 또 다른 탈영 선원 사건도 참조하라. 법정은 함대의 다른 선원들이 비슷한 생각을 떠올릴 때 본보기가 되도록 "배마다 다니며 채찍질을 하도록" 판결했다. 처벌은 합계 84대의 고통스러운 채찍질로 갈음되었다. *Royal Gazette*, 23 June 1792.

75 Juan Manuel García Chicano to Las Casas, La Habana, 12 July 1794, AGI, Cuba, leg. 1465.

76 Juan Guillelmi to Valdés, Caracas, 30 April 1789, AGI, Caracas, leg. 113; Pedro Carbonell to Campo de Alange, Caracas, 31 July 1793, AGI, Caracas, leg. 94; Las Casas to Campo de Alange, La Habana, 11 June 1793, AGI, Santo Domingo, leg. 1261.

77 H. C. B. Rogers, *The British Army of the Eighteenth Century* (New York, 1977), pp. 43-44.

78 Henry George Farmer, *Military Music* (London, 1950), pp. 35-37.

79 *Royal Gazette*, 4 May 1793.

80 이 탈영병들의 이야기는 다음에서 계속된다. *Royal Gazette*, 24, 31 March, 5 May, 22 June 1792.

2

외국 선박의 니그로

선원, 노예, 의사소통

1600년대 말 농장주와 상인에 의해 육지에서 쫓겨난 카리브해의 버커니어는 바다로 나가 해적이 되었다. 노예제가 확대되는 다음 세기에도 항해하는 배는 불만을 품은 이들을 위한 피신처로 남았다. 1790년대 무렵이면 카리브해 주민들은 바다에서의 경험과 자유 사이에 있는 밀접한 상징적 연관성을 깨닫게 되었다. 아주 전형적인 예를 보자면, 킹스턴의 노예로 "이 도시, 스패니시타운, 포트로열에서 잘 알려진" 톰 킹(Tom King)이라는 인물이 1790년 11월 잠적하자 그의 주인은 킹이 "바다에서 여러 차례 자유민 행세를 하려 했다"고 경고했다.[1]

18세기에 카리브해의 많은 백인 노예 소유주는 킹의 주인과 마찬가지로 "니그로가 항해술을 익히게 놔두는 것은 매우 위험"하다고 입을 모았다. 1760-1770년대에 선원이 되었다가 결국 스스로의 힘으로 자유를 획득한 노예 올라우다 에퀴아노(Olaudah Equiano)•는 자신이 이동하는 직

• 아프리카에서 태어나 노예로 팔려 갔다가 자유의 몸이 된 에퀴아노는 해방 후 영국에 머물며 노예제 폐지 운동에 가담했다. 그가 쓴 『에퀴아노의 흥미로운 이야기』, 윤철희 옮김(해례원, 2013)은 가장 유명한 노예 서사(slave narratives)로 손꼽힌다.

업을 가진 덕분에 주인과 더 평등한 처지에 있다고 느꼈고, "주인에게 자기 의견을 이야기하기를" 주저하지 않았다.[2] 백인들은 대농장에 살지 않는 숙련공 흑인 노동자가 건방지다고 비난하곤 했지만, 일자리나 도주로를 찾기 위해 바다를 바라보는 노예들도 특수하게 관리해야 하는 문젯거리였다. 외국 식민지에서 배를 타고 도착하는 주인 없는 흑인과 물라토 역시 마찬가지였다. 톰 킹 같은 도망자건 에퀴아노 같은 선원이건, 많은 노예는 바다와 수평선 너머의 세계로 향하는 것이 이득이라는 사실을 알았다. 배와 선원의 이동은 기술을 연마하거나 도주할 기회를 주고, 원거리 통신을 위한 통로를 제공해 뉴스에 목마른 아프로아메리카인에게 다른 지역에서 벌어진 사건을 알려 주었다.

* * *

유럽에서 온 배의 원양 항해 선원들은 카리브해의 지하 세계에서 매우 눈에 띄는 집단을 구성했다. 그들은 현지 인맥을 만들고 외국의 최신 뉴스를 들려주는 한편 현지 식민 당국과 종종 마찰을 빚었다. 18세기 말에 이들은 현지 인구 수준을 참작하면 상당한 비중으로 대거 하선했다. 1780년대 말이면 영국 수병 약 2만 1,000명이 매년 서인도제도로 이동했다. 1788년에는 자메이카 무역에만 거의 500척에 가까운 배와 9,000명이 넘는 선원이 고용되었다. 1789년 생도맹그에는 그보다 2배가 넘는 프랑스 선원들이 도착했으니, 호황을 맞은 섬으로 배 710척이 선원 18,460명을 데려왔다. 카프프랑세처럼 작지만 성장하는 도시의 경우, 부둣가에 있는 이 집단은 전체 인구에서 상당한 비중을 차지했다. 모로 드 생메리(Médéric Louis Élie Moreau de Saint-Méry)•는 "평상시" 항구에 있는 배의 수에 평균 승

• 생도맹그에 살던 백인 법률가로서 혁명 전 생도맹그 사회에 관한 방대한 기록을 남겼다.

무원 인원수를 곱한 결과, 카프프랑세에 언제라도 선원이 약 2,550명 있다고 계산했다. 1788년에 공식 인구가 1만 2,000명을 채 넘지 않은 이 도시에서 선원이 백인과 유색인보다 많았다.[3]

섬에 온 선원들은 인구 집단으로서 높은 회전율을 보였지만, 개별 선원은 상당 기간 섬에 머무는 경우도 있었다. 연중 도착 시기, 시장의 상황, 물가 및 다른 요인에 따라 배의 선장과 화물 관리인이 귀항을 위한 화물을 다 모으는 데 몇 주 걸리는 일도 있었고, 대양 항해를 준비하다 보면 불가피하게 더 지연되기도 했다. 일반 선원의 직업상 짖은 재해 중 하나인 전염병도 많은 선원의 체재 기간을 늘렸다. 예를 들어 자메이카에서 1791년 킹스턴의 도의원(Island Hospital)에 입원한 환자의 84%(359명 중 301명)가 선원이었고, 그들은 다음 해에도 병원 환자의 78%를 차지했다.[4] 마지막으로 어떤 선원들은 선장의 엄격한 규율과 절대 권력에 또 시달리느니 식민지에 남겠다고 결단을 내렸다.

해변에 남아 각자도생하는 선원들의 품행에 대해 카리브해 관료들은 계속 불평했고, 이는 경찰 당국에도 사회 통제의 문제를 안겨 주었다. 자메이카 신문들은 포트로열, 킹스턴, 다른 북쪽 해안의 항구도시에서 선원들이 "소란스럽고 무질서한" 행동을 일삼는다고 불평했고, 지나가는 '잭 타르(Jack Tar)'*와 현지 민병대 사이의 충돌을 자주 보도했다. 킹스턴 도시 방위대는 주로 일몰 후 노예의 이동을 제한했는데, 이제 평화를 어지럽힌 혐의를 들어 소란스러운 선원 집단도 일상적으로 체포해야 했다. 경비대원들은 이들을 교구 감옥으로 끌고 가거나 포트로열에 정박한 해군 함정에 가뒀다.[5] 하지만 영국령 아메리카 상선대 선원은 이러한 권력 행사에 집단적으로 저항하는 기풍을 중요하게 여겼고, 자메이카 당국도 이를 잘 알고 있었다. 세인트앤스베이의 치안판사가 지역 주민을 "추행"한 죄로

* 선원을 가리키는 옛말.

그중 1명을 가두자, "선원 한 떼"가 그 관료 집 앞에 모여 "죄수를 순경으로부터 구출할 것을 결의했다." 겁을 집어먹은 치안판사는 경보를 울려 경보병대를 불렀고, 결국 모여든 군중을 해산하고 "여러 명이 줄지어서" 죄수를 감옥으로 호송할 수 있었다.[6]

노예의 품행을 단속하려고 만든 수많은 법처럼, 서인도제도의 영국인 선원을 대상으로 한 법령도 뜨뜻미지근한 "개혁"과 엄격한 규제를 결합하여 그들의 충성을 유지하고자 했다. 1780년대 말에서 1790년대처럼 국제적 긴장의 시대에는 법적 압력이 높아지는데, 이때 해군은 상선단에서 건강하고 경험 많은 선원들을 전함에 태워 예비 병력으로 사용할 수 있으리라 기대했다. 예를 들어 1788년 국왕 포고령은 서인도제도의 영국 선원이 "다른 나라와 외국 군주를 위해 복무하는 것"을 금했다. 1790년대 초반에 자메이카 의회에서는 "이 섬에 있는 항구도시 내 질서와 통치를 개선하기 위한" 조치를 제시했는데, 그중 하나로 "선원들에게 임금을 지급할 때 부정, 사기, 남용을 금할 것"을 약속했다. 하지만 1793년 프랑스와 전쟁이 선포되면서 상선대 선원들이 영국 해군에 복무하기를 거부하자 도의회는 다른 접근법을 취할 수밖에 없었다. "선원들이 신문에서 전쟁 발발 소식을 보고 시골로 도망치는" 상황이 벌어지자, 도의회는 더 강압적인 법령을 만들어 "그들이 소속 배나 선박에서 탈영하는 일 또는 주점 주인이나 럼주 및 다른 독주 소매업자들이 그들을 숨겨 주거나 대피시켜 주는 일을 막고자 했다." 하지만 3년이 지난 후에도, 부아가 치민 군 장교들은 "선원들이 모여드는 하숙주점(Crimping Houses)이나 [다른] 의심스러운 장소"에서 여전히 탈영병을 보호한다고 계속 불평을 터뜨렸다.[7]

입법가들은 법령을 제정할 때 자기 의도를 공공연히 드러내는 경우가 거의 없었다. 그러나 선원의 품행을 규제하는 법을 만들 때는 반드시 유럽에서 온 해병과 현지 흑인 및 물라토 사이에 갈등을 조장하여, 서로 관심사나 정보를 교환하지 못하도록 차단했다. 선원들은 자의적 처벌(채찍질을 포함하여)에 시달렸고 종종 협잡이나 강요 때문에 억지로 상선대에 탔기 때문에, 현지 노예들과 어느 정도 같은 목적을 공유하기 쉬웠을 수도 있다. 이 법령들에 사용된 언어를 보면, 대개 일과 시간 후 공공질서를 유지할 필요성을 언급한다. 1789년 그레나다(Grenada)의 "치안법"은 밤늦게까지 섬의 도박장에서 노름하고 흥청거리며 "건강과 도덕을 해치고 타인에게 나쁜 예와 유혹이 되는" 남성 노예, 자유민 유색인, 선원을 엄격한 처벌 대상으로 삼았다.[8]

하지만 노예와 외국에서 온 선원이 함께 모이는 활동을 규제하기는 훨씬 더 어려웠다. 선원들은 노예들이 텃밭에서 재배하는 "얌, 코코아, 플랜틴(plantain),* 바나나, 과일 등" 농산물을 사들이기에 딱 좋은 구매 시장을 형성했다. 그리고 자신들의 "사적 거래분(private adventures)", 즉 배의 화물 중에서 마음대로 매매해도 되는 몫으로 떼어 놓은 소금에 절인 소고기, 리넨, 신발, 기타 물품을 이와 바꿔 갔다. 19세기 초 자메이카 북쪽 해안에 있는 선창 하나를 상속받은 아일랜드 상인 제임스 켈리(James Kelly)는 이러한 내부 시장 교역 체제가 작동하고 선창 주변에서 상호작용이 늘어나는 모습을 매우 흥미롭게 서술했다. 그는 "선원과 니그로는 항상 제일 친밀하다."라고 말하며 "이들 사이의 믿음과 친숙함"이나 "상호관계에서 느껴지는 독립성"을 묘사했는데, 이는 흑인이 현지 백인과의 일상적 관계에서 겪는 "모욕"과 확연히 대비되었다.[9] 선원과 서인도제도 흑인 사이의 지속적인 접촉으로 문화적 결과물도 생겨났다. 영국 배 선원들이 전 세계를 항해하며 부른 대중적인 뱃노래나 해상에서 노래한 노동요 중 다수는 노예들의 노래와 아주 비슷했다. 사실상 뱃노래를 부르는 관습(shantying) 자체가 서인도제도 해안에서 선원과 흑인 부두 일꾼 사이의 상호작용으로 나왔음을 보여 주는 상당한 증거도 있다. 카리브해 지역의 피진(pidgin)**과 크레올 언어의 기원과 발전을 설명하는 어떤 가설도 유럽 선

---

* 바나나 비슷한 열매.

** 보통 유럽의 식민화 이후 유럽인과 비유럽인이 교역이나 기타 상호작용 과정에서 만

원과 아프리카 노예 사이의 접촉과 차용 과정을 강조한다.[10]

생도맹그에서 상업이 발달하자 엄청나게 다양한 유럽계 선원 집단이 몰려들었다. 자메이카의 영국 선원과 마찬가지로 이들 다수도 현지 지하 세계와 경제에 활발하게 참여했다. 1790년 프랑스 해군부 대신 라뤼제른(La Luzerne)의 기록에 따르면, 생도맹그는 프랑스 선원뿐만 아니라 "더 긴 항해 중" 잠시 들르거나 "더 나은 삶을 찾아 생도맹그로 모인" "마요르카인(Majorcans), 미노르카인(Monorcans), 이탈리아인, 몰타인(Maltese), 그 외 다른 나라 뱃사람"으로 들끓었다. 이즈음이면 섬의 항구도시들은 선원들을 수용하는 데 이미 오랜 경험이 쌓였다. 1770년대에 누군가가 헤아려 보니, "카바레"와 "당구장"으로 불리는 작은 술집과 값싼 도박장 1,500곳 이상에서 끝없이 쏟아져 들어오는 "항해사와 선원 1만 2,000명"을 맞아들였고, 이들은 이 가게를 자주 이용하며 "배를 불려 주었다."[11]

식민자들은 "카바레나 어두컴컴한 도박장에서 혹은 노예들 사이에서" 주인 없는 삶을 사는 선원들에 대해 불만을 제기했고, 지방정부는 이에 응답하여 여러 법령을 통과시켰으나 별 효과는 없었다. 예를 들어 카프프랑세에서는 이러한 가게의 수를 제한하고 가게 운영 규칙을 정하고자 1780년에 규제령을 통과시켰으나 술집 주인, 노예, 치안 당국 모두 이를 무시했다. 술집은 정해진 폐점 시간이 지난 후에도 문을 열었고, 점주는 정해진 럼주 판매량을 초과하거나 사업장에서 노예를 쫓아내기를 거부하는 등 다른 규정들도 위반했다. 선원들을 단속하고 "도망간 선원 모두"를 찾아야 하는 카프프랑세 경찰의 특별 단속반 역시 별 효과가 없기는 마찬가지였다.[12]

영국령 섬에서 그러했듯이 선원, 현지 노예, 유색인 자유민 사이의 광범위한 접촉은 일몰 후뿐만 아니라 낮에도 이루어졌다. 당시 카프프랑세

들어 낸 혼성어를 가리킨다.

에 살던 이의 증언에 따르면, 선원들은 일요일과 휴일마다 선창 주변에 노점을 세워서 노예를 포함하여 누구하고든 물건을 교환하고 사고팔았다. 그렇게 형성된 이른바 "백인 시장(white market)"은 도시 자체만큼이나 오랜 역사를 자랑했고, 이를 폐쇄하려는 여러 번의 시도에 선원들이 강력하게 저항한 덕분에 공적인 제재를 이기고 살아남았다. 생도맹그 노예의 언어와 문화 중 특정 측면이 해양 세계로의 지향성을 보이는 것은 아마도 선원과의 상호작용에 따른 결과일 것이다. 프랑스, 에스파냐, 아프리카의 문화적 요소가 섞이면서 몇몇 "해상 용어도 이 섬의 독특한 크레올어에 자리 잡았다." 게다가 생도맹그의 아프리카계 여인들은 때때로 서로를 "선원"이라고 지칭했는데, 이 풍습은 모로 드 생메리에 따르면 옛날 버커니어가 연대를 확인하는 수단으로 서로를 이렇게 불렀던 때로 거슬러 올라간다.[13]

해양업에 종사하며 이동하는 사람들이 계속 다양하게 흘러들어오자 식민지의 주인 없는 지하 세계는 중대한 횡대서양적 연결망을 얻게 되었다. 유럽에서 벌어지는 사건이 식민지 노예제의 미래에 영향을 미치기 시작한 무렵, 선원들은 노예와 주인 모두에게 중차대한 의미를 지닌 소식들을 가져왔다. 1790년이면 영국인 선원들은 반노예제운동이 잉글랜드에서 기세를 올리고 있다는 뉴스를 전했고, 삼색기 모장(帽章; cockade)*을 단 프랑스 선원들은 프랑스에서 벌어지는 정치적 변화와 관련된 훨씬 더 흥분되는 이야기를 해주었다.

* * *

아메리카 식민지들은 유럽 제국의 전초기지로서 적어도 원칙상 자급자

---

* 모자나 옷깃에 다는 장식품으로, 프랑스혁명 이후 혁명을 상징하는 삼색기 모장을 다는 게 유행했다.

족적인 상업적 구도에 따라 운용되었다. 이는 식민지 무역을 각 제국 체제 내에 제한하고 외부의 간섭으로부터 보호하여 국부를 증진하기 위한 것이었다. 그러나 카리브해 지역 내 유럽 제국의 식민지들은 시작부터 사기, 뇌물, 밀수, 기타 갖가지 불법 무역을 통해 공식적인 장애물을 넘어 서로 연결되었다. 18세기 말 영국의 항해조례(Navigation Acts), 프랑스의 독점 체제(exclusif), 에스파냐의 함대 체제(flota)•는 점차 독점을 완화함으로써 자유무역의 이윤 경쟁과 제국의 세입 사이에서 위태롭게 균형을 잡고 있었다. 이렇게 현지 관행에 양보하는 모습은 종종 국가 간 경계선보다 지리적 인접성이 더 중요하게 작용한 결과 하나의 지역 공동체(regional community)를 이루던 카리브해의 현실을 반영한다. 상업 규제가 완화되자 식민지 간 의사소통이 늘어나는 효과가 나타났다.

덴마크는 세인트토머스(St. Thomas) 항구를 1724년 카리브해 최초의 "자유무역항(free port)"으로 만들어 세계 각국의 배에 개방했다. 여기서 각지에서 온 해양업 종사자들이 모여 중상주의 규제의 개입 없이 상품과 정보를 교환하게 되었다. 1800년이 되기 전에 식민지 열강은 모두 이를 본떠 비슷한 조치를 실험함으로써 경쟁국 선박을 끌어들이는 한편 식민지 간 불법 무역을 자극하는 유인 요소를 일부 제거하여 밀수업을 막고자 했다. 완전히 "자유롭지는" 않아도 무역에 대한 규제는 천천히 풀어지다가 1763년 이후 빠르게 완화되었다. 1766년 영국의 자유무역항 법령(Free Port Acts)에 따라 프랑스와 에스파냐 선박은 자메이카와 도미니카의 항구에 제한된 입항권을 얻었다. 뒤이어 다음 해에는 프랑스가 몰생니콜라 항구를 외국 선박에 개방했고, 1784년에는 카프프랑세, 포르토프랭스, 레카이까지 이를 확대했다. 그사이에 에스파냐 왕실은 7년전쟁의 처참한 패

• 모두 근대 초 중상주의(mercantilism) 체제 아래 식민지 교역을 자국 선박과 자국 식민지 내로 제한하여 국부의 유출을 막으려던 무역 독점체제를 가리킨다.

배를 겪은 후 부르봉 개혁가들•이 제안한 노선에 따라 비슷한 개혁을 추진하기 시작했다. 에스파냐령 아메리카 무역에 대한 세비야와 카디스의 독점을 깨뜨린 것을 시작으로 새로운 정책은 식민지의 에스파냐 항구들(카라카스가 자리 잡은 베네수엘라 사령관령••만 빼고)이 1778년부터 서로 직통으로 교역할 수 있게 했다.[14]

공식적인 무역 통계를 보면(비록 1780년 후에도 밀수업에 계속 연관된 배의 수가 많이 빠졌고, 새 규정의 덕을 본 배의 수만 기록되어 있지만), 해상 무역을 통해 카리브해 공동체가 어느 정도로 통합되었는지 입증된다. 프랑스와 에스파냐인들과의 교역을 유치하고자 자유무역항 체제에 진입한 자메이카에는 쿠바, 히스파니올라섬의 에스파냐와 프랑스 식민지, 그리고 멀리 남쪽으로 퀴라소(Curaçao)섬과 베네수엘라 해변의 코로(Coro) 항구로부터 배들이 들어왔다. 외국 배들이 자메이카 입항 선박 중 절대다수는 아니었지만 비중은 상당했다. 1787년 마지막 4분기에 자메이카 관세청은 영국 배 89척과 외국 배 64척을 등록했다. 다음 6개월 동안 킹스턴에만 에스파냐 배 86척과 프랑스 배 72척(그중 50척 이상은 생도맹그로부터)이 들렀다. 1790년대 초 자메이카 신문은 매일 입항하는 외국 선박의 기록을 게재했지만, 이러한 활동을 불법으로 간주하는 나라의 경우에 처벌을 피할 수 있도록 자세한 사항은 숨겼다. 전쟁이 벌어진 1793년에만 외국 선박 약 350척이 사략선을 피해 자메이카에 입항하는 데 성공했다.[15]

이러한 지역 내 무역을 통해 영국 식민지로 흘러들어 온 상품은 사회

• 에스파냐의 카를로스 2세가 후사 없이 사망한 후 에스파냐 왕위 계승 전쟁을 거쳐 1700년 프랑스 왕 루이 14세의 손자가 펠리페 5세로 즉위하면서 에스파냐의 부르봉 왕조를 열었다. 이후 에스파냐에서는 프랑스를 모방한 개혁 정책이 시행되었는데, 이를 두고 부르봉 개혁이라고 부른다.

•• 'Capitanía General'은 에스파냐 식민지 행정구역에서 부왕령(viceroyalty)의 하부 단위로, 그 지역의 군사령관이 방어와 행정을 총괄하는 곳이었다. 도독령 혹은 사령관령으로 번역되는데, 여기서는 사령관령으로 번역했다.

계급에 상관없이 일상생활과 관련된 종류라서 아마도 폭넓은 관심을 불러일으켰을 것이다. 자메이카와 쿠바 에스파냐인들 사이의 상업 교역으로 가장 필수품인 가축, 신선한 소고기, 금은 등이 섬에 들어왔다. 다른 한편 생도맹그에서 오는 배들은 노예와 왕의 병사와 수병을 먹일 식료품을 공급했다. 1790년과 1791년에 자메이카에서는 "니그로에게 가장 중요한 식료품"인 플랜틴 부족으로 물가가 올랐는데, 히스파니올라섬에서 플랜틴이 "자주 보급되어" 그 여파를 가라앉힐 수 있었다. 동시에 군 당국의 기록에 따르면, 생도맹그로부터 (심지어 1791년 노예 반란 이후에도 계속) "정기적으로 들어오는" 카카오 덕분에 영양가 있는 아침 식사를 군부대에 제공했고, 사람들은 그 덕분에 사망률과 질병 감염률이 하락했다고 생각했다.[16]

생도맹그의 경우 프랑스 상선단만으로는 식민지에서 원하는 상품에 대한 치솟는 수요 전부를 감당할 수 없다는 고질적 문제가 있었다. 여기에 섬 사이가 가깝다는 지리적 요인이 더해진 결과, 상인과 대농장주는 영국, 에스파냐, 네덜란드, 덴마크 식민지와 교류를 확대하려는 동기가 충만했고 그럴 기회 역시 많았다. 더 작은 항구의 식민자들은 물자가 부족할 때면 종종 생존을 위해 외국과의 교역에 의존했다. 1770년대에 프랑스 식민자들은 곡물과 가축이 부족해지자 스스로 문제를 해결하고자 나섰다. 이들은 무역선을 준비해 북미에서는 밀가루를, 쿠바와 남미 본토의 에스파냐령에서는 말과 노새를 사오라고 보냈다. 미국 독립혁명 동안 영국 순양함이 생도맹그 서부와 남부의 항구를 프랑스 선박으로부터 봉쇄하자 제레미와 레카이는 다가올 기근을 피하기 위해 네덜란드령 퀴라소에서 오는 선박에 의지했다.[17] 하지만 이러한 활동은 단순히 비상시 조치나 전시 편의주의를 넘어 그 이상으로 확대되었다. 밀무역은 전쟁이 없을 때도 성행했고, 1783년 평화조약 후에도 계속되었다. 수십 년 동안 생도맹그 배들은 수천 파운드*어치의 인디고와 면화를 자메이카로 수송했는데, 이는 프랑스의 독점 체제를 통째로 위반하는 행위였다. 이러한 배 중

3분의 2는 제레미와 카프티비롱(Cap Tiburon) 사이에 있는 항구들에서 왔는데, 카프티비롱에서 자메이카 동쪽 해안까지는 불과 33리그 혹은 한나절 거리였다.[18]

생도맹그에 있는 많은 훌륭한 항구 역시 외국 선박을 끌어들였다. 1767년과 1784년에 정부는 몰생니콜라, 카프프랑세, 포르토프랭스, 레카이를 개방했지만, 상인들은 외국 선박에 대한 금지 조치를 더욱 완화하라고 현지 관료를 계속 압박했다. 프랑스 총독은 거센 압력에 굴복하여 1789년 자유무역 조치를 자크멜과 제레미로 확대했다가 바로 해임당했다.[19] 프랑스 식민자들이 외국 배를 바라는 만큼이나 외국인들도 생도맹그와 교역할 기회를 희구했다. 혁명의 시대가 다가오는 동안 생도맹그 항구들에서는 외국 깃발들이 자랑스럽게 휘날렸다. 1788년 1,000척 이상의 외국 선박(그중 대다수는 무게 60-75톤의 작은 배)이 생도맹그 항구에 들어왔다. 그중 259척은 아메리카 곳곳에서 온 에스파냐 상인들의 것으로, 유럽산 제조품과 노예를 금은과 바꾸어 갔다. 다음 해에도 에스파냐 배 283척이 프랑스 식민지에 교역하러 왔다. 모로 드 생메리가 1789년 생도맹그에 대해 남긴 놀랍도록 자세한 기록을 보면, 평상시에 카프프랑세의 부두에는 배 140척이 닻을 내렸는데 그중 60척이 외국 등록증을 지니고 있었다.[20] 1790년 가을 서쪽과 남쪽으로 향해 있는 포르토프랭스와 레카이는 식민지 도시라기보다는 자유무역항과 더 닮아 있었으니, 이곳에는 미국, 자메이카, 퀴라소, 산타크루스, 세인트토머스섬에 등록된 배가 프랑스 배보다 훨씬 더 많았다. 1월부터 9월까지 관세 기록을 보면, 포르토프랭스에는 외국 선박이 하루에 평균 1척 이상씩 총 272척 입항했고, 더 작고 궁벽한 레카이에도 80척이 들어왔다고 기록되었다.[21]

외국과의 무역에는 명백한 이점이 있었지만, 단거리 무역을 하는 선

• 영국 화폐 단위인 sterling pound를 말한다.

박은 섬 간의 이동성을 높이는 까닭에 많은 사람은 이러한 배에서 내리는 수많은 이방인에 대해 우려했다. 예를 들어 자메이카가 1766년 최초의 자유무역 항구를 개방하자마자 프랑스, 에스파냐, 네덜란드, 포르투갈의 선원, 상인, 무역상이 섬 안의 항구도시에 대거 출현했다. 거주민은 이방인의 충성심에 대해 염려했다. 1773년 로즈 풀러(Rose Fuller)가 주장하기를, 자유무역항 법령은 섬의 식량 공급 문제를 해결하기는커녕 골치 아픈 "수많은 외국인"의 존재에 합법적인 듯한 외양을 제공했으니, 이들은 영국 시민으로 귀화할 의도도 없을뿐더러 섬의 정부를 지원하기 위해 아무 일도 하지 않기 때문에 섬의 안보에 잠재적 위험 요소였다.[22]

자메이카 백인은 유색인 외국인의 존재를 더욱 강하게 반대했다. 1782년 자메이카 사계법원(Quarter Sessions)의 대배심(grand jury)*은 자메이카처럼 중계무역항인 네덜란드령 퀴라소 출신과 기타 외국 출신의 유색인에 대해 주의를 촉구했다. "이상의 특징을 가진 사람 다수"가 킹스턴에 자리 잡는 동안 "다른 이들은 여기저기 [돌아다니며] 활개를 쳤다." 대배심은 법령을 제정하여 외국 '니그로들'이 통행증을 소지하고 다니거나, 더 좋은 방법으로 "자기가 누구이며 무슨 신분인지 표시한 꼬리표를 목에 두르게" 하자고 제안했다. 여기에 외국 배의 선장이 "항구에 데리고 온 인원수만큼 다시 데리고 돌아갈 것을" 약속하는 담보금을 걸게 하자는 제안도 나왔다.[23] 1790년대에는 외국의 흑인과 물라토가 자메이카 항구도시에 자리 잡아 지방정부의 우려를 자아냈다. 1791년 7월 몬테고베이의 관료들은 에스파냐 슬루프(sloop)**에 탑승한 "에스파냐 니그로 오사(Hosa)"를 잡아, 자신은 자유민이라는 그의 항의를 묵살하고 도망노예로 간주하여 노역장에 집어넣었다. 다음 해에는 "에스파냐 물라토 2명"이 현지의

---

* 사계법원이란 영국과 그 식민지에서 통상 1년에 4회 개최되던 지역 법정을 말하고, 대배심은 형사 사건에서 기소 여부를 결정하기 위해 소집된 배심원단을 말한다.

** 돛이 하나인 소형 범선을 말한다.

"자유민 니그로"와 싸웠다가 킹스턴 노역장에서의 1개월 중노동형을 선고받았다.[24] 앞으로 벌어질 생도맹그의 노예혁명은 영국과 에스파냐 식민지 당국이 외국 흑인의 이주를 막기 위한 조처를 더욱 강화할 명분을 줄 것이다.

* * *

카리브해의 식민지 간 자유무역에서는 아프리카 노예를 되파는 지역 내 무역이 전문화되었는데, 이를 통해 배와 사람들은 원래대로라면 금지된 지역을 여행할 수 있었다. 노예 매매는 밀무역에 종사하는 선박에 편리한 위장책이 되어 외국 배들은 원래대로라면 받았을 규제를 생략하고 에스파냐 영토로 들어갈 수 있었다. 이에 앞장선 것은 영국인이었다. 18세기 초반부터 자메이카는 번영하는 밀수업 네트워크의 중심이 되었고, 여기에는 아프리카인 노동력을 프랑스와 에스파냐 항구로 수송하는 상당량의 밀거래도 포함되었다. 게다가 영국인이 주도권을 쥐자 에스파냐령 아메리카에 노예를 공급하는 '아시엔토(asiento)'• 체제는 밀수꾼이 노예 매매 업자로 행세하며 매우 다양한 불법 상품을 공급할 수 있는 방책이 되었다. 심지어 자유민 선원이 현지민과 물물교환을 하려고 노예 행세를 하기도 했다.[25] 카리브해 전역에서 노예 수요가 늘어남에 따라 1763년 이후 자유무역항 체제와 더불어 나타난 전반적인 무역 규제 완화가 정당화되었다.

미국 독립혁명이 끝나고 카리브해에 평화가 찾아오자 모든 식민지 열강은 경제 발전에 다시 관심을 돌렸다. 생도맹그의 대성공에 감탄한 카리브해 다른 지역의 정책 결정자들은 아프리카인을 화물로 싣고 오는 선

• '협약'이란 뜻의 에스파냐어로, 16세기 이후 에스파냐 국왕이 노예 공급업자와 계약을 맺어 정해진 기간에 해당 식민지에 노예를 독점 공급할 수 있게 한 체제를 말한다.

박을 자기네 항구로 끌어오는 작업에 착수했다. 1789년에는 이러한 새로운 상업적 편법에 대한 뉴스가 어디서나 화제를 모았다. 흑인 노동력을 늘리고자 새로운 술책을 떠올린 것은 생도맹그의 프랑스인만이 아니었다.[26] 네덜란드의 중계무역항인 신트외스타티위스(St. Eustatius)섬의 신임 총독은 그해 5월 도미니카에 "니그로가 외국 선박을 통해 들어올 수 있도록 항구를 요새화한 후 개방하라는 명령"을 받았다고 전했다. 1789년 2월 28일 에스파냐의 왕령에 따라 300톤 이하의 외국 선박은 쿠바, 산토도밍고, 푸에르토리코, 카라카스 항구에서 화물로 실린 노예를 거래할 수 있다는 뉴스는 더욱 큰 관심거리였다. '자유무역(comercio libre)' 법령은 외국 선박이 에스파냐인들과 직거래할 기회를 주었고, 또한 에스파냐 선박이 노예를 사기 위해 외국 식민지로 여행하는 것을 허가했다.[27]

이러한 특별허가에 따라 노예나 다른 교역품을 실은 작은 선박들은 생도맹그혁명 직전과 직후에 대앤틸리스제도를 잇는 식민지 간 교역에서 가장 활발하게 움직였고, 카리브해의 다른 내부 지역에서도 상업 활동이 증가했다. 대앤틸리스제도에서는 자메이카가 이러한 무역을 위한 주요 환승 항구의 지위를 계속 유지했으며, 프랑스인들(그리고 나중에는 에스파냐인들)은 자국 식민지에 노예를 공급하기 위해 영국인들의 능력에 크게 의존했다. 1770년대에 생도맹그 상인들은 배를 통해 럼주와 당밀을 자메이카에 보내 현지 설탕 대농장주들의 반대를 무릅쓰고 노예와 교환했다. 프랑스 중개업자들이 회항을 위해 흑인 노예를 화물로 태우는 모습은 킹스턴이나 다른 항구에서 이미 익숙한 광경이 되었다.[28] 쿠바 항구 바깥에서 운항하는 작은 에스파냐 배들 역시 이러한 항해를 수백 번 반복했다. 1789년의 왕령에 따라 아바나도 외국 노예를 받을 수 있었지만, 산티아고데쿠바와 같은 도시의 상인과 대농장주는 현지에 등록된 배들이 외국 항구에서 노예를 구매하는 방식을 선호했다. 1789년 9월에서 1791년 6월 사이에 산티아고데쿠바의 배들은 노예를 찾아서 외국으로 157번의 합법적인 항해를 감행했다. 이 배들은 생도맹그를 방문하거나 퀴라소처럼 먼 곳까지도 갔지만, 10척 중 9척은 자메이카에서 노예를 구매했다.[29] 카라카스 해안선 근처에서는 가까운 퀴라소가 (훨씬 더 작은 규모지만) 이웃한 프랑스와 에스파냐 섬들에 대해 자메이카와 같은 기능을 수행했다. '자유무역' 체제가 시작되고 첫 2년 반 동안 상인들이 카라카스에 데려온 아프리카 노동자 3,300명 중 다수는 퀴라소를 거쳤다.[30]

상인, 대농장주, 정부 당국은 이처럼 노예를 자유롭게 거래하는 것을 반겼으나, 외국 노예무역상이 에스파냐 항구에 24시간 이상 체류하는 것을 금하는 유보 조건을 달았다. 그러나 관료들은 얼마 되지 않아 노예 거래가 아시엔토 체제를 남용하는 오랜 악습으로 물들었다고 보고했다. 정작 거래할 노예는 몇 명 싣지 않은 수상한 배들이 들어왔는데, 심지어 밀수품을 부려놓기 위해 선원들이 노예로 가장하는 일도 있었다. 비슷한 예로, 작은 에스파냐 배들이 노예와 가축을 바꾸려고 자메이카 북쪽 해안으로 들어오자 영국인들은 이들이 사기 치는 게 아닌지 의심했다. 특히 승무원 가운데 자유민 흑인과 물라토 선원이 섞여 있는 경우가 잦았기 때문이었다.[31] 경쟁자들이 제공하는 노예에 대한 의구심도 아프리카인을 들여올 새로운 활로에 반색한 프랑스와 에스파냐에 찬물을 끼얹었다. 1770년대 초에 영국 밀수업자로부터 시험 삼아 노예를 구매해 본 프랑스 대농장주들은 자메이카인들이 이미 "좋은 노예는 죄다" 사갔고, 나머지는 저렴하지만 건강하지 못한 "불량품"이거나 최악의 경우 범죄 때문에 이송된 "사악하거나 타락한 인물"이 아닌지 걱정했다. 1780년대에 더 많은 노예를 사들이려는 프랑스 대농장주들의 탐욕을 보고, 이렇게 마구잡이로 노예를 사들이다 보면 생도맹그가 카리브해 전역에서 온 반항심 가득한 크레올 노예의 저장소가 되는 게 아니냐고 두려워하는 사람들도 있었다.* 한 프

* 여기서 크레올화된(creolized) 노예는 아프리카에서 막 도착한 게 아니라 아메리카 식민지에서 태어났거나 식민지에 오래 머물러 현지화된 노예를 가리킨다. 이들은 언어 능력, 직업적 능력, 가족관계, 인맥 등을 통해 더 나은 생존 능력을 갖추고 있어 더 반항적이라고 여겨졌다.

랑스인은 1789년 소논문에 이러한 감정을 표현했다. 그의 주장에 따르면, 생도맹그가 이웃한 영국 식민지에 노동력 공급을 크게 의존하는 것도 문제지만, "우리 경쟁자들이 공급하는 노예들은 거의 언제나 자기네 식민지 곳에서 남은 불량품들이다."라는 사실이 더욱 큰 문제다.[32]

도망노예의 경매를 알리는 신문 광고에 영어를 쓰는 노예 다수의 이름이 등장한 것은 확실한데, 이들은 자메이카나 다른 지역 출신으로 대농장 체제에 불만을 가지고 있었다. 1789년 3월 프티고아브(Petit-Goave)의 관료들은 포르토프랭스의 시계공 주인에게서 도망쳤다고 주장하는 40세 "영국" 노예의 경매를 공지했다. 9월에는 영어를 쓰는 모이즈(Moïse)라는 노예가 최근 카프담마리(Cap Dame-Marie)에 사는 주인에게 팔려 왔다가 포르토프랭스에서 경찰에 체포되었다. 섬의 행정 중심지인 포르토프랭스에서 누릴 수 있는 상대적 익명성에 끌린 모이즈는 아마도 여기서 자메이카로 가는 도주로를 확보하려고 한 듯하다. 12월 초에 관리들은 영어를 쓰는 도망노예 3명을 또 경매에 부쳤는데, 둘은 포르토프랭스에 사는 윌리엄스(Williams)와 조지프 필립스(Joseph Philips)였고, 다른 하나는 카프프랑세에 사는 자칭 "상퍼르"라는 흥미로운 인물이었다.[33] 이러한 광고에는 영어권에서 온 노예들만 실린 게 아니었다. 퀴라소에서 온 노예들과 포르투갈어를 쓰는 것을 보니 브라질에서 온 듯한 다른 노예들도 기록되어 있다.[34]

외국 크레올 노예의 유입에 대한 프랑스 대농장주들의 근심은 실제 경험을 통해 확인되었다. 다른 식민지, 특히 영국 영토에서 온 노예들은 1790년 이전부터 생도맹그에서 반란 활동에 참여했고 혁명기에도 중심적 역할을 했다. 1730년대에 도망노예 부대를 이끈 플리머스(Plymouth)는 영국 식민지 한 곳에서 생도맹그로 왔다. 1760년대에 변경에서 또 다른 저항자 집단을 이끈 마캉달은 자메이카에서 탈출했고, 1791년 혁명의 도래를 알리고 최초의 폭동을 조직한 것으로 알려진 종교 지도자 부크만(Boukmann) 역시 마찬가지였다. 또한 아이티 독립 후 두 번째 대통령이 된 반란군 지휘관 앙리 크리스토프(Henry Christophe)는 영국령 세인트키츠(St.

Kitts)에서 태어났다.

베네수엘라 해안에서는 에스파냐 관료들이 퀴라소섬으로 들어온 몇몇 노예에 대해 비슷한 불만을 토로했다. 1790년 9월, 노예 31명을 태운(그중 9명은 퀴라소에서 "교육받은" 것으로 알려진) 배가 도착하자 지사(intendente) 후안 기옐미(Juan Guillelmi)는 크레올 노예들의 하선을 신속하게 금했다. 그는 "외국 식민지에서 데려온 크레올 노예들은 이 지역에 해로운 존재로 판명되었다."라고 설명했다.[35] 5년 후에 퀴라소에서 도망친 노예가 노예와 자유민 유색인을 규합하여 베네수엘라 역사상 최대 규모의 폭동을 이끌었다. 그러나 기옐미가 이야기하는 동안 프랑스 식민지들에서는 이미 혁명의 징조가 나타났으니, 식민지 관료들은 카리브해 내 흑인들의 이동성, 의사소통, 바다를 통한 여행과 같은 문제를 재검토할 수밖에 없었다.

* * *

섬 사이를 잇는 상업적·정치적 연결망이 섬들의 발전에 큰 영향을 미친 것과 함께, 서인도제도를 영국령 북미와 잇는 연결망도 있었다. 1776년 훨씬 이전부터, 그리고 13개 식민지가 미연방으로 독립한 이후에도 배들은 카리브해와 북미 대서양 해안 사이를 계속 오가며 상품과 사람을 수송했다. 카리브해 주민이 미국 독립혁명의 여파를 느꼈던 것과 마찬가지로, 18세기 말 카리브해의 흑인 반란은 서인도제도뿐만 아니라 미국에서도 노예 소유주를 겁에 질리게 하고 노예들을 고무시켰다.

17-18세기에 북미 본토와 카리브해 섬 간의 교역은 양쪽 모두의 역사에 영향을 미쳤다. 1600년대부터 북미의 온대 기후대와 남쪽의 열대 지역은 별개의, 그러나 상호보완적인 발전 경로에 접어들었다. 다음 세기에 북미 사람들은 밀가루, 건어류, 소금에 절인 소고기, 목재, 말과 기타 가축, 건조 식료품 등을 공급했고, 덕분에 서인도제도의 설탕, 면화, 담배 농

장주들은 여러 가지 열대작물 재배를 특화할 수 있었다. 이 교역은 두 지역의 경제 구조에 너무나 핵심적인 요소라서, 이를 유지하고 규제하는 문제는 13개 식민지와 영제국 사이를 틀어지게 만든 가장 큰 논쟁거리였다. 미국 독립혁명 직전 존 애덤스(John Adams)는 귀중한 서인도제도 무역이 "뉴잉글랜드, 남부 지방 [그리고] 서인도제도를 지금의 모습으로 만든 거대한 연쇄 중 핵심 고리"라 칭하며, 영국이 규제하려 들면 아마도 틀림없이 무역망이 "크게 손상되리라" 예견했다.[36]

애덤스와 같은 북미 사람들은 이 "핵심 고리"에 영국령뿐만 아니라 영국령이 아닌 카리브해 섬들까지 포함했다. 1700년 무렵부터 13개 식민지와 생도맹그 및 다른 프랑스령 서인도제도 사이에는 매우 긴밀한 관계가 수립되었다. 북미의 공급이 영국령 서인도제도 섬들의 수요를 초과하자, 프랑스 항구들은 잉여 상품을 처리할 중요한 판로가 되는 한편 양키 상인들에게 더 싼 럼주와 당밀을 제공했다.• 1763년 이후 영국이 이 번영하는(하지만 불법인) 무역을 금지하려는 움직임을 보이자 프랑스는 북미 선박을 계속 끌어들이고자 무역 규제를 풀어 버렸다. 미국 독립혁명 동안 이러한 상업적 연계는 식민지의 반란군에게 특히 중요했는데, 이들은 프랑스 항구에서 화약과 총알을 사서 반란을 이어 나갈 수 있었다. 1783년 이후 북미에서 카리브해 지역, 특히 생도맹그와의 교역은 엄청나게 증대되었다. 무역 통계를 통해 독립혁명 후 프랑스혁명의 시대로 접어들기까지 둘 간의 상호의존성이 어느 정도였는지 생생히 알 수 있다. 1790년이면 미국이 인구 50만 명을 겨우 넘는 생도맹그와 주고받는 교역의 가치는 나머지 남북 아메리카 전역과의 교역을 합친 것보다 많았고, 신생국의 해외무역 전체 비중에서도 영제국 바로 다음이었다. 북미 선박 500척 이상이 생도맹그와의 무역에 종사했고, 프랑스령 서인도제도는 미국에서 소

• 이때 양키란 북미 식민지 중에서도 뉴잉글랜드를 비롯한 북동부 사람을 일컬었다.

비하는 커피와 설탕 총량의 3분의 2를 생산했다. 반대로 프랑스령 섬들에서는 미국의 여러 주가 수출하는 밀가루 총량의 4분의 1, 소금에 절인 소고기 총량의 4분의 3, 건어물 60%, 절인 생선 80%, 가축 73%를 소비했다. 카리브해 지역에 대한 북미의 상업적 이해관계는 나폴레옹 시대까지도 계속 이어져, 1790년과 1814년 사이에 미국 수출 총량의 3분의 1을 카리브해와 남미가 차지했다.[37]

상업적 연결망이 팽창하면서 북쪽과 남쪽 사이의 사회적·정치적·문화적 접촉이 자연스럽게 이어졌다. 혁명 전 북미와 서인도제도 간 무역에 종사하던 선원 수천 명 중에는 흑인들도 있었다. 훗날 자기 소유의 배로 시에라리온(Sierra Leone)* 식민화 사업에 참여한 매사추세츠 토박이 폴 커프(Paul Cuffe)처럼, 뉴잉글랜드 흑인들은 1770년대에 멕시코만과 서인도제도까지 항해했다.[38] 카리브해 흑인들도 반대 방향으로 이동했다. 에퀴아노는 1760년대에 선원으로 항해한 경험에 대해 "언제나 서인도제도를 벗어나고 싶었던 나는 다른 나라를 본다는 생각에 무척 기뻤다."라고 썼다. 그는 북미의 서배너(Savannah)에서 친구를 사귀고, 찰스턴(Charleston)에서 인지법 폐지를 위한 항의 집회를 목격했으며, 조지 화이트필드(George Whitefield)**가 필라델피아에서 설교하는 것을 듣는 등 다채로운 10년을 보냈다.[39] 남쪽에서 온 흑인 방문자들은 종종 북미 대륙에 남아 새로운 삶을 시작하고자 했다. 예를 들어 1762년에 생도맹그에서 온 한 목수는 뉴욕의 해사(海事)법원(vice-admiralty court)***에 자신과 가족의 자유를 위한 소송을 걸어 승소했다.[40]

1770년대에 생도맹그에서 온 흑인과 물라토 수백 명이 미국 독립전

---

* 서아프리카의 시에라리온은 18세기 말부터 잉글랜드에 의해 식민화되었는데, 주로 자유민 흑인을 이주시켰다.

** 휫필드라고도 불렸으며, 당시 유명한 복음주의 설교자였다.

*** 영국이 식민지에 설치한 법원으로, 주로 해상무역이나 해양 활동과 관련된 지역 내 분쟁을 조정했다.

쟁에 참전하여 자유를 위해 싸운 경험은 훗날 자신들의 투쟁에 활용되었을 가능성이 있다. 프랑스군은 미국과 프랑스령 서인도제도 사이에 맺은 1778년 무역조약에 따라 서인도제도에서 영국에 대항한 북미인들의 군사 작전에 동참했다. 1779년 프랑스 제독 데스탱(D'Estaing)은 흑인과 물라토로 구성된 몇몇 대대와 함께 영국의 봉쇄를 뚫고자 생도맹그에서 서배너로 항해했다.* 공격 작전을 잘못 짜서 영국군을 몰아내는 데는 실패했지만, 생도맹그에서 온 분견대 하나는 미국군의 후퇴를 잘 엄호해 대패를 막았다는 평을 들었다. 1779년 그들의 영웅적 행적보다 훨씬 중요한 것은 이 작전이 흑인과 물라토 병사의 마음에 남긴 지속적 영향력이었다. 적어도 600명 혹은 그보다 2배 정도 많았을 이 부대의 병사 중에 앙리 크리스토프, 앙드레 리고(André Rigaud), 마르시알 베스(Martial Besse)를 비롯하여 훗날 생도맹그의 자유를 위해 싸울 지도자 여럿이 포함되었다는 사실을 고려하면, 서배너에서 그들의 역할을 조사하던 한 19세기 연구자가 "이 부대는 (…) 서배너 공성전과 신세계 내에 넓게 확산된 공화주의적 자유의 연결고리가 된다."라고 주장한 것도 설득력이 있다.[41]

미국 독립혁명이 끝나고 1780년대 초에는 흑백 충성파(loyalists)** 수천 명이 북미 대륙에서 카리브해로 이동했다. 1782년 남부 항구에서 이어진 망명은 10년 후 노예 반란이 일어났을 때 생도맹그로부터의 대탈출을 예견케 했다. 1782년 7월 영국군은 서배너에서 퇴각할 때 배에 토리파(Torys)*** 거주민과 "그들의 사용인들"(대부분 노예)을 위해 넓은 공간을 확보해 두었는데, 노예와 자유민 다수가 자메이카로 갔다. 8월 15일에는 명시되지 않은 수의 백인 충성파가 흑인 1,400명가량과 함께 자메이카에 상륙했다. 서배너 철수 작전만 따져도 400여 백인 가족과 노예 3,500명

* 미국 독립전쟁 중 현재 조지아주 서배너에서 벌어졌던 서배너 공성전(Siege of Savannah)을 말한다. 당시 서배너는 영국군이 점령하고 있었다.
** 영국 쪽에서 싸운 이들.
*** 위와 비슷한 말로 영국에 충성한 이들.

정도를 합해서 총 5,000명에 가까운 인원이 자메이카에 도착한 것으로 추정된다. 1782년 12월 찰스턴에서 급히 철수할 때 영국 배를 타고 떠난 흑인(노예와 자유민 모두) 5,327명도 자메이카에 들어왔다. 더 작은 규모의 흑인 충성파 집단은 바하마제도(Bahamas)와 기타 영국령 섬에 자리 잡았다.[42]

매우 눈에 띄는 이들 피난민의 운명은 그들의 배경만큼이나 다양하게 갈렸다. 1786년 자메이카 의회에 제출된 한 청원서를 보면, 앞부분에서는 킹스턴에 온 미국인들이 "엄청나게 부유하고 근면하며 상업에 종사한다."라고 칭찬하다가 바로 이어서 새로 도착한 이들 다수가 "극도로 게으르고 교구의 부조에 완전히 의지하여 산다."라며 불평을 토로했다. 청원자들은 바람직하지 못한 이주민을 쫓아내기 위한 방책으로 북미인의 세금을 면제해 준 1783년 법령을 철폐해 달라고 요구했다.[43]

카리브해 지역으로 온 흑인 북미 이주자도 비슷한(그만큼 극단적이지는 않더라도) 다양성을 보였다. 아프리카계 북미인의 이념적 조류도 해방노예를 따라 섬으로 흘러들어 왔다. 예를 들어 조지 라일(George Liele)처럼 "성공한" 흑인 자유민 이주자라 해도 자메이카에서 골칫거리로 낙인찍힐 수 있었다. 침례교 목사인 라일은 자메이카에 침례교 신앙을 도입하여 흑인 개종자 수백 명을 모았는데, 자신의 신앙과 인종 때문에 농장주 계급이 18세기 말 모든 개신교 복음주의 신자에게 퍼붓던 극심한 박해를 받아 내야 했다.[44] 1790년대에는 자메이카의 다른 흑인 이주자들이 도망 노예 수배 광고나 노역장 기록에 등장한다. 북미인 2명은 다른 경로를 거쳐 1791년 말에 킹스턴 노역장으로 들어왔다. 자유민이라고 주장한 솔로몬 딕(Solomon Dick)은 부랑자법으로 체포되었고, 1780-1790년대에 프랑스 식민지에서 자메이카로 도망친 많은 영어권 노예 중 1명임이 분명한 대니얼(Daniel)은 3년 전 생도맹그의 포르도팽(Fort Dauphin) 가까이에 살던 프랑스 농장주 주인으로부터 도망쳤다.[45]

같은 때 동부 카리브해의 백인들도 이 지역 내 북미 흑인들에 대해 다양한 불만을 제기했다. 네비스(Nevis)섬의 한 상인은 1790년 말에 노예 선원들이 자신의 작은 슬루프를 불법 점유했다고 신고하면서, 승무원 중 2명은 "대장 개(arch dog)"로 불리던 롱 잼(Long Jem)을 포함한 "버지니아인"이라고 묘사했다.[46] 또 다른 좋은 예로 1791년 9월 도미니카에 사는 한 노예 소유주는 캐롤라이나주의 행정 중심지에 "숨어 살던" 도망노예를 되돌려 보낸 찰스턴 주민에게 감사의 뜻을 표했다. 그는 "찰스턴 철수 때 풀려난 400명 넘는 노예들은 다 캐롤라이나주 사람들의 재산인데" 현재 그들은 도미니카에 자리 잡았다며, 영국 정부가 이들을 돌려보냄으로써 보답하면 얼마나 좋겠냐고 한숨지었다.[47] 서인도제도에 강제로 실려 온 북미 흑인 일부는 당연히 그들이 떠나온 덜 덥고 더 익숙한 환경으로 되돌아가고자 했다. "버지니아 토박이"인 젊은 대니얼이 사라지자 그의 주인은 그가 "자기 고장에 워낙 애착이 커서 어떻게든 북미로 가는 배에 올라타려 할 것이다."라고 예측했다.[48]

* * *

카리브해의 식민지 섬 사이를 항해하는 크고 작은 배가 이 지역을 상업적으로 한데 묶어 주었다면, 배의 이동성은 또한 노예제 사회의 가혹한 사회 통제에서 벗어나려는 이들을 도와주었다. 배 위나 외국에서 주인 없는 삶을 살 수 있다는 기대는 도망노예부터 군대 탈영병과 유럽 제국 상선대의 원양 선원에 이르기까지 카리브해 지역 내에서 실로 다양한 종류의 이동하는 탈주자들을 유혹했다. 대양을 건너는 거대한 선박과 전함이 변함없이 농장주와 상인의 권력을 상징했다면, 반대로 현지에서 사용하는 더 작은 배들은 온갖 역경과 가혹한 처벌을 이겨 내고 기회를 잡으려는 대담한 이들을 위한 것이었다. 이렇게 허가받지 않고 바다를 통해 움직이는 여행자들의 이동성은 모든 식민지 열강에게 대외적으로 외교 문제를, 대내적으로 사회적 딜레마를 안겨 주었다.

자유무역을 옹호하는 이들은 밀수업자와 무허가 상인을 없애려 했으나, 후자는 에스파냐의 해안 경비대, 영국의 순찰선, 세관 관료들을 어떻게든 피해 상품을 판매할 방도를 찾아냈다. 제국마다 밀수업을 어떻게든 막으려고 했지만, 밀무역은 1780년대에 쿠바, 자메이카, 생도맹그 등지에서 융성했다. 예를 들어 혁명 전 몇 년 동안 생도맹그에서 통용되던 경화(硬貨)는 쿠바와의 밀무역에서 벌어들인 '페소 푸에르테(pesos fuertes)'였다.* 쿠바에서 온 에스파냐 배들이 신선한 고기와 금은을 싣고 슬그머니 생도맹그를 오가는 동안, 자메이카에서 온 영국 배들은 쿠바인들과의 밀무역에 매진했다. 불법 무역에 참여하는 사람들은 종류도 다양했다. 1790년 7월 자메이카 관료들은 밀무역 때문에 쿠바 감옥에 투옥된 영국 선원들을 풀어 달라고 에스파냐인들에게 요청했다.[49] 법망에 걸린 선원은 다른 식민지의 감옥에도 그득했다. 1789년 영국은 푸에르토리코 해안에서 잡혀 카라카스에 억류된 한 무리의 밀수업자들을 석방할 것을 요구했다. 남미 대륙의 길게 노출된 해변은 수많은 밀무역 업자를 끌어들였다. 1793년 푸에르토카베요(Puerto Cabello)에 정박했던 에스파냐 함대가 전염병과 탈영으로 많은 병사를 잃자, 카라카스에 있던 관료들은 유랑 선원들을 체포하고 밀무역으로 유죄 판결을 받은 뱃사람 다수를 감옥에서 끌어내어 부족한 선원 2,000명을 충당할 계획을 세웠다. 유색인 자유민이 가장 많았던 서부 지역의 경우, 특히 이렇게 투옥된 선원 다수를 "유색인(de color)"으로 기재했다.[50]

탈영병들은 추적을 피해 종종 외국 식민지로 도망쳤다. 쿠바에서는 잦은 무허가 여행을 막기 위해 관료들이 허가증을 발급했는데, 이는 군인들이 지위를 이용하여 섬을 떠나는 것을 규제하기 위함이었다. 1790년대 후반에 전쟁 중인 왕실은 에스파냐와 외국 영토에서 탈영한 군인과 수병

* 경화는 국제적으로 통용되는 통화를 말하고, '페소 푸에르테' 혹은 '페소 두로(peso duro)'는 당시 에스파냐령 아메리카에서 널리 사용되던 은화를 가리킨다.

들에게까지 사면령을 확대했다. 난파된 영국 선원들은 자메이카로 돌아가는 대신 쿠바로 도망가서 "미국인 행세를 하며 영국군 복무를 피하고자 했다."[51]

마지막으로, 상업적 상호작용을 이용하여 바다나 외국 식민지에서 일거리와 피신처를 찾으려는 다양한 집단 중에는 특히 도망노예들이 두드러졌다. 섬 간의 여행이 쉬울 뿐만 아니라 교통수단에 대한 노예들의 접근이 수월해지고 식민지 간 노예 경쟁이 더해지니, 노예들은 단거리와 장거리를 막론하고 식민지 사이를 오가며 도주할 수 있었다. 주로 바다로 도망친 이들은 대농장 체제가 아직 경제를 장악하지 못했거나 정치적 고려 때문에 원 주인에게 반환될 가능성이 낮은 지역을 찾았다. 하지만 자메이카처럼 완전히 발달한 노예제 사회에도 다른 식민지로부터 도망친 노예는 꽤 많았다. 1788년 영국 의회가 자메이카 노예 중 가톨릭교도가 있는지 질의하자, 관료들은 7년전쟁 동안 "과들루프에서 데려온" 몇몇 흑인 이주자와 "이웃한 에스파냐와 프랑스 섬에서 온 몇몇 도망자"를 언급했다. 자메이카 신문에는 교구 노역장에 있는 흑인 부랑자 중 다른 카리브해 섬 거주민이라고 주장하는 이들의 기사가 종종 실렸다. 예를 들어 1792년 봄, 바베이도스 사람인 윌리엄은 킹스턴 노역장에 수감 중이었고, 퀴라소에서 온 샘은 세인트엘리자베스 교구에 투옥되었다.[52]

하지만 자메이카와 다른 영국령 섬의 관료들은 섬에 들어오는 도망자들보다 섬을 떠나는 노예들이 더욱 위협적이라고 보았다. 17세기 말에서 프랑스혁명기까지 에스파냐 식민지들에는 노예제에서 도망친 이들이 바다를 통해 최대 규모로 몰려들었다. 1700년 이전부터 영국령 식민지의 노예제로부터 탈주한 도망자들이 카누를 타고 에스파냐 영토로 와서 피난처를 찾았다. 초반에 에스파냐 왕실은 플로리다와 쿠바에서 도망쳐 온 흑인을 가톨릭 신앙을 찾아 프로테스탄트 이교를 떠나 온 망명자로 간주하여 보호하기로 했는데, 이것이 외국 식민지에서 도망쳐 온 노예를 환영하는 정책으로 한 세기 동안 (가끔 흔들리기는 했지만) 이어졌다. 1730년대에 에스파냐는 도망자에게 종교적 피난처를 확대하는 정책을 재확인해 주었고, 이로써 에스파냐령에서 자유를 찾을 수 있다는 소문이 무역선에서 일하는 노예들을 통해 먼 곳의 노예 공동체들에 빠르게 퍼졌다.[53]

1750년대에 다른 나라들이 에스파냐가 종교를 통해 도망노예 정책을 정당화하는 것에 항의하자, 에스파냐 식민지로 온 도망자들은 본국에 외교적 압박을 초래하게 되었다. 1752년 네덜란드는 자국 식민지인 신트마르턴(St. Maarten)과 신트외스타티우스에서 푸에르토리코로 달아난 도망자들을 돌려달라고 요구했다. 같은 때 프랑스 대사는 가톨릭인 프랑스 왕이 지배하는 식민지인 과들루프에서 도망친 노예들도 푸에르토리코에 갔다고 주의를 촉구했다.[54] 5년 후 프랑스령 마르티니크의 총독은 노예들이 섬을 떠나 푸에르토리코로 간다고 보고했고, 1760년 아바나의 총독은 분명히 생도맹그에서 도망친 일군의 "프랑스 니그로"가 모로(Moro) 성 근처에서 활보하는 것을 보았다고 했다.[55] 같은 때 카리브해 동부의 프랑스령 섬들에서 당시 베네수엘라주의 일부였던 트리니다드로 향하는 노예들의 물결 때문에, 트리니다드도 푸에르토리코와 비슷하게 피난처라는 명성을 얻었다.[56]

7년전쟁 이후 평화가 이어지자 이러한 이동을 축소하려는 움직임이 있었다. 에스파냐의 부르봉 개혁가들은 정책을 재고하여 외국에서 온 노예와 다른 도망자들은 송환하라는 지령을 내렸다. 히스파니올라섬에서는 1764년 생도맹그의 마레쇼세(maréchaussée)* 분견대가 두 식민지를 가르는 길쭉한 산간지대에서 1728년부터 살아 온 도망자 부대를 쫓다가 에스파냐 총독의 승인으로 국경을 넘을 수 있었는데, 이후 프랑스와 에스파냐 관료 사이의 긴장이 상당히 완화되었다.[57] 1767년 7월에는 에스파냐와 덴마크가 양국의 영토를 오가는 도망노예와 기타 도망자를 상호 송환

* 기마 민병대.

하는 조약을 맺고, 푸에르토리코와 다른 덴마크령 섬(산타크루스, 세인트토머스, 세인트존) 사이의 이동을 봉쇄하는 조치를 취했다.[58] 하지만 이러한 규제는 단편적이었고, 언제나 국제정치의 변덕에 좌우되었다. 에스파냐와 덴마크의 협약이 마무리되는 동안, 영국은 쿠바에 있는 수많은 자메이카 도망자와 푸에르토리코에 있는 영국령 버진아일랜드(Virgin Islands) 출신 도망자에게도 동일하게 조치할 것을 주장했으나 허사로 돌아갔다. 1770년에는 영국 호위함 1척이 푸에르토리코에 상륙하여 세인트키츠에서 최근 도착한 흑인 도망자 무리를 잡아가려다 실패한 적도 있었다.[59] 흑인들은 미국 독립혁명 시대에도 영국령 섬에서 계속 탈주했다. 1790년 런던에 있는 식민지 부재지주 로비 집단•은 트리니다드로 도망가서 잃어버리는 영국 노예들 때문에 손실이 "엄청나다"면서, 푸에르토리코로 가버린 도망자들이 "그 자녀들까지 포함하면 수천 명에 이른다."라고 말했다.[60]

* * *

윈드워드제도와 리워드제도(Leeward Islands)••에서 도망친 흑인들이 바다를 통해 트리니다드와 푸에르토리코로 향하는 동안, 쿠바 해안에는 그보다 더 서쪽에 있는 섬의 노예들이 몰려들었다. 1790년대 즈음이면 흑인들이 자메이카 북쪽 해변에서 에스파냐령 쿠바로 도망치는 경우는 관행처럼 흔했다. 자메이카에서 쿠바로 가는 최초의 "보트 피플(boat people)"에

• 식민지 농장주 상당수는 식민지가 아닌 본국에 머무는 부재지주였다. 이들은 식민지 독점무역과 노예제에 대한 공격이 고조되자 본국 의회와 정부 인사들에 로비 활동을 강화했다.

•• 소앤틸리스제도 중 윈드워드제도는 서인도제도 남동부에 늘어선 섬들(Dominica, Saint Lucia, Saint Vincent, Grenadines, Grenada, Martinique)을 가리키고, 리워드제도는 그 위에 있는 섬들(Guadeloupe, Antigua, Barbuda, Saint Kitts, Nevis, Saint Martin, Virgin Islands)을 말한다.

관한 1699년의 기록을 보면, 노예 20명이 카누를 타고 쿠바에 도착하여 종교적인 피난처를 부여받았다. 자메이카 의회는 1718년 처음으로 "섬을 떠나 프랑스나 에스파냐 식민지로 가려는 니그로" 문제를 심각하게 다루면서, 무허가 이주민은 "법관 2명과 자유토지보유농(freeholder)* 배심원 3명이 합당하다고 판결한 대로 (범죄의 성격에 맞게) 형벌을 받을 것"을 의결했다.[61] 하지만 이러한 법적 조치는 일단 자메이카의 노예 소유주가 자기 노예를 쿠바에서 되찾아 올 수 있다는 가정에 근거했기에 에스파냐와 잉글랜드 간의 긴장이 끝없이 고조되던 18세기에는 매우 어려운 일이었다. 반란의 기운이 들끓던 1730년대에 영어권 노예 수백 명이 쿠바로 건너갔고, 왕령이 선포되어 쿠바에서 가톨릭 신앙을 받아들인 자메이카 도망자들을 보호할 것임을 재확인한 지 1년도 채 되지 않은 1751년에는 자메이카 흑인들이 가톨릭 사제의 보호를 받기 위해 탈주하고 있다는 보고가 나왔다.

1760-1770년대 내내 도의회는 외부로 향하는 이주의 흐름을 뿌리 뽑기 위한 노력을 배가하여, 노예 도망자와 이를 돕는 자유민 공모자를 혹독하게 처벌했다. 1789년에 이르자 섬을 떠나려는 노예는 법에 따라 사형을 선고받을 수 있었다. 게다가 그들의 도주를 돕는 유색인 자유민은 추방령을 받을 수 있었고, 같은 책임이 있는 백인은 매우 높은 벌금을 감수해야 했다.[62]

쿠바 해변에 도착한 도망노예 일부는 각양각색의 탈주자 공동체를 찾아내 그 구성원이 되었다. 예를 들어 바야모 근처에 있는 무법자 사회는 밀수품과 온갖 도망자를 다루는 상인들로 이루어진 다국적 길드나 다름없었다. 바야모 인근 지역을 총괄하는 행정 중심지인 산티아고데쿠바의 총독은 1771년 도망노예를 포함하여 "군대 탈영병, 도망친 기결수와

---

* 영국의 보통법 아래에서 토지에 대한 소유권을 가진 자영농을 일컫는 말로, 토지를 일정 기간 임차하는 차지농(leaseholder)과 구별된다.

기타 도망자들"이 작은 배를 타고 쿠바 동부에 도착하여 영국과 프랑스 식민지에서 매매할 가죽, 가축, 염료목(dyewoods)을 부려 놓는다고 보고했다. 조사관들은 순찰병이 없는 그 부근의 작은 항구들에서 "밀무역에 종사하는 프랑스, 잉글랜드 그리고 우리 배가 가득한 것"을 발견했다. 6년 후 바야모 총독은 위에서 말한 범법자에 대해 우려했다. 중무장한 이들 집단은 자신들을 진압하려는 정부군에 대항했고, 그 규모는 점점 커졌다. 밀수업자들로 구성된 변경 공동체들은 "근방에 있는 모든 말썽꾼의 피난처"로, 군대와 민병대의 탈영병뿐만 아니라 "강도, 부랑자, 외국인, 아메리카에서 태어난 도망노예, 법을 어겨 쫓기는 이라면 누구든지 환영했다." 자메이카 농장주는 밀수업자 때문에 자기 노예가 외국 식민지로 달아나려는 유혹에 빠진다고 비난했는데, 쿠바 관료의 관측에 따르면 적어도 에스파냐 식민지로 달아난 흑인 중 몇몇은 밀수업에 종사하는 무법자들의 배를 이용한 것으로 보인다.[63]

자메이카 북쪽 해안의 농장주와 도망노예 사이의 기나긴 투쟁은 아이티혁명 전야까지도 계속되었으니, 자메이카 노예들은 자유를 찾아 여전히 온갖 어려움을 무릅쓰고 쿠바로 떠났다. 1788년 봄 세인트메리 교구의 리처드 마틴(Richard Martin)은 자기 노예 중 11명이 카누로 무단이탈한 후에 에스파냐 범선으로 갈아타고 쿠바에 도착했다고 도의회에 신고했다. 그 직후 쿠바로 떠난 마틴은 최근에 도망친 몇몇 자메이카 출신 탈주자와 마주치고 경악했는데, 그들은 트리니다드와 푸에르토델프린시페(Puerto del Príncipe)의 해안 마을에서 가톨릭교회의 보호 아래 새롭게 얻은 자유를 자랑했다. 아바나 관료들은 마틴의 노예들이 "지금 도시에 있고 여기에 온 목적에 따라 가톨릭교로 개종 중임"을 확인하고는, "에스파냐 법에 따르면 그들을 송환하는 것은 우리 정부의 권한 밖"이라고 덧붙였다.[64] 4월이 되자 또 다른 작은 노예 무리가 세인트앤베이를 떠나 쿠바로 향했다. 일주일 후에 그들은 쿠바 동쪽 해안에서 현지 어부를 대동하고 나타났다. 6월에 그들의 주인인 존 윌콕스 맥그리거(John Wilcox McGregor)

는 배를 1척 빌려 이들을 쫓기 위해 쿠바로 건너갔는데, 그곳에서 산티아고데쿠바의 총독과 "주무 장교(town-major)"에게 고용되어 일하는 그들을 발견했다. 맥그리거는 도망자들이 에스파냐 법에 따라 자유를 주장하고 산티아고데쿠바의 총독인 후안 바티스타 바양이 자기 일꾼을 되찾으려는 그의 시도를 제지하자 "경악에 사로잡혔다." 그는 아무리 그래도 바양 총독이 자기 노예와 기타 자메이카 노예들이 노예제에서 벗어나고자 들이댄 "가짜 구실"을 진지하게 받아들일 만큼 순진하지는 않을 거라고 간원했다. 그는 "예속에 얽매인 사람은 해방되기 위해 어떤 위장도 사용하고 어떤 협잡이라도 시도할 것이다."라고 탄원했다. 에스파냐의 행동에 마찬가지로 분노한 에핑엄(Effingham) 총독은 "저쪽 총독들이 지난 수년간 써먹은 가장 예수회스러운 변명"이라며 맹렬히 비난했다. 이와 아주 비슷한 사건으로 인해 밀수 혐의를 받은 영국 선원을 석방하기 위한 교섭에서 애를 먹은 지 몇 달 후, 총독은 "섬 북쪽에서 몇몇은 이러한 손실이 반복된 끝에 파산했다는 이야기를 들었다."라면서 왕의 각료들에 외교적 압력을 행사해 달라고 청원했다.[65]

흥미롭게도 에스파냐로 도망가는 노예에 대해 맥그리거만큼 염려한 북쪽 해안 농장주 몇몇은 그들을 돌려받는 데에는 별 애를 쓰지 않았다. 자유를 맛보았거나 바다를 여행해 다른 식민지를 본 흑인은 다시 탈주할 공산이 컸다. 더 중요한 것은 돌아온 노예가 외국에서 경험한 이야기를 늘어놓으면 동료 일꾼도 쿠바나 다른 에스파냐 식민지로 탈주할 위험이 커진다는 사실이다. 이러한 생각이 비화하여 아주 복잡하게 엮인 사건이 하나 있다. 트릴로니와 세인트앤 교구의 몇몇 농장주가 바야모에 살던 일군의 도망노예를 되찾는 데 성공했는데, 이 죄수들은 에스파냐인에게 얼마나 잔인한 대우를 받았는지 공개적으로 진술하는 데 (강요에 의해서일 수도 있지만) 동의했다. 그들은 진술 후에 주인들의 자비에 몸을 내맡기며 "쿠바로 돌아가느니 죽음만 아니라면 어떤 처벌이라도 달게 받겠다고 진심으로 호소했다." 요점이 잘 전달된 것에 분명 만족한 농장주들은 탈주자들을 "처벌"하는 일에 착수했는데, 즉 다시는 자메이카로 돌아오지 말라는 경고와 함께 그들을 쿠바로 되돌려 보냈다.[66]

영국 농장주와 관료의 항의에도 1789년 여름까지 아메리카의 에스파냐 총독들에게는 외국 식민지로부터 도망노예 이주를 계속 장려하라는 왕령이 내려졌다. 그해 11월, 자메이카 의회는 에스파냐 관료들이 "우리 섬에서 도망친 노예를 보호하고 이들의 송환을 거부하는" 사태를 막을 수 있도록 외교적 압력을 행사할 것을 요구하는 청원서를 본국에 올렸다. 동시에 현지에서 문제를 해결하기 위한 방책도 강구되었다. 도의회는 "대단히 많은 니그로가 우리 섬을 떠나 (…) 쿠바에 피신하려는 음모"를 발견하고는 카누의 길이가 "14피트—고기잡이하기에는 충분하지만, 바다에서 '모험'을 벌이기에는 너무 작은—를 넘지 못하게" 제약하는 참신한 방식으로 문제에 접근했다.[67]

하지만 다음 해 봄에 일이 복잡해지면서 에스파냐의 정책은 완전히 바뀌었다. 1790년 5월 왕실은 예년의 태도를 갑작스레 뒤집어 식민지 총독들에게 에스파냐령에서 피난처를 구하는 외국인 도망자를 더는 보호하지 말라는 새로운 왕령을 내렸다. 이러한 정책 변화에 대한 뉴스는 여름 중반 즈음에 식민지에 당도했다. 쿠바 총독들은 곧 외국인 도망자의 입국을 거부했고, 트리니다드의 에스파냐 관료들도 섬에 들어오는 도망자는 체포하여 외국에 팔아넘길 것이라고 공지했다.[68] 자메이카의 영국인들은 이를 신중하고 회의적으로 받아들였지만, 노예 사이의 의사소통망이 에스파냐의 바뀐 정책을 그들에게 알리는 가장 확실한 방법임을 알았으므로 공개적으로는 중대하게 취급했다. 에스파냐 총독들은 의사를 공개적으로 표명하지 않았기에, 자메이카 의회는 관료들 간에 사적으로 교환한 서신을 공개하기로 결착을 보았다. 1791년 3월 총독의 보고에 따르면, 이러한 움직임은 "적어도 니그로에게 경고의 의미로 얼마간 쓸모가 있었다." 얼마 후 영국 관료들은 "이 조치가 노예 사이에 일반적으로 알려진 듯하니, 그들의 탈주를 막는 데 좋은 효과가 있을 것"이라고 자신

했다.[69]

다른 정부도 이 기회에 노예들이 에스파냐 쪽으로 무단이탈하는 것을 막고자 했다. 1791년 봄 에스파냐와 네덜란드 정부는 "아메리카에 있는 식민지에서 계속되는 탈주에 대한 불만을 막기 위해 탈영병과 도망자를 상호 송환하는 협약"에 서명했다. 1791년 협약은 푸에르토리코와 신트외스타티위스, 서부 베네수엘라와 퀴라소, 오리노코(Orinoco)강과 기아나(Guiana) 해변의 네덜란드 식민지 사이의 통신을 끊고자 기획되었다.[70]

1789년과 1790년에 다른 유럽 정부들이 에스파냐에 가한 강한 외교적 압력과 영국과의 전쟁 발발 위협은 분명 에스파냐가 외국 식민지에서 온 흑인 도망자에 대해 한 세기 동안 견지한 관행을 바꾸는 요인이 되었다. 그러나 영국에 모든 공을 돌릴 수는 없다. 1790년 중반이면 프랑스혁명이 에스파냐의 정책 형성 과정에 이미 영향을 미치기 시작했다. 이들은 프랑스혁명의 이념이 전파되기 시작하자 식민지를 지키기 위한 첫 단계로 다른 영토에서 온 노예들에게 문을 닫아걸었다. 1790년 에스파냐 관료들의 조치는 아이티혁명이 진행됨에 따라 외국인, 특히 유색인 외국인이 초래할 우려를 예견케 했다.[71]

* * *

크기와 기능이 다양한 항해용 선박은 남북 아메리카를 아우르며 식민지의 해안선을 따라 항해했다. 자메이카에서 쿠바로 도망노예를 실어 나르는 카누는 고기잡이부터 도선(導船), 수송까지 쓰임새가 다양했다. 또 영국인이 "너벅선(wherries)"이라고 부르는 지붕 없는 배와 "거룻배(long boats)"는 항구를 오가며 승객을 실어 나르거나 닻을 내린 상선대와 선창 사이를 오가며 수화물과 신선한 물을 운반했다. 돛이 하나인 "샐럽선(shallops)"과 적재 중량이 20-100톤인 갑판이 더 큰 "화물용 바지선(droggers)"은 설탕통, 럼주통과 기타 무거운 물품을 운반했고, 더 작은 "플랜틴 보트(plantain boats)"는 현지에서 소비되는 신선한 과일을 화물로 수송했다. 생도맹그 해안선 인근에는 자메이카와 마찬가지로 온갖 크기와 종류의 작은 배들이 혁명 전 수년 동안 (한 당대인의 표현에 따르면) "꿀벌처럼 들끓었다." 원양 항해 선박이 주요 항구들에 집중적으로 입항하는 경향이 있다면, 더 작은 배들은 북적거리는 "영내(interior) 교역과 항해"를 장악하여 생도맹그의 많은 해안 도시를 연결했다. 자메이카처럼 농업 활동의 중심지가 행정 중심지나 섬의 주요한 원양 항해 항구와 상당히 멀리 떨어진 경우, 작은 배를 통한 연안 무역 덕분에 북부 해안의 농장주들은 생산품을 시장에 가져오고 마을 사람들이 먹을 식량과 음식을 구할 수 있었다.[72]

관세를 걷고 밀수품을 수색하는 일만으로도 벅찬 관세청 관료들은 현지에 등록된 작은 배들은 종종 최소한의 검사만 하고 볼일을 보게 놔두었다. 연안선에도 규제를 강화하려 하자 상당한 반발이 뒤따랐다. 1787년 자메이카 관세청은 적재 중량 15톤 이상의 배는 모두 등록하라는 영국 의회의 법령을 시행하려 했지만, 성공을 거두지 못했다. 플랜틴 보트나 도선용 배를 가진 이들은 과일, 목재, 라임을 킹스턴과 포트로열에 수송하는 일이 끝없이 지연된다고 곧바로 항의했으며, 이런 배는 예전처럼 세관 검사 없이 자유롭게 운행하게 해달라고 도의회에 청원을 올렸다. 그러나 도의회의 조사 결과, 많은 선박 소유주가 10톤 이하의 플랜틴 보트에만 적용되는 세관 통과 조항 면제를 받기 위해 더 큰 배도 플랜틴 보트라고 등록하는 식으로 체제를 유용하고 있었다. 게다가 선박 소유주가 그렇게 저항한 데에는 단순한 불편 말고도 다른 요인이 있었으니, "모든 종류의 소형 선박에서 불법 거래가 엄청나게 자행된다고 믿을 매우 합당한 이유"가 있다고 관세청 조사관들은 지적했다. 도의회는 부정한 사례를 인정하고 이를 잡아내려는 관세청의 노력에 찬사를 보냈으나, 이 체제의 효율성을 훼손하지 않고 규제를 가할 뾰족한 수는 없었다.[73]

카리브해 전역에서 화물을 싣고 내리는 일부터 항해에 이르기까지 연안 무역의 모든 부문에는 노예와 자유민 유색인의 노동력이 중요했다. 1788년 아바나로 간 한 프랑스 여행객은 "위탁 판매업을 하는 곳마다 자유민 니그로를 볼 수 있었다."라며 그들은 종종 "배 1척 전체의 화물 적재를 감독하는 일"까지 맡는다고 말했다.[74] 자메이카의 경우에 플랜틴 보트의 소유주 일부는 자유민 흑인과 물라토였고, 보통 흑인 승무원과 선장을 고용해 배를 운항했다. 다른 형태의 연안선들도 흑인 선원을 폭넓게 이용했다. 신문 광고에는 어부나 "니그로 선원" 혹은 "화물 수송용(Drogging business)"으로 고용되는 흑인이 자주 등장했다. 이처럼 바다에서 일하는 노예들은 때로 선창과 배와 하나로 묶여 판매 품목으로 나오기도 했다. 1786년 바베이도스 총독인 패리(Parry)는 "이쪽 바다에서 무역선을 모는 데 고용된 니그로 노예가 (…) 영국 입법부의 관심을 촉구할 정도로 많이 늘어났으니, 이 때문에 무수한 잉글랜드 선원이 일자리를 잃었다."라고 보고했다.[75]

대서양 어느 편이든 바다 위의 일자리는 도망노예와 계약하인부터 법망을 피해 달아난 이까지 언제나 모든 주인 없는 계급의 피난처였다. 카리브해 섬의 노예제 사회에서 바다는 그 어디보다 강력한 신비를 지니고 있었다. 해안을 오가거나 식민지 간 소규모 교역에 종사하는 소박한 배 위에서의 삶은 더 큰 배 위의 군대식 위계질서에 따른 삶이나 설탕 대농장에서의 평균적인 삶보다 더 매력적인 대안을 제시했다. 자메이카 신문의 한 논설위원은 "운명의 장난"이 프랜시스 듀셰인(Francis Duchesne)이라는 사람을 "안락하고 부유한 삶"에서 "화물용 바지선 위의 평선원이라는 초라한 삶"으로 전락시켰다고 한탄했으나, 자유민 흑인과 노예 모두 바다로 나가거나 연안 무역에 종사하는 기회를 소중히 여겼다는 증거는 허다하다.[76] 올라우다 에퀴아노는 1760년대에 리워드제도의 몬트세랫(Monserrat)섬에서 화물용 바지선에 타면서 바다 위에서의 오랜 경력을 시작했고, 여러 이유로 자신의 직업을 사랑했다. 선원으로 일했기 때문에 다른 섬을 보고 새로운 사람도 만나고 지역 정치를 깊이 이해할 수 있었고, 혼자 힘으로 장사해서 "얼마간 돈을 모을 수" 있었으며, (가장 중요하게는) 소유주를 똑바로 쳐다보며 존중을 요구할 수 있었다. 도망칠 기회가 항상 있는 데다 다른 상인에게 보수를 받고 일할 수도 있었기 때문에 에퀴아노는 자신의 "자유"를 애써 지켰고, "다른 니그로처럼 협잡에 걸리기 전에" 주인에게서 도망치리라 결심했다.[77]

해안에서 일하는 다른 흑인 노동자 역시 에퀴아노처럼 절반은 독립적인 지위를 쟁취해 냈고, 고용주는 이를 인정할 수밖에 없었다. 자메이카의 선창 관리인인 제임스 켈리(James Kelly)는 한낮에 강풍이 불어 연안선이 출항할 수 없게 되면, 자기 "선창 니그로들"이 "원하는 곳으로 가게" 내버려 두었다. 여기에는 바람이 바뀌는 즉시 그들이 "다시 나타날 것이 확실"하다는 암묵적인 믿음이 깔려 있었다. 하지만 흑인 해상 노동자들은 그들의 특권적 지위를 개별적, 집단적 탈주 시도에 종종 이용했다. 카리브해의 신문에는 이러한 사건에 관한 기사가 가득하다. 1790년 8월 그레나다에서 "잘 알려진" 윌리엄이라는 노예 선원이 화물용 바지선에서 사라졌고, 1792년 11월에는 자메이카 남쪽 해변에서 "서로 알고 지내던" 노예 도선사 3명이 무단이탈하여 자취를 감췄다.[78] 1790년 말에는 세인트키츠 인근 섬들을 오가며 상품을 실어 나르던 소형 슬루프 '낸시(Nancy)' 호의 노예 승무원들이 선장에 대항해 선상 반란을 일으켜 배를 점거했다. 대서양 세계의 단면을 반영하는 소우주나 마찬가지인 승무원 4명 중에 반란 지도자는 영국령 네비스섬의 선주민이었고, "콩고 나라 출신의"[*] 선원 1명과 "버지니아인" 2명이 그와 공모했다. 자기 재산을 되찾고자 간절히 바란 선주 제러마이아 닐(Jeremiah Neale)은 흑인 "해적들"이 얼마나 멀리 다니는지 알기에 자메이카에서 그레나다까지 온갖 신문에 자기 배와 반란을 일으킨 승무원에 대한 기사를 자세히 게재했다.[79]

---

* 당시 서아프리카 해안에서 잡혀 온 노예 다수가 "콩고인(Congolese)"이라고 불렸다.

바다와 가까우면 대농장에 불만을 품은 노예가 유혹을 느낀다는 사실을 아는 도망노예 소유주들은 선장과 선원에게 배에 도망노예를 숨겨주면 기소당할 것이라고 엄포를 놓았지만, 많은 선장은 이 경고를 무시했다. 해상에서 일해 본 노예는 대농장에서 탈주하여 배에서 새로운 일자리(그리고 피난처)를 얻는 데 성공한 경우가 많았다. "어떠한 배 위에서" 근무한 경험이 있는 도망노예의 수배 광고를 흔히 볼 수 있었다. 1792년 초 "어부나 니그로 선원으로 종종 고용된 적 있는" 밥(Bob)이라는 자메이카 노예가 주인을 떠났는데, 주인은 "그가 아무 배에나 올라타려 애쓸 것"이라고 내다봤다. 1년도 더 지난 후 밥은 한 샐럽선에서 체포되어 블랙리버(Black River)에 있는 노역장에 오게 되었는데, 공교롭게도 그 배의 선장도 흑인이었다.[80] 바다 경험이 없는 노예조차 몇몇 중요한 항해 용어와 인기 있는 뱃노래를 몇 소절 얻어듣고 자유민 선원 행세를 할 수 있었다. 승무원을 끌어모아야 하는 선장은 대부분 그들의 배경을 면밀하게 조사할 여유가 없었다. 킹스턴에서 목수 일을 배운 대니얼이라는 젊은 물라토 남자는 1791년 11월 "포트로열에서 영국 해군의 '디아나(Diana)'호를 타고" 자메이카를 떠나려다 목격되었다.[81]

어떤 노예들은 마치 자유를 향한 욕망만으로는 충분치 않은 듯이, 더 복잡한 개인적 동기에 이끌려 바다로 나가는 배를 타려고 했다. 에미(Emy)는 가까운 세인트토머스 교구에 있는 남편을 만나기 위해서 세인트앤드루스(St. Andrews) 교구의 고용주를 떠나 "화물용 바지선이나 플랜틴 보트를 타고" 킹스턴으로 여행했다. 18세기 말에 일어난 종교적 부흥 운동도 노예들이 배와 보트로 상징되는 더 넓은 세상을 바라보도록 부추겼다. 제미(Jemmy)라는 조숙한 청소년은 "'감리교도'라 불리는 몇몇 사람과 종종 어울린 끝에" 영적인 문제 때문에 "배에 올라 섬으로부터의 탈주를 실행했다." 한 고용주는 애덤이라는 노예가 "직업이 어부였던" 사도 베드로처럼 "종교적 주제에 관해 엄청나게 아는 척"했다고 묘사했다. 침례교 신앙에 귀의한 애덤은 "언제나 설교나 기도 중이었다." 1790년 말에 그는 신도를 늘려 "사람을 낚는 어부"가 되리라 결심하고는, 출하할 화물을 모으는 한 상인에게 접근하여 "화물이 다 적재되면 같이 배를 타고 떠나려고 했다."[82]

많은 "니그로 선원"도 노예 공동체에서 화제가 될 만큼 성공을 거둔 대담한 도망노예들처럼 상당한 악명을 떨쳤다. 이는 어느 정도는 그들이 돌아다니며 일했기 때문인데, 도망자 수배 광고 속 선원이나 기타 해상 활동에 종사하는 흑인에 대한 묘사는 그들이 일하는 지역에서 "꽤 알려진" 인물이라고 거듭 강조했다. 자메이카의 경우 몇몇 흑인 선원은 전설의 주인공이 되었고, 다른 이들 역시 다채롭고 낯익은 현지의 유명 인사가 되었다. 버뮤다(Bermuda) 출신의 "튼튼한 (…) 니그로 선원"인 조 앤더슨(Joe Anderson)은 "대갈못이 박힌 무쇠 목줄과 고리가 대여섯 개인 쇠사슬"로 묶인 와중에도 1779년 북쪽 해안에 있는 포트안토니오에서 출항하는 배에 뛰어올라 주인으로부터 도망쳤다. 이후 14년간 앤더슨은 "항상 배 위에서" 일자리와 피난처를 찾으며 주인의 끈질긴 추적을 계속 따돌렸다. 1793년에도 추적은 끝나지 않았지만, 앤더슨은 "킹스턴의 유명 인사"로 생업에 계속 종사했다. 항구 근처 킹스턴 서쪽 끝자락에 있는 노동계급 가게들에서 앤더슨의 전설을 이야기하던 단골들은 "올드블루(Old Blue)"라고 불리는 지역 원로를 알고 있었을 것이 틀림없다. 이 "키 크고 (…) 기다란 얼굴의 니그로 선원"은 희끗희끗해지는 턱수염만큼이나 오래되고 특별한 명성을 누렸다. 올드블루는 "마을 서쪽에서 돌아다니지" 않으면 화물용 바지선이나 플랜틴 보트에 타서 생계를 꾸렸고, 아니면 육지에 올라 "바람이 가려지는 쪽에 있는 몇몇 교구"에서 일거리를 찾았다. 밤이 되면 그가 현지의 목로주점에 앉아 동료 선원들과 술잔을 나누며 이야기를 풀어내는 광경을 볼 수 있었다. 음주는 올드블루가 즐기는 취미 중 하나였으니, 앤더슨의 소유주도 도망간 선원이 "자주 취해 있었다."라고 밝힌 바 있었다.[83]

연안 무역은 주인 없는 사람과 도망자의 피난처였을 뿐만 아니라 카리브해 지역 내 다른 곳에서 무슨 일이 벌어지는지 알려 주는 중요한 정보처였다. 영국령 온두라스(Honduras)의 관료들은 인근 정착지에 있는 에스파냐인이 "자유를 준다는 구실로 영국 정착민의 노예를 꾀어 낸다."라고 비난하면서, 관료 보좌관 1명이 에스파냐 선원으로 가장하여 "니그로의 집마다 밤늦게" 돌아다니면서 탈주를 교사한 것을 예로 들었다.[84] 하지만 자메이카 노예들은 흑인과 물라토 선원을 통해 쿠바로 탈출하면 성공할 가능성이 있음을 알게 되었다. 때때로 노예들은 더욱 직접적인 유혹을 받기도 했다. 1789년 6월 맥그리거가 쿠바까지 쫓아간 도망노예 5명은 "숙련된 여자 세탁부 1명", "선박과 가옥을 짓는 목수 1명", "니그로 선원 3명"이었다. 맥그리거의 노예들은 쿠바 해안에 도착한 후 여섯 번째 도망자로 세인트앤베이에서 현지 배를 타고 일하던 "프랑스 니그로"와 합류했다. 맥그리거는 이 외국인 선원이야말로 (자메이카 북쪽 해안에 자주 출몰한 쿠바 출신 "하급 에스파냐 상인들"의 유혹과 더불어) 자기 노예들을 탈주하도록 꼬드긴 장본인이라고 확신했다. 이 용의자는 에스파냐 관료들 앞에서 자신은 미국 독립혁명 때 프랑스 배에서 잡혀 자메이카에 노예로 팔려 갔으며, 자유를 되찾기 위해 도망친 것이라고 증언했다.[85] 1790년 킹스턴의 한 흑인 부두 노동자는 샐럽선인 '두 형제'호 승무원들이 "자기들과 에스파냐령으로 가서 자유를 얻자고 청했다."라고 말했다. 관료들이 신원을 파악한 바에 따르면, 승무원 3명은 "퀴라소의 물라토 남자 1명", 영어를 할 줄 모르는 "에스파냐 니그로 1명", "에든버러(Edinburgh)라고 불리는 나이 든 니그로 남자 1명"이었다. 다음 날 관료들은 사라진 배를 두고 "외국인들"로 이루어진 이 잡색 승무원들이 "선장을 압박하여 배를 외국 항구로 끌고 간 것"이라고 추론했다.[86]

생도맹그에서 벌어진 혁명을 전후하여 1790년대 내내 다양한 해상 활동에 종사한 사람들, 즉 원양 항해선의 선원, 식민지 간 교역을 하는 작은 배의 선원, 도망노예와 기타 탈주자 그리고 "니그로 선원"이 이야기의 중심 무대를 차지했다. 반노예제운동에 이어 마침내 공화주의 혁명이 유럽에서 가속화되는 동안, 바다와 육지 양쪽에서 주인 없는 사람들은 소문을 퍼뜨리고 뉴스를 전하고 정치적 조류를 전달하는 데 핵심적인 역할을 했다.

이제부터는 주인 없는 사람들의 영향력을 보여 주는 가장 강력한 증거를 살펴볼 것이다. 그것은 아프로아메리카 세계 전역의 관료들이 카리브해 내에서 사람들의 이동에 경계선을 둘러침으로써 이념의 걷잡을 수 없는 확산을 막고자 했을 때 드러났다.

주

1 *Kingston Daily Advertiser*, 4 February 1791.

2 [Olaudah Equiano], *The Life of Olaudah Equiano, or Gustavus Vassa the African. Written by Himself* (London, 1837; reprint ed., New York, 1969), pp. 137, 141.

3 Minutes of the West India Planters and Merchants, London, 19 May 1789, West India Committee Archives (microfilm, 17 reels), M-915, Institute of Commonwealth Studies, London, reel 3 (이하 Minutes of WIPM로 표기); Dallas, *History of the Maroons*, I, pp. 6-7; William Walton, Jr., *Present State of the Spanish Colonies: including a Particular Report of Hispañola, or the Spanish Part of Santo Domingo*, 2 vols. (London, 1810), I, pp. 298-299; Moreau de Saint-Méry, *Description*, I, pp. 479-480.

4 "Account of the Sick admitted into the Island Hospital, in Kingston," printed in *Royal Gazette*, 26 January 1793.

5 *Royal Gazette*, 7 July 1792.

6 *Royal Gazette*, 5 May 1792.

7 John Orde to Lord Sydney, 11 May 1788, C.O. 71/14, PRO; *Journals of the Assembly of Jamaica*, IX, pp. 93, 115, 336, 345-347; John Ford to Philip Stephens, 14 April 1793, ADM 1/245, PRO; Council to Hyde Parker, 1 July 1797, C.O. 137/98, PRO.

8 Edward L. Cox, *Free Coloreds in the Slave Societies of St. Kitts and Grenada. 1763-1833* (Knoxville, 1984), pp. 94-95에서 재인용.

9 James Kelly, *Voyage to Jamaica, and Seventeen Years' Residence in that Island: Chiefly Written with a View to Exibit Negro Life and Habits,* 2nd ed. (Belfast, 1838), pp. 17, 29-30.

10 Roger D. Abrahams, *Deep the Water. Shallow the Shore: Three Essays on Shantying in the West Indies* (Austin and London, 1974), pp. 3-21; John E. Reinecke, "Trade Jargons and Creole Dialects as Marginal Languages," *Social Forces* 17 (October 1938), pp. 107-118; Loreto Todd, *Pidgins and Creoles* (London and Boston, 1974), pp. 32-33.

11 *Mémoire envoyé le 18 juin 1790, au Comité des Rapports de l'Assemblée Nationale, par M. de la Luzerne* (Paris, 1790), p. 27, RSD; Hilliard d'Auberteuil, *Considérations*, II, 42n.

12 Hilliard d'Auberteuil, *Considerations*, II, pp. 55-56; Moreau de Saint-Méry, *Description*, I, pp. 469, 475.

13 Moreau de Saint-Méry, *Description*, I, pp. 57, 81-82, 315-316.

14 Armytage, *Free Port System*, pp. 54-55; Léon Deschamps, *Les colonies pendant la Révolution, la Constituante et la réforme coloniale* (Paris, 1898), pp. 21-22; *resumen* of the report of the Regente de la Real Audiencia de Santo Domingo on the com-merce of Saint-Domingue up to 1788, Santo Domingo, 25 September 1793, AGI, Santo Domingo, leg. 1031; John Lynch, *Spanish Colonial Administration, 1782-1810: The Intendant System in the Viceroyalty of Río de la Plata* (London, 1958), pp. 1-24.

15 Armytage, *Free Port System*, pp. 10, 64; Alured Clarke to Lord Sydney, 30 May 1788, C.O. 137/87, PRO; *Royal Gazette*, 31 March 1792; "Number of Ships which have Entered and Cleared, in the Island of Jamaica, during the year 1793," n.d., C.O. 137/91, PRO.

16 Jamaica Assembly, *Report from the Committee of the Honourable House of Assembly.*

Appointed to Inquire into the State of the Colony, as to Trade, Navigation, and Culture (St. Jago de la Vega, 1800), pp. 5-6; *Kingston Daily Advertiser*, 3 January 1791; Philip Affleck to Stephens, 14 January 1792, ADM 1/244, PRO.

17 Hilliard d'Auberteuil, *Considérations*, I, p. 279; Maurice Begouën-Démeaux, *Memorial d'une famille du Havre: Stanislas Foäche (1737-1806)* (Paris, 1951), p. 99.

18 Hilliard d'Auberteuil, *Considérations*, I, pp. 281-282; Balcarres to Commander-in-Chief, 31 July 1800, C.O. 137/104, PRO.

19 Clarke to Sydney, 12 July 1789, "Ordonnance concernant la liberté du Commerce pour la Partie du Sud de Saint-Domingue," 9 May 1789, C.O. 137/88, PRO; Affleck to Stephens, 14 September 1789, ADM 1/244, PRO.

20 Edwards, *History, Civil and Commercial*, III, p. 219; Walton, *Present State of the Spanish Colonies*, I, p. 300; Moreau de Saint-Méry, *Description*, I, pp. 479-480. 그의 통계 수치에 노예무역선의 수는 포함되지 않는다.

21 *Affiches américaines* (Port-au-Prince), 11 septembre 1790.

22 [Rose Fuller], *Additional Reflections: Serving as a Supplement to a Paper relative to the Consequences of the Free Port Act on the Island of Jamaica transmitted to the Earl of Dartmouth in 1773* (Jamaica, 1774), n.p., MS 368, National Library of Jamaica, Kingston (이하 NLJ로 표기).

23 *Kingston Daily Advertiser*, 3 February 1791.

24 *Cornwall Chronicle and Jamaica General Advertiser* (Montego Bay), 2 July 1791, file in AAS; *Royal Gazette*, 17 March 1792.

25 George H. Nelson, "Contraband Trade under the Asiento," *American Historical Review* 51 (October 1945), p. 59.

26 Saint-Domingue's "Ordonnance concernant la liberté du Commerce," 9 May 1789, C.O. 137/88, PRO의 사본을 참조.

27 John Orde to Lord Sydney, 31 May 1789, C.O. 71/15, PRO; James Ferguson King, "Evolution of the Free Slave Trade Principle in Spanish Colonial Administration," *Hispanic American Historical Review* 22 (February 1942), pp. 44, 51; Juan Guillelmi to Antonio Valdés, Caracas, 14 June 1789, AGI, Caracas, leg. 114.

28 Hilliard d'Auberteuil, *Considérations*, I, p. 279; [Fuller], *Additional Reflections*, n.p.

29 Juan Baptista Vaillant to Diego de Gardoqui, Cuba, 22 June 1791, "Estado que manifiesta el Total de Negros bozales introducidos de las Colonias Extrangeras en este Puerto consequente à la R1. Gracia de 28 de febrero de 1789," Santiago de Cuba, 22 June 1791, AGI, Santo Domingo, leg. 1256.

30 Esteban Fernández de León to Gardoqui, Caracas, 6 July 1792, AGI, Caracas, leg. 503.

31 Guillelmi to Pedro de Lerena, Caracas, 25 October 1790, AGI, Caracas, leg. 115; Manuel Gilavert to Luis de las Casas, Batabano, AGI, Cuba, leg. 1468.

32 "Mme. Lory à M. de la Tranchandière, 20 mars 1773," reprinted in Gabriel Debien, *Plantations et esclaves à Saint-Domingue* (Dakar, 1962), p. 46; *Mémoire sur la commerce de la France et de ses colonies* (Paris, 1789), pp. 60-61, RSD.

33 *Affiches américaines*, 11 mars, 9 septembre, 4 décembre 1790; *Affiches américaines* (Supplément) (Cap Français), 4 décembre 1790.

34 *Affiches américaines* (Supplément), 13 février, 16 octobre 1790, and Fouchard et Debien,

"Petit marronage autour du Cap," p. 57.

35 Miguel Acosta Saignes, *La trata de esclavos en Venezuela* (Caracas, 1961), p. 39에서 재인용.

36 Charles W. Toth, ed., *The American Revolution in the West Indies* (Port Washington, N.Y. and London, 1975), ix에서 재인용. 남부와 북부의 발전과 차이에 관해서는 다음을 참조하라. Richard Pares, *Yankees and Creoles: The Trade between North America and the West Indies before the American Revolution* (Cambridge, 1956), pp. 1-24.

37 Rayford W. Logan, *The Diplomatic Relations of the United States with Haiti, 1776-1891* (Chapel Hill, 1941), pp. 7-31; Ludwell Lee Montague, *Haiti and the United States, 1714-1938* (Durham, 1940), pp. 29-32; John H. Coatsworth, "American Trade with European Colonies in the Caribbean and South America, 1790-1812," *William and Mary Quarterly*, 3rd ser., 24 (April 1967), pp. 243, 245-246.

38 해상무역에 종사한 흑인에 대한 책으로 Lorenzo Johnston Greene, *The Negro in Colonial New England* (New York, 1942), pp. 114-117. 커프에 대해서는 Sheldon H. Harris, *Paul Cuffe: Black America and the African Return* (New York, 1972), pp. 18-19 참조.

39 [Equiano], *Life of Equiano*, pp. 142-155.

40 John Franklin Jameson, ed., *Privateering and Piracy in the Colonial Period: Illustrative Documents* (New York, 1923), p. 586.

41 T. G. Steward, *How the Black St. Domingo Legion Saved the Patriot Army in the Siege of Savannah, 1779* (Washington, 1899), p. 13; Logan, *Diplomatic Relations of the United States with Haiti*, p. 25.

42 Wilbur H. Siebert, *The Legacy of the American Revolution to the British West Indies and Bahamas: A Chapter out of the History of the American Loyalists* (Columbus, 1913), pp. 14-16; James W. St. G. Walker, *The Black Loyalists: The Search for a Promised Land in Nova Scotia and Sierra Leone 1783 - 1870* (London, 1976), pp. 8-10; Benjamin Quarles, *The Negro in the American Revolution* (Chapel Hill, 1961), pp. 163-167; Ragatz, *Fall of the Planter Class*, p. 194.

43 Brathwaite, *Establishment of Creole Society*, pp. 89-91.

44 Carter G. Woodson, *The History of the Negro Church* (Washington, 1921), pp. 42-47.

45 *Royal Gazette*, 29 October 1791.

46 *Gallagher's Weekly Journal Extraordinary* (Dominica), 21 December 1790, copy in C.O. 71/18, PRO.

47 "Extract of a letter from Dominica," *Royal Gazette*, 17 December 1791.

48 *Royal Gazette*, 25 May 1793.

49 *Resumen* of the report of the regente of the Audiencia de Santo Domingo, 25 September 1793, AGI, Santo Domingo, leg. 1031; Vaillant to Las Casas and enclosures, Cuba, 22 July 1790, AGI, Cuba, leg. 1434.

50 Guillelmi to Valdés, Caracas, 17 July, 24 August 1789, AGI, Caracas, leg. 114; Gabriel Aristizábal to León, Puerto Cabello, 11 October 1793, León to Gardoqui, Caracas, 11 December 1793, AGI, Caracas, leg. 505.

51 Vaillant to Las Casas, Cuba, 21 June 1791, AGI, Cuba, leg. 1434; Conde de Santa Clara to Ministro de Guerra, La Habana, 7 July 1797, AGI, Cuba, leg. 1526; J. Brice to Las Casas, La Habana, 24 February 1794, AGI, Cuba, leg. 1469.

52 Great Britain, Board of Trade, *Report of the Lords of the Committee of Council appointed for the consideration of all matters relating to trade and foreign plantations,* 6 pts. ([London], 1789), pt. III, Jamaica, n.p. (이하 Privy Council Report [1789]로 표기); *Royal Gazette*, 14 April 1792.

53 Jane Landers, "Spanish Sanctuary: Fugitives in Florida, 1687-1790," *Florida Historical Quarterly* 62 (January 1984), p. 297; John J. TePaske, "The Fugitive Slave: International Rivalry and Spanish Slave Policy, 1687-1764," in Samuel Proctor, ed., *Eighteenth-Century Florida and Its Borderlands* (Gainesville, 1975), pp. 3-4; Patterson, *Sociology of Slavery*, p. 263; Peter H. Wood, *Black Majority; Negroes in Colonial South Carolina from 1670 through the Stono Rebellion* (New York, 1974), pp. 306-307.

54 H. H. Wassender to Joseph de Carvajal y Lancaster, Madrid, 13 October 1752, "Expediente sobre unos Negros, que de la Ysla de Guadalupe se pasaron a la de Puerto Rico, y reclama el embasador de Francia" (1752), AGI, Sección de Indiferente General, leg. 2787 (hereinafter AGI, Indiferente General).

55 덴마크령 섬에서 탈주한 도망자들에 관해서 *expediente,* dated 9 May 1768, Madrid, AGI, Indiferente General, leg. 2787 참조.

56 Angel Sanz Tapia, Los militares emigrados y los prisioneros franceses en Venezuela durante la guerra contra la Revolución: Un aspecto fundamental de la época de la preëmancipación (Caracas, 1977), pp. 42-43.

57 Debien, "Marronage aux Antilles françaises," pp. 5-6.

58 *Expediente*, 10 April 1768, AGI, Indiferente General, leg. 2787.

59 *Expediente,* 9 May 1768, Miguel de Muesas to Julien de Arriaga, Puerto Rico, 15 May 1770, AGI, Indiferente General, leg. 2787.

60 Minutes of WIPM, 6 April 1790, reel 3.

61 Patterson, *Sociology of Slavery*, p. 263; Appendix, Act 66(1718). 다음에 재수록. *Privy Council Report* (1789), pt. III, Jamaica, n.p.

62 Governor Trelawny to Board of Trade, 4 July 1751, C.O. 137/25, PRO; Acts of 1768, 1771, and 1777, reprinted in *Privy Council Report* (1789), pt. III, Jamaica, n.p.; *New Act of Assembly of the Island of Jamaica* (1789), articles LXIV, LXV, LXVI.

63 Juan Antonio Ayanz de Vreta to Pasqual de Cisneros, Cuba, 6 September 1771, Juan Germin Lleonar to Cisneros, Bayamo, 7 September 1777, AGI, Indiferente General, leg. 2787.

64 *Journals of the Assembly of Jamaica*, VIII, pp. 457, 460; Joseph de Ezpeleta to Alured Clarke, 25 March 1789 (translation), C.O. 137/88, PRO.

65 *Journals of the Assembly of Jamaica*, VIII, pp. 514-515; John Wilcox McGregor to Vaillant, 7 June 1789, Lord Effingham to Grenville, 13 June, 9 October 1790, C.O. 137/88, PRO.

66 Jamaica Assembly, *Further Proceedings of the Honourable House of Assembly of Jamaica, Relative to a Bill Introduced into the House of Commons, for Effectually Preventing the Unlawful Importation of Slaves* (London, 1816), p. 98.

67 *Journals of the Assembly of Jamaica*, VIII, pp. 519, 565-566, 596; Stephen Fuller to Committee of Correspondence (Jamaica), 30 January 1791, "Mr. Stephen Fuller's Account as Agent from the 31st December 1785 to the 31st December 1790," FLB.

68 Antonio Porlier to Pedro de Lerena, Aranjuez, 14 June 1790, AGI, Indiferente General,

leg. 2787; Joaquín García to Porlier, Santo Domingo, 25 July 1790, AGI, Santo Domingo, leg. 953; Las Casas to Porlier, La Habana, 7 August 1790, AGI, Cuba, leg. 1490.

69 Effingham to Grenville, 19 March 1791, Henry Dundas to Effingham, 8 August 1791, C.O. 137/89, PRO. 이 뉴스가 효과가 있었다 해도 그것은 잠시였다. 자메이카 노예들은 1790년대 내내 쿠바로 탈주했고, 1798년까지도 에스파냐 관료들은 그들을 자유민으로 인정해 주었다. Isidro Joseph de Limonta to Santa Clara, Cuba, 26 August 1798, AGI, Cuba, leg. 1499-A; Santa Clara to Ministro de Gracia y Justicia, La Habana, 5 October 1798, AGI, Cuba, leg. 1528를 참조하라.

70 "Convención entre el Rey Nuestro Señor y los Estados Generales de las Provincias Unidas, para la recíproca restitución de desertores y fugitivos," 23 June 1791, AGI, Indiferente General, leg. 2787.

71 4장에서는 카리브해에 프랑스혁명이 전파된 초기의 역사적 맥락에서 1790년 결의안을 더 면밀히 살펴볼 것이다.

72 *Resumen* of the report of the regente, Santo Domingo, 25 September 1793, AGI, Santo Domingo, leg. 1031.

73 *Journals of the Assembly of Jamaica*, VIII, pp. 287-288, 294-301.

74 J. P. Brissot de Warville, *New Travels in the United States of America, 1788,* trans. Mara Soceanu Vamos and Durand Echeverria, ed. Durand Echeverria (Cambridge, 1964), p. 64.

75 *Journals of the Assembly of Jamaica*, VIII, pp. 295, 298. 광고의 예를 보려면, *Royal Gazette*, 26 May 1787, 28 January 1792, 24 August 1793, 그리고 *The Charibbean Register*, 혹은 *Ancient and Original Dominica Gazette* (Roseau, Dominica), 26 March 1791, copy in C.O. 71/20, PRO. 패리는 다음에 언급된다. Ruth Anna Fisher, "Manuscript Materials Bearing on the Negro in British Archives," *Journal of Negro History* 27 (January 1942), p. 88.

76 Jesse Lemisch, "Jack Tar in the Streets: Merchant Seamen in the Politics of Revolutionary America," *William and Mary Quarterly*, 3rd ser., 25 (July 1968), pp. 374-377; *Savanna-la-Mar Gazette* (Jamaica), 15 July 1788, file in AAS.

77 [Equiano], *Life of Equiano*, pp. 110, 131, 137, 141-142.

78 Kelly, *Voyage to Jamaica*, pp. 30-31; *St. George's Chronicle and New Grenada Gazette*, 13 August 1790; *Royal Gazette*, 24 November 1792.

79 *Gallagher's Weekly Journal Extraordinary* (Roseau, Dominica), 21 December 1790, copy in C.O. 71/18, PRO; *St. George's Chronicle* and *New Grenada Gazette*, 17 December 1790; *Kingston Daily Advertiser*, 14 February 1791.

80 *Royal Gazette*, 14 January 1792, 29 September 1792, 20 April 1793.

81 *Royal Gazette*, 12 November 1791. 비슷한 상황에서 승선했을 다른 노예들의 예는 *Royal Gazette,* 21 April 1792, 14 September 1793을 보라.

82 *Royal Gazette*, 23 February, 13 April 1793; *Kingston Daily Advertiser*, 7 January 1791.

83 *Royal Gazette*, 24 March 1792, 11 May 1793.

84 Colonel Hunter to Governor of Yucatan, [November 1790], C.O. 123/13. 다음에 재수록. Sir John Alder Burdon, ed., *Archives of British Honduras*, 3 vols. (London, 1931-1935), I, 190n.

85 Vaillant to McGregor, 1 September 1790, "Narration of Facts (…) by John Wilcox

McGregor of the Island of Jamaica," London, 1 September 1790, C.O. 137/88, PRO; "Testimonio de las Diligencias originales obradas sobre la aprehensión de seis negros (···) que profugaron de uno de los Pueblos de la Colonia Británica," 1789, AGI, Indiferente General, leg. 2787.

86 *Kingston Daily Advertiser*, 1 January 1791.

3

기다림은 오만 가지 위험을 초래한다

아이티혁명 전야의 뉴스, 소문, 정치

18세기 말 주인 없는 카리브해 세계의 특징이 된 이동성은 노예 소유주, 상인, 장교의 "절대" 권력에 대항하는 꾸준한 저류를 만들어 냈다. 대농장에서 대농장으로, 시골에서 도시로, 마을에서 마을로, 혹은 섬에서 섬으로 오가는 사람들은 제국의 권력을 상징하는 사회 통제에 도전했다. 그러나 도망노예, 자유민 유색인, 군대 탈영병, 선원의 움직임은 진공상태에서 벌어지지 않았다. 이동을 통한 저항의 전통은 대서양 세계를 휘감은 정치적 조류가 아메리카 식민지 해안에 흥분과 불확실성을 가져올 때 더 큰 중요성을 띠게 되었는데, 혁명이 발발한 1790년대가 바로 그러했다. 이때가 오자 관료들은 이동과 체제 전복 사이에 어떤 상관관계가 있을까 대놓고 걱정했다.

현지 지배자는 카리브해의 구어 문화권에서 정보가 빠르게 전파되는 것을 막을 수 없었다. 이는 정보를 가지고 여행하는 주인 없는 사람과 배의 움직임을 통제할 수 없는 것과 마찬가지였다. 아프로아메리카 세계에서는 배와 함께 도착하는 책, 신문, 편지만이 정보와 뉴스를 유통하는 매개체가 아니었다. 기록된 문서가 항상 핵심적 위치를 차지하기는 했지만, 입말을 선호하는 흑인의 문화적 전통과 문자 해독률을 제약하는 백인의 법령 때문에 또 다른 의사소통 통로도 중요성을 잃지 않았다. 주인 없는 사람들이 모여드는 항구는 구어로 전파되는 이야기들, 즉 토막 뉴스, 서로 다른 해석, 교묘히 감춰진 사실, 변덕스러운 소문으로 떠들썩했다. 귀를 곤두세운 청중에게는 자극적인 이야기나 의미심장한 예화 한 토막으로도 노예의 불만, 임박한 제국 간 갈등, 불안정한 설탕 가격, 혹은 식민지 정책의 새로운 변화에 관한 뉴스를 전할 수 있었다. 어떤 형태로 진해지건 아메리카의 노예제 사회에 현저한 영향을 미칠 수 있는 외국의 최신 뉴스는 권위, 정당성, 믿음을 둘러싼 잠재적인 긴장을 수면 위로 부상시켰다. 사람들이 직접 접촉하여 정보를 주고받는 문화권에서 뉴스는 신속하게 퍼져 공적 담론의 일부가 되었다.

* * *

영국령 서인도제도에서 노예해방이 다가올 즈음, 노예들의 효과적인 "비밀정보망(grapevine)"은 영국 식민자와 관료를 당황하게 했다. 1830년대 초반 식민지 총독들은 노예들이 정보를 모으고 전파하는 능력이 있다고(때로는 놀라움을 담아, 대부분은 좌절감과 함께) 지적했다. 노예들은 의회에서 그들을 위한 새로운 기획이나 법안이 발의될 때마다 금방 알았고, 이러한 뉴스가 흑인 공동체에 가져온 파문 때문에 노예 집단을 제어하기는 더 어려워졌다. 1831년 트리니다드 총독 스미스(Smith)는 "노예들은 그들의 생활 조건이나 지위에 어떤 식으로든 영향을 미칠 수 있는 공문서가 도착할 때마다 이에 관한 부분적인, 그리고 보통은 왜곡된 정보라도 얻어내는 기이한 능력을 갖추고 있다."라고 썼다. 영국령 기아나 총독도 자기 식민지 노예에게서 비슷한 모습을 발견하고는, "자신들의 이해관계에 관련된 모든 상황을 관찰할 때의 노예들만큼 예민한 이는 없을 것이다."라고 결론 내렸다.[1]

해방의 시대 영국 식민지에 관한 이러한 진술은 몇 세대 전에도 마찬가지로 적용될 수 있다. 문서를 통해서건 입말을 통해서건, 아프로아메리카 사회에 도착한 모든 정보 중 흑인 해방의 희망을 지피는 뉴스는 가장 열렬한 기대의 대상이자 잠재적 폭발력을 지녔다. 현지 부두를 지나쳐 가는 모든 출판물과 사람으로부터 농장주와 상인이 가격과 시장에 관한 뉴스를 찾고, 군인과 수병은 전쟁과 평화에 관한 소식을 기다리던 것처럼, 노예 역시 자신의 이익을 예리하게 인식하고 이와 관련된 뉴스가 도착하지 않을까 촉각을 곤두세웠다. 도망노예에 대한 에스파냐 정책의 예가 입증하듯이, 노예 사회에서 그러한 소식은 걷잡을 수 없이 퍼져 나가 불만에 찬 노예들이 행동에 나서게 했다.

게다가 현지의 흑인 활동가들은 독자적으로 그들의 이익을 증진하고자 뉴스와 소문을 합친 무언가를 만들어 유통하고 활용했다. 노예 공동체에 설득력 있는 소문을 잘 투입하면 어떤 방식으로든 기대를 고조시킬 수 있음을 보여 주는 몇몇 예가 있다. 1749년 카라카스에서는 연안무역업자들이 카라카스 회사의 독점에 반대하여 민중 봉기를 일으켰는데, 노예들은 그 직후의 혼란을 틈타 노예 봉기를 조직하고자 해방이 임박했다는 소문을 퍼뜨렸다. 소요의 주동자는 직전에 에스파냐에서 도착한 자유민 흑인 후안 드 카디스(Juan de Cádiz)로, 그는 왕이 법령을 통해 동인도와 서인도에 있는 모든 에스파냐 노예를 해방했다는 뉴스를 퍼뜨렸다. 곧 카라카스 노예들은 국왕 폐하께서 얼마 전 사망한 한 현지 주교의 후임자에게 이 역사적인 법령을 위탁했다고 속닥거렸다. 어떤 노예는 새 주교가 도착하기를 기다렸고, 다른 노예는 죽은 주교의 영혼이 지상에서의 마지막 과업으로 법령을 되찾아 옴으로써 그들을 구원하리라 확신했다.[2] 1768년 마르티니크에서는 이와 비슷하게 강력한 해방의 소문을 퍼뜨렸던 몇몇 노예가 이렇게 여론을 주무르는 것이 얼마나 효과적인지, 그리고 얼마나 위험한지 실감했다. 프랑스 당국이 소문의 최초 유포자로 파악한 이들이 신속하게 퍼뜨린 뉴스에 따르면, 강력한 아프리카 왕이 도착하여 식민지 정부로부터 섬의 노예 전부를 샀으니 그들은 곧 배를 타고 아프리카로 돌아갈 것이었다. 이 소식을 알린 자들은 차꼬를 차고 3일 연속해서 39대씩

공개적으로 채찍질을 당했다.[3]

1770년대에 바다 건너에서 벌어지는 사건에 대한 뉴스는 아프로아메리카인의 관심을 더 강하게 결집했고, 그들의 기대의 문화(culture of expectation)에 생기를 불어넣었다. 이 흥분은 영제국에 집중되었다. 버지니아 출신의 노예였던 제임스 서머셋(James Somerset) 사건에 대한 맨스필드 경(Lord Mansfield)의 역사적 판결•에 관한 이야기는 잉글랜드에서 아메리카의 노예제 식민지로 신속하게 전해졌다. 서머셋이 잉글랜드에서 자유를 찾은 지 1년도 안 된 1773년, 농장주들은 이 뉴스가 서머셋의 동류인 버지니아 흑인들에게 당도했고, 몇몇은 "잉글랜드에 가면 자유로워지리라(노예 소유주에게 엄청난 당혹감과 폐해를 안겨 주는 이 관념이 니그로들 사이에 팽배해 있다.) 상상하고는" 잉글랜드행 배를 타려 한다고 걱정스럽게 보고했다. 다음 해에는 또 다른 노예가 오거스타(Augusta) 카운티의 대농장에서 도망쳐 "대영제국으로 가는 배에 올라탔는데 (…) 최근 서머셋 재판 판결 소식을 알게 되었기 때문이다."[4]

미국 독립혁명이 도래하자 흑인은 자유를 향한 열망을 표현하는 한편 공기 중에 떠도는 혁명의 흥분을 흡수하고 전파하는 능력을 입증할 폭넓은 기회를 얻었다. 예를 들어 찰스턴 근처의 해안 일터에서 일하던 자유민 흑인과 노예는 1775년 당시 임박한 혁명의 함의를 분명히 알아채고는, "곧 대전쟁이 일어나서" "불쌍한 니그로를 도울 것"이라는 뉴스를 서로 전했다.[5] 남부 해안에 살던 백인 애국파(patriots)••는 조만간 펼쳐질 드라마를 기대하면서도 영국이 침공하면 취약해질 자신들의 입지를 우려

• 제임스 서머셋은 1769년 주인이 잉글랜드로 돌아올 때 따라왔다가 도망쳤다. 주인이 도망친 서머셋을 잡아 강제로 자메이카로 팔아버리려 하자 그를 돕는 이들이 소송을 제기했다. 1772년 서머셋은 판사 맨스필드의 판결로 풀려나게 된다. 판결 자체는 노예제의 적법성에 문제를 제기하지 않았지만, 이후 서머셋 재판은 종종 잉글랜드 본토에서는 노예제가 불법이라는 판례로 이해되어 노예제 폐지의 역사에서 중요하게 취급되었다.

•• 독립 지지파.

했다. 1775년 대륙회의에 간 조지아 대의원 2명은 조지아와 사우스캐롤라이나 식민지에 있는 노예 2만 명이 만일 해방을 약속받는다면 즉시 영국 진영으로 넘어가리라는 두려움을 존 애덤스에게 털어놓았다. 그들은 또한 최근 뉴스가 남부 식민지에 있는 흑인의 의사소통망을 얼마나 자극했는지 이야기했다. 이 논의에 깊은 인상을 받은 애덤스는 그날 일기에 "니그로는 내부적으로 정보를 교환하는 놀라운 기술을 가지고 있다."라며 "뉴스는 1-2주 만에 수백 마일을 이동할 것이다."라고 기록했다.[6]

이어진 사건은 몇몇 흑인의 희망을 실현하고, 백인의 두려움이 예언이나 마찬가지였음을 증명했다. 무력 충돌이 벌어지자 북미의 노예 수천 명이 자유를 찾아 주인으로부터 도망쳐 영국 측에 가담했고, 다른 노예들은 애국파와 함께 싸워 자유를 얻기를 희망했다. 영국의 지배에 대항한 봉기는 반란을 일으킨 북미 식민지에 있던 아프로아메리카인에 영향을 미쳤을 뿐만 아니라, 아프로아메리카에 인접한 다른 지역에도 혁명의 바람을 실어 보냈다. 버뮤다에서는 흑인 선원들이 반란군에게 화약과 총알을 실어 나르는 사략선을 타고 바다로 나갔다. 봉기가 가져온 혼란과 이념적 조류는 자메이카에도 영향을 미쳤다. 1776년 7월 북미 식민지에서 독립선언문이 막 등장하던 때, 하노버 교구의 농장주들은 해안선을 따라 자유를 위한 공격을 감행하려던 흑인들의 시도를 가까스로 무산시켰다. 1776년의 소동이 끝난 후 자메이카 백인들은 혁명 이념의 물결이 노예제 사회에 미치는 위험에 관해 걱정스레 이야기했다. 음모가 실패로 돌아간 후, 한 관찰자는 "친애하는 자유의 종은 '농장에서 자란 노예' 모두의 가슴속에서 지난 10년간 어떤 방식으로든 울리고 있었다."라고 썼다. 그에 따르면 "우리가 얘기만 할 때는 그들도 그 문제, 즉 자유에 관해 생각만 할 따름이었다. 그러나 우리가 싸움을 벌이자마자, 그들이 우리보다 앞서 있음을 알았다. 이야말로 잘난 척하는 애국파가 우리 가내 노예들의 마음에 뿌려 놓은 씨앗이다."[7] 1783년의 평화조약은 미국 독립혁명의 시대가 피운 희망의 불꽃을 사실상 꺼뜨려 버렸다. 영국의 패배 이후 몇 년 동안, 카리브해의 식민 열강은 법망에 뚫린 구멍을 막고(도망노예에 관한 에스파냐의 새로운 정책이 가장 좋은 예다.) 아프리카 노예무역을 되살려서 제국을 재정비하는 일에 착수했다. 북미에서 승리를 거둔 반란자들은 그들의 혁명 원칙을 예속민에게 확대하지 않았고, 1787년이 되면 새로운 나라는 미연방 인구의 무려 5분의 1을 차지하는 노예화된 흑인 노동자의 수고 위에 건설될 것이 확실해졌다.

하지만 1780년대 말부터 또 다른 기대와 소문의 파도가 아프로아메리카를 사로잡았다. 이번에 혁명의 흥분은 영국 식민지를 넘어 에스파냐와 프랑스 식민지까지 직접 타격하며 아메리카 노예제 사회를 관통했다. 유럽에서 벌어진 혁명의 울림이 아메리카까지 울려 퍼졌을 뿐만 아니라, 노예제는 곳곳에서 면밀한(또한 종종 비판적인) 검토의 대상이 되었다. 전쟁 동안 감소했던 노예무역이 다시 증가세를 보이던 영국의 경우, 의회는 1787년부터 대중적 압력에 밀려 20년 후 마침내 노예무역 폐지에 이르게 될 길고 느린 노정을 시작할 수밖에 없었다.* 에스파냐의 부르봉 개혁가들 역시 1780년대부터 에스파냐 영토의 노예제 문제에 눈을 돌려 1789년에는 노예 소유주와 감독관의 절대 권력에 법적 제약을 가하고자 했다. 물론 1789년이 되자 중대한 뉴스가 프랑스로부터 흘러들어 오기 시작했다. 바스티유 요새 함락, 「인권선언」, 혁명 정부가 입안한 잠정적인 식민지 정책 등은 프랑스 식민지 노예제의 미래에 심대한 의미를 지니고 있었다.

1790년 무렵이면 노예무역에 관한 영국 의회의 논의, 에스파냐의 노예제 개혁, 프랑스혁명은 단지 현지 정부 기관들의 닫힌 문 뒤에서만 뜨겁게 논의되는 문제가 아니었다. 사람들은 배 위, 도시의 거리, 대농장에서 그에 관해 갖가지로 추측하고 소문을 퍼뜨렸다. 식민지마다 노예와 기

* 영국 노예무역은 1807년 폐지되었고, 영국 식민지의 노예제는 1833년 폐지되었다.

타 권리를 박탈당한 집단은 뉴스를 퍼뜨리고 흥분을 나누었으며, 서로 다른 이야기를 마음대로 주무르며 "대서양 사회는 자신들의 해방을 앞당길 거대한 변화를 목전에 두고 있다."라는 희망에 불을 지폈다.[8] 이러한 기대의 문화는 아프로아메리카의 심장부에서 일어날 혁명을 예기하고 부채질했다.

* * *

1772년 서머셋 판결 이후 길고 다사다난한 16년이 흐른 끝에, 의회는 영국 노예무역의 적법성과 실태를 조사하라는 결정을 내렸다. 맨스필드 판사가 판결을 내리던 당시, 영국 항구를 떠나 노예무역을 위해 아프리카 해안으로 향하는 선박의 수는 사상 최대를 기록했다. 유럽에서 가장 분주한 노예무역항인 리버풀에서는 1771년에서 1773년 사이 해마다 100척 이상이 대서양 삼각무역의 1차 구간 항해를 시작했고, 런던과 브리스틀에서도 더 많은 배가 출항했다.• 아프리카 노동력을 매매하는 영국의 수지맞는 장사는 북미에서 벌어진 반란 때문에 그 양이 대폭 줄었지만, 이는 잠시뿐이었다. 전쟁 말미가 되자 전함으로 개조했던 배는 다시 기니만으로 항해하는 노예무역선이 되었고, 노예무역상은 전쟁 전의 안정적인 상업적 지위를 신속하게 되찾았다. 1783년 이후 노예무역은 10년 전 쇠퇴했던 것만큼이나 빠른 속도로 되살아났다.[9]

그러나 영국 항구도시에서 노예무역이 되살아났다고 불황기 동안 부상했던 노예무역에 대한 대중적 반대가 사그라든 것은 아니었다. 전쟁 중

• 삼각무역은 일반적으로 유럽에서 떠난 배가 아프리카 해안에 도착해 노예를 거래하고(1차 구간), 아프리카에서 노예를 싣고 아메리카 식민지에 도착한 후(2차 구간, 혹은 중간 항해(Middle Passage)로 악명 높았음), 아메리카에 노예를 팔고 유럽으로 회항하는 것(3차 구간)으로 이루어졌다.

상선대의 평선원과 영국 해군의 탐욕스런 강제징집대(press gang)• 사이의 다툼이 일상다반사였던 리버풀에서는 선원들이 노예무역의 착취적인 노동 조건에 대항하여 거센 저항을 조직함으로써 이에 앞장섰다. 1775년 가을에는 실업자가 된 선원들이 거리에 나서 노예무역선 선원이 받는 낮은 임금과 가혹한 처우에 관심을 촉구했다. 시위자들은 모자에 붉은 리본을 달고 붉은 깃발 아래 행진하며 정박 중인 노예무역선의 삭구(索具)•• 를 끌어내리고 노예무역에 연루된 주요 상인과 선주의 집을 약탈하고 불태우는 한편 거래소까지 습격했다.[10] 전쟁 후에는 지방의 여러 집단—퀘이커교도(Quakers)•••와 비(非)퀘이커교도 모두 마찬가지로—이 노예무역에 대한 저항을 되살렸다. 가족 소유의 서인도제도 대농장 몇 개를 상속한 존 피니(John Pinney)는 혁명이 끝난 후 브리스틀의 여론이 노예무역을 회복시키려는 노력에 주요한 장애물임을 깨달았다. 1783년 피니는 카리브해에 있는 한 지인에게 편지로 "여기 사람들은 우리를 망하게 하려고 작정한 것 같다."라고 넌지시 알렸다. "그들은 지위 고하를 막론하고 우리의 잔혹성에 대해 온갖 끔찍한 생각을 품고 있으며, 노예제는 영국령 그 어디서도 허용되어서는 안 된다고 생각한다."[11] 1775년 선원 봉기가 일어나고 10년 후에도 노예무역은 여전히 리버풀의 공적 논쟁에서 핵심적이었다. 1786년 명망 있는 노예무역 폐지론자였던 제임스 커리(James Currie)는 "니그로 노예제에 대해 널리 퍼진 논의는 리버풀에 많은 불행을 가져왔다. (…) 그리고 인류애와 이윤 사이의 갈등은 많은 가정의 행복을 크게 흔들어 놓았다."라고 이야기했다.[12]

미국 독립혁명을 끝맺은 파리조약이 체결된 지 4년 후, 노예무역에

• 18세기까지도 영국에서는 선원(간혹 선원이 아닌 사람도)을 강제 징집(impressment 혹은 press gang)하여 영국 해군(Royal Navy)을 충원하는 경우가 많았다.

•• 배에서 쓰는 쇠사슬과 밧줄.

••• 퀘이커교(Quakers)는 복음주의 성향의 영국 비국교도 분파의 하나로, 영국과 미국에서 당시 노예무역에 반대한 대중적 저항을 주도했다.

반대하는 투쟁은 영국 내 여러 부문에서 부상했다. 런던에 살던 흑인은 재(再)노예화(re-enslavement)*를 피하려는 노력을 기울이는 가운데 노예제 문제를 대중화시킴으로써 서머셋 판결을 가능케 한 사회적 맥락을 만들어 냈으며, 노예무역 폐지론자에게 정보를 전달하고 노예제와 노예무역의 참상에 대한 목격담을 제공했다. 1787년이 되자 이러한 목격담이 최초로 출판되었다.[13] 같은 해 다른 사건들이 벌어지면서 노예무역 문제는 의회를 통해 해결해야 한다는 압박이 더 거세졌다. 조직 면에서 보면, 런던 퀘이커교도의 비공식 위원회가 그랜빌 샤프(Granville Sharp)(위원회 구성원 12명 중 비퀘이커교도는 2명뿐이었는데 그중 하나)를 의장으로 한 "노예무역폐지촉진협회(Society for Effecting the Abolition of the Slave Trade)"로 재편되었다.** 통칭 "런던위원회(London Committee)"***는 "노예무역 폐지에 이바지할 만한 정보"를 식별하고 유통해 의회가 행동에 나서도록 압박하는 캠페인의 선봉에 서고자 했다. 맨체스터와 런던에서 독자적으로 활동하는 노예무역폐지위원회들이 캠페인을 시작하여 노예무역 심의를 촉구하는 연명 청원서가 의회에 쇄도하게 만든 이후, 1787년 후반에는 수천 명 이상의 또 다른 목소리가 이러한 움직임에 합류했다. 청원 운동은 다른 도시에도 신속하게 퍼져서, 1788년 초여름이 되자 수천 명이 서명한 청원서 100통 이상이 의회에 도착했다. 하지만 수상 윌리엄 피트(William Pitt)는 쌓여 가는 청원서 더미를 보며 이미 2월에 노예무역을 의회 심의에 부치도록 긴급 칙령을 내린 바 있었다. 첫 단계로 피트는 추밀원(Privy Council)의 '무역과대농장위원회(Committee for Trade and Plantations)'에 예비 조사를

* 자유민 흑인이나 해방노예는 피부색 때문에 어디로 가든 도망친 노예로 간주되어 다시 노예로 팔릴 위험을 안고 살았다.

** 이때 벌어진 운동은 노예무역 폐지를 주요 대상으로 했으며 노예제는 노예무역, 즉 공급이 사라지면 자연히 종식되리라 생각했다. 이 장에서 이야기하는 '폐지(abolition)'는 보통 노예무역 폐지를 가리킨다.

*** 정식 명칭은 "노예무역폐지위원회(Committee for the Abolition of the Slave Trade)"로서 1787년 주로 런던에서 활동하던 퀘이커 교도와 노예무역 폐지론자가 모여 결성했다.

수행하고 영국 노예무역의 모든 사항에 대해 광범위하게 증거를 수집하도록 지시했다. 그는 추밀원에 아프리카 사회, 노예 수급 방법, 노예선 위의 상황, 서인도제도 대농장의 노예 처우, 서인도제도의 흑인 인구, 영국의 식민지 경쟁국이 노예무역을 수행하는 방식 등에 대해 자료를 제출하라고 요구했다.[14]

하지만 피트가 공식 발표를 할 즈음 대서양 양편에서는 노예무역 지지자들이 폐지에 대한 반대 세력을 조직하느라 바쁘게 움직이고 있었다. 리버풀과 브리스틀의 선주 겸 상인들은 의회에 청원서를 보내 노예무역은 영국 상업 체제의 요체라고 주장하며, 이를 어지럽히면 항구도시의 경제활동이 위축되고 수천 명이 일자리를 잃을뿐더러 궁극적으로는 프랑스와 에스파냐의 배만 불려 주리라 경고했다.[15] 부재지주와 섬에 상당 지분이 있는 상인으로 구성된 이른바 "서인도제도 이익집단"도 그만큼 적극적인 활동을 벌였다. 런던 태번(London Tavern)•에 모인 서인도제도 농장주와 상인은 소(小)위원회를 결성하여 의회 의원과 정부 관료를 압박하는 한편, 친노예제 팸플릿과 이에 공감하는 기사를 대중 출판물에 교묘하게 끼워넣어 정보의 흐름을 조작하고자 했다.

의회가 행동에 나섰다는 뉴스는 신속하게 식민지에 당도했고, 1788년 4월에 이르자 더 많은 뉴스가 매일 도착했다. 피트의 발표는 서인도제도에서는 별로 놀라움을 자아내지 못했는데, 사태 진전에 관해 잘 알던 식민자들이 의회의 임박한 공세를 저지하기 위한 방책을 두고 이미 논의를 개시했기 때문이었다. 공적, 사적 소식통 모두 노예무역 폐지를 지지하는 여론이 상승 중이라는 뉴스를 전했다. 4월 초 바베이도스의 신문은 영국과 유럽 전역에서 "사악하고 비인간적인 무역"에 대한 관심이 늘어났다고 보도했다. 도미니카는 노예시장인 동시에 더 서쪽으로 향하는 영

• 런던의 상업, 금융 중심지인 시티오브런던(City of London)에 있는 상인들의 유서 깊은 회합 장소를 말한다.

국 노예무역업자에게는 중간 기항지 역할을 했는데, 이 섬의 총독인 존 오드(John Orde)는 "여기서는 노예무역 문제를 의회에 상정하려는 계획이 있음을 한참 전부터 잘 알고 있었다."라고 보고했다. 그는 공적 논쟁을 잠재우려고 노력했으나, "특히 리버풀에서 도착하는 많은 편지는 이에 반하는 경향을 보인다."라고 밝혔다. 자메이카의 경우 잉글랜드에서 벌어지는 청원 운동과 이것이 여론에 미친 명백한 효과는 공문서가 도착한 순간부터 "여기 있는 모든 이에게 큰 불안을 선사했으며" 근심에 찬 백인들은 사태를 가라앉히고자 자메이카 의회에 특별 회의를 열 것을 요청했다.[16]

항해 주기가 계절에 따라 달라지는 속성 때문에,* 고대하던 잉글랜드에 대한 뉴스는 언제나 늦겨울에서 이른 봄 무렵에 카리브해에 도착했다. 허리케인이 부는 때를 잘 넘기고 나면 12월 말부터 상인들의 배가 쇄도하여 다음 서너 달 동안은 입항하는 배가 떠나는 배보다 훨씬 많았다. 그리하여 항구마다 정박한 배로 붐비고 선술집은 선원들로 북적이며 선창은 활기에 가득 찼다. 1788년 1월에서 3월 사이 잉글랜드에서 사태가 진전되는 동안 도미니카에는 영국 배 74척이 도착했는데, 영국과의 무역으로 보자면 연중 이때가 섬에서 가장 바쁜 시기였다.[17] 더 극적인 것은 연말이 되면 자메이카로 우글거리며 몰려오는 영국 배들이었다. 1787년 12월 말부터 다음 해 3월까지 204척이 영국으로부터 도착한 반면, 유럽으로 회항한 배는 90척밖에 없었다.[18] 식민자인 윌리엄 벡포드(William Beckford)가 회고하기로 자메이카인들은 "크게 조바심을 내며" 매년 12월마다 도착하기 시작하는 배의 행렬을 기다렸다. 크리스마스에서 부활절까지 항구도시 주민은 누구나 저마다의 이유로 부두를 자주 찾았다. 이맘때면 선창은 "작은 보트가 선박 사이를 오가고 (…) 니그로가 줄지어서 (…) 다양한 일거리를 넘겨받고 (…) 백인들은 호기심, 사교, 거래 때문에 삼삼오오

---

* 대서양 항해를 가능하게 만드는 무역풍(trade winds)의 방향과 세기가 계절에 따라 달라졌기 때문에 항해 주기나 시일도 여기에 크게 영향을 받았다.

모여드는 번잡하고 혼란스러운 광경"을 연출했다.[19]

게다가 18세기 말이면 들어오는 뉴스를 수신하는 것은 대중이 공유하는 하나의 의례처럼 발전해 있었다. 잉글랜드로부터 편지와 신문을 실은 배가 도착하자 사람들이 어찌나 부산했던지, 1790년대에 바베이도스에 여행 온 한 영국인은 깊은 인상을 받았다. 그는 우편물 연락선이 다가오자 모두 흥분의 물결에 휩싸인 광경을 다음과 같이 묘사했다.

> 연락선이 항구에 닿자 템스강에서 열리는 요트나 조정 경기에서 보던 것과 크게 다르지 않을 만큼 많은 군중이 몰려들었다. 저마다 앞서려는 마음과 뉴스를 알고 싶은 열망에 정박하기도 전인 배를 사방으로 둘러쌌고, 그 구역 전체가 붐비는 선박과 이동하는 보트로 가득한 활기찬 광경을 연출했다. 입항할 때 연락선에 승선하지 못한 많은 이는 해안에 모여들어 뉴스를 맞을 준비를 했다. 마을 사람들도 마음을 졸이며 해안에 모여들었다. 모두 기대로 분주했다. 우편물 꾸러미가 우체국에 도착할 때까지 모두 조바심을 냈다. 건물에 면한 대로는 사람들로 가득하여 우체국은 흡사 포위당한 모양새였고, 우체국장과 그의 집은 습격당할 위험에 처해 있었다.[20]

친노예제 로비스트들은 뉴스가 식민지에 이처럼 공개적으로 도착하는 방식을 잘 알았기에, 의회의 개입에 반대하는 가장 설득력 있는 주장을 전개했다. 노예무역에 대한 갈등이 시작된 초반부터 노예무역 지지자들은 의회의 논의가 영국령 카리브해 노예에게 미칠 수 있는 위험한 영향력을 강조했다. 이 문제에 대한 농장주 계급의 공포는 런던에 있는 그들의 대표를 통해 식민지 정책 결정자에게 전달되었는데, 이러한 양상은 미국 독립혁명 직전 캐롤라이나 식민지의 농장주 지배세력이 품었던 염려와 놀라울 정도로 비슷하다. 자메이카의 중개상으로 서인도제도에 오래 거주한 스테판 풀러는 1788년 1월 시드니 경(Lord Sydney)*에게 편지를 보내 "각하께서 확신하셔도 될 것은, 의회에서 우리 사업을 흔들어대는 동안 노예들은 모든 진행 상황을 상세히 파악하고 있으리라는 사실입니다."라고 말했다. 그는 노예무역 폐지가 공적으로 논의되는 상황에 착각한 노예들이 "쇠뿔도 단김에 빼라고, [잉글랜드에 있는] 그들의 열성적인 친구들에게 더 수고를 끼칠 필요 없이 선제공격을 감행하여 이 사업을 가장 빠르고 효과적인 방식으로 스스로 끝내는 길"을 택할 수도 있다고 경고했다. 풀러의 경고는 분명 잉글랜드 관료가 서인도제도의 노동 체제를 건드리는 것을 재고하게 하려는 의도에서 비롯되었지만, 그의 농장주 의뢰인들이 품은 가장 깊은 마음속 우려를 표현한 것이기도 했다. 여름이 되자 카리브해의 신문조차 노예들이 의회에서 벌어지는 논쟁에 관한 "뉴스에 고무되고 도취한 나머지", "그들 전체의 해방에 대한 과도한 기쁨과 광적인 열성에 빠져 소요를 일으키지는 않을지" 대놓고 우려했다.[21] 잉글랜드와 식민지의 관료는 이러한 염려를 존중하는 의미에서 의회에서의 결착이 다가오자 신중하게 움직였다. 시드니 경은 식민지 총독들에게 개인적으로 서신을 보내 노예들이 소요를 일으킬 가능성에 대비할 것을 촉구했고, 총독들 역시 (자메이카 총독의 말을 빌리자면) "이에 관해 니그로 사이에 소문이 퍼질 것은 틀림없으니 그 어떤 불안도 발생하지 않도록, 가능한 한 불필요한 의심이나 경계를 일으키지 않도록 특별히 주의를 기울이는 중"이라고 보고했다.[22]

이러한 노력에도, 혹은 바로 그 때문에 경계심은 하늘을 찔렀다. 4월 말 자메이카에 도착한 연락선이 식민지의 노예법과 노예 처우에 관해 추밀원이 보낸 질의서, 이른바 "질의록(Heads of Inquiry)"을 싣고 도착하자 근심에 찬 농장주들은 노예제가 끝장났다고 성급하게 추론했다. 4월 말 풀러와 편지를 주고받던 한 자메이카인은 노예가 해방된다면 "어떻게, 또는 언제 결판이 날까? (…) 그들을 위한 지원 방안과 거주 공간을 마련하

• 제1대 시드니 남작 토머스 타운젠드(Thomas Townshend, 1st Viscount Sydney). 당시 상원 의장이자 식민지를 담당하는 국무대신이었다.

기 위해 우리 땅까지 빼앗기게 될까?"라고 물었다. 피트가 1789년까지 의회의 공개 토론을 연기한 것도 긴장을 가라앉히는 데 별 도움이 되지 않았으니, 실상 기나긴 기다림이 끝없이 계속되는 듯했다. 풀러의 친구는 "기다림(suspence) 자체가 오만 가지 위험을 초래한다."라고 털어놓으며 "그러나 우리는 최대한 노력을 기울여 이에 대응해야 한다."라고 말했다.[23]

자메이카 백인에게 이러한 상황이 얼마나 초조하고 위험해질 수 있는지 보여 주는 증거는 곧 나타났다. 4월 자메이카 세인트존 교구에서 노예 봉기가 일어날 뻔했다가 무산되면서 "니그로 문제가 곧 이 섬에 말썽을 일으킬 것이다."라는 농장주들의 예상이 현실로 나타났다.[24] 비슷한 경고가 다른 영국령 식민지에서도 울려 퍼졌다. 6월 말 부재지주로 이루어진 '런던서인도제도 지주·상인협회'•의 보고에 따르면, "설탕 식민지에서 온 몇몇 편지"는 현지 노예 사이에 소요가 일고 있음을 증언하며 "허리케인이 부는 계절이 다가와 상선대가 섬을 떠나면 니그로 사이에 (특히 자메이카 섬에서) 폭동의 기운이 터져 나오리라" 예상했다. 그들은 전함과 군부대를 "적절히 증원하여" 신속하게 배치해야만 노예들이 노예제가 종말에 이르렀다는 "잘못된 결론"에 따라 행동에 나서는 것을 막을 수 있다고 탄원했다.[25]

1년 뒤인 1789년 5월, 2년 전 런던위원회의 염려를 의회 의사당에 전달하는 데 찬성했던 요크셔 출신의 젊은 의원인 윌리엄 윌버포스(William Wilberforce)••가 하원에서 일어나 영국의 아프리카 노예무역 종식을 요구하는 역사적인 첫 연설을 선보였다. 비록 그의 발의는 적은 표 차로 통과되지 못했지만, 이 투표는 다시 이어질 증거 수집과 논의의 시작일 뿐이었다. 계속된 노예무역 반대 운동은 1790년이면 3년째로 접어들어, 서인

• 1780년 영국에 있는 서인도제도 부재지주와 상인의 이해관계를 대변하여 런던에 설립된 'London Society of West India Planters and Merchants'을 말한다.

•• 당시 하원의원이었던 윌버포스는 의회에서 전개된 노예무역 폐지 운동에 앞장선 대표적인 영국 정치인이다.

도제도에서 어느 때보다 공적인 문제가 되었다. 킹스턴에서는 한 현지 신문이 "우리 교구의 신사분 하나"를 조롱하는 기사를 실었는데, 그에 따르면 최근 런던에 다녀온 이 신사는 돌아올 때부터 "인도주의적인 윌버포스 씨의 완벽한 제자"라 자칭하며 자기 노예를 자유로운 노동자로 만들리라 결심했다. 그러나 정작 식민지에 도착하니 (그에게는 실망스럽게도, 또 이 기사를 기고한 이에게는 즐겁게도) 그의 노예들은 "그에게 해방의 수고를 끼치지 않도록 배려하여 *스스로 자유를 취한* 후였다."[26] 런던의 부재지주들은 직전에 에스파냐령 트리니다드에서 영국령과 프랑스령 식민지에서 온 도망노예를 환영하는 칙령을 포고했다는 뉴스를 듣고는, 에스파냐가 이보다 더 부적절한 때에 수작을 부릴 수는 없었으리라 불평했다. 그들은 "지난번에 논의된 노예무역 문제가 보편적 해방이라는 개념과 혼동되어 (현재 영국령의 노예들을) 유례없이 흥분시킨 데다 이렇게 외국 열강이 간계를 부려 자유를 충동질하면 반란의 위험은 커질 수밖에 없다."라고 주장했다.[27] 그해 후반부 버진아일랜드의 토르톨라(Tortola)섬에서 노예 봉기가 발생하자 이러한 우려는 더 신뢰를 얻었다. 공식 조사에 따르면 "봉기는 당시 노예 사이에 널리 퍼진 이야기로부터 초래되었다. 그들은 잉글랜드에서 정부가 노예제를 폐지하고자 보낸 법령이 이미 섬에 도착했는데 주민들의 반대로 발표되지 못했다고 이야기했다."[28]

노예들이 잉글랜드에서 노예무역 폐지 운동이 진전되는 데 그토록 큰 관심을 보였다는 사실은 놀랄 일이 아니다. 하지만 그들은 어떻게 이에 관한 뉴스에 접근했을까? 자메이카 농장주들은 노예들이 어떻게 잉글랜드에서 벌어진 사건을 알고 그 최신 추이를 따라갈 수 있는지, 어떻게 이것이 노예해방과 관련되었다고 오해했는지 설명하면서, 그릇된 영국 박애주의자와 이동하는 흑인 대리인 사이의 적극적인 공모를 원인으로 지목했다. 농장주이자 역사가인 브라이언 에드워즈에 따르면 "정보를 전달할 수단은 부족하지 않았다." 이러한 정보원에는 여행하는 부재지주를 따라 "빈번하게 잉글랜드에 갔다 오는 흑인 하인"이 입으로 전하는 이야기, 섬으로 유입된 수많은 반노예제 팸플릿, 마지막으로 흑인을 짓누르는 압제와 이에 대한 저항을 암시하는 다양한 메달과 목판화와 같은 보다 상징적인 물건 등이 포함되었다.[29] 자메이카 의회 역시 에드워즈와 마찬가지로 출판물을 통해 "부지런히 유통되는 노예무역 폐지론자의 글과 장광설"뿐만 아니라 런던위원회가 의회에서 나온 반노예제 증언을 경솔하게 소책자로 묶어 출간한 것을 탓하며 "노예와 같은 피부색을 가진 자유민이 잉글랜드 사람이 발송한 (이 책자들을) 읽은 후 우리 노예에게 설명해 주었다."라고 말했다.[30]

그러나 노예무역 폐지론자는 공격하고 농장주와 상인은 방어하려던 사업, 즉 노예무역이 계속 확대된 것 역시 서인도제도에 또 다른 정보의 원천을 선사했다. 현대 역사 연구에서는 간과되었지만 바로 노예무역선에서 일하는 선원이 당대의 관찰자로서 정보를 실어 날랐던 것이다. 노예무역선 선원이 서인도제도 흑인에게 정보원이 될 수 있었음을 보여 주는 몇몇 요소가 있다. 첫째, 1780년대 말 카리브해에 도착한 영국 선원 대다수는 노예무역선을 타고 왔다. 노예무역선은 영국과 카리브해 사이의 직접무역에 종사하는 배보다 적재 중량은 적어도 훨씬 더 많은 승무원을 태웠는데, 아프리카 해안에서 거래할 때 편의를 꾀하고 중간 항해 동안 선상 반란을 진압하기 위해서였다. 1785년에서 1787년 사이 서인도제도로 건너간 1만 명 이상의 리버풀 선원 중 대략 60%가 노예무역선에서 일했다. 노예무역 폐지 운동이 힘을 얻어 가던 1787년 한 해 동안 영국의 대 서인도제도 무역이 가장 활발했던 항구인 리버풀에서 떠난 선원 4,264명 중 2,524명이 아프리카를 경유했다.[31]

노예무역선의 선원은 영국의 대 서인도제도 무역의 다른 부문에 종사하는 이보다 더 많았을 뿐 아니라 배가 잉글랜드로 회항한 후에도 자발적으로든 아니든 섬에 남을 확률이 매우 높았다. 선원의 임금을 횡령하려는 선장의 강제 해고가 탈주와 합쳐진 결과 토머스 클라크슨(Thomas Clarkson)* — 영국 노예무역의 이러한 측면을 최초로 진지하게 연구한 — 이 1788년 표현한 바에 따르면 "[노예무역] 선박에서 섬으로 선원이 계속 유출되는 현상"이 나타났다.[32] 클라크슨은 1787년 여름 런던과 리버풀의 세관 기록을 연구한 결과 노예무역에 종사한 선원들은 사망률이 높을 뿐 아니라 노예무역선에서 탈주하거나 해고당하여 하선하는 비율도 비정상적으로 높다는 사실을 밝혀냈다. 클라크슨은 1786년 노예무역을 위해 항해를 떠난 선원 5천 명을 표본으로 추출했는데, 떠날 때 승선했던 배를 타고 영국으로 돌아온 이들은 절반 이하인 2,320명밖에 되지 않았다. 삼각무역 중 사망률이 높은 1차와 2차 구간에서 죽는 선원을 고려하더라도, 원래 인원의 30%에 이르는 탈주자와 해고자 약 1,500명이 설명되지 않은 채로 남는다. 다음 해 클라크슨은 리버풀에서 노예무역선을 타고 떠난 3,170명 중 1,428명만 돌아왔음을 알게 되었는데, 현대 학자들은 브리스틀 선원의 경우에도 비슷한 상황을 추론해 냈다.[33]

탈주했건 해고당했건, 노예무역선에 탔던 많은 전직 선원은 카리브해에서 새로운 삶을 일구려 노력하는 가운데 노예나 주인 없는 계급 사람과 상호작용할 기회를 자주 만났다. 어떤 이는 육지에서 임시 일자리를 찾았고, 어떤 이는 항해 기술을 활용하여 "다른 무역에 종사하는" 배에 타거나 "이 섬에서 저 섬으로 이동하는 작은 배를 조종하며" 노예와 자유민 흑인과 나란히 일했다. 더 불운한 이들은 걸인, 병자, 극빈층으로 비참하게 살았다. 현지 주민은 이들을 "선창 주인(wharfingers)"이라고 불렀는데, 그 수가 너무 많아져서 그들이 자주 찾던 선창을 "소유한" 것과 다름없음을 냉소적으로 이르는 말이었다. "선창 주인"은 자메이카나 노예무역선이 화물을 내려놓는 다른 섬에서도 쉽게 찾아볼 수 있었다. 때로는 "니그로 여자들이 동정심에서 이들을 건사하기"도 했고, 흑인들은 섬에서 죽은 선원을 종종 자기들 묘지에 묻어 주었다.[34]

• 노예무역 폐지 운동에 앞장선 영국의 복음주의자로, 런던위원회의 창립 회원이다.

공통의 경험은 아프리카 출신 노예와 유럽 출신 선원을 한데 묶고 두 집단 사이에 더 광범위한 상호 공감을 불러왔다. 대농장을 탈주하여 바다에서 더 자유로운 삶을 찾기를 열망하는 노예가 있는 한편, 유럽 선원은 돛대 뒤의 삶과 대농장에서의 삶 사이에 두드러진 공통점이 있음을 오래전부터 인식하고 있었다. 엄격하고 자의적인 규율, 선장의 절대 권력, 강제징집대와 채찍질에 매여 살았던 수병은 노예의 경험이 자신의 삶을 적절히 은유함을 깨달았다. 공포의 대상이던 리버풀 강제징집대에 관한 당대의 서술은 가엾은 희생자를 "흔한 흉악범이라도 된 양 잡혀 자유를 잃고 집과 친구와 부모, 부인, 자식과 헤어진 후 집합소에 급히 보내져 검사받고 합격하면 배로 보내 승선시키는 것이 마치 니그로가 노예선에 타는 것과 같다."라고 묘사했다. 영국 해군에 있던 개혁주의적 성향의 한 전직 장교는 의회가 노예제와 노예무역에 대한 조사를 시작한 때와 같은 해에 글을 쓰면서 입법부가 강제모병과 같은 관행에 내재한 "완전히 노예제와 같은 분위기"에 관심을 기울일 것을 촉구했다.[35]

개별 선원의 행동을 보면 그들이 적어도 부분적으로 자신을 노예로 볼 수 있었음을 시사하는 증거가 더 나온다. 노예무역으로 분주했던 서아프리카 해안 인근에 있는 시에라리온의 초기 영국 정착민 역사에서 놀라운 예를 찾아볼 수 있다. 시에라리온의 새 정착지가 1787년 아메리카의 해방노예와 런던의 "흑인 빈민"의 피난처로 시작된 이후 마주한 많은 문제 중 하나는 이곳이 노예무역의 압제에서 벗어나고자 했던 영국 선원에게도 유혹적이었다는 것이다. 1792년 프리타운(Freetown)에 온 영국 여행자는 "우리는 노예무역선을 떠나 여기 피신하려는 탈주 선원들 때문에 종종 골머리를 앓았고 지금도 그렇다."라고 썼다. 서인도제도로 떠날 준비는 되었는데 승무원 부족으로 발이 묶인 배들 덕분에 탈주자들은 현지에서 쉽게 일자리를 찾았다. 노예선에서 탈주한 자들을 체포하라는 상인과 선장의 압력은 총독인 존 클라크슨(John Clarkson)에게 "곤란한 상황"을 초래했는데, 그가 받은 명령에 따르면 시에라리온 식민지에서 새 삶을 찾는 "모든 이를 보호해야" 했기 때문이다. 결국 클라크슨은 노예무역에 대한 개인적 반감에도 불구하고 순경들에게 탈주자를 잡아 배로 돌려보내라고 지시했다.[36]

노예무역과 여기서 희생된 아프리카인을 직접 목격한 이들은 노예무역 폐지 운동 덕분에 자신들이 공유하는 정치적 이해관계를 더 구체적으로 그려 볼 수 있었다. 잉글랜드에서 영국 선원에 관한 처우 문제는 노예제와 노예무역에 관한 논의가 확대되는 과정에서 두드러지게 나타났다. 토머스 클라크슨은 노예무역에 종사했던 예전 선원들의 불만이 얼마나 심한지 알게 되었다. 그가 1787년 여름 브리스틀과 리버풀의 선창에서 노예무역에 종사하는 선원의 처우에 관해 수집한 증거는 노예무역이 선원을 위한 "보육소(nursery)"라는 신화를 해체함으로써 노예무역 폐지론자들의 대의를 크게 북돋웠다. 대부분 점잖은 상인과 선장이었던 초반의 정보원들이 클라크슨과 틀어진 후에는, 놀랍게도 다수의 평선원이 그에게 접근하여 노예무역에 종사하는 선원의 처우에 관해 불리한 증거를 기꺼이 제공했다. 게다가 클라크슨은 때로 선원으로 변장하여 노예선을 타고 도착한 선원들과 이야기를 나누기도 했는데, 이때 그들은 "보답이 있으리라는 희망 때문이었을 수도 있지만, 언제나 먼저 말을 걸어 불만을 이야기하고자 했다." 1789년 윌버포스가 노예무역에 반대하는 역사적 연설에서 "노예무역은 무지한 몇몇 사람의 말처럼 우리 선원들에게 이익을 주기는커녕 그들의 무덤이 되었다고 확언한다."라고 단호하게 주장할 수 있던 것은 주로 이러한 증거를 통해서였다.[37]

선원들은 서인도제도에서도 마찬가지로 노예무역의 노동 조건에 강하게 항의했다. 1788년 패리 총독은 "바베이도스에 기항하는 노예무역선의 선장이나 선원은 거의 언제나 내게 불만을 제기하는데, 더 자주(그리고 보통 더 합당한 이유를 가지고) 그러는 쪽은 수치스럽게 착취당하는 선원들이다."라고 말했다.[38] 1786년 세인트빈센트에서는 긴 항해 후 선원들이 "뭔가 먹을 것을 받기 전에는" 선장의 명령을 따를 수 없다고 했더니 현지 치안판사가 "그들 중 대표 3명"을 투옥시켰다. 그러자 나머지 "불만을 가진 선원들은 해안으로 노 저어 가서 임금을 포기하고 옷가지 일부도 버리고 떠났다."[39] 의회 조사가 시작될 무렵 선원에 대한 학대는 세인트빈센트에서 너무 흔한 일이라 관료들은 의회가 "선원 보호에 관심을 기울여 주기를 촉구했다." 이에 따르면 "그들은 항해 후반기에 너무 혹사당해 배에서 도망치도록 부추김을 받는다. 그래서 이곳에 도착할 즈음이면 임금을 박탈당하는 것은 그들 탓이 되고 만다."[40] 섬으로 탈주한 많은 이뿐만 아니라 강제로 해고당한 이도 노예무역 관행을 개혁하는 데 관심을 가졌다. 1791년 자메이카에 도착한 브리스틀의 노예선 '페임(Fame)' 호의 선상 의사 윌리엄 디넬리(William Dineley)의 예를 보자. 아프리카에서 서인도제도로 오는 동안 디넬리는 노예와 선원의 처우와 불결한 위생 상태를 놓고 선장과 갈등을 빚었다가 선장의 명령으로 배에 접근 금지를 당하는 바람에 배가 출항한 후에도 자메이카에 발이 묶여 버렸다. 그는 고향의 항구로 돌아가는 다른 배에 탑승하려고 절박하게 애쓰는 동안 선주의 도움을 요청하며 "내가 다시 아프리카로 항해하는 일이 있다면, 선장들처럼 고압적인 인간과는 (…) 상종하지 않을 것이다."라고 맹세했다.[41]

디넬리처럼 불만에 찬 백인들이 노예무역 폐지 운동에 공감할 이유가 있었다면, 흑인 선원들은 자신의 지식을 대서양 양쪽으로 실어 나름으로써 노예무역을 종식하려는 노력에 더 직접적으로 이바지했다. 올라우다 에퀴아노와 같은 서인도제도 선원에게서 나온 뉴스는 노예무역에 대한 대중적 반대 여론을 일으킬 방도를 찾던 잉글랜드의 샤프와 윌버포스 같은 이들에게 매우 중요한 자료였음이 입증되었다. 노예선에서 갑판 아래의 사로잡힌 노예와 선원 양쪽으로 생활해 본 경험이 있는 에퀴아노는 런던에 있는 동안 샤프와 자주 만나서 카리브해 노예제에 대한 개인적 통찰을 공유하고 입항하는 선원들과의 인맥을 통해 알게 된 이야기를 전했다. 예를 들어 샤프는 1781년 "니그로 130명이 영국 노예선에서 산 채로 바다로 던져진" 사건에 관해 알려 준 공을 에퀴아노에게 돌렸다. 2년 동안 흑인 선원의 구술 전통으로 전해지던 이 '종(Zong)'호 사건* 은 1783년부터 폭넓게 언론에 알려졌고, 여기에 얽힌 참혹한 세부 사항이 공론화됨으로써 영국 여론의 향방이 크게 변했다. 흑인 선원과 잉글랜드의 주요 노예무역 폐지론자의 교류는 1790년대에도 계속되었다. 1795년까지지도 "최근 서인도제도에서 돌아온 영국 해군 선박에 탑승했던 불쌍한 니그로 1명이" 샤프를 찾아와 프랑스 배에서 전쟁 포로로 잡힌 유색인들이 부당한 처우를 받았다는 이야기를 들려주었다.[42]

노예무역 문제는 1791년 4월 하원 의사당에서 별문제 없이 2차 투표를 향해 나아갔다. 투표 결과에 대한 뉴스가 6월 중순 자메이카에 도착하자 한 관료는 "노예들 사이에서 반란이나 소요가 일어날 염려는 전혀 없지만", 노예무역에 반대하는 투표가 이변을 가져올 수도 있다고 덧붙였다.[43] 에핑엄 총독은 조용히 섬의 군사적 준비 태세를 강화하는 한편, "이렇게 방비를 취하는 모습이 오히려 사람들 머리에 나쁜 생각을 심는 상황을 피하고자" 했다. 그러나 이웃한 생도맹그에서 혁명이 발발했다는 첫 번째 보고가 도착하자마자 그는 상황을 다 통제할 수 없음을 시인하며, 국무대신에게 "한가한 사람들이 퍼뜨리는 소문 때문에 무슨 일이 벌어질지 알 수가 없다."라고 시사했다.[44]

그해 말 자메이카의 백인 인구 중 다른 쪽에서 나온 이야기는 공식 보고서와 사뭇 다른 모습을 보여 준다. 11월 초 한 개인 서신에 나온 이야기를 보면, 웨스트모어랜드(Westmoreland) 교구의 노예들은 윌버포스의 생일을 대대적인 축하 행사를 벌일 기회로 삼았는데, 이곳은 "정규군이 주둔한 지역 어디서든" 대략 "100마일"은 넘게 떨어져 있었다. 3천 명쯤으로 추산되는 노예들이 모여 먹고 마시다가 "마신 술이 더 효과를 발휘하

* 1781년 아프리카에서 자메이카로 향하던 리버풀의 노예무역선 종호는 항해가 지연되고 식수가 모자라 인명 손실이 예상되자 상품손괴로 보험금을 받기 위해 살아 있는 노예 130여 명을 바다로 던져 버렸다. 이후 잉글랜드에서 재판과 노예무역 폐지론자의 여론전이 전개되면서 종호 사건은 노예무역 폐지 운동에서 중요한 전기가 되었다.

기 전에" 해산되었다. 편지를 쓴 이는 이 사건은 "W씨[윌버포스]의 의도가 노예들에게 얼마나 곡해되고 있는지"를 보여 주는 "하나의 예"에 불과하다고 결론 내렸다.[45] 이 사건에 관한 소식이 섬을 가로질러 도착한 때와 같은 날, 스패니시타운에서 회합한 자메이카 의회는 노예무역 심의를 중지할 것을 요구하는 최대치로 강경한 공식 입장문을 발표했다.

> 우리 노예의 처지가 아니라 노예무역만 심의의 주제라고 주장하는 것은 헛된 일이다. 우리 니그로들은 둘을 구분할 능력이 없고, 그렇게 하지도 않을 것이다. 그들은 자신이 놓인 예속의 처지가 모국에서 비난받고 있으며, 그들이 친구라고 부르는 저 잉글랜드 신사분들의 궁극적인 목표는 자신들을 우리 공동체의 문명화된 이들과 동등한 지위에 놓는 것이라고 가르침받은 대로 믿어 의심치 않는다. 현재 그들의 선악 개념을 고려하자면 이러한 견해는 우리 모두의 공도동망(共倒同亡)에 일조할 뿐이다.[46]

1791년 연말에 아이티혁명의 드라마가 더해지자 자메이카 의회의 염려는 명백히 고조되었다. 백인 식민자들이 보기에 반란에 관해 초반에 퍼진 이야기들은 "요 몇 달간 의회에서 반대 운동이 벌어지는 동안 나타난 위험하고 불안한 기다림의 상태"를 격화시킬 뿐이며, "이러한 상황은 지난 2년간 계속되었다."[47] 1791년 8월 말 바로 이웃한 섬에서 아이티혁명이 발발한 후에도 영국 의회에서 벌어지는 노예무역 논의에 관한 소식은 자메이카의 정치적 추이에 계속 영향을 미쳤다. 1792년 6월 킹스턴의 관료들이 관찰한 바에 따르면, 의회가 노예무역 폐지를 투표에 부치기로 했다는 성급한 소식이 도착한 직후 도시 내 흑인들 가운데 "불손한 태도"가 늘어나 불안감을 주었다.[48] 다음 해 킹스턴의 백인들은 노예무역 폐지의 위협이 급진 공화주의의 위험만큼이나 강력함을 강조라도 하듯이 윌버포스와 톰 페인(Tom Paine)*의 인형을 나란히 불태웠다.[49]

노예들은 1791년 11월까지는 아직 "몇 리그 밖에서 들끓는 것과 같은 광란의 징후"를 보이지 않았지만, 생도맹그에서 벌어진 혁명은 몇 주 내에 잉글랜드와 식민지에서 벌어지는 노예무역 반대 운동을 대신하는 주요한 뉴스거리로 등장할 터였다.[50] 잉글랜드에 있는 윌버포스와 그의 당파는 1790년대 내내 노예무역을 폐지하도록 의회를 계속 압박하겠지만, 당분간 잉글랜드와 식민지 양쪽에서 서인도제도 문제에 이해관계가 있는 사람들의 관심은 모두 카리브해에서 벌어지는 프랑스혁명 쪽으로 쏠렸다.

* * *

1780년대 말 영국이 노예무역의 미래를 논의에 부쳐 영국령 카리브해에 "긴장감 넘치는 상태"를 초래하던 무렵, 유럽 다른 나라에서도 비슷한 상황이 벌어졌다. 에스파냐 궁정에 있는 내각 대신들은 카라카스, 쿠바, 히스파니올라섬의 에스파냐 식민지가 곧 완전히 성숙한 대농장 경제로 진입하리라 예상하고는, 일련의 엄격한 지침을 법령화하고 발효하여 노예 노동자의 수가 확대되는 상황에서 노예와 노예 소유주를 제어하고자 했다. 영제국에서 벌어진 노예무역 폐지 운동과 비교하면 에스파냐의 개혁 노력은 조용하고, 은밀하고, 공식적인 듯 보였다. 이 조치들은 에스파냐에서 노예무역에 대한 대중적인 논쟁을 불러일으키지 않았고, 관료들이 불만에 찬 목격자로부터 증언을 수집하는 일도 없었으며, 극적인 연설에 관한 뉴스가 에스파냐 식민지에 당도하여 노예들의 희망을 자극하지도 않았다. 모든 관심은 하나의 특정 문서와 이를 적용하는 문제에 집중되었다. 그러나 그 결과로 나타난 흥분과 불확실성 때문에 소문, 의심, 지하 활동과 같은 요소가 나타났고, 이는 의회에서의 논쟁이 영국령 식민지에 미

• 톰 페인의 인형을 태우는 의례에 관해서는 4장을 참조하라.

친 것과 매우 비슷한 역학관계를 낳았다. 1789년 5월 21일 카를로스 4세가 "노예의 교육, 처우, 일자리에 관해" 내린 왕령(real cédula)에 대해 에스파냐령 아메리카가 어떻게 대처했는지 보면, 에스파냐령 식민지 내 인종적, 계급적 긴장이 드러날 뿐만 아니라 아이티혁명 발발 직전 몇 년 동안 아프로아메리카 세계에서 통제되지 않은 뉴스와 이념이 얼마나 놀라운 힘을 발휘했는지 역시 입증된다.

1789년 2월 인디아스평의회(Council of the Indies)•가 통과시킨 법령은 내각 대신들이 가장 포괄적인 개혁이 되리라 희망하며 입안한 것으로서, 베네수엘라, 쿠바, 히스파니올라섬, 푸에르토리코의 선별된 몇몇 항구에서 자유로운 노예무역을 허용했다. 부르봉 개혁가들이 외국 노예무역에 부과된 오래된 제약을 완화하며 원한 바는 프랑스령 생도맹그를 모든 식민 열강의 부러움의 대상으로 만든 경제적 기적을 재현하는 것이었다. 하지만 에스파냐 내각은 에스파냐 식민지의 경제적 발전을 기대한 것이지 새로 나타난 강력한 노예 소유주 계급에 통제권을 넘길 의도는 전혀 없었다. 게다가 그들은 빠르게 팽창하는 흑인 인구가 식민지 안보에 미치는 위험 역시 인지하고 있었다. 이를 염두에 둔 마드리드 궁정은 노예제 식민지의 성장을 규제하기 위해 일련의 구체적인 정책을 제시할 필요성이 있다고 의견을 모았다. 노예무역 자유화 규정을 마무리한 직후, 인디아스평의회는 법무대신 안토니오 포르리에르(Antonio Porlier)에게 자유무역의 결과 곧 도착할 노예 수천 명을 관리하기 위한 규정을 작성하게 했다. 포르리에르는 평의회의 지령에 따라 현행법의 효력을 알아본 후 노예 소유주가 "불운한" 노동자에 발휘하는 절대 권력 때문에 이미 발생한 "학대"

• 에스파냐는 아메리카의 식민지를 '인디아스(indias; 영어로 indies)'라고 불렀다. 여기서는 에스파냐의 식민정책과 관련된 용어에서 꼭 필요한 경우 원문을 따라 '인디아스'로 번역하고, 그렇지 않을 때는 아메리카의 에스파냐령이나 에스파냐의 아메리카 식민지로 통칭했다. 인디아스평의회는 에스파냐령 아메리카 문제를 관장하던 최고 기구였다. 존 엘리엇, 『대서양의 두 제국』, 김원중 옮김(그린비, 2017), 109쪽 참조.

를 가능한 한 통제하기 위한 새로운 조치를 제안했다.[51]

포르리에르의 법령은 노예제를 "공적 평안"과 조화시키고자 만들어진 것으로, 면밀하게 관리되는 일종의 상호의무 체제를 만들어 노예 노동의 대가로 국가가 노예들의 특정 권리를 빈틈없이 보호하고자 했다.[52] 물론 포르리에르는 노예가 감독관과 소유주를 "순종하고 따르고", 규정된 의무를 신실하게 행하며, "그들을 아버지처럼 섬기기를" 기대했다. 그는 반대로 노예 소유주와 감독관에게는 노예들의 세례를 위해 가톨릭 신앙을 가르치고, 현지 노동 조건에 따라 규정된 양의 식량과 의복을 제공하며, 노인과 장애인에 대해 직접 책임을 지고, (설사 멀리 떨어진 농장에 사는 이들끼리라도) 노예들 사이의 결혼을 장려할 의무를 지웠다. 게다가 1789년 법령은 노예들을 일출 전과 일몰 후, 그리고 가톨릭 축일마다 노동에서 면제했고, 매일 두 시간씩 정규 업무 외 휴식 시간을 받아 자신의 텃밭에서 일할 수 있는 권리를 부여했다. 또한 노예 소유주가 17세 이하와 60세 이상의 아프리카인을 고용하는 것을 금지했다. 다른 규정들은 감독관이 남녀 노동을 명확히 분리하여 더 힘든 노동은 남성에게만 분배하고, 심지어 가사에 종사하는 여성에게는 (아무리 적더라도) 월급을 제공할 의무를 부과했다.

이 법령은 또한 노예 고용주가 가할 수 있는 처벌의 범주를 제한했다. 노예가 합당한 이유 없이 노동하지 않거나 탈주하거나 또 다른 흔한 "범죄"를 저지르면 투옥 혹은 족쇄와 사슬형을 내릴 수 있지만, 채찍은 절제해야 했다. 국가는 "심각한 타박상이나 일체의 출혈"을 막기 위해 "부드러운 도구"로 25대 이하로만 채찍질을 허용했다. 포르리에르는 노예 소유주와 그들이 고용한 감독관에게 사소한 처벌만 허용했고, 더 심각한 성격의 범죄를 처리하는 것은 현지 당국의 소관으로 넘겼다.

마지막으로, 포르리에르가 제안하고 인디아스평의회가 승인한 법령은 현지 정부가 노예의 권리가 침해되는 것을 감시하고 처벌하도록 규정을 마련했다. 평의회는 도시에 가까운 장원은 정부 관료에게 감시를 맡기는 한편, 교외의 아시엔다(hacienda)* 소유주들이 법령을 따르게 만들기 위해 특별한 방책을 요구했다. 먼저, 이 규정은 미사를 드리려고 장원마다 여행하는 신부들에게 순회 참관인의 임무를 부여해 과다노동이나 부당한 대우가 발생하면 비밀리에 가장 가까운 곳의 '도시 대변인(procurador síndico)'**에게 신고하여 이들이 "노예의 보호자"로서 혐의 사항을 조사하도록 했다. 게다가 포르리에르는 시 평의회가 "단수 혹은 복수의 평판 좋은 인물"을 임명하여 1년에 3회씩 현지 아시엔다를 방문하게 함으로써 위반자를 적발하게 했는데, 이 경우 처벌은 벌금에서 형사 재판까지 다양했다. 모든 법정 사건에서 소송을 제기한 노예는 법원에서 자유민과 동등한 권리를 누렸다.

8월 중순에 1789년 5월 31일 칙령의 사본 200부가량이 다른 공문서와 함께 적재되어 에스파냐령 아메리카의 관료들에게 배송되었고, 10월 말 무렵 식민지에 도착하기 시작했다. 예상 가능한 일이지만 에스파냐령 아메리카의 노예 소유주들은 입을 모아 즉각 항의했다. 심지어 현지 관료가 법령의 내용을 숙지하거나 이를 실제 공개하기도 전부터 새로운 규정은 노예제 경제가 새로운 활력을 얻게 되기를 고대했던 모든 이, 즉 노예 사용자와 노예 매매업자 사이에 염려의 대상이 되었다. 뉴올리언스(New Orleans),*** 산토도밍고, 그리고 누에바그라나다(Nueva Granada)****의 토카이마(Tocaima)시에 있던 총독들은 노예 소유주를 대신하여 법령에 강하

* 대농장.

** 에스파냐 식민지의 행정 중심지나 자문회에서 주민들의 이익과 권리를 대변하던 호민관과 비슷한 직책을 말한다.

*** 오늘날 미국의 뉴올리언스는 원래 프랑스령 누벨오를레앙(Nouvelle-Orléans)이었는데, 7년전쟁 후 프랑스가 루이지애나를 에스파냐에 할양하면서 에스파냐의 지배권에 들어갔다.

**** 에스파냐가 남아메리카 북부에 설립한 부왕령(viceroyalty)의 이름으로 오늘날의 콜롬비아, 에콰도르, 베네수엘라 등을 포함한다.

게 저항하며, 현지 크리오요(Criollo)*의 압력 때문에 법령 공표를 늦출 수밖에 없다고 밝혔다.[53] 그 사이 노예제 경제의 호황이 시작되었다는 불길한 징후를 알아차린 노예와 자유민 유색인 역시 많은 염려를 표명했다. 그들은 곧 이 법령의 중요성을 그 나름대로 이해하고 이를 공적 논쟁에 부쳤다. 따라서 소수 특권층의 반응은 상황의 절반만 이야기해 줄 따름이다.

아바나의 '경찰국장(comisarios)' 2명은 임시 총독인 도밍고 카베요(Domingo Cabello)를 접견하여 이 규정들이 공표되면 즉각 "노예들을 자극하여" 폭동이 일어날 것이 우려되니 집행을 연기해 달라고 간청했다. 카베요는 법령 발표를 금한 자신의 결정을 상관들에게 정당화하며, 그러한 반란은 "정기적으로 일어난다"고 설명했다.[54] 그러나 이후 보고서를 보면 공적으로 불문에 부쳤음에도(혹은 바로 그 때문에) 비밀에 싸인 이 법령은 곧 대중 사이에 온갖 추측의 대상이 되었으며, 아바나 노예들도 여기에 활발히 참여했음이 드러난다. 1790년 초 아바나 시의회(ayuntamiento)는 "니그로에게 유리한 왕령이 존재한다는 소문이 퍼지는 것만으로 그들은 이미 절반은 폭동을 일으키기 직전"이라면서, 최근 섬에서 가장 큰 제당소에서 일하던 노예들이 일으킨 폭동을 증거로 들었다.

더구나 국왕이 베푼 시혜에 대한 소식은 프랑스 식민지 중 하나에서 격렬한 노예 봉기가 일어났다는 다른 소문과 결합했다. 외국 뉴스와 국내 뉴스가 불길하게 뒤섞이는 양상이 아직 대규모 반란으로 폭발하지는 않았지만, 분명 "이 섬의 [노예들을] 기대하는 [상태로] 두는 데는 충분"했다.[55] 카베요가 아바나에서 보낸 급보를 받은 지 이틀 후, 자칭 아바나의 노예라는 어떤 남자의 편지가 우편으로 도착하자 시의회는 이러한 우려를 더 심각하게 받아들일 수밖에 없었다. 이 편지에서 디에고 데 헤수

* 에스파냐 식민지에서 태어난 에스파냐계 백인을 가리키는 말이다.

스(Diego de Jesús)는 "우리는 에티오피아• 노예를 위한 왕령이 탐욕 때문에 좌절된 것을 알고 있다."라고 썼다. 그는 이어서 그 문건의 존재와 내용은 "노예들에게 이미 알려졌으며" 이들은 왕이 "그들이 인류의 구성원으로 대우받기를" 바라고 있음을 (설사 그들의 소유주는 아니라 할지라도) 이해하고 있다고 말했다.[56]

카라카스의 경우 에스파냐령 카리브해 내에서도 지주와 상인이 아메리카에 퍼진 호황의 분위기를 북돋고 이에 편승하는 데 가장 적극적이었기 때문에 각 집단도 새로운 왕령에 격하게 반응했다. 이 지역에 에스파냐 식민지가 건설된 후의 짧은 역사를 통틀어 1783년 이후 그 어느 때보다 많은 아프리카인이 노예로 도착했다. 당시 명백한 변화의 징후가 나타났음에도 주인 없는 유색인은 여전히 백인과 노예 양쪽보다 수가 더 많았다. 이들은 카라카스•• 도시 인구의 40%, 식민지 전체 인구의 48% 이상을 차지했다.[57] 이러한 배경에서 1789년 10월 왕령이 도착하자 거리에서는 논의와 추측의 물결이 넘실거렸는데, 한 역사학자는 이를 두고 "어떻게 혹은 무슨 수로 그러한 [비밀정보망이] 작동하는지 아무도 모르는 채 가장 비밀스러운 뉴스까지 퍼져 나가는" 현대의 카라카스와 비슷하다고 썼다.[58]

카라카스 관료들은 1789년 왕령을 비밀에 부치려고 노력했지만, 대중이 거의 즉시 놀랄 만큼 상세한 정보를 얻는 것을 막기에는 역부족이었다. 카라카스에 있는 고등법원(audiencia)•••은 며칠 사이에 노예와 농장

• 에티오피아는 아프리카와 아프리카인을 가리키는 제유법적 용어로 쓰였다.

•• 카라카스는 남아메리카 북쪽 해안에 있는 항구도시로 베네수엘라주(1777년 이후 베네수엘라 사령관령)의 행정 중심지였다. 원저에 나오는 "카라카스 사령관령"은 베네수엘라 사령관령의 관습적 표기로 보인다. 도시가 팽창하면서 주변 지역까지 묶어 카라카스주로 부르기도 했다. 카라카스시(city of Caracas)라고 따로 표기할 때는 주변을 뺀 도시만을 말한다.

••• 원래 에스파냐 본국에 있던 고등법원을 일컬었는데, 식민지에서는 사법적 기능에 더해 행정 기능까지 담당했다.

주 양쪽에서 격렬한 반응이 나타났다고 보고했다. 노예제의 종말이 머지않았음을 알리는 충격적인 소문이 도시를 집어삼켰다. 카라카스 참사회(cabildo)• 의원인 프란시스코 가르시아 데 킨타나(Francisco García de Quintana)는 "마지막 우편물이 도착한 후" 이레에서 열흘 정도 지나자 "도심에서는 공공연히 우리가 노예 관리와 처우에 관한 왕령을 받았다고 떠든다."라고 말했다. 가르시아는 "노예들 사이에 기대의 분위기와 반항심이 이미 포착되었으니" 문제의 문건을 발표하는 것은 참사회가 그 파급효과를 세밀하게 검토한 후로 연기하자고 제안했다.[59] 다른 정부 기구 역시 뉴스가 어떤 방식으로든 거리로 새어 나갔음을 인지하고는, 이처럼 통제할 수 없는 정보 유출이 노예를 자극해 "해방이라는 생각"을 품게 할 수 있음을 염려했다.[60]

왕령의 세부 사항은 11월 내내 조심스레 비밀로 지켜졌으며, 총독은 카라카스 엘리트층이 도시 대변인인 후안 호세 에체니케(Juan José Echenique)에게 고등법원을 소집하도록 요청한 12월 초까지도 이를 공표하지 않았다. 이들 엘리트는 소문이 무성한 노예 관련 법령 때문에 현지에서 일어난 소요에 관해 논의하기를 촉구했다. 에체니케는 자신의 공적 지위에도 불구하고 여전히 왕령에 관한 뉴스는 무책임한 소문에 지나지 않는다고 잘라 말했다. 그는 이 소식이 카라카스의 흑인과 물라토 공동체에서 나왔다고 추정하고는, 카라카스 도시 내 거주민들이 자기들 이익에 맞게 뉴스를 만들어 낸 것이 "이번이 처음은 아니다."라고 덧붙였다. 아마 에체니케는 1749년의 무산된 반란을 알고 있었거나, 혹은 더 최근의 사건들을 염두에 두었을 것이다. 1789년 왕령이 나오기 불과 1년 전에도 카라카스 참사회는 현지의 흑인 자유민 사이에 국왕이 그들에게 성직에 입문할 권리와 평민 계층의 백인 여성과 정식으로 결혼할 권리를 주었다는 소

• 참사회는 에스파냐 식민지에서 지방 자치를 맡은 현지 엘리트의 대의제 의회이자 행정 기구였다.

문이 유포되고 있는데 이를 어떻게 막을지 모여 의논한 적이 있었다.[61] 그러나 에체니케가 카라카스의 흑인과 유색인 거주민에게 국왕이 은혜를 베풀었다는 뉴스는 희망에 찬 상상이 만들어 낸 가공물이라고 일축하는 동안에도, 도시의 노예들은 이미 자신의 새로운 권리를 주장하는 쪽으로 움직이고 있었다. 1789년 12월 12일 회합에서 제시된 증언에 따르면, 노예 소유주들은 "노예들에게 모욕당하고 있는데 이들이 얼마나 대담한지 주인의 면전에 대고 이래저래 책망하고 위협하는 지경이며", 심지어 "문제의 왕령에 포함되었다고 말하는 몇몇 장(章)"까지 인용할 정도였다. 노예들은 새로운 규정이 "휴식 시간"과 노동 시간 단축을 요청했다고 당당하게(그리고 매우 정확하게) 주장했다. 에체니케처럼 혼란에 빠진 노예 소유주들은 노예들이 곧 발효될 규정에 대해 정보를 가졌는지 아니면 그냥 이러한 이야기를 "만들어 낸" 것인지 의아해했다.[62]

카라카스 관료들이 새로운 규정을 철회해 달라는 요청을 보내고 국왕이 결정을 내리기를 기다리는 몇 개월 동안, 현지의 노예와 노예 소유주 양쪽에서 그들에게 가하는 압박은 높아만 갔다. 5월 초 어느 날 아침 카라카스의 공공장소 두 군데가 아직 공표되지 않은 왕령을 꼭 집어 언급하는 위협적인 게시물로 도배되다시피 한 후, 도시 내 백인 거주민의 경계심은 높아졌다. 이 게시물은 현지 노예들이 왕령 자체는 물론 현지 백인들이 그 문건과 내용을 함구하려는 혐의가 있음도 안다고 경고했다. 그 다음에는 관료들이 자발적으로 법령을 발효시키지 않는다면 그들을 설득하기 위해 완력을 쓸 수도 있다는 내용이 이어졌다. 글자 아래에는 훨씬 더 강력한 의사 표명이 도사리고 있었으니, 마체테•를 들어 올려 백인의 목을 치기 직전인 검은 피부의 남자가 그려져 있었다.[63]

이를 발견하고 경악한 카라카스 관료들은 1790년 봄 두 번째로 일련

• 벌목용으로 쓰이던 거대한 낫으로, 카리브해에서는 주로 사탕수수를 수확할 때 쓰였기 때문에 봉기를 일으킨 노예의 무기를 의미하기도 했다.

의 회합을 열어 도시와 인근 지역에서 벌어지는 흑인의 선동에 관한 증언을 더 청취했다. 노예들이 "국왕 폐하께서 그들을 해방했다."라고 믿고 감독관에 공공연히 맞섰으며, 어떤 경우에는 작업 도구를 내려놓고 일하기를 거부했다는 보고들이 이어졌다. 카라카스 시내에서도 고용주들은 가내 노예 사이에서 일어난 불만의 물결에 경악했다. 관료들은 이제 노예들 사이에 불온한 이념이 퍼지는 것을 규제해야 했을 뿐만 아니라 카라카스에 있는 수많은 주인 없는 사람 사이에서 문제의 왕령에 관한 관심이 증가하는 것까지 막아야 했다. 그들은 낮에는 대로의 여행자를 털고 밤이 오면 도시 내로 숨어드는 주변 평원 지역의 산적 못지않게, "불화와 소요"를 퍼뜨릴 의도로 "떠돌아다니는 사악한" 도시민을 두려워했다. 총독은 "남자들이 거리 구석에 언제든 모여 한담을 나누거나 [사람들이] 게시물을 붙이는 것, 심각한 소요의 [전조가 되는] 다른 모든 징후"는 주로 밤에 벌어지기 때문에 야간 활동을 규제하고자 했다. 그는 개인이건 집단이건 "6명에서 8명" 이상이 밤 10시 이후 거리에 모이면 등불을 밝혀야 하며 이를 어기면 감옥에서 밤을 보내게 하라는 명령을 내렸다. 이러한 긴장, 불안, 억압의 분위기에서 카라카스 백인들은 폭력 사태가 위험하리만치 가까이 다가왔다고 느꼈다. 특히 몇몇 "하층 계급 사람"이 화약고를 탈취하려고 시도해서 당국이 카라카스 인근의 항구인 라과이라(La Guaira) 근처로 상당한 규모의 민병대를 파견한 후에는 더욱 그러했다. 문제의 왕령을 숨겨서 정말로 폭력 사태가 일어난 경우를 적어도 하나는 찾아볼 수 있다. 프란시스코 아스카리오(Fernando Ascario)라는 사람이 소유한 대농장 노예들이 감독관을 공격하여 살해했는데, 고등법원이 받은 보고서에 따르면 "그들은 모두 국왕 폐하께서 이미 그들에게 자유 아니면 적어도 자유민과 동등한 지위를 부여했다고 믿고 있었다." 고등법원 구성원들이 그렇게 애를 썼는데도 6월 말에는 그 문건의 내용에 관한 정보가 너무 널리 퍼져서 "이 도시와 주변 지방에 있는 자유민과 노예 모두 알고 있는 게 확실하다."라고 말할 정도였다.[64]

1794년이 되자 식민지 크리오요 엘리트의 단호한 저항과 (더 중요하게는) 프랑스혁명의 도전 때문에 개혁 의지가 꺾인 에스파냐 대신들은 1789년 왕령이 조용히 사장되게 내버려 두기로 했다. 그러나 왕령과 이것이 만들어 낸 짧았던 희망에 대한 기억은 에스파냐 노예의 저항 문화에 살아남았다. 식민지 주민이 1789년 5월 31일 왕령에 관한 소식을 처음 접한 지 6년여 후, 이 문건은 에스파냐령 아메리카에서 벌어진 2건의 흑인 저항 사건에서 다시 주요한 쟁점으로 떠올랐다. 1795년 부에노스아이레스의 노예들은 왕령이 발효되지 않은 것에 항의하며 잠시 총파업을 벌였다.[65] 같은 해에는 카라카스 사령관령의 서쪽 해안에 있는 도시인 코로 근처에 살던 노예, 자유민 흑인, "혼혈"로 이루어진 집단이 베네수엘라 역사상 최대 규모의 폭동을 조직하여 독립 정부를 세우고자 했다. 공식 조사에 따르면 코로 반란의 뿌리 중 하나는 왕령을 두고 1789년에서 1790년 사이에 벌어진 소요였다. 흑인과 물라토가 자유와 평등을 얻을 권리가 현지 백인들 때문에 부당하게 유보되고 있다는 믿음은 여전히 널리 퍼져 있었다. 왕의 의도가 좌절당했다는 뉴스를 코로 지역 사람들에게 전하는 데는 이동하는 주인 없는 사람 2명이 결정적인 역할을 했다. 코코피오(Cocofio)라고 알려진 "게으름뱅이"는 "치료사라는 그럴듯한 구실로 대농장마다 떠돌아다니며" 왕이 해방령을 내렸는데 백인들이 그들을 계속 노예화하여 왕의 의향을 저버렸다는 이야기를 노예들에게 전해 주었다. 코코피오가 죽고 나서는 인근에 있는 퀴라소 출신으로 에스파냐어를 하는 탈주자이자 1795년 폭동의 중심인물인 호세 카리다드 곤잘레스(José Caridad González)가 현지 에스파냐 당국에 대항하여 무장 반란을 조직하면서 이 주제를 활용했다.[66] 하지만 그즈음이면 생도맹그에서 일어난 흑인 혁명이 불만에 찬 에스파냐 노예에게 가장 강력한 영향력을 발휘하고 있었다.

* * *

영국 노예무역 폐지 운동과 에스파냐의 개혁주의가 1780년대 말 식민지 노예제의 미래에 도전하기는 했지만, 장차 아메리카에 흑인 해방을 가져올 만큼 압도적인 사회적·이념적 압력을 행사한 것은 프랑스혁명이 유일했다. "자유, 평등, 우애"라는 이상을 놓고 계급 간 투쟁을 불러온 혁명은 백인들 간의 연대와 노예제에 기초한 사회에 명백한 문제를 제기했다. 따라서 바스티유 요새 함락 사건이 벌어져 프랑스 구체제가 종말로 접어들기 전부터 이미 관료들은 유럽에서 들끓는 탐구와 변화의 정신이 프랑스령 카리브해에 영향을 미치지 못하도록 조치를 취했다. 이미 1788년 가을에 왕정은 "자유의 불꽃이 식민지로 퍼지지 못하도록" 생도맹그의 "모든 언론을 폐간하라는" 명령을 내렸는데, 이 조치로 최소 "몇 주간" 효과적인 뉴스 봉쇄가 이어졌다. 서문에서 언급한 라살 장군을 한번 보자. 그는 1792년 프랑스에서 생도맹그로 항해할 준비가 된 열정적인 신병들에 대해 다른 접근법을 취했다. 장군은 프랑스혁명의 구호와 의례가 식민지에 적용되면 잠재적으로 얼마나 위험할지 인지하고는 휘하 병사들에게 깃발과 모자에 적힌 "자유 아니면 죽음을"이라는 구호를 "국민, 법, 왕"으로 정정하라고 지시했다. 라살은 또한 생도맹그에 도착하면 자유의 나무를 심으려는 병사들의 계획을 거부하고, 대신 "평화의 나무"를 심을 것을 제안했다.[67]

라살 장군의 딜레마는 프랑스의 식민지 로비 집단과 식민지의 농장주 지배 체제가 마주한 것과 같았고, 그가 제시한 빈약한 해결책 역시 넓게 보면 농장주, 상인, 선주가 프랑스혁명과 타협하며 채택한 전략과 비슷했다. 1780년대 말 영국과 에스파냐 식민지의 현지 엘리트는 식민지 정책을 개혁하는 시도 일체를 다 거부했던 반면, 더 부유하고 강력한 프랑스 농장주는 대혁명 때문에 일어난 본국의 혼란을 환영하며 프랑스 식민 행정의 약점을 자신의 권력을 강화하는 데 이용하고자 했다. 라살이 대혁명과 관련된 대중 의례로부터 공화주의적 의미를 탈각시키려 애쓰던 바로 그때, 농장주와 상업 부르주아지도 비슷한 과업에 착수했으니 이들은 대혁명을 지지하는 동시에 혁명이 촉발한 사회적 영향력이 식민지까지 넘쳐흐르지 않게 하려고 애썼다. 그러나 라살 부대가 라로셸을 떠나 혁명이 일어난 생도맹그로 올 때 즈음 이미 확실해졌듯이, 세심한 군사령관이나 경계심 많은 농장주 그 누구도 프랑스혁명의 제어할 수 없는 힘을 막아 내리라는 희망은 품을 수가 없었다. 이때는 깃발이나 모자의 구호와 같은 의례와 상징이 팸플릿과 브로드사이드•만큼이나 효과적으로 혁명의 물결을 실어 나를 수 있었기에 더욱 그러했다.

1787년 루이 16세가 삼부회를 소집하자 생도맹그 농장주들은 최근 북미가 독립한 예에 일부 고무되어 프랑스령 카리브해 노예제 지배 체제의 요구를 주장하는 데 앞장섰다. 프랑스 농장주들은 새로운 삼부회 체제를 조직하는 이들이 식민지 주민들의 자리를 결정하기 전부터 의회에서 그들을 대표할 의원과 로비 활동을 조율할 대리인을 선출했다. 1789년 6월까지 식민지 대표들은 왕정과 귀족에 대항한 투쟁에서 제3신분과 손을 잡았지만, 동시에 「인권선언」을 인준하는 것을 거부하고 혁명이 식민지에 미치지 못하도록 신속히 결집했다. 영향력 높은 '프랑스식민자협회(Society of French Colonists)'는 회합 장소인 파리의 호텔 이름을 따서 '마시악클럽(Club Massiac)'으로 알려졌는데, 부재지주 및 그들의 대표와 동조자들은 이 클럽을 대변인으로 삼아 혁명의회는 식민지의 사회경제 정책을 식민자의 손에 맡겨야 한다는 입장을 고수했다. 제3신분과 식민지를 관할하는 관료 사이에서 그들의 주장에 대한 지지가 약화되는 상황에서도 말이다.[68]

부재지주뿐만 아니라 파리에 살던 다른 집단도 혁명의 초기 단계부터 식민지 통치 문제에 적극적인 관심을 표명했다. 파리에 있던 자유민 유색인 공동체는 그들만의 '아메리카식민자협회(Society of American

• 1장짜리 인쇄물로, 책이나 팸플릿보다 간편하고 빨리 만들 수 있어서 주로 신속하게 정보를 유통하는 데 활용되었다.

Colonists)'를 조직했다. 1770년대 이후 식민지에서 자유민 신분의 비백인은 점점 더 심하게 차별당했는데, 이들은 혁명을 기회 삼아 이러한 상황을 타파하고자 했다. 사실 생도맹그의 자유민 물라토는 식민지 농장주의 활동을 예상하고 4년 전인 1784년 쥘리앵 레몽(Julien Raimond)을 프랑스로 보내 생도맹그에 사는 유색인 유산자의 평등한 권리를 위한 로비를 전개했다. '유색인들(gens de couleur)'은 농장주들만큼 결연한 의지로 제헌의회에서 대표 의석을 얻고자 했으나 더 심한 반대를 만나 의견을 관철시키지 못했다. 이들의 실망은 식민지에서 다가올 혁명의 전조가 되었다.[69] 게다가 프랑스에서는 영국의 노예무역 폐지 운동에 자극받은 소수의 박애주의자 집단이 1788년 '흑인우애협회(Société des Amis des Noirs)'를 설립했는데, 이는 그 전년에 창설된 런던위원회의 노선을 따른 것이었다. 흑인우애협회는 조직이나 지지 세력 결집 양면에서 런던위원회처럼 큰 발전을 이루지 못했고 마시악클럽만큼 프랑스 정치에 영향력을 행사하지도 못했지만, 협회 구성원들이 쓴 글은 반노예제 운동의 대의에 대한 우호적 여론을 만들어 내는 데 상당히 영향을 미쳤다. 바로 그 때문에 친노예제 로비활동가들은 흑인우애협회를 계속 공격 목표로 삼았고, 그들이 출판한 이념이 식민지에 미칠 효과를 걱정했다.[70]

1789년 여름과 가을에 벌어진 경천동지할 사건들이 온 유럽의 관심을 집중시킬 무렵, 프랑스 수도에 사는 이들과 대서양 건너편에 있던 그들의 동포는 프랑스에서 벌어진 변화가 식민지 체제에 어떤 의미를 지닐지 추론하며 사실과 소문을 구분하고자 애쓰는 중이었다. 그 파란만장한 여름에 영국의 노예무역 폐지론자 클라크슨이 마침 노예무역 조사차 파리를 방문했다. 그는 유색인 자유민의 권리와 노예제 문제를 두고 여러 당파 사이에 격렬한 갈등이 벌어지는 줄 모른 채 잔뜩 고조된 분위기 속으로 발을 들여놓았다. 그가 도착한 지 얼마 안 되어 "대중적인 인쇄물"에 실린 한 기사에서 흑인우애협회가 머스킷 총 1만 2,000정을 식민지로 실어 보내어 흑인 반란을 부추겼다고 비난했다. 클라크슨이 몇 년 후 회상한 바에 따르면, "나에 관해서도 마찬가지로 근거 없고 악의적인 기사들이 같은 신문들에 실려 유포되었다." 어떤 기사는 그가 영국 첩자라고 비난했고, 다른 기사는 그가 급진적 견해 때문에 영국에서 추방당했다고 장담했다.[71] 클라크슨이 파리에 온 것을 비난했던 부재지주들은 카리브해 주민에게 "자유에 취한" 몇몇 프랑스인이 노예 반란을 선동할 의도로 식민지로 출발하기 직전이니 "위험이 임박"했다고 경고하는 뉴스를 쏟아내며 불안을 조장했다.[72] 마르티니크와 과들루프에서 폭력적인 노예 봉기가 일어났다는 근거 없는 이야기를 비롯하여 서인도제도에서 벌어진 사건에 대한 소문의 물결이 그해 가을 파리를 사로잡았다. 마시악클럽 회원들은 "매우 불쾌한 소문에 놀라" 해군부 대신 라뤼제른에게 뉴스의 진위를 확인해 달라고 요청했다. 라뤼제른은 현장에 있는 행정관들로부터 2개월간 아무런 우편물도 받지 못했다고 털어놓을 수밖에 없었으니, 그는 사실 식민지 상황에 대해 마시악클럽 회원들보다 더 아는 바가 없었다.[73]

식민지 주민은 프랑스에서 벌어지는 상황을 이해하는 데 비슷한 어려움을 겪었다. 공적 통신수단을 통해 전달되는 직접적인 정보가 없는 상황에서 긴장과 걷잡을 수 없는 추측의 수위가 높아만 갔다. 무역에 불황이 오면서 식민지 항구에 도착하는 프랑스 상선이 현격히 줄어들자 상황은 더 나빠졌다. 마르티니크의 생피에르(Saint-Pierre)에는 1789년 8월에서 9월 사이 파리로부터 뉴스가 일절 도착하지 않았는데, 그 때문에 프랑스에서 무슨 일이 벌어졌고 그 결과 카리브해 노예제의 미래는 어떤 영향을 받을지 떠드는 소문에 불이 붙었다. 영국 신문의 사본이 섬으로 유입되자, 노예무역을 두고 영국 의회에서 벌어진 운동에 관한 기사를 읽은 현지인 가운데 영국인들이 노예들 사이에 흥분을 불러일으키고자 이러한 뉴스를 유포했다는 의심이 싹텄다. 또 어떤 식민자는 여행자와 선원이 모자에 장식한 삼색기 모장의 의미는 대체 무엇일지 궁금해했다.[74]

멀리 서쪽에 있는 생도맹그에는 프랑스 배가 더 많이 입항해 편지를 주고받는 사람들은 더 많은 정보를 공급받았다. 그러나 그중 다수는 모호하거나 불확실했고, 충격적인 소문이 전방위로 흘러넘쳤다. 10월에 카프 프랑세의 한 주민은 "우리는 유럽에서 유포되는 온갖 소문에 관해 상세한 소식을 듣고 있다."라고 쓰면서, 이렇게 2차, 3차로 건너온 이야기는 "여기서 소문을 조장하는 데 적잖이 기여했다."라고 덧붙였다. 서부와 남부에 있는 더 작은 해안 도시들에서는 혁명의회가 곧 노예제를 폐지하리라는 이야기가 흘러나왔고, 이 뉴스는 이미 내륙 대농장에 있는 몇몇 노예의 귀에 들어간 후였다. 다른 소문은 항구의 소도시들에서 자체 생산되었다. 바로 몇 달 전 프랑스에서 비적이 쳐들어온다는 소문 때문에 "대공포(Great Fear)"*가 삽시간에 퍼져 농촌 주민이 공포에 떨었던 것처럼, 카프 프랑세의 백인은 2만 명이 넘는 노예가 현재의 혼란을 틈타 주변의 산악지대에서 내려와 숨겨진 동맹 세력과 손을 잡고 도시를 장악할 만반의 태세를 갖추고 있다고 생각하며 연말까지 매일 공포 속에 살았다.[75]

라살 장군 개인의 노력을 더 큰 규모로 확대하여, 프랑스령 카리브해의 농장주 및 프랑스에 있는 그들의 대표와 동조자들은 혁명이 일어난 본국에서 뉴스를 고대하는 식민지로 사람과 이념이 이동하는 것을 막는 규제 조치를 만드는 데 힘을 모았다. 프랑스에서 이 정책은 자유민 흑인과 자유민 유색인에게 특별히 강한 영향력을 미쳤는데, 그들이 해로에 접근하는 것을 마시악클럽이 막고자 했기 때문이다. 18세기 중반부터 프랑스와 식민지 사이를 오가는 흑인과 물라토의 이동은 많은 염려와 논평을 낳았다. 가장 큰 우려를 자아낸 것은 여행하는 주인을 따라 프랑스에 체류한 후 섬으로 돌아온 노예들이었다. 1753년 마르티니크에서 제기된 전형적인 불만은 프랑스에서 돌아온 니그로가 "불손"하다는 것으로, 사람들은 이들의 태도 변화를 두고 하층 백인과 접촉한 것을 탓했다. 1777년에

---

* 프랑스혁명 초반인 1789년 7월 말에서 8월 초 사이 프랑스 농촌에서 동시다발적으로 폭동이 벌어져 영주의 저택과 창고를 불태우고 귀족을 학살한 것을 가리킨다. 레디커의 서문에서 이야기했듯이 스콧의 책은 프랑스 역사가 르페브르가 대공포 연구에서 다룬 소문의 생산과 전파를 핵심 주제로 잡고 있다.

나온 왕령은 이를 반영하여 "그들은 독립심과 고집스러움을 품고 식민지에 돌아가서 유용하기보다 해로운 존재가 된다."라고 말했다.•[76] 하지만 루이 16세의 정책은 프랑스 본토에 흑인을 들이는 것을 매우 강력하게 반대했기 때문에, 경찰은 1777년에서 1789년 사이 노예, 탈주자, 자유민을 가리지 않고 흑인 거주민 "수십 명"을 체포하여 식민지 관료의 항의를 무릅쓰고 그들을 식민지로 이송했다.[77]

혁명이 발발하고 프랑스의 자유민 흑인과 유색인이 혁명의 추이에 큰 관심을 보이자, 식민지 로비 세력은 파리에서 벌어지는 사건에 관한 뉴스가 해외의 노예에게 닿는 것을 막기 위해 이러한 이송 정책을 즉각 폐기할 것을 주장했다. 마시악클럽은 처음에는 흑인과 물라토가 카리브해로 가는 배에 타는 것을 금하는 새로운 법을 요청했다가 라뤼제른 대신에게 거절당하자, 직접 프랑스 주요 대서양 항구도시의 상업회의소와 선주들에게 지원을 요청했다. 항만 당국은 때때로 유색인의 이동을 묵인하기는 했지만, 대체로 이러한 요구를 수용했다.[78]

대서양 건너편의 항구도시들에서는 자칭 안보위원회가 생겨나 비슷한 예방 조치를 취하고 다양한 선동가들을 잡아내고자 경계를 섰다. 1789년 10월 말 어떤 이는 편지에서 "항구와 선창에 경계가 강화된 나머지 어떤 열성분자든 계획을 실행하기가 사실상 불가능해질 [것이다]."라고 이야기했다.[79] 그해 말부터 1790년까지 북부와 서부에서 열린 농장주들의 의회는 계속 선창의 안보를 최우선 과제로 삼았다. 카프프랑세에 위치한 북부 상임 도의회의 공안위원회는 도시경찰(city commissioners)이 상륙한 승객 모두의 이름, 나이, 인상착의를 취합하는 정책에 찬사를 보냈다. 그들은 곧 한 걸음 더 나아가 입항하는 모든 배를 수색하고 수색이 끝나기 전에는 아무도 내리지 못하게 각 배에 무장 경비대를 배치하는 것을 허용했

• 1777년 루이 16세가 포고한 왕령은 노예든 자유민이든 식민지 비백인이 프랑스 본토에 들어오는 것을 엄격하게 규제했다.

다. 카프프랑세에 온 이유를 만족스럽게 설명하지 못한 승객은 "최대한 빨리 프랑스로 되돌려 보낼 수 있도록 즉각 체포하여 구금했다."[80] 1790년 1월 포르토프랭스의 식민지 정부는 선내 방문과 수색을 요청하며 "프랑스에서 오는 노예, 등록되지 않은 승객 (…) 문서, 책, 판화 그리고 기타 말썽을 일으킬 소지가 있는 물품"과 같은 위험한 화물을 압수하라는 명령을 내렸다.[81] 외국인의 출입도 엄격하게 통제되었는데, 에스파냐 소식통에 따르면 외국인은 설사 적법한 여권이 있어도 생도맹그에 하선할 때 체포당해 갇힐 위험이 있었다.[82]

그러나 엄격한 안보 조치는 관심과 기대치만 높였을 뿐, 규제가 절대적 효과를 발휘한 적은 없었다. 삼색기 모장이 프랑스 식민지에 나타나자마자 노예들은 그 의미를 꿰맞추었다. 1789년 10월 식민지 관료들은 카프프랑세 근처에서 발생한 노예들의 소요에 관한 보고서를 회람하며, "많은 인쇄물"이 들어와 주민들이 파리에서 일어난 사건에 관해 알게 되었다고 이야기했다. 예방 조치를 면밀히 했어도 "특히 흑인 해방 문제에 관해 일어난 일이나 출판된 글"은 항구 경찰을 피해 어떻게든 들어왔다. 예상할 수 있듯이, 카프프랑세의 흑인은 곧 삼색기 모장은 프랑스의 백인이 그들의 "주인"으로부터 새롭게 획득한 해방을 상징한다고 이해했다.[83] 마르티니크의 생피에르에 살던 "몇몇 노예"는 1789년 가을에 삼색기 모장의 의미가 명확해진 직후부터 자기들도 모장을 달았고, 현지 관료는 흑인과 유색인이 모장을 사용하는 것을 엄하게 금지하는 명령을 내렸다. 그러나 몇몇 흑인은 어떤 방식으로든 현지의 정치적 투쟁에 참여하려는 의지를 관철했다. 1790년 여름에는 민병대 열병식에서 북을 연주하던 노예가 금지령을 무시하고 모자에 모장을 달았다가 소요가 발생했다. 1791년 8월 반란이 일어난 지 몇 달 후에도 생도맹그의 흑인 반란군은 삼색기 모장의 상징에 연대 의식을 표했다. 1792년 포르토프랭스 인근에서 활동하던 변경의 무장 노예 집단이 요구한 사항에는 프랑스혁명을 상징하는 빨강, 하양, 파랑 장식을 달 권리도 있었다.[84]

배가 정박하는 동안 섬의 선술집과 주점을 자주 찾던 상선대 선원의 물결은 카리브해 소도시에 프랑스혁명에 관해 지속적인(상당히 지연되기는 했지만) 뉴스를 공급하는 소식통이었다. 한 전직 식민자는 선원들이 프랑스에 있는 "흑인옹호자들(negrophiles)의 대리인"에 불과하다고 비난했다. 그의 비난에 따르면 선원은 불법 인쇄물을 들여오는 데 결정적 역할을 했을 뿐만 아니라 흑인에게 화약과 기타 폭약까지 공급했다는 것이다. 그러나 상선대가 농장주 계급에 가한 최악의 타격은 눈에 보이는 물건을 교환한 것이 아니라, 단순히 말을 섞은 것이었다. 프랑스 선원과 현지 노예는 배에서 물건을 가지고 오르내리거나 다른 일을 하며 "항상 같이 있었기" 때문에, 부둣가는 곧 "반란의 도가니"가 되었다. "정치 클럽이나 헌법의친구들*에서 나온 선동적인 구호를 잘 아는" 선원은 함께 일하는 흑인과 프랑스에서 벌어진 혁명의 열기를 공유했다.[85]

선동적인 외부인이 못 들어오게 프랑스 식민지의 국경과 항구를 걸어 잠그려던 노력은 결국 별 효과가 없었다. 농장주와 상인이 명백히 위험인물로 인지한 사람들은 어떻게든 당국의 눈을 피해 식민지에서 돌아다녔다. 1790년 봄과 여름 카프프랑세 근처에서 무단이탈을 감행한 도망노예 중 장-루이(Jean-Louis)는 시내에서 주인 대신 석탄을 파는 인물로 잘 알려져 있었다. 현지 신문에 따르면 장-루이는 특별한 재능과 폭넓은 경험을 지녔다. 그는 예전에 프랑스에서 살았고, 프랑스어뿐만 아니라 에스파냐어, 네덜란드어, 영어 그리고 "크레올 사투리"까지 할 줄 알았다.[86] 그러나 잘 알려진 유색인 선동가가 감시의 그물을 피해 빠져나간 가장 극적인 사건은 1790년 봄에 벌어졌다. 뱅상 오제(Vincent Ogé)라는 물라토 반란자가 프랑스에서 생도맹그로 건너와 자유 유색인과 몇몇 무장 노예로 구

---

* 프랑스혁명 당시 파리의 정치 클럽으로 자코뱅클럽의 전신인 "헌법의친구협회(Société des amis de la Constitution)"를 가리킨다.

성된 반란을 이끌었다가 실패한 것이다.* 오제는 프랑스혁명 초반에 파리에 있던 유색인 단체에서 가장 목소리를 높인 인물로 마시악클럽 회원들에게 요주의 인물로 찍혀 있었다.

제헌의회가 유산자 물라토의 시민권 요구를 묵살한 후인 1790년 4월 초, 생도맹그 농장주를 대표하는 통신위원회는 배 1척이 프랑스의 르아브르(Le Havre) 항구를 막 떠났는데 여기에 오제를 필두로 식민지 노예들에게 혁명을 전하고자 결의한 일군의 백인과 물라토가 타고 있다는 뉴스를 입수했다. 위원회는 식민지 관료들이 장차 반란자가 될 이들을 체포할 수 있도록 오제의 인상착의를 담은 판화를 준비시켰고, 관료들은 생도맹그의 주요 항구 전부에 이를 게시했다. 그사이 파리를 떠난 오제는 예상대로 생도맹그로 간 것이 아니라 런던에서 6주를 지낸 후 북미의 찰스턴으로 가는 배에 올랐다. 오제는 찰스턴 항구에서 짧게 머물며 추정컨대 무기를 사들인 후, 10월 16일 아마도 미국 선원으로 변장하여 카프프랑세로 숨어들었다. 그는 한 달이 채 지나지 않아 흑인과 물라토 반란자로 이루어진 부대를 이끌고 생도맹그의 농장주 계급에 대항한 공격을 감행했다. 결국 실패로 끝난 이 사건은 역사적으로는 중요한 의미를 지녔다. 오제는 평생 한 번도 노예의 자유를 추구한 적이 없지만, 1791년 초 그가 체포되어 잔인하게 처형당한 사건은 프랑스에서는 여론을 환기하고 생도맹그에서는 미래의 혁명가들에게 큰 인상을 남김으로써 역설적이지만 반노예제의 대의를 진전시켰다.[87]

1790년 오제가 폭동을 일으킬 무렵 카리브해 노예제의 미래에 관한

* 오제(1757-1791)는 생도맹그 출신의 물라토로 매우 유복한 상인 집안의 일원이었다. 1788년 말 프랑스로 건너온 이후 앞에서 언급된 자유민유색인협회의 일원으로 활동하면서 백인 식민자들의 인종적 편견에 반대하고 재산이 있는 자유민 유색인에게도 동등한 시민권을 부여할 것을 요구했다. 이러한 요구가 좌절당하자 그는 1790년 생도맹그로 돌아가 유색인 자유민 민병대를 주축으로 무장 반란을 일으켰다. 반란에 실패한 오제와 동료들이 1791년 2월에 공개 처형당한 사건은 아이티혁명으로 가는 계기 중 하나로 평가받는다.

대중적 논의와 추측의 강도는 아메리카 사상 유례없는 수준에 도달했다. 주요한 세 제국의 노예와 자유민 유색인은 저마다 자신의 처지가 달라지리라 기대할 이유가 충분했고, 따라서 그들을 둘러싼 정보의 흐름에 면밀한 관심을 기울였다. 이러한 기대와 긴장의 분위기 속에서 유럽에서 벌어지는 사건에 관한 뉴스와 노예제가 종식되리라는 소문은 광범위하게 퍼져 나갔다. 식민지 관료, 로비 활동가, 농장주가 뉴스를 제약하여 대중적 동요를 막을 수 없었음을 볼 때, 그처럼 절박한 문제를 비밀에 부치는 것이 사실상 불가능했음을 알 수 있다. 식민 당국은 흑인과 물라토 예속민이 대부분의 물적인 뉴스 매체에 백인과 대등하게 접근하지 못하게 막는 데에는 성공했다. 하지만 노예와 자유민 유색인은 자신의 이해관계에 맞게 기민하게 정보를 얻고, 왜곡하고, 유통할 수 있음을 입증했다.

물론 뉴스는 해외에서만 도착한 게 아니었다. 아메리카의 식민지와 영토들 사이의 거리가 매우 가까웠기 때문에 정보는 신세계에 있는 제국 간 국경과 지리적 경계선을 넘어 흘러 나가기도 했다. 프랑스와 에스파냐 식민지 주민이 영국 노예무역 폐지 운동을 주시하며 자기 나라 경제에 미칠 영향을 재는 동안, 영국인은 프랑스혁명이 영국령 카리브해 식민지의 노예제에 영향을 미칠까 걱정했다. 하지만 1791년 초 카프프랑세에서 프랑스 당국이 오제와 그 부장들을 처형할 즈음이면, 오제가 대변하는 이념이 아메리카 노예제 사회 어디서든 흑인과 물라토 혁명가를 자극할 잠재력을 지니고 있음이 아메리카 전역에서 명백해졌다.

주

1 Governor Smith to Lord Goderich, 13 July 1831, C.O. 295/87, PRO, Benjamin D'Urban to John Murray, 20 April 1830, C.O. 111/69, PRO. 다음에 재수록. Eric Williams, ed., *Documents on British West Indian History*, 1807-1833 (Port-of-Spain, 1952), pp. 189, 190.

2 Héctor García Chuecos, "Una insurrección de negros en los dias de la colonia," *Revista de historia de América* 29 (junio de 1950), pp. 67-76.

3 Lucien Peytraud, *L'esclavage aux Antilles françaises avant 1789. d'après des documents inédits des archives coloniales* (Paris, 1897), pp. 372-373.

4 *Virginia Gazette* (Purdie and Dixon), 30 September 1773, 30 June 1774. 다음에 재인용. Gerald W. Mullin, *Flight and Rebellion: Slave Resistance in Eighteenth-Century Virginia* (New York, 1972), p. 131.

5 이는 찰스턴의 흑인 자유민 도선사였던 토마스 제레마이어(Thomas Jeremiah)가 남긴 말로 다음의 재판 기록에서 재인용했다. Peter H. Wood, "'Taking Care of Business' in Revolutionary South Carolina: Republicanism and the Slave Society," in Jeffrey J. Crow and Larry E. Tise, eds., *The Southern Experience in the American Revolution* (Chapel Hill, 1978), pp. 284-285.

6 Diary entry, 24 September 1775, in Charles Francis Adams, ed., *The Works of John Adams*, 10 vols. (Boston, 1850-1856), II, p. 428.

7 Richard B. Sheridan, "The Jamaica Slave Insurrection Scare of 1776 and the American Revolution," *Journal of Negro History* 61 (July 1976), p. 301. 버뮤다의 흑인 선원들의 활동에 대해서는 Cyril Outerbridge Packwood, *Chained on the Rock: Slavery in Bermuda* (New York and Bermuda, 1975), pp. 42-46 참조.

8 Carol V. R. George, *Segregated Sabbaths: Richard Allen and the Emergence of Independent Black Churches, 1760-1840* (New York, 1973), p. 15. 조지의 연구는 같은 시대 북미의 침례교와 감리교 소속 순회 설교자에 대한 반응을 둘러싸고 비슷한 기대의 문화가 존재했음을 밝혔다. 그러나 이러한 진술은 18세기 말 정치적 조류의 효과에도 적용된다.

9 리버풀 통계에 대해서는 다음을 참조하라. Richard Brooke, *Liverpool as it was during the last quarter of the Eighteenth Century. 1775 to 1800* (Liverpool and London, 1853), p. 234; Gomer Williams, *History of the Liverpool Privateers and Letters of Marque, with an Account of the Liverpool Slave Trade* (London and Liverpool, 1897), p. 678; and J. A. Picton, *Memorials of Liverpool Historical and Topographical, Including a History of the Dock Estate*, 2 vols. (London and Liverpool, 1875), I, p. 224.

10 R. Barrie Rose, "A Liverpool Sailors' Strike in the Eighteenth Century," *Transactions of the Lancashire and Cheshire Antiquarian Society* 68(1959), pp. 85-86. 로즈는 이 봉기를 1780년의 고든 봉기(Gordon Riots)와 1791년 "교회와 왕" 봉기와 함께 "18세기 말 잉글랜드를 충격에 빠뜨린 3건의 가장 심각한 도시 소요"로 든다. 신문의 재간행본을 상당한 규모로 수록한 귀중한 자료로 다음도 참조하라. Brooke, *Liverpool during the last Quarter of the Eighteenth Century*, pp. 325-347.

11 John Pinney to James Tobin (1783). 다음에서 재인용. Charles Malcolm MacInnes, *A*

Gateway of Empire (London, 1939), p. 334.

12 Picton, *Memorials of Liverpool*, I, p. 225에서 재인용.

13 흑인 작가로서 처음으로 노예무역에 반대한 저작을 출판한 것으로 간주되는 오토바 쿠고아노(Ottobah Cugoano)의 유명한 *Thoughts and Sentiments on the Evil and Wicked Traffic of the Slavery and Commerce of the Human Species. Humbly Submitted to the Inhabitants of Great Britain* (London, 1787) 참조.

14 이에 관한 요약으로 다음을 참조하라. Reginald Coupland, *The British Anti-Slavery Movement* (London, 1964), pp. 86-101; Roger Anstey, *The Atlantic Slave Trade and British Abolition 1760-1810* (London, 1975), pp. 255-278; and James Walvin, "The Public Campaign in England Against Slavery," in David Eltis and James Walvin, eds., *The Abolition of the Atlantic Slave Trade* (Madison and London, 1981), pp. 63-79.

15 예를 들어 다음 책에 재수록된 청원서들을 보라. Elizabeth Donnan, *Documents Illustrative of the History of the Slave Trade to America,* 4 vols. (Washington, 1930-1935), III, pp. 574-575, 602-612.

16 *Barbados Gazette* (Bridgetown), 2 April 1788, (microfilm copy of file in Barbados Museum), AAS; John Orde to Lord Sydney, 13 April 1788, C.O. 71/14, PRO; Alured Clarke to Sydney, 22, 25 April 1788, C.O. 137/87, PRO.

17 Orde to Sydney, 10 May 1788, 1 September 1788, C.O. 71/14, PRO; Orde to Sydney, 13 December 1788, 22 January 1789, C.O. 71/15, PRO.

18 Alured Clarke to Sydney, 30 May 1788, C.O. 137/87, PRO.

19 William Beckford, *A Descriptive Account of the Island of Jamaica*, 2 vols. (London, 1790), I, pp. 319-320.

20 George Pinckard, *Notes on the West Indies*, 2 vols. (London, 1816), I, p. 229.

21 Stephen Fuller to Lord Sydney, 29 January 1788, FLB; *Barbados Gazette*, 23 August 1788.

22 Clarke to Sydney, 22 April 1788, C.O. 137/87, PRO.

23 "Extract of a Letter from Spanish Town Jamaica dated 25th April 1788 to Stephen Fuller Esq. Agent for Jamaica," C.O. 137/87, PRO.

24 T. J. Parker to George Hibbert, 21 April 1788; 추출된 부분은 Stephen Fuller's petition of 2 July 1788, C.O. 137/87, PRO에 재수록.

25 Minutes of WIPM, 30 June 1788, reel 3.

26 *Kingston Daily Advertiser*, 16 January 1790; Edward Brathwaite, *The Development of Creole Society in Jamaica 1770-1820* (London, 1971), p. 35에 재수록.

27 Minutes of WIPM, 6 April 1790, reel 3.

28 Turnbull to Shirley, 1 June 1790, C.O. 152/69; Elsa Goveia, *Slave Society in the British Leeward Islands at the End of the Eighteenth Century* (New Haven, 1965), p. 95에서 재인용.

29 자메이카 의회에서 에드워즈가 한 발언을 보라. *The Proceedings of the Governor and Assembly of Jamaica, in Regard to the Maroon Negroes* (London, 1796), 1.

30 Address of the Council to Williamson, [29 November 1791], C.O. 137/90, PRO; *Petition of Stephen Fuller. Esq., Agent for Jamaica, to the House of Commons*, 30 March 1792, MS 1731, National Library of Jamaica, Kingston (이하 NLJ로 표기). 영국 의회는 1771년부터 비로소 의사당에서 벌어지는 논쟁과 연설을 공론화하는 것을 막는 절

대적인 제약을 완화하기 시작했으며, 1783년 후에야 방문자들이 의사 진행 과정을 메모하는 것이 허용되었다. Arthur Aspinall, "The Reporting and Publishing of the House of Commons' Debates 1771-1834," in Richard Pares and A. J. P. Taylor, eds., *Essays Presented to Sir Lewis Namier* (London, 1956), pp. 227-257를 참조하라.

31 Herbert S. Klein, *The Middle Passage; Comparative Studies in the Atlantic Slave Trade* (Princeton, 1978), pp. 164-170; "Mr. Tarleton's Calculation of the Trade of Liverpool to Africa and the West Indies" (1787), in Privy Council Report (1789), pt. IV.

32 Thomas Clarkson, *An Essay on the Impolicy of the Slave Trade, In Two Parts* (London, 1788), 55n.

33 Thomas Clarkson, *The History of the Rise, Progress, and Accomplishment of the Abolition of the African Slave-Trade by the British Parliament*, 2 vols. (London, 1808), II, p. 60; Clarkson, *Impolicy of the Slave Trade*, pp. 53-59; C. M. MacInnes, "Bristol and the Slave Trade," in Patrick McGrath, ed., *Bristol in the Eighteenth Century* (Bristol, 1972), p. 174.

34 다음에 나오는 증거를 보라. William James and the "Answers, &c. from the Collector and Comptroller of the Customs," Liverpool, 13 November 1788, in *Privy Council Report* (1789), pt. II.

35 [James Aspinall], *Liverpool a Few Years Since, by an Old Stager* (Liverpool, 1869), p. 8; Robert Nation, *A Letter to a Member of Parliament: proposing a Plan of Regulations for the Better and More Compleat Manning the Navy* (London, 1788), p. 6.

36 [Anna Maria Falconbridge], *Narrative of Two Voyages to the River Sierra Leone, during the Years 1791-1793, performed by A. M. Falconbridge*, 2nd ed. (London, 1802), pp. 171-172. 미국 독립혁명 후 영국 함대에서 제대한 전직 흑인 수병 상당수도 시에라리온에 정착했다.

37 Anstey, *Atlantic Slave Trade*, pp. 264-265; Clarkson, *Abolition of the Slave Trade*, I, p. 314; James Currie to William Wilberforce, 31 December 1787, reprinted in *Memoir of the Life, Writings, and Correspondence of James Currie*, 2 vols. (London, 1831), I, p. 122; John Debrett, ed., *The Parliamentary Register, or History of the Proceedings and Debates of the House of Commons,* 45 vols. (London, 1781-1796), XXVI, p. 143.

38 "Extract of Letter from Governor Parry to Lord Sydney," 13 May 1788, *Privy Council Report* (1789), pt. III (Barbados).

39 Evidence of James Arnold, *Privy Council Report* (1789), pt. II.

40 "Extract of a Letter from Mr. Chief Justice Ottley to Sir William Young. Dated St. Vincent, August 6, 1788," *Privy Council Report* (1789), pt. III (St. Vincent).

41 William Dineley to James Rogers, 10 September 1791 (photostats of PRO originals in James Rogers Papers, Duke University Library). 디넬리의 호소는 실패로 끝났으니, 그는 나중에 "비탄에 잠긴 부인과 의지할 데 없는 아이 6명을 남겨 두고 킹스턴에서 사망했다." Alex Kent (Kemp?) to James Rogers, 16 April 1793, Rogers Papers.

42 Prince Hoare, ed., *Memoirs of Granville Sharp. Esq., Composed from his own Manuscripts and other Authentic Documents in the Possession of his Family and of the African Institution* (London, 1820), p. 236; James Walvin, *The Black Presence; A Documentary History of the Negro in England, 1555-1860* (London, 1971), 209n.; Granville Sharp to William Wilberforce, 4 June 1795, William Wilberforce Papers, Duke University Library, box 1.

43 Grenville to Adam Williamson and Lord Effingham, 21 April 1791, Williamson to Grenville, 4 July 1791, C.O. 137/89, FRO.

44 Effingham to Grenville, 6 August 1791, Effingham to Henry Dundas, 17 September 1791, C.O. 137/89, PRO.

45 "Extract of a Letter dated Spanish Town Jamaica, 5th Novr. 1791," FLB.

46 Members of the Assembly to Stephen Fuller, 5 November 1791, extract reprinted in *Petition of Stephen Fuller*, 30 March 1792, NLJ.

47 Fuller to Effingham, 7 December 1791, FLB.

48 Williamson to Dundas, 17 June 1792, C.O. 137/90, PRO. 의회가 1796년 발효 예정으로 노예무역을 이미 폐지했다는 이전의 뉴스가 거짓임을 윌리엄슨(Williamson) 총독이 공식적으로 확인받은 것은 가을이 되어서였다. Dundas to Williamson, 6 September 1792, C.O. 137/90, PRO 참조.

49 [Falconbridge], *Two Voyages*, pp. 234-235.

50 Address of the Council (Jamaica Assembly) to Williamson, [29 November 1791], C.O. 137/90, PRO.

51 "Junta Suprema de Estado de 27 de abril de 1789" (report of Eugenio Llaguno), AGI, Indiferente General, leg. 802.

52 1789년 5월 21일의 왕령(cédula)은 다음에 재수록되었다. Richard Konetzke, *Colección de documentos para la historia de la formación social de Hispanoamérica,* 3 vols. (Madrid, 1953-1962), III, t. 2, pp. 643-652.

53 다음 자료에서 '관련 문서(expediente)(서류들은 동봉되지 않은)'를 구성하는 서류 인덱스를 보라. AGI, Caracas, leg. 180; 누에바오를레앙에 있던 루이지애나 총독 미로(Miró)의 공문서 요약본(resumen), 10 September 1790, AGI, Indiferente General, leg. 802; and José Torre Revello, "Origen y aplicación del Código Negrero en la América española (1788-1794)," *Boletín del Instituto de Investigaciones Histéricas* (Buenos Aires) 15, no. 53 (julio-septiembre de 1932), p. 45.

54 Domingo Cabello to Antonio Porlier, La Habana, 14 December 1789, AGI, Indiferente General, leg. 802.

55 Petition of the *ayuntamiento*, La Habana, 15 January 1790, AGI, Santo Domingo, leg. 1253; Cabello to Porlier, La Habana, 14 December 1789, AGI, Indiferente General, leg. 802.

56 *Resumen*, Cabello to Porlier, 14 December 1789, AGI, Indiferente General, leg. 802; Torre Revello, "Origen y aplicación," p. 47.

57 다음의 책에 나오는 1787년의 통계를 참조하라. Ildefonso Leal, "La aristocracia criolla venezolana y el Código Negrero de 1789," *Revista de historia* (Caracas) 6 (febrero de 1961), p. 66. 이 논문에는 1789년 왕령이 베네수엘라에 미친 영향에 관한 훌륭한 개관이 실려 있다.

58 Leal, "La aristocracia criolla," p. 71.

59 카라카스의 도시 대변인이 소집한 회의에서 가르시아의 증언을 참조하라. 12 December 1789, AGI, Caracas, leg. 168.

60 Real Audiencia of Caracas to Porlier, Caracas, 29 June 1790, AGI, Indiferente General, leg. 802.

61 Pedro M. Arcaya U., *El cabildo de Caracas* [Caracas, 1965], p. 117.

62 다음에서 후안 호세 에체니케의 증언을 참조하라. Caracas, 12 December 1789, AGI, Caracas, leg. 168.

63 "Carta original que queda en el Archivo Secreto de esta Real Audiencia," Caracas, 8 May 1790, AGI, Indiferente General, leg. 802. 다음 자료를 보면 원래 포스터 중 하나가 보존되어 있다. AGI, Pasquines y Loas, 4.

64 "Copia del acuerdo original que queda en el archivo secreto de esta Real Audiencia," Real Audiencia to Porlier, 29 June 1790, AGI, Indiferente General, leg. 802.

65 Leslie B. Rout, Jr., *The African Experience in Spanish America: 1502 to the Present Day* (Cambridge, London, New York, and Melbourne, 1976), p. 120.

66 "Testimonio (…) sobre la sublevación de los negros, sambos, mulatos Esclavos y libres de la Jurisdicción de Coro," Caracas, 23 March 1797, AGI, Caracas, leg. 426, folios 24, 84.

67 *Savanna-la-Mar Gazette*, 9 September 1788; La Salle to Desparbés, 11 July 1792, in Corre, *Papiers du Général de la Salle*, pp. 26-27.

68 Mitchell Bennett Garrett, *The French Colonial Question, 1789-1791* (Ann Arbor, 1916), pp. 4-22.

69 Gabriel Debien, "Gens de couleur libres et colons de Saint-Domingue devant la Constituante (1789-mars 1790)," *Revue d'histoire de l'Amérique française* 4 (décembre 1950), pp. 398-399; Shelby T. McCloy, *The Negro in France* (Lexington, 1960), p. 65.

70 Daniel P. Resnick, "The *Société des Amis des Noirs* and the Abolition of Slavery," *French Historical Studies* 7 (Fall 1972), pp. 558-569 참조.

71 Clarkson, *History of the Abolition of the Slave-Trade,* II, pp. 129-130, 154.

72 *Correspondence secrette des colons deputes à l'Assemblée Constituante, servant à faire connaître l'esprit des colons en général, sur la Révolution* (Paris, [1793]), pp. 9-10; 다음에 재수록됨. *La Révolution française et l'abolition de l'esclavage: Textes et documents,* 12 tomes (Paris, [1968]), VIII.

73 Société des Colons-Français to Minister of the Marine, 26 November 1789, Minister to Société, 27 November 1789. 다음에 재수록됨. *Extrait particulier des registres de délibérations et de correspondence de la Société des Colons-Français réunis à Paris* (Paris, 1790), pp. 12-14, RSD.

74 Henry Lémery, *La Révolution française à la Martinique* (Paris, 1936), pp. 21-22.

75 다음의 책에 인용된 편지를 참조하라. Debien, *Études antillaises*, p. 119; *Gazette Nationale ou le Moniteur Universel* (Paris), 12 janvier, 6 février 1790. 프랑스의 "대공포"에 관해서는 다음을 참조하라. Georges Lefebvre, *The Great Fear of 1789: Rural Panic in Revolutionary France,* trans. Joan White (New York, 1973).

76 Peytraud, *L'esclavage aux Antilles françaises*, p. 385; "Declaration du Roi pour la police des noirs, donnée à Versailles le 9 août 1777." 후자는 다음에 재수록. Maurice Besson, "La police des noirs sous Louis XVI en France," *Revue de l'histoire des colonies françaises* 21 (juillet-août 1928), pp. 436-441.

77 McCloy, *Negro in France,* pp. 55-56.

78 Garrett, *French Colonial Question*, p. 23; Françoise Thésée, *Négociants bordelais et colons de Saint-Domingue; "Liaisons d'habitations"; La maison Henry Romberg, Bapst et Cie., 1783-1793* (Paris, 1972), pp. 127-129.

79 Debien, *Études antillaises*, p. 162에 인용된 편지.

80 Minutes of 26 November 1789, *Journal de l'Assemblée Provinciale Permanente de la Partie du Nord de Saint-Domingue*, no. 8, pp. 66-67; minutes of 30 November 1789, Journal, no. 9, p. 69; minutes of 9 December 1789, Journal, no. 12, p. 94; 생도맹그에서 온 인쇄물과 동봉된 복사본은 AGI, Santo Domingo, leg. 1027에 있음.

81 *Nouvelles diverses* (Port-au-Prince), 30 Janvier 1790, copy in AGI, Santo Domingo, leg. 1027. 포르토프랭스에서 취한 조치에 대한 증거를 더 보고 싶으면 "Extrait dcs registres de l'Assemblée générale de la partie française de Saint-Domingue, séance de vingt mai 1790," RSD 참조.

82 Archbishop of Santo Domingo to Porlier, Santo Domingo, 24 January 1790, AGI, Santo Domingo, leg. 1110.

83 De Vassière, *Saint-Domingue*, p. 368에 인용된 편지 참조.

84 *St. George's Chronicle and New Grenada Gazette*, 27 August 1790; Corre, *Papiers du Général de la Salle*, p. 37에 재수록된 "마르티니크 유색인 자유민들"의 편지 참조.

85 [Félix Carteau], *Soirées bermudiennes, ou entretiens sur les événemens oui ont opéré la ruine de la partie francaise de l'isle Saint-Domingue* (Bordeaux, 1802), pp. 75-78.

86 *Affiches américaines* (Supplément), 7 juillet 1790, RSD.

87 *Lettre de la Société Correspondante des Colons Français réunis à Paris, aux Assemblées Provinciales à Saint-Domingue* (Paris, 1790), p. 10, RSD; *Observations de la Société Correspondante* (…) (Paris, 1790), p. 26, RSD; "Diario" (산토도밍고섬의 에스파냐 당국 앞에서 오제가 남긴 증언 중), 1790, AGI, Santo Domingo, leg. 1028.

4

자유의 이념이 너무 깊숙이 자리 잡았다

의사소통망과 혁명(1789-1793)

대서양 양편을 잇는 뉴스의 도관(pipeline)은 아이티혁명에 이르는 몇 년 동안 특별히 분주한 듯 보였지만, 카리브해 내 의사소통망, 즉 아프로아메리카 사회를 묶는 "모두의 바람"은 그보다 더 역동적이었다. 1780년대 말에서 1790년대 초, 혁명의 조류는 카리브해 전역에 미쳤다. 식민지 사이의 수많은 접촉 경로를 따라 영국, 에스파냐, 프랑스의 뉴스 공급원에게서 온 소문과 뉴스가 뒤섞이고 서로를 살찌운 결과, 노예해방이 임박했다는 생각이 강해져서 종국에는 영국과 프랑스 식민지에서 무장봉기로 이어졌다. 1793년이면 생도맹그 흑인과 유색인이 일으킨 반란은 다른 지역에 있는 미래의 혁명가들을 결집하게 만들었고, 사람과 이념의 이동을 제어하는 것은 영국과 에스파냐 영토의 위정자들에게 최우선 과제가 되었다.

* * *

상업과 무역에 관한 연구는 18세기 아메리카 역사학의 중요한 부분이지만, 계속 돌고 도는 가장 중요한 교환 품목인 정보는 역사 연구에서 대부분 간과되었다. 사실상 서반구 전역의 아메리카인은 외국 배에 실려 도착하는 상품 못지않게 뉴스를 입수하기 위해 이웃 섬이나 식민지에 의존했다. 예를 들어 1790년 7월부터 1791년 2월 사이 영국과 에스파냐 사이에 전쟁이 임박했다는 소문이 버지니아에서 베네수엘라에 이르는 광대한 지역에 퍼져 나갔다. 전쟁을 예감한 영국 관료들이 카리브해 동쪽 섬들에서 강제징집대를 부활시키자, 멀리는 북쪽에 있는 버지니아주의 노퍽에 이르기까지 각지에서 영어를 할 줄 아는 선원은 소문을 듣고 육지의 안전한 곳을 찾아서 서둘러 하선했다.[1] 영국인이 자기네 식민지에 대서양 건너편의 뉴스를 더 효과적으로 공급한 덕분에, 에스파냐 영토 주민은 영국령 아메리카와의 상업망을 통해 최근 소식을 입수할 수 있었다. 쿠바인이 위에서 말한 걱정스러운 소문을 알게 된 것은 본국 정부가 보낸 공식 우편물이 아니라 '자유무역' 규정에 따라 자메이카에서 재수출된 노예를 거래하던 소형 선박들을 통해서였다. 산티아고데쿠바에 도착한 선장들이 가져온 영국 신문에서 나온 뉴스는 1791년 1월 말까지 쿠바에 전쟁의 공포를 생생히 전달했다. 누에바에스파냐(Nueva España)• 주민도 런던 신문을 통해 최신 정보를 입수하고자 했다.[2] 카라카스의 관료들은 1790년 7월 초 "런던과 우리 궁정 사이에 단교가 임박했다는 소문이 퍼지기 시작했다."라고 보고했다. 쿠바와 누에바에스파냐에 도착한 소식과 마찬가지로 카라카스에서 퍼진 뉴스도 외국에서 온 것으로 밝혀졌는데, 세인트키츠섬에서 인쇄된 영국의 브로드사이드 1장이 스웨덴령의 작은 섬인 생바르텔레미(Saint Barthélemy)섬•• 해안에 교역하러 갔던 배에 실려 내륙으로 유

• 누에바에스파냐 혹은 뉴스페인(New Spain) 부왕령(viceroyalty)은 에스파냐가 아메리카 식민지를 정복하면서 처음 설치한 부왕령으로 오늘날 멕시코에서 카리브해, 남아메리카 북부 일부까지 아메리카의 방대한 지역과 태평양의 일부 섬까지 포함한 에스파냐의 식민지 행정구역을 의미한다. 그 외에 페루(Peru), 누에바그라나다(Nueva Granada), 리오데라플라타(Río de la Plata) 부왕령 등이 있었다.

•• 소앤틸리스제도에 있는 섬으로, 원래 프랑스령이었다가 1784년 스웨덴에 양도되었으나 1878년 다시 프랑스로 넘어갔다. 오늘날 관행에 따라 프랑스명으로 표기한다.

입된 것이었다.[3]

이러한 통로를 따라 노예해방과 유색인의 평등한 권리에 관한 기대와 공포도 이곳저곳으로 옮겨 다녔다. 식민지 주민이라면 주변 이웃이 전쟁을 준비하는지 잘 파악해야 했기 때문에 다른 지역의 정치·사회 뉴스도 간과할 수 없었고, 그것이 노예제 문제라면 특히 그러했다. 따라서 영국이 노예무역을 논의한다는 최초의 뉴스가 전해지고 긴박한 몇 달이 흐르는 동안, 해방의 소문은 당연히 카리브해 전역으로 퍼졌다. 생도맹그의 백인 식민자들이 프랑스에서 벌어진 사건을 식민지 노예제와 이어 생각하기 전에도 이미 몇몇은 영국이 노예무역에 간섭해서 생도맹그의 부에 악영향을 미칠까 우려했다. 모로 드 생메리는 1789년 4월과 5월 영국에서 벌어진 노예무역 논의에 관해 "상세한 정보와 논평을 제공하는" 몇몇 프랑스 신문이 카프프랑세에 도착해 "엄청난 센세이션"이 벌어졌음을 생생히 기억했다.[4]

하지만 1789년부터 에스파냐와 영국 식민지의 관료들은 프랑스령 카리브해에서 벌어진 정치적 사태가 더 심각한 위협임을 감지했다. 외국 식민지로부터 노예와 전쟁에 관한 소문을 싣고 오던 배는 이제 프랑스에서 벌어진 혁명과 이 사건들이 식민지에 미칠 불길한 파급효과에 관한 뉴스를 에스파냐 땅에 실어 날랐다. 염려가 높아지면서 프랑스령 카리브해에서 오는 뉴스의 가치는 계속 올라갔고, 1789년 말부터 에스파냐가 프랑스 선박의 입항을 금지하여 식민지 섬들과의 직접 통신망을 단절함에 따라 이러한 뉴스는 품귀 현상을 빚었다. 생도맹그에서 왕당파와 이탈파 농장주 사이의 내전•이 확대됨에 따라, 가까운 쿠바에서는 식민정부의 최고위급 인사들이 소규모 상인이나 심지어 "뜨내기 여행자"가 제공하는 증언을 찾아 헤매는 처지가 되었다.[5]

• 여기서 말하는 왕당파(royalists)와 이탈파(renegade)는 프랑스혁명 초반에 백인 농장주 세력이 반혁명적 왕당파와 친혁명적 애국파(patriots)로 분열하여 싸운 것을 가리킨다.

프랑스 식민지에서 벌어진 혼란은 에스파냐의 불안을 정당화하는 한편, 프랑스령 섬과의 접촉을 제한하고 프랑스에서 벌어지는 사건과 거리를 두려는 이들의 결심을 굳혔다. 1789년 말 마르티니크 관료가 "프랑스에서 벌어진 혼란 때문에 섬 주민이 폭동을 일으키기 직전"이라며 쿠바 총독에게 군사적 원조를 요청하자, 에스파냐 관료는 신중하게 원조를 거절했고 다음 해에도 마찬가지로 대응했다.[6]

1790년이면 모든 에스파냐 식민지의 관료는 프랑스혁명의 물결이 자기네 식민지의 경계를 넘거나 항구로 들어오지 못하도록 단호한 예방 조치를 취하는 중이었다. 에스파냐 본국 대신들이 식민지로 번진 프랑스혁명에 제대로 관심을 돌리기 전부터, 현지 위정자들은 불과 몇 달 전까지도 환영했던 상업적 특혜 조치를 사실상 뒤집었다. 1789년 말 남아메리카 내륙으로 갔던 영국의 무역선들은 자메이카로 돌아와서 카르타헤나(Cartagena) 관세청이 "프랑스에서 벌어진 소요가 이곳에 공포와 질시를 불러왔기 때문에" 모든 외국 선박이 기항하는 것을 금지했다고 알렸다.[7] 프랑스 해군 선장 브뤼니(Bruny)도 두 달 후 아바나에서 같은 대접을 받았다. 임시 총독이 평소의 관례를 갑작스레 폐기하고 배의 승무원은 물론 선장까지 상륙하지 못하게 하자 그는 공식적으로 항의를 제기했다. 게다가 항구에서 가까이 있는 배에 타고 있던 에스파냐 선원들은 프랑스 수병들에게 "[프랑스에] 모욕적인" 험담을 왁자하게 퍼부었다. 그들이 던진 욕설은 에스파냐 관료 집단이 프랑스혁명에 품었던 적대감을 반영함과 동시에, 공식적인 금지 정책에도 불구하고 프랑스에서 벌어진 사건에 관한 뉴스가 쿠바에 있는 에스파냐 선박들에서 유통되었음을 보여 준다.[8] 생도맹그 백인 사이의 분열이 심화되면서 이러한 경계심도 더 날카로워졌다. 1790년 여름이면 쿠바, 산토도밍고, 푸에르토리코 그리고 카라카스 해안 너머에서는 심지어 외국 고깃배까지 의심의 대상이었다. 다음 해 식민부 대신들은 입하되는 화물 중 혁명에 관련된 글이 새겨진 보석류, 담뱃갑, 동전을 수색하라는 지시를 내렸다.[9]

이처럼 온갖 예방 조치를 취했지만, 프랑스와 히스파니올라섬을 양분하고 있던 에스파냐는 오제와 부장 15명이 1790년 반란이 실패한 후 두 나라를 가르는 국경선에 당도함에 따라 인종 봉기• 문제에 직면하게 되었다. 오제 사건은 생도맹그에서 최근 벌어진 사건이 에스파냐 관료의 견해에 얼마나 큰 영향을 미쳤는지 보여 준다. 생도맹그에서 소요가 벌어진 직후부터 섬 반대편에 있는 에스파냐 당국은 노예들이 국경선을 오가며 자주 탈주하는 사태에 염려를 표했다. 그들은 또한 1790년 5월 카프프랑세에 있던 프랑스군 사령관의 의견을 심각하게 받아들였는데, 그에 따르면 에스파냐령 식민지는 파리 급진주의자 무리가 "[프랑스의] 식민지를 전복하고 유색인과 백인 사이에 완전한 평등을 이룩하기 위해" 벌이는 폭동의 무대가 될 소지가 다분했다.[10] 그리하여 6개월 후 오제의 반란군 부대가 보호를 요청하며 국경선에 도착하자, 에스파냐 영토는 정치적 분위기가 덜 고조되었던 예전처럼 그들의 피난처가 될 수 없었다. 에스파냐 정부는 피난처를 구하는 오제의 요청만 거부한 것이 아니었다. 에스파냐 국경 수비대는 반란자들을 체포하여 삼엄한 경계 속에 섬을 가로질러 산토도밍고시••까지 데리고 갔다. 오제를 잡은 에스파냐인들은 심문 후 그와 추종자들이 에스파냐에 아무런 적대적 의도를 품지 않았음에 만족하고는 그들을 프랑스 당국에 넘겨 주었다. 카프프랑세의 관료들은 두 달이 걸린 재판 끝에 1791년 초 오제와 20명이 넘는 사람들을 처형했다. 그들은 우선 반란자들을 바퀴에 묶어 사지를 으깬 후 참수했다. 오제의 패배 이후 생도맹그 전역에서는 물라토와 자유민 흑인을 억압하는 분위기가 고조되었다.[11]

• '인종 봉기'라는 표현은 피부색에 따른 차별이 중심 문제가 되어 피부색이 적과 아군을 가르는 주요 구분선이 되었다는 뜻이다.

•• 앞서 말했듯이 히스파니올라섬은 동쪽의 에스파냐령 산토도밍고와 서쪽의 프랑스령 생도맹그로 양분되었다. 여기서 산토도밍고시(city of Santo Domingo)는 에스파냐령 산토도밍고의 행정 중심지(오늘날 도미니카 공화국의 수도)를 말한다.

에스파냐에 대한 직접 공격은 피했다 하더라도 오제 사건 후 식민지 정책은 전면 재검토되었고, 이러한 흐름은 에스파냐령 아메리카 제국 각지로 퍼져 나갔다. 산토도밍고시에서 긴 회합을 가진 고등법원은 생도맹그에서 벌어진 갈등의 결과로 "오제와 같은 조건과 사고방식을 지닌 수많은 물라토와 타락한 사상을 숨긴 불만에 찬 다수의 백인이" 에스파냐 영토로 들어올 가능성이 있다고 보았다. 관료들은 즉각 부대를 파견하여 굴곡 많고 불확실한 프랑스와의 국경선을 수비하게 했다. 다음 해에는 "히스파니올라섬의 프랑스령과 에스파냐령 영토 사이의 모든 의사소통을 막는 방역선을 치고자" 에스파냐와 푸에르토리코에서 군부대가 들어왔다.[12]

영국령 자메이카의 백인에게 프랑스혁명 초반의 뉴스는 바로 옆에 있는 에스파냐령에 비해 덜 위협적으로 느껴졌다. 에스파냐와 달리 잉글랜드는 프랑스 왕실과 왕조적 유대관계가 없었고, 적어도 카리브해 서쪽에는 프랑스와 물리적 공간을 공유하는 영국 식민지도 없었다. 따라서 바스티유 요새 점령 이전 영국령 식민지들의 신문은 놀라운 열정을 가지고 프랑스혁명의 소식을 전했다. 1788년 여름만 해도 자메이카의 한 신문은 조금 있으면 선동적으로 보일 어조로 제3신분의 투쟁을 지지하며 "인민의 위대한 대표 기구는 수중의 모든 수단을 동원하여 궁정의 고압적이고 자의적인 조치에 저항하고, 다양한 계층의 동료 신민 모두를 압제로부터 보호하기로 너그럽게 마음먹었다."라고 보도했다. 프랑스 혁명가들에 대한 영국의 지지가 사그라드는 동안에도 프랑스발 뉴스에 대한 독자의 요구는 명백히 늘어났다. 1789년 이후 혁명의 추이는 계속 영국령 카리브해 동쪽과 서쪽 양쪽에서 신문 1면의 머리기사를 차지했다.[13]

이웃한 프랑스 식민지에서 혁명의 영향력이 명백해지면서, 영국 관료들은 쿠바나 산토도밍고 관료들과 마찬가지로 사태를 예의 주시했다. 1789년 9월에 자메이카의 해군 기지를 오가는 영국 전함들은 이미 카프프랑세에 대한 "조사를 수행했고" 이후 몇 달간 자메이카의 해군 사령관과 총독에게 생도맹그의 "혼란스러운 상황"에 관해 상세한 보고서를 올렸다.[14] 카리브해 서부에서 가장 분주한 상업 중심지였던 자메이카는 다양한 정보 공급원에서 오는 뉴스를 처리하는 중요한 정보 센터의 역할을 했다. 프랑스 배가 섬의 항구를 계속 드나들었기 때문에 생도맹그의 심대한 사회적 갈등을 반영하는 인쇄물도 자메이카에서 자유롭게 유통되었다. 프랑스 상인과 기타 "주요 인물들"이 영국 관료들과 식사와 음료를 나누며 사건의 추이를 논의하는 동안, 배에서 내린 선원들은 포트로열과 킹스턴의 여관에서 휴식을 취했다.[15]

이러한 경로를 통해 자메이카의 부둣가 거리는 곧 생생한 뉴스로 넘쳐났고, 많은 뉴스가 자메이카 흑인과 물라토 주민의 각별한 관심을 모았다. 예를 들어 자메이카인은 곧 오제의 반란과 그 유혈 낭자한 결말을 알게 되었다. 1791년 1월 킹스턴 신문은 생도맹그에서는 평등에 대한 반발이 너무 심해져서 "유색인이 안전하게 공공장소에 나가지 못할" 지경이라고 보도했다. 이즈음 자메이카의 한 관료가 "모든 것이 완벽히 평화롭다."라고 관측한 것은 아마 어느 정도는 생도맹그에서 오제의 봉기를 잔인하게 진압한 덕일 것이다. 이때는 생도맹그 노예들이 봉기하여 물라토 반란자들이 시작한 과업을 완수하기 불과 2주 전이었다.[16]

* * *

1789년과 1790년의 사건으로 아프로아메리카인의 중첩된 의사소통망이 활성화된 카리브해 동쪽에서는 모든 것이 썩 평화롭지는 않았다. 부분적으로는 지리 때문에, 또 부분적으로는 이 지역에서 유럽의 식민화가 진행된 독특한 과정 때문에, 여기서는 다른 카리브해 지역보다 영국, 프랑스, 에스파냐 신민들 사이의 접촉이 더 자주 강도 높게 벌어졌다. 1789년에서 1791년 사이 이곳저곳을 이동하는 노예와 자유민 유색인은 각 제국에서 끓어오르는 해방의 소문을 전달하여 동쪽 섬들에서 공공연한 반란의 분위기를 조장했다.

북쪽의 과들루프에서 남쪽의 그레나다까지 징검다리처럼 쭉 놓인 일련의 섬들은 윈드워드제도로 불리는데, 영국과 프랑스는 18세기에 여기서 자주 전쟁을 벌였다. 그러다 평화가 오면 상업적·사회적 접촉이 계속되었다. 예전에 프랑스령이었던 도미니카와 그레나다는 영국의 지배 아래 들어온 지 얼마 안 되어서 프랑스 거주민과 프랑스식 관습을 많이 유지하고 있었다. 그레나다 바로 남쪽에는 에스파냐가 지배하는 트리니다드가 있어서 동쪽 군도를 내륙과 이어 주는 한편, 영국과 프랑스령 섬들과도 밀접한 관계를 유지했다.

역설적이지만, 제국마다 자기 이득을 위해 끝없이 책략을 쓰는 이 지역 특유의 상황 때문에 영국인, 프랑스인, 에스파냐인은 서로 더 가까워졌다. 영국은 외국(특히 프랑스) 무역을 끌어들이기 위해 새로 얻은 도미니카에 1766년 법으로 자유무역항 2개를 부여했다.[17] 트리니다드의 인구를 늘리고 발전시키기 위한 에스파냐의 전략 역시 외국인을 끌어들이는 데 중점을 두었다. 1783년 왕령은 불만을 품은 프랑스 정착민의 유입을 공공연히 환영하며 노예를 동반하는 이에게 특혜를 약속했고, 심지어 트리니다드에 이민 오는 자유민 흑인과 유색인에게는 토지를 부여했다. 한 19세기 자료에 따르면, 1784년이면 "트리니다드는 이름만 빼고는 프랑스 식민지나 다름없었다."[18] 트리니다드의 개방 정책은 "건달과 채무자 사기꾼", 프랑스어와 영어 사용권의 자유민 흑인, 도망노예를 비롯하여 온갖 사람을 끌어들였다. 이처럼 다채로운 탈주자들이 선원, 상인 혹은 여행객이 되어 예전에 살던 곳을 방문하자, 당국은 이들이 자신의 뒤를 따르도록 노예를 유혹한다고 비난했다. 1790년대까지 가까운 영국과 프랑스령 섬의 관료는 트리니다드에서 온 뱃사람을 유심히 관찰하며 때로는 상륙을 금하기까지 했다. 도미니카의 영국인은 에스파냐 "무법자(renegados)"로 이루어진 작은 집단의 존재를 "마지못해 용인하여" 그들이 요금을 치르고 때때로 잉글랜드 왕에게 충성을 맹세하는 정도로 만족했다. 하지만 그레나다에서는 섬으로 들어오는 트리니다드인이 "트리니다드에 항상 혹은 자주 거주한다는 것 외에 아무 증명서도 없는 경우" 영국 화폐로 1,000파운드에 이르는 막대한 보석금을 내지 않으면 부랑자로 투옥했다.[19]

프랑스, 영국, 에스파냐의 영토가 불편하리만치 가까이 붙어 있는 카리브해 동부의 환경상, 주의 깊은 노예는 프랑스혁명 동안 세 제국에서 벌어진 대사건을 일찌감치 풍문으로 들어 알고 있었다. 예를 들어 1789년 말 트리니다드는 카리브해 동쪽 군도 위아래로 이어진 노예 공동체에 몇몇 극적인 뉴스를 전해 주는 소식통이 되었다. 에스파냐 본국 대신들이 곧 카라카스와 기타 지역에서 갈등의 대상이 될 전면적인 개혁을 논의하는 동안, 1789년 4월 14일의 왕령은 자유민임을 "적법하게" 증명할 수 있는 프랑스와 영국의 도망노예를 에스파냐 식민지에 받아들이고 예전 주인으로부터 보호하도록 지시했다. 트리니다드 총독인 호세 마리아 차콘(José María Chacon)은 8월에 이 법령을 포고했다. 그러자 카리브해 동부 전역에서 즉각 반향이 나타났다. 런던에 모인 영국의 부재 농장주와 상인은 트리니다드를 "온갖 도망자의 피난처"라고 부르며, 카리브해의 지인에게서 온 염려 어린 편지를 공개했다. 이에 따르면 1790년 초 무렵이면,

> 프랑스 정부는 자기네 식민지에 경계를 강화했고 (…) 그레나다 주민은 대대적인 노예 이주를 막는 유일하게 효과적인 방책으로 해변에 정규 야간 경비대를 편성하는 한편, 해안 근처를 계속 순찰하는 무장 함선 2척에 막대한 경비 지원이 필요하다고 판단했다.[20]

이러한 조처를 해도 그레나다와 트리니다드에 가까운 다른 섬의 노예들은 감시의 그물을 빠져나가 어떻게든 트리니다드에 당도했다. 에스파냐령 섬으로 간 도망자를 찾는 광고는 1790년 가을까지도 신문에 불쑥불쑥 나타났다. 영국인들이 "라피에르(La Pierre)"라고 불렀던 프랑스 물라

토는 9월 중순 그레나다에서 사라졌는데, 그가 "큰 카누에 꽤 많은 니그로를 태우고 나가려고 획책 중"이라는 말이 돌았다. 8월 중순에는 그레나다 근처에 있는 작은 섬인 카리아쿠(Carriacou)에서 남자 노예 2명이 무단이탈하여 카누를 타고 에스파냐령으로 향했으나 "카누가 너무 작아 내륙까지 가지 못하고" 아마도 그레나다에 발이 묶인 것으로 보인다. 더 운이 나빴던 앙트완(Antoine)은 "트리니다드에 도망갈 생각으로" 한 프랑스인의 슬루프에 숨어 있다가 체포되었다.[21]

트리니다드에 도망간 이들의 면모를 잘 살펴보면 1790년 카리브해 동부에서 나타난 아프로아메리카 문화의 또 다른 중요한 측면이 드러난다. 영국령과 프랑스령 양쪽에서 노예와 자유 유색인 중 몇몇은 특별한 의사소통 기술을 보유했던 것이 확실하다. 1790년 10월 그레나다에서 "소형 스쿠너(schooner)"*를 타고 무단이탈한 흑인 남자 무리에는 영어와 프랑스어를 "유창하게" 구사하는 아프리카 출신 석공 헥터(Hector), 그리고 역시 두 언어 모두 완벽하게(프랑스어를 선호하기는 하지만) 하는 그레나다 출신의 존이 있었다.

1790년 후반에 나온 도망노예 수배 광고를 보면 또 다른 예가 수십 개 있다. 1790년 가을 이 지역에서 활보하던 이중언어를 하는 흑인 도망자 중에 도미니카 태생 셀레스틴(Cellestine)이 있었는데, 그 소유주는 그레나다에 있는 배 선장들에게 그가 밖으로 나가는 배를 타려 할 것이라고 경고했다. 또한 세인트조지 교구 근방에서 물건을 팔던 키티(Kitty)라는 행상도 있고, 킹 존(King John)이라 불리는 행방불명된 "니그로 선원"도 있었다.[22] 프랑스어와 영어를 할 수 있는 데다 에스파냐령의 유혹에 이끌렸던 1790년의 도망자들은 세 식민제국에서 노예제 정책을 어떻게 시행하는지 알았고, 그 결과 각 제국의 정책을 한데 모아 전파하는 데 핵심적인

* 쌍돛대를 단 범선을 말한다.

역할을 했다.

하지만 이동하는 노예들도 곧 알아차렸다시피 그들을 둘러싼 세계는 빠르게 변하고 있었다. 카리브해 동부에서 일어난 정치적 사건, 특히 프랑스 식민지의 노예와 자유민 유색인 사이에 소요가 높아간다는 뉴스에 영향을 받은 에스파냐령의 정책결정자들은 산토도밍고의 경우와 마찬가지로 흑인과 물라토의 이동을 막고 에스파냐 식민지의 흑인과 외부인 사이에 벌어지는 모든 의사소통을 차단하기 위한 장벽을 세웠다. 그 결과 얼마 지나지 않아 왕정은 노예제를 피해 외국 영토에서 도망 온 흑인에게 피난할 권리를 부여하는 정책을 번복했다. 1790년 트리니다드에 그토록 많은 도망노예를 끌어들였던 에스파냐의 왕령은 잠시 효력을 발휘하다가, 생겼을 때만큼이나 갑작스레 철회되었다.

차콘 총독이 왕령을 발표할 무렵이면 트리니다드의 관행은 이미 에스파냐 권역의 다른 지역과 동떨어져 있었다. 영국령과 프랑스령 섬에서 온 노예들이 트리니다드로 가는 길을 찾으려고 안간힘을 쓰는 사이, 카라카스 총독인 후안 기엘미는 프랑스어를 쓰는 일군의 흑인이 내륙에 도착했다고 걱정스레 보고했다. 기엘미에 따르면 수입되는 노예 중에 "프랑스 식민지에서 상당한 시간을 보낸" 이들이 있었다. 게다가 프랑스어를 하는 주인 없는 도망자도 트리니다드를 통해 카라카스에 자주 도착했는데, 기엘미는 불온한 프랑스 영토에서 "위험한 사상이 승리하는 것을 보고 이에 감염된 이가 (…) 더 많이 올 수도 있다."라며 두려워했다.[23]

차콘의 행보는 왕정이 몇 달 전 지시한 새로운 정책과도 어긋났다. 프랑스 식민지에 관한 최초의 뉴스가 전해진 결과로 1790년 5월 17일에 나온 칙령은 에스파냐 영토는 외국 식민지에서 온 도망노예를 더는 환영하지 않는다고 규정했다. 나흘 후에는 더 자세한 두 번째 칙령이 내려와 에스파냐 관료에게 향후 "프랑스 식민지에서 사들이거나 탈주한 니그로"와 선동적인 "격언(maxims)"을 식민지로 들일 수 있는 유색인(casta)은 누구든지" 출입을 금하라고 지시했다.[24] 초가을에 비로소 새로운 규정이 전해

지고 이를 시행하게 되자 기옐미와 같은 식민 관료들은 안심하고는 정책이 변했다는 뉴스가 "외국 식민지에 빠르게 퍼져서 노예 이주에 종지부를 찍으리라" 자신했다. 기옐미는 한 걸음 더 나아가 (그가 받은 법령에 따라 구체적 조처를 하라는 말은 없었지만) 모든 "외국인" 노예의 추방을 요청했다.[25] 영국 식민지 관료들은 이전 정책을 철회한다는 차콘의 편지를 섬의 신문에 큼지막하게 게재하면서, 이제 노예들 사이에 소문이 퍼져 에스파냐령으로 가는 도망자의 물결을 뿌리 뽑을 수 있으리라고 비슷한 희망을 품었다.[26]

* * *

트리니다드에 왕령이 발효되고 철회된 것 외에 1790년 동쪽 군도 전역에서 모두에게 뉴스거리가 된 다른 사건도 있었다. 프랑스 영토 다수가 영국령과 에스파냐령 섬들과 너무 가까이 있어서 카리브해 동부 전역에서 엄청난 대중적 관심이 프랑스혁명에 쏠렸다. 곧 프랑스와 식민지 양쪽에서 벌어지는 사건에 관한 최신 뉴스를 원하는 독자의 요구를 충족시키는 일은 거의 소규모 산업과 같은 규모로 자라났다. 그에 따라 프랑스뿐만 아니라 영국과 에스파냐 식민지 모두를 사로잡은 논쟁에서 노예와 자유민 유색인도 자신의 목소리를 낼 방도를 찾아냈다.

정치적 경계선이 유동적이고 식민지 간에 폭넓은 의사소통망이 존재하는 카리브해 동부의 사례는 뉴스가 권역 내에서 공유된 상품으로 유통되었음을 입증한다. 예를 들어 비영국계 주민은 외국 정보를 알려면 영국 언론에 의존해야 한다는 사실에 때때로 분개했다. 어떤 프랑스 식민자는 "영국 신문이 너무 많이 들어와서" 거리의 대화는 어쩔 수 없이 영국 쪽으로 편향성을 보인다고 (하필 또 영국령 그레나다에서 출간된 신문에) 이야기했다. 현지에서도 영국령 섬의 신문 편집자들은 독자층이 얼마나 넓은지 인지하고 자기네 기사를 영어와 프랑스어 양쪽으로 발간했으니,

이러한 상황은 이중언어 체제가 전방위적으로 발달하도록 부채질했다.[27]

하지만 프랑스혁명에 영감을 받은 프랑스령 섬의 편집자들은 곧 새로운 종류의 정치 신문(gazette)[*]으로 발전할 언론매체들을 입수했다. 프랑스어로만 발간된 이 신문들은 프랑스혁명과 혁명이 프랑스령 아메리카 식민지에 미친 영향을 다루는 데 특화되었고, 새로 생긴 식민지 의회뿐만 아니라 파리 혁명의회 회의록을 수록했다. 이 신문들은 광범위한 구독층을 자랑하며 영국령 섬에 사는 주민과 관료에게 핵심적인 뉴스 공급원 구실을 했다.[28] 심지어 영국령 식민지에 사는 프랑스계 주민조차 프랑스혁명에 고무되어 옛날식 신문과 경쟁하는 잡지들을 출간했다. 새롭게 부상한 이 신문들은 정치적으로 서로 경쟁을 벌여 어떤 쪽은 "귀족적" 노선을 추구하고 다른 쪽은 공공연히 제3신분을 지지했다.[29]

프랑스 신문과 브로드사이드의 사본은 프랑스령과 영국령 섬 사이를 오가는 사이 에스파냐 식민지로도 슬그머니 침투했다. 카라카스와 주변 지역의 관료들은 1789년 12월에서 다음 해 3월 사이 "외국산" 인쇄물 유입을 차단하는 데 어느 정도 성공했다고 보고했는데, 그중 다수는 프랑스혁명에 관한 것이었다. 하지만 같은 시기 트리니다드의 프랑스계 주민들은 에스파냐의 오래된 언론 규제에 직접 도전했다. 에스파냐 영토에서 프랑스에 공감하는 독립적인 언론이 출현하자 신속하고 결단력 있는 공적 조치가 요구되었다. 1790년 초 트리니다드 총독은 장 비루(Jean Viloux)라는 인물의 활동을 중단시키고자 행동에 나섰다. 프랑스 이민자인 비루는 프랑스에서 벌어지는 사건을 폭넓게 다루고 국민의회의 논의와 결의를 길게 수록한 주간지를 편집했다. 차콘 총독은 비루가 낸 신문 판매를 금지하고 그의 인쇄소를 닫았으며, 남아 있는 인쇄물 모두를 압수했다. 하지만 이처럼 공공연하게 탄압하면 "입을 다무는 게 더 나은" 문제에 관한

---

* Gazette는 보통 관보를 가리키지만, 17세기 이후 유럽의 많은 일간지와 주간지가 이런 이름을 차용했다.

논의를 촉발할 수도 있으므로, 차콘은 비루를 에스파냐령에서 추방하기 위해 그럴싸한(그리고 의심할 여지 없이 의도가 투명한) 구실을 만들어 냈다.[30]

인쇄물과 입말 모두 노예제에 관한 소문을 촉발했고, 이는 1789년에서 1791년 사이 카리브해 동부 정치에 엄청난 영향력을 발휘했다. 1789년 늦여름에는 영국 의회가 노예무역 문제로 갈등하고 있다는 보도를 담은 영국 신문이 마르티니크로 흘러들어 갔는데, 이를 두고 현지인은 영국인이 노예들 사이에 소요를 일으키려고 이러한 뉴스를 뿌렸다고 의심했다. 이러한 비난이 근거가 있든 없든, 모종의 정보원에서 나온 영국 의회의 움직임에 대한 뉴스는 프랑스혁명에 관해 더 많은 뉴스가 도착하기 전에 마르티니크 노예들의 비밀 정보망에 들어왔다. 9월 초에 가까운 영국 식민지의 노예들이 의회가 노예제를 불법화하는 법령을 제정할 가능성을 곱씹고 있을 때, 마르티니크의 프랑스 노예들 사이에서는 불만의 증거가 나타났다. 마르티니크 대농장에서 흑인 노동자가 탈주하기 시작했고, 어떤 소식통에 따르면 "그 이유는 영국 니그로가 다 해방된다면 자기도 같은 권리가 있기 때문"이었다.[31]

바람은 곧 다른 방향에서 불어올 터였다. 1791년 1월 영국령 도미니카에서 노예와 자유민 유색인이 벌인 봉기가 무산된 것을 보면 영국령 노예들이 프랑스혁명의 뉴스에 면밀한 관심을 기울였음을 알 수 있다. 몇몇 역사가는 도미니카 사건은 가까운 프랑스 식민지의 사건이나 여기서 나온 사상의 영향과 "거의 관련 없음"을 주장하지만, 식민지 간 경계가 불확실한 상황에서 프랑스와 영국(그리고 아마도 심지어 에스파냐) 영토에서 나온 소문이 서로 얽히고 부풀려졌음을 시사하는 증거는 상당하다.[32] 사실 도미니카가 비영국계 이웃들과 다채롭고 풍부한 상호연결망을 가지고 있음을 생각할 때, 오히려 이러한 교류가 없었다면 놀랄 일이다. 마르티니크와 과들루프 중간에 있는 도미니카는 두 프랑스령 섬으로부터 각각 25마일밖에 떨어져 있지 않았다. 1791년 이 섬에 살던 많은 이동하는 집단을 고려할 때, 예전 프랑스령이었던 도미니카에는 뉴스와 정보가 신속하고 효과적으로 이동할 제반 조건이 충분했다.

도미니카는 지배하기 특별히 어려운 섬으로 보였다. 1780년대 말 관료들은 섬 안팎 어디서나 주민들의 이동을 통제하기 어렵다는 좌절감을 종종 토로했다. 먼저 이 섬의 지리 때문에 설탕 대농장으로부터 탈주자가 모여들었다. 도미니카의 울창한 숲과 험한 지형은 발전하기 시작한 대농장 농업에서 도망친 노예의 피난처가 되었으며, 북쪽으로는 과들루프에서 남쪽으로는 마르티니크에 이르기까지 인근 섬에서 온 탈주자는 종종 섬의 산간벽지에 정착하는 데 성공했다. 1788년 초 도미니카 추밀원은 변경의 노예 집단을 없애고자 최근 단호한 노력을 기울였지만 다수가 체포되지 않은 채 "장원과 상당 수준의 통신을" 유지하고 있다고 한탄했다.[33]

도미니카는 상업 형태 때문에 외국 식민지 주민과 교류가 잦아서 이로부터 이동과 의사소통을 위한 또 다른 통로가 만들어졌다. 영국의 자유무역항인 도미니카는 영제국의 기획 내에서 보면 자메이카가 카리브해 서부에서 맡은 것과 같은 역할을 동부에서 맡았다. 1788년이면 프랑스, 에스파냐, 기타 비영국계 선박이 현지에 있는 로소(Roseau) 항구 관세청에 등록하는 배의 무려 63%를 차지했다.[34] 도미니카 선원도 종종 상선을 타고 프랑스 항구로 가서 프랑스 정치가 구체제에서 혁명을 거치며 변화하는 모습을 직접 목격했다. 1788년 오드 총독의 책상에 쌓였던 생생한 녹취록이 증언하듯이 투옥, 강제 징발, 임금 박탈은 프랑스령 섬에서 영국 선원이 으레 겪던 일이었다. 그러나 1789년 이후 나타난 생생한 에피소드를 보면 근본적인 변화가 막 싹텄음을 감지할 수 있다. 1790년 12월 "백인, 자유민 유색인, 노예"가 운항하는 무장한 프랑스 선박이 나타나 마르티니크에서 거래하던 영국 상선을 억류했다. 영국 배에 "선주의 하인"으로 승선했던 한 흑인 선원은 억류되었던 사흘 동안 거꾸로 뒤집힌 세상을 경험했다. 선장과 다른 승무원은 쇠사슬에 매여 있는데, 그만 홀로 자유롭게 돌아다니도록 허락받았다.[35]

도미니카에서는 합법적인 해외무역과 함께 암시장을 통한 강력한 대항문화(counterculture)도 만개했다. 섬의 험한 내륙 지형이 도망노예에게 득이 되었던 것처럼 수 마일에 이르는 경비 되지 않은 해안선 덕분에 밀무역업자는 수색을 피할 수 있었다. 오드 총독은 "여기 사람 다수가 프랑스나 에스파냐와 밀무역을 지속하려는 성향"이 있다고 불평을 늘어놓는 한편, 밀수범이 섬에 들여오는 막대한 양의 프랑스산 설탕을 두고 한탄했다. 이러한 불법 무역은 수십 년 전 뉴잉글랜드의 경우처럼 도미니카에서는 일반화된 관례가 되었다. 그리하여 1790년 4월에 누군가 관세청에 금지된 물품이 들어온다고 신고하자 "폭도"들이 로소항 거리에 운집하여 존 블레어(John Blair)라는 인물을 신고자로 공격한 끝에 그에게 타르와 깃털을 바르고• 거의 죽을 지경으로 구타했다.[36]

중요한 것은 합법이건 불법이건 섬 사이를 운항하는 크고 작은 배에는 프랑스령 섬으로부터 온 자유민 유색인이 많이 탑승했다는 사실이다. 그중에는 정주민에 가까운 정착자는 물론 선원과 여행자도 포함되었다. 토머스 앳우드(Thomas Atwood)는 1791년 발간한 도미니카 역사서에서 섬에 있는 자유민 유색인 500명은 "매우 게으르고 불손한 무리"로 그중 절반 이상이 프랑스령 섬에서 이주해 왔다고 계산했다.[37] 1789년 이후 프랑스령 섬에서 폭동의 기운이 무르익자, 앳우드처럼 영국령 섬에 거주하는 백인은 이동하는 자유민 유색인을 주시했다. 그레나다의 한 주간지는 바스티유 요새 함락 1주년을 맞아 "유색인 다수가 얼마 전 프랑스령 식민지에서 여기 도착했음"에 주목하며, "최근 그토록 미심쩍은 모습으로 출현한 저 부랑자들"의 사상에 현지민이 현혹될 수도 있다는 널리 퍼진 우려를 표명했다. 얼마 후 같은 신문은 "게으르고 방종한 자들이 즐기는 물라

• 폭동이 일어났을 때 특정 인물에게 뜨거운 타르를 붓고 깃털을 발라 우스꽝스러운 모습으로 만드는 것은 근대 초 유럽과 식민지에서 흔히 나타난 사적 폭력의 방식이었다. 미국 독립혁명 동안의 사례들이 유명하다.

토 무도회"•가 부활하여 "거의 모든 거리에서" 밤마다 벌어지는 행사가 된 것 같다고 한탄했다.[38]

1791년 1월이면 도미니카의 백인 시민은 마르티니크와 과들루프에서 도착하는 자유민 유색인이 프랑스령 섬들을 강타한 선동적 이념을 유입하고 있다고 추정했다. 마르티니크의 내부 갈등은 흑인과 물라토에게 유리한 쪽으로 잠시 방향을 틀었고, 오드 총독의 책상머리에는 이 섬의 노예들이 "보편적 해방(general emancipation)"이 "목적이자 목표"임을 처음 공개적으로 표명했다는 뉴스가 날아들었다.[39] 4일 후 도미니카의 한 프랑스인 농장주는 "마르티니크로부터 계속 도착하는 노예와 자유민 유색인이" 이미 비슷하게 "허황한 생각"과 "잘못된 사상"을 주변의 노예들 마음속에 싹트게 했다고 오드 총독에게 경고했다. 섬의 행정 중심지에서 심부름을 마치고 돌아온 노예들은 오드 총독이 그들에게 주 3일씩 규제 없이 자기 일을 볼 수 있도록 휴일을 부여하고 농장주를 위해 하는 모든 일에 임금을 지급하라는 명령을 포고했다는 뉴스를 그 구역의 장원들에 전했다. 평소 같으면 노예들은 그런 소문을 조용히 무시하거나 말도 안 되는 것으로 치부했을 것이다. 그러나 이웃 섬들에서 혁명이 열기를 더하고 영국과 에스파냐 식민지 양쪽에서는 노예무역과 노예제에 대한 공격이 계속되는 가운데, 이들이 만들어 낸 불꽃은 준비된 불쏘시개 위에 떨어진 셈이었다. 몇 시간 내에 몇몇 장원에서는 노예들이 탈주했고, 다른 곳에서는 노동을 딱 잘라 거부했다.[40]

며칠간의 교착상태 끝에 영국 관료와 농장주는 소문을 불식시키고 노동에 복귀하도록 노예들과 교섭했다. 그러다 갑자기 보통 "프랑스 지구(French Quarter)"라 불리던 다른 지역에서 폭력 사태가 터져 나왔다. "몇몇 자유민 물라토가 이끄는" 노예들이 무기를 들고 백인 1명을 죽인 후

• 물라토 무도회를 비롯하여 유색인 자유민과 노예가 모인 집회에는 으레 춤, 노래, 특유의 종교 의례가 뒤따랐고, 저항문화와 의사소통망이 형성되기도 했다.

"또 다른 폭력과 적대 행위"를 벌이겠노라 위협했다.[41] 하지만 파견된 군부대가 신속하게 초기 반란을 진압했고, 현장에서 잡히지 않은 이도 결국 숲에 있는 은신처에서 체포되었다.

1791년 도미니카 봉기의 세부 사항을 보면 아프로아메리카 의사소통망의 면면이 잘 드러난다. 반란을 진압한 후 도미니카 관료들이 봉기의 주요 원인으로 지목한 것은 "외국 배들이 계속 분별없이 출입하면서" 경비병 없는 긴 해안을 침범하여 그 과정에서 "사람들이 (…) 의심스런 목적을 가지고 자주 배와 육지를 오간" 것이었다. "소요의 최초 징후"가 밀매업자와 불법 상인이 자주 찾는 장소 인근에서 나타났을 뿐만 아니라 반란 지도자 하나는 추종자 30명과 함께 같은 경로로 도주하고자 했다. 오드 총독은 이러한 통로를 봉쇄하고자 무장한 전함을 파견하고 섬에서 바람이 불어오는 쪽을 수색해 "우리 섬과 외국 섬들 사이에 모든 연락을 차단"하고자 했다.[42] 섬 내부의 의사소통망을 규제하기 위한 다른 조치도 취해졌다. 새로운 법은 마을의 여관 주인에게 특정 시간대에는 가게에서 흑인을 내보내라고 명령했고, "춤과 회합"을 더 주의 깊게 감시할 것을 규정했으며, 일 때문에 대농장을 떠나 있는 공용 짐꾼(public porter)과 노예에게 증명서를 요구하는 사문화된 체제를 되살렸다.[43]

마지막으로 가까운 트리니다드의 차콘 총독과 마찬가지로 오드 총독 역시 "건전하고 적절한 법을 통해 인쇄업자의 방종을 제어할 것"을 제안했다.[44] 총독이 염두에 둔 것은 도미니카의 친(親)농장주와 상인 언론이 아니라(이들도 총독과 식민정부를 비판하곤 했지만) 현지에서 새로 만들어진 신문으로 『자유의 친구, 방종의 적(*L'Ami de la Liberté, l'Enemi de la Licence*)』이라는 흥미로운 제호 아래 프랑스어로 발행된 대중적인 1장짜리 소식지였다. 이번에는 총독은 물론 섬의 친노예제 언론에 포진한 그의 비판자까지도 과들루프에서 발행되는 이 악명 높은 "프랑스 신문"이 체제 전복적인 성격을 띤다고 입을 모았다. 같은 종류의 신문들처럼 『자유의 친구』도 프랑스 혁명의회의 연설과 논의를 수록했으나, 동시에 이를 넘어 "XYZ"

라는 익명의 펜네임 아래 강한 편집 방침을 고수함으로써 노예제 문제에 관해 찬반 양쪽에 있는 도미니카인의 각별한 관심을 모았다. 경쟁업체인 한 영어 신문은 『자유의 친구』 편집자가 "인품도 원칙도 없는 물라토 종자"라고 공격했으나, 문제의 신문이 도미니카에서 넓고 열렬한 독자층을 획득했음은 인정했다. 『카리브해 레지스터(*The Charibbean Register*)』* 신문의 편집자인 토머스 앤크텔(Thomas Anketell)은 "자유민 유색인만 그 신문을 열심히 읽는 게 아니다."라며, "니그로 노예들도 구독하는데, 일요일이면 니그로들이 1쿼터씩 갹출하여 신문을 사서 읽어 달라고 한다."라고 썼다. 도미니카의 추밀원도 앤크텔과 마찬가지로 『자유의 친구』가 대놓고 "노예들을 (…) 부추기고 그들에게 유리한 의견을 표명하는 것"을 비난했다.[45]

1년 전 트리니다드에서 발간되었던 장 비루의 신문과 마찬가지로 『자유의 친구』 역시 그러한 반대 앞에 계속 살아남을 수 없었다. 얼마 후 논쟁의 대상이 된 편집자는 탈주극을 벌여야 했다. 그러나 도미니카 반란이 일련의 소름 끼치는 공개 처형으로 끝난 지 한 달 후, "XYZ"와 그의 신문은 트리니다드 전역에서 되살아났다. 그는 카리브해 동부 전역의 독자에게 너무나 잘 알려진 경쾌한 저널리스트의 문체로 앤크텔과 다른 적수들을 조롱했다. 익명의 편집자는 마르티니크와 도미니카에서 비방자들에게 쫓기면서도 도미니카에 "건강하고 안전하게" 도착했다. 그러나 이러한 경험 후 자유의 대의를 위해 펜을 들리라는 그의 결심은 더욱 굳어졌다. 곧 그와 그가 추구하는 이념은 "다시 한번 솟아오를 것이었다."[46]

* * *

생도맹그에서 오제를 처형한 사건은 1791년 1월 짧았던 도미니카 봉기가

* 신문 이름의 'Charibbean'은 오자가 아니라 당시 표기법에 따른 것이다.

진압되고 불과 몇 주 후에 벌어졌다. 이어진 몇 달 동안 생도맹그 내 백인 사이의 분열은 더 확대되었고, 파리에 있는 식민자와 입법자 사이의 갈등도 마찬가지였다. 오제가 백인 식민자의 손에 처참한 죽음을 맞이했다는 뉴스가 전해지자 프랑스의 국민의회는 1791년 5월 15일의 법령을 통과시켰다. 이 조치는 소수의 자유민 물라토와 흑인에게 참정권을 부여하고 식민지에 사는 "개인의 지위"에 대해 국민의회가 입법할 권리가 있음을 천명함으로써 과감한 발걸음을 내디뎠다. 이 소식은 6월 30일 생도맹그에 도착했는데, 한 엘리트 구성원의 표현에 따르자면 "어떤 말로도 식민지 전역에 즉각 퍼진 격노와 분개를 묘사할 수 없었다." 유산계급 식민자들은 이 사건을 식민지 문제에 대한 본국의 위험한 개입으로 간주하고는 이에 대응하여 기초 의회와 지역 의회를 되살려 프랑스 의회의 권위에 도전하고자 했다. 이후 몇 달간 감히 자신들이 새롭게 얻은 권리를 옹호하는 발언을 한 자유민 흑인과 물라토에 대한 폭력적인 공격이 급격히 증가했다. 농장주와 상인은 대놓고 프랑스로부터의 완전한 독립을 논했다. 이처럼 요동치는 정치적 상황은 노예들에게도 예속으로부터의 탈출이라는 생각을 품을 틈을 만들어 주었다. 백인과 물라토가 논쟁하는 동안 북부와 서부 양쪽에서 간헐적으로 날아온 뉴스는 벌써 7월부터 노예 봉기가 갑작스레 증가하고 있다고 전했다. 하지만 자기 염려에 골몰한 농장주 계급은 장차 올 대규모 반란을 경고하는 이 징후들을 무시했다.[47]

1791년 8월 22일 밤 농장주 대표들이 지역 의회를 소집하려고 카프프랑세로 향하던 바로 그때, 카프프랑세를 에워싼 부유한 북부 평원의 노예들은 반란을 개시했다. 그전 몇 주 동안 흑인 지도자들은 봉기가 일어날 예정이라는 뉴스를 퍼뜨렸고, 봉기의 순간이 도래하자 널리 퍼지고 잘 계획된 반란 앞에 백인들은 무방비 상태가 되었다. 카프프랑세에서 9마일 떨어진 장원에서 노예 봉기가 시작된 지 몇 시간 만에 무려 노예 10만 명이 이를 전해 듣고 봉기에 가담하여 대농장과 사탕수수밭에 불을 지르고 노예 소유주와 그 가족을 무자비하게 공격했다. 카프프랑세의 관료들은 즉각 쿠바, 자메이카, 미국에 대표단을 보내서 흑인 반란자들과 싸우기 위한 원조를 요청했지만, 돌아온 것은 미지근한 협조뿐이었다. 설상가상으로 북부에서 반란이 일어나고 며칠 후 서부에서는 물라토와 흑인이 두 번째 무장봉기의 물결을 일으켰다. 무장도 제대로 못 한 반란자들과 정부군 사이에 접전이 벌어지자 반란자 쪽에 사상자 수천 명이 나왔지만, 이에 굴하지 않고 교외의 무장 집단은 계속 대농장을 공격하고 파괴했다. 그들은 심지어 이제 백인 피난민으로 들끓는 도시를 공격하겠다고 위협했다. 북쪽에서 봉기가 일어나고 2개월 후 프랑스 관료의 추산에 따르면 2천 명이 넘는 백인이 목숨을 잃었고, 반란군은 설탕 대농장 180개와 커피, 면화, 인디고 재배에 특화된 장원 900개 이상을 파괴했다.[48]

1791년 8월 생도맹그에서 벌어진 역사상 유례없는 사건에 관한 뉴스는 신속하게 아메리카 전역으로 이동했지만, 특별히 관심을 보인 이는 당연히 다른 대농장 사회의 주민이었다. 신세계 노예제 역사상 흑인이 압제자에 대항하여 그토록 엄청난 타격을 가한 적은 없었다. 그리고 1792년 중반이 되면 아메리카 전역의 관찰자들은 프랑스인들이 이미 시작된 혁명을 끝내려고 한다면 생도맹그의 반란자들이 절대 좌시하지 않을 것임을 깨달았다.

* * *

북미 사람 상당수는 그들의 광범위한 상업 연결망 때문에 생도맹그혁명에 처음부터 큰 관심을 보였다. 1791년 노예 봉기를 전후하여 몇 년 동안, 신생국의 주요 항구들을 대표하는 배들이 생도맹그 항구를 자주 찾았다. 미국 상인은 1790년 초 불황기에 프랑스인이 절박하게 필요로 했던 밀가루, 목재, 기타 상품을 공급하는 한편, 13개 주와 카리브해 주민에게는 생도맹그의 최신 뉴스를 제공했다.

1789년부터 시작된 프랑스의 혼란 때문에 유럽에서 오는 선박의 수가 제한되자, 미국 배들이 나타나 생도맹그가 필요로 하는 물품을 공급했다. 1790년대 말에 미국 배들은 불확실한 생도맹그 경제에 생명선 역할을 했다. 한 프랑스 식민자는 물자가 부족하고 물가는 높은 이 시기에 미국인이 밀가루와 식량을 공급하지 않았다면 "우리는 가장 극단적인 상황에 몰렸을 것이다."라고 기록했다. 그는 노예 반란으로 이어진 몇 달간 미국 상인의 중요성을 과장한 것이 아니었다. 1790년 8월 말에서 9월 초의 어느 평균적인 한 주간 뉴런던(New London), 뉴베리포트(Newburyport), 보스턴, 필라델피아, 볼티모어(Baltimore), 햄프턴(Hampton), 찰스턴에서 온 배들이 포르토프랭스에 입항하여 등록했고, 레카이에는 세일럼(Salem), 보스턴, 노퍽에서 온 배들이 도착했다. 같은 시기에 생도맹그 항구에서 출발한 배들은 볼티모어, 뉴번(New Bern), 보스턴, 필라델피아, 뉴욕으로 향했다.[49] 생도맹그의 최대 항구이자 남쪽으로 오는 배가 가장 입항하기 쉬운 카프프랑세의 경우, 미국 무역업자와 선장은 1790년 2월 "미국 배 약 50척과 (…) 다른 배가 매일 도착했으며" 1년 후에도 "엄청 많은 미국 배가" 정박 중이라고 이야기했다.[50]

1791년 8월 르카프에서 반란이 벌어진 후 미국에서 오는 배는 반란의 소식을 아메리카의 다른 지역에 전파하는 데 핵심 역할을 맡았다. 떠나온 항구로 되돌아가던 북미 상인은 쿠바에 기항하는 동안 에스파냐 당국, 그리고 추정컨대 기타 관심 있는 주민에게 소중한 정보를 많이 공급했다. 그들이 남긴 생생하고 자세한 이야기를 보면 선장과 승무원도 자신들이 역사의 현장을 목격 중임을 깨달았던 듯하다. 1791년 늦여름에서 가을 사이의 8주 동안 '차밍샐리(Charming Sally)'호의 선장인 존 데이비슨(John Davison)은 카프프랑세와 포르토프랭스 양쪽에서 흑인 반란군과 정부군 사이에 벌어진 전투를 목격했다. 데이비슨은 심지어 반도들이 새롭게 얻은 힘을 행사한 놀라운 사례를 전했으니, 그는 무장한 흑인 반란자 대표단이 포르토프랭스에 들어가 "인간의 자유를 요구하며, 아니면 도시를 잿더미로 만들어 버리겠노라 말하는" 장면을 보았다. 1793년이면 아프리카인을 카리브해 섬에서 북미로 재수출하는 무역에 종사하는 미국의 노예무역업자들이 에스파냐와 프랑스의 경쟁자들 대신 노예와 생도맹그 뉴스 양쪽을 쿠바에 공급하는 주역이 되었다. 찰스턴을 오가는 배들이 이때 특히 분주했던 것으로 보인다.[51]

노예 혁명 초반에 생도맹그로 가는 무역업에 종사했던 북미인은 정치적 스펙트럼 전체를 아우르는 다양한 집단으로 이루어졌다. 미국 항구에서는 찰스턴의 '반(反)영선원협회(Marine Anti-Britannic Society)'와 같은 선원 조직이 프랑스혁명을 지지했고, 생도맹그에 간 양키 선원도 종종 현지민과 함께 공화국의 무궁한 영광을 위해 건배했다.[52] 프랑스 관료들은 양키 선박과의 무역을 환영하면서도 미국인이 생도맹그 내 경쟁하는 당파 모두와 거래하는 경향이 있다고 불평했다. 1792년 한 프랑스 제독은 미국과 생도맹그의 절박한 백인 식민자 사이의 거래가 감소하면 어떤 결과가 초래될지 우려했다. 그러나 다음 해 또 다른 해군 장교는 미국인이 반란자들과 교역 중임을 암시하며 구축함이나 전함을 포르토프랭스 근방에 배치하여 북미의 "불법 상인"을 막자고 요청했다.[53] 1793년 프랑스와의 전쟁이 선포되어 영국과 에스파냐가 반란 식민지를 병합하고자 반대 방향에서 동시에 생도맹그를 침공했을 때, 미국과의 무역은 양국 점령군을 먹여 살렸다.[54]

생도맹그에서 벌어지는 사건에 관한 뉴스는 이들 상선을 타고 신속하게 미연방에 닿았다. 1790년 말 오제가 찰스턴에 도착할 무렵 사우스캐롤라이나주 항구도시의 신문들은 바다를 오가는 선장들의 보고를 인용하여 8개월째 프랑스령 카리브해에서 벌어지는 당파 싸움과 인종 간 다툼을 보도 중이었다. 다음 해 찰스턴 신문들은 식민지 의회의 공문서 번역문과 「인권선언」 같은 중요한 유럽 문건을 정기적으로 수록했다.[55]

당연한 일이지만 생도맹그에서 벌어진 극적인 사건은 좋은 기삿거리가 되었으며, 1791년 말 몇 주 동안 동쪽 해안선을 따라 광범위하게 인쇄되고 논의된 뉴스거리를 공급했다. 신문 편집자들은 입으로 전해진 뉴스의 진위를 확인하는 즉시 흑인 반란에 관한 이야기를 인쇄하여 독자에게 공급했다. 봉기를 알리는 첫 소식은 1791년 9월 중순에야 필라델피아에 도착했다. 그러나 주의 깊은 신문발간업자들이 최초의 뉴스를 검증 완료할 때 즈음이면 뉴잉글랜드에서 사우스캐롤라이나에 이르기까지 서로 경쟁하는 신문들은 이미 너도나도 8월 22일 밤의 사건에 관한 길고 끔찍한 이야기를 가지고 바삐 인쇄에 들어간 후였다.[56]

백인들이 생도맹그 반란에 관한 이야기를 탐독하는 동안, 그들은 곧 이 뉴스가 북미 흑인들의 귀에도 들어갔다는 첫 번째 징후를 감지했다. 해안선을 따라 노예들 사이에 소요가 일어났다는 소식이 들려오자 관료들은 노예들이 대서양 주변 다른 지역의 사건에 관한 정보를 얻고자 활용하는 의사소통망을 해체할 방도를 궁리할 수밖에 없었다. 예를 들어 프랑스와 생도맹그에서 벌어진 혁명 초반부에 버지니아 주의회는 외국 문제를 공적으로 논하는 것을 금했다. 1792년 봄에는 노예들의 대대적 봉기가 임박했다는 징후가 버지니아주 해안 지대에서 나타났다. 조사를 맡은 관료들은 노샘프턴과 노퍽에서 벌어진 노예들의 국지적 음모 사건을 두고 "서인도제도의 예"를 탓했고, 이를 알게 된 주의회는 노예법 전체를 수정하고 어떤 이유건 노예의 회합을 강력하게 규제했다. 연말이 되면 근심에 찬 치안판사들은 노예건 일반 주민이건 상관없이 '올드 도미니언(Old Dominion)'• 전체에 정치적 흥분과 불확실성이 전파되는 양상을 저지하고자 더 포괄적인 조치에 착수했다. 1792년 12월 법령은 버지니아주 위정자들이 정보와 사상이 통제 불가능하게 유통될 때의 파급효과를 얼마나 두려워했는지 보여 주는 동시에, 이를 통제할 수 없다는 그들의 무력감을 드러낸다. 민정 당국은 주 내에서 "잘못된 소문과 뉴스를 만들고 유포하는" 다수의 "게으르고 생각 많은 사람"을 거론하며 "가짜 뉴스 유포자를 처벌하는 법령"을 부과했고, 이 법은 1790년대 내내 효력을 유지했다.[57]

• 버지니아의 별칭.

* * *

자메이카처럼 경제와 인구구성이 생도맹그와 매우 닮은 설탕 생산 식민지에서는 가까운 곳에서 벌어진 반란의 소식이 심대하고도 지속적인 영향을 미쳤다. 8월 22일 밤 사건이 벌어지고 2주도 채 지나지 않아 자메이카 백인들이 생도맹그 폭동을 논하며 그들 사이에 뉴스를 유포 중이라는 최초의 조짐이 나타났는데, 섬 인구의 대다수를 구성하는 흑인들은 아마 더 빨리 봉기의 뉴스를 입수했을 것이다. 9월 7일 에핑엄 총독은 본국의 내무대신에게 "니그로의 끔찍한 반란"에 관해 보고했는데, 이에 관한 이야기는 생도맹그가 자메이카 의회의 "보조를 절실히 바라며" 파견한 특사한테서 들은 것이었다. 그러나 이즈음 반란은 스패니시타운과 킹스턴 거리에서 다들 아는 사실이 되었다. "기니아 의사(Guinea surgeon)"로 불리던 윌리엄 디넬리는 노예무역으로 아프리카에 갔다가 잉글랜드로 돌아가는 배편을 구하기 위해 부둣가에 머물고 있었는데, 9월 10일에 브리스틀 상인 제임스 로저스(James Rogers)에게 보내는 편지에 "프랑스 정착지 몇 곳에서 (…) 일어난 반란"에 관해 쓰면서 "니그로가 수많은 백인을 죽였다."라고 덧붙였다.[58]

에핑엄 같은 정부 관료와 디넬리 같은 민간인이 봉인된 편지에 절박한 염려를 토로하는 동안, 자메이카 백인은 옆 동네에서 확산하는 혁명에 관한 논의를 억제하고자 공공연히 노력한 것으로 보인다. 예를 들어 자메이카에서 가장 많은 정보를 제공하던 주간 신문 어느 면에라도 생도맹그에 관한 뉴스가 나올까 찾아보았지만, 소용이 없었다. 1791년 10월부터 그해 말까지 킹스턴의 『왕립 관보(*Royal Gazette*)』에는 "지난번 히스파니올라섬에 벌어진 말썽"에 관해 짧고 무미건조한 언급이 1건 있을 뿐인데, 이때는 반란이 시작되고 이미 3개월이 지난 후였다.[59] 공인된 침묵의 공모는 인근의 노예 폭동에 대한 백인의 공포와 흑인의 희망을 제어하고자 고안된 낯익은 장치로서 정부가 가장 공적인 방어 조치를 발동할 때조차 유지되었다. 킹스턴 감리교 총회의 어떤 일원은 1791년 말 자메이카의 요동치는 "정치적 상황"을 길고 자세하게 묘사하면서 역설적인 논평을 덧붙였다. 그에 따르면 노예의 불만에 관한 소문이 넘쳐나고, 민병대는 부대마다 밤낮으로 훈련하며, 사람들은 공공연히 계엄령의 가능성을 이야기하지만, "정작 이 모든 일의 동기는 비밀에 부치려고 애쓰는 중"이었다.[60] 백인들은 인구 대다수를 이루는 흑인들이 흥미를 보이는 뉴스가 빠르고 걷잡을 수 없이 퍼질 수 있는 당시 상황을 고려하면 사적인 서신 교환마저도 불필요한 위험을 초래할 수 있음을 감지하고는 각자 자기검열의 극치를 달렸다. 어떤 사람은 편지에서 위에서 말한 위험한 상황을 언급하면서 어떤 "*특정한 상황*이 있는데 이걸 지금 *지면에 옮기기는 부적절한* 것 같다."라고 에둘러 표현했다.[61]

자유민 백인들이 공유한 조심스러운 침묵과 대조적으로 그들의 노예는 생도맹그 반란에 곧 열렬한 관심을 보였고, 이는 때때로 백인들이 눈치 채거나 기록할 정도로 공공연한 것이 되었다. 섬의 군사령관은 자메이카 노예들이 "도착하는 모든 뉴스를 즉각 입수했고", "카프프랑세에서 벌어지는 모든 사건을 완벽하게 잘" 알고 있다고 진술했다. 9월 중순에 이르자 프랑스 노예들의 봉기는 노예의 구술문화로 들어왔으니, 전통적인 노래에는 "히스파니올라섬에서 반란을 일으킨 니그로들"을 묘사하는 새로운 구절이 추가되었다.[62] 연말이 다가오면서 도시와 교외를 통틀어 섬의 각지에서 올라온 소식은 이러한 관측을 되풀이했다. 11월이면 킹스턴 노예들은 "히스파니올라섬에서 벌어지는 모든 일을 완벽하게 꿰고 있다."라고들 했다. 섬 한가운데 위치한 클래런던 교구의 치안판사는 "몇몇 대농장의 니그로 십장" 몇 명을 "히스파니올라섬 반란에 관해 아주 분별없이" 이야기했다는 혐의로 잡아 가뒀다. 투옥된 이들은 "프랑스 나라의 니그로들(그들의 표현대로 하자면)"의 저항을 축하하며 대리만족을 얻었을 뿐만 아니라 "비슷한 폭동이 자메이카에서도 곧 일어나리라는 희망도 표현했음"을 자백했다.[63] 이 희망은 결국 실현되지 못했지만, 생도맹그 노예의 봉기는 신세계 전체에 그러했듯이 자메이카에 오래도록 영향을 미쳤고 한 세대 내내 지역 정치에서 중심적인 역할을 했다.

* * *

자메이카인이 생도맹그에서 벌어진 일에 겨우 적응할 무렵, 더 거센 바람과 조류가 밀려왔다. 생도맹그에서 자메이카 해변까지 거리가 워낙 짧다 보니 이웃 섬에서 벌어진 혁명도 더 가까이 다가왔다. 1791년 8월과 9월 봉기 직후부터 생도맹그에서 온 흑인들이 자메이카에 도착하기 시작했다. 혁명을 직접 목격한 이들 중 다수는 함께 이주한 주인들의 구속에 매여 노예로 남았지만, 다른 이들은 농장주들의 혼란을 이용하여 노예제를 벗어나고자 했다. 자메이카 관료들은 어느 쪽이건 프랑스 식민지에서 온 흑인 이민자 모두에 대해 즉각 우려를 표명했다. 백인 피난민의 첫 번째 물결이 도착한 9월 중순, 에핑엄 총독은 "그들이 데리고 온 니그로가 '잡종(Curs)'들과 어울리지 못하게" 하라는 명령을 포고했다. 이 조치는 "특별한 허가 없이는" 흑인의 상륙을 금지했고, "남자 니그로"는 일체 유입을 금했다. 하지만 주인 없는 흑인과 물라토 이주자가 도착하자 더 큰 문제가 제기되었다. 에핑엄의 명령이 발효 중인데도 "카누 몇 대가 산토도밍고•에서 온 니그로를 태우고 자메이카 동쪽 끝에 도착했다."[64]

1791년과 1793년 사이 관료들의 정책을 결정지은 것은 노예건 주인이 없건 "프랑스 니그로"가 자메이카 흑인에게 반란의 정신을 전할 수 있다는 공포였다. 초기에 나온 법은 생도맹그에서 온 비백인의 상륙을 엄금하지는 않았지만 일정한 제약을 두었다. 1791년 발표된 국왕포고령은

• 1697년 프랑스가 히스파니올라섬의 서부를 공식적으로 이양받기 전에는 섬 전체가 에스파냐령이었기 때문에 프랑스령 생도맹그는 이후에도 자주 산토도밍고나 산도밍고로 지칭되었다. 이후 직접 인용 속에 자주 등장하는 '산토도밍고'는 혁명이 일어난 프랑스령 생도맹그를 말하는 경우가 많다.

"자유민 유색인과 자유민 니그로가" 자메이카에 정착하려면 "2명의 체통 있는 가부장(substantial housekeepers)(백인)"*이 교구의 최고 치안판사 앞에서 그들이 좋은 품행의 소유자라고 증언해야만 했다. 도의회는 자메이카에 사는 프랑스계 자유민 물라토와 흑인 모두의 이름, 주소, 공식적인 신원 보장에 관한 보고서를 요구해 주기적으로 상황을 점검했다. 첫해가 지난 후 생도맹그로부터 흑인 하인들을 비롯하여 두 번째 이민의 물결이 도착하자, 새로 임명된 애덤 윌리엄슨 총독은 현지 치안판사가 "프랑스 하인과 영국 노예 사이에 어떤 교류도 없게끔 잘 감시해야" 한다는 에핑엄 총독의 이전 훈령을 반복했다.[65]

도의회는 "산토도밍고섬에서 유입된 (…) 노예들과 우리 섬 노예들 사이의 교류"를 막을 필요성을 들면서 1792년 5월 자메이카에서 "외국" 노예를 고용할 때 엄격한 지침을 부과하는 법을 통과시켰다. 이 법 조항에 따르면 누구도 생도맹그에서 첫 반란이 일어난 1791년 8월 23일 이후 이 섬에서 온 노예를 "사거나, 빌리거나, 고용할 수" 없었다. 하지만 대부분 킹스턴에 정착한 프랑스 피난민을 수용할 필요성 때문에, 이 노예들은 결코 "시골로 들어갈 수" 없다는 조건 아래 "항구의 소도시들"에서 적법하게 일자리를 찾을 수 있었다.[66]

그러나 이 법이 발효되자마자 관료들은 자메이카에서 일하는 프랑스 노예들의 활동을 감시하려는 노력에 반대하는 다양한 층위의 저항에 부딪혔다. 도시의 노예 소유주와 고용주가 현지 치안판사와 만나 외국 노예를 등록하기를 거부했기 때문에 도의회는 섬에서 일하는 프랑스 노예의 수를 추적할 수 없었다. 흑인 노동자를 고용하는 다른 고용주들은 "외국 노예" 법을 아예 무시하는 편을 택했다. 북동 해안 가까이에 몇몇 장원을 소유한 너새니얼 베일리(Nathaniel Bayly)는 프랑스 니그로를 수입하는 데

* 당시 지역 사회에서 어느 정도 재산과 위신이 있어 외부에서 유입되는 사람의 보증을 설 만한 사람을 일컫는 말이었다.

아무런 문제를 느끼지 못했다. 적어도 무역선 2척이 자메이카 북쪽 해안에 있는 작은 항구인 포트마리아(Port Maria)와 생도맹그를 활발히 오가며 베일리의 설탕 대농장에 프랑스어와 크레올어를 하는 노예들을 데려왔기 때문이었다. 교구 조사관들은 이 불법 노동자 중 몇몇이 "훌륭한 능력을 갖추고 있고 영어와 프랑스어 둘 다 가능"하다는 사실을 발견하고 한층 더 경악했다. 백인들도 인지했듯이 프랑스말과 생각을 영어로 번역하는 능력은 본질상 위협적이었다. 설상가상으로 노예가 된 많은 아프리카인은 자기 조상들의 언어로도 여전히 소통할 수 있었다. 자메이카의 『왕립 관보』는 "우리 니그로는 프랑스어를 모르지만, 그래도 모두 자기 나라말은 안다."라고 경고했다.[67]

소도시의 경우 도시 환경에 기본적으로 존재하는 교류망 덕분에 생도맹그에서 막 도착한 이도 곧 현지민 속에 섞여들었다. 흑인과 물라토 이민자는 자신들만의 상호부조 관계망을 구축할 기회도 얻었다. 1792년 중반부터 킹스턴과 스패니시타운의 노역장에는 대부분 여성인 프랑스어권 도망자, 즉 생도맹그혁명으로 도망친 백인 피난민이 소유한 하인이 꾸준히 흘러들어 통상적으로 나타나는 다양한 현지 탈주자들과 나란히 수용되었다. 이들처럼 신뢰받는 노예 중 일부는 영어 의사소통 능력이 있으면 새로운 장소에서 자유를 추구하고자 했을 공산이 크다. 에스팡(Espent) 부인이라는 프랑스 정착민은 1792년에서 1793년 사이에 가내 구성원 중 2명을 잃었다. 미용사인 샤르망(Charmant)은 1792년 8월 킹스턴에서 독립적으로 가게를 차리고자 무단이탈했다. 다음 해 3월에 주인의 일터를 떠난 다프네(Daphne)는 "산토도밍고에서 받아야 마땅했던 처벌을 피해 달아난 몇몇 물라토와 함께" 킹스턴에 숨은 것으로 의심받았다. 샤르망과 다프네 둘 다 영어와 프랑스어를 할 줄 알았다.[68]

관료들은 주인과 함께 자메이카로 온 프랑스 노예의 생활을 제어하고자 노력하는 동시에 주인 없이 섬에 온 흑인에게도 각별한 관심을 기울였다. 정착지가 드물고 경비도 취약한 자메이카 동쪽 해변에 카누가 들어온다고 일찍부터 보고가 올라오자, 총독은 해군 장교 및 항만 당국과 협력해 해상에서 활동하는 '프랑스 니그로들'이 들키지 않고 자메이카에 상륙하는 것을 막고자 했다. 생도맹그와 자메이카 사이를 가르는 해협은 가장 좁은 지점에서는 100마일도 채 되지 않았다. 덕분에 작고 갑판 없는 배도 충분히 히스파니올라섬 서부에서 자메이카까지 올 수 있었고 서쪽으로 부는 지역풍 덕분에 순조롭고 빠른 항해가 가능했다. 포트로열에 주둔한 제독은 휘하의 선박을 재빨리 북쪽과 동쪽 해안을 따라 배치했다. 1792년 6월이면 해군은 자메이카와 생도맹그 사이의 해협을 순찰하도록 전함 1척을 배치하고는 프랑스 식민지에서 온 "도망자 니그로를 태운 배를 막는" 특별 임무를 부여했다.[69] 추가로 자유무역항에 있는 선장들에게 외국 배를 타고 들어온 흑인과 물라토의 "수를 세어 보고하고", 비백인 선원은 타고 온 선박에서 내리지 못하게 하라는 지령도 내렸다.[70]

이토록 주의 깊게 예방 조치를 취해도 다양한 흑인 여행자들이 생도맹그에서 뉴스를 가지고 자메이카로 오는 것을 막을 수는 없었다. 많은 이는 몇 해 전 트리니다드로 향하던 영국과 프랑스 노예들을 연상케 하는 방식으로 도착했다. 그들은 카누를 타거나 고기잡이나 연안 무역용으로 건조된 지붕 없는 배를 이용해 순찰 중인 전함을 따돌리고 자메이카로 왔다. 도망자를 태운 카누들이 입항한다는 보고는 초반에는 별로 없다가 반란이 몇 주에서 몇 달 단위로 길어지자 두드러지게 늘어났다. 킹스턴 도시 경비대 대장인 로버트 바틀렛(Robert Bartlett)은 1793년 9월 "지붕 없는 보트를 타고 와서 마을 서쪽 끝에 상륙한" "위험한 니그로" 남자 6명과 여자 2명을 체포했다고 보고했다. 다음 달 킹스턴의 치안 서기(clerk of peace)는 같은 방법으로 상륙한 "자유민 유색인" 5명을 더 체포해서 구금한 후 송환했다고 밝혔다.[71]

이렇게 카누를 타고 온 승객 일부는 사실 예전에 자메이카 주민이었다가 팔려 간 경우로, 생도맹그혁명이 가져온 혼란을 이용하여 자메이카에 있는 가족과 친구에게 돌아온 것이었다. 1792년 세인트제임스 교구 노역장에 수용된 한 죄수는 자신은 히스파니올라섬으로 이송되었지만 6개월 전에 다른 3명과 함께 카누를 타고 탈출했다고 당국에 이야기했다. 미국 배 1척이 바다에서 그를 구조해 자메이카로 데려다주었다. 어떤 사례를 보면, 작은 영국 슬루프 승무원들이 북쪽 해안에서 킹스턴을 향해 가는 동안 자메이카로 향하는 "카누 1척을 발견했다." 구조되어 배에 올라탄 흑인 남자 7명은 "산토도밍고섬에 사는 프랑스인의 노예인데, 이 섬의 사람들로부터 팔려 갔다."라고 영어로 이야기했다.[72]

생도맹그에서 온 흑인과 물라토 망명객은 더 큰 배를 타고 도착하기도 했다. 1792년 초 킹스턴의 도시 경비대는 시의 선창 구역에 있는 개인의 집에서 "레카이, 제레미 그리고 히스파니올라섬의 다른 항구들에서 온 외국 니그로 20명 이상"을 체포했다. "우리 항구와 교역하는 배를 타고 각기 다른 때에 상륙한" 이 "건장한 친구들" 대다수는 영어를 할 줄 알았고, 몇몇은 이미 자메이카에서 3개월이나 몰래 살고 있었다.[73] 5월에 당국은 세인트키츠섬 출신의 영어를 하는 "페로(Ferror)라는 니그로 남자"를 더 신속하게 체포했다. 페로가 생도맹그 서쪽의 항구도시인 생마르크(Saint-Marc)에서 영국 배를 타고 포트로열에 도착한 지 이틀 후, 당국은 그가 "생마르크 근방에서 최근 벌어진 끔찍한 폭동에서 매우 적극적인 역할"을 수행했다는 이유로 킹스턴 노역장에 가뒀다.[74] 같은 주에 해안을 따라 저녁 산책을 하던 한 남자는 "40명이 넘는 외국인 유색인과 니그로가 똑같은 옷차림을 하고는 바다 쪽에서 걸어오는 것을 보고 대경실색했는데, 포트로열에 도착한 배에서 막 상륙한 것이 분명했다."[75]

1792년에서 다음 해까지 생도맹그에서 벌어지는 사건에 관한 최신 뉴스는 영국과 프랑스 식민지 사이에서 정기적으로 무역을 하던 배에 실려 계속 들어왔다. 『왕립 관보』의 매호에는 생도맹그 노예 반란에 관한 직접적인 뉴스는 없지만 두 나라 식민지를 오가며 (큰 규모는 아니지만) 활발하게 교역하는 프랑스와 영국 선박의 입출항 기록이 실려 있었다. 입항하는 배는 브로드사이드와 기타 인쇄물의 형태로 뉴스를 가져왔을 뿐만 아니라 양쪽 해안을 오가며 항해업에 종사하는 흑인 사이에 만남의 가능성을 증폭시켰다. 프랑스 노예와 물라토, 비백인 선원의 상륙을 제한하는 엄격한 정책이 시행되는 중에도 프랑스어를 하는 흑인 선원이 킹스턴이나 스패니시타운 거리를 활보하곤 했다.[76] 1793년 1월에는 프랑스 스쿠너에서 내린 흑인 노예 선원 2명이 배를 버리고 스패니시타운의 지하세계로 숨어들었으나 3일 후에 체포되고 말았다. 잠깐의 구금은 그들을 막는 데 아무 소용이 없었음이 분명하다. 두 사람은 다음 자메이카 여행에서 또다시 노역장에 갇히고 말았기 때문이다.[77]

중요한(하지만 그다지 놀랍지는 않은) 사실은 자메이카의 흑인과 유색인들이 반대편으로 항해하여 생도맹그의 반란을 목격하고 심지어 이에 가담하려 한 증거가 어느 정도 있다는 것이다. 적어도 물라토 선원 2명은 혁명이 계속되는 프랑스 식민지로 가는 데 비상한 관심을 보였다. 1792년 5월 "포트로열에서 히스파니올라섬으로 가는 소형 무역선에 고용된 것으로 알려진" 한 자유민 유색인은 자신이 항구를 떠나 (추정컨대) 생도맹그로 가려는 것을 막은 해군 장교를 공격했다. 다음 해에는 퀴라소로 가는 스쿠너에 탄 또 다른 물라토가 항해 중 선장을 살해하고는 "배를 장악하여 산토도밍고섬의 프랑스 영토로 몰고 갔다."[78]

* * *

아이티혁명 초기에 자메이카 백인이 이동성을 문젯거리로 삼은 것은 넓게 보자면 흑인 반란의 실례가 보여 주는 강력한 파급력을 우려했기 때문이었다. 1791년 8월 이후 몇 달간 많은 백인은 자메이카 노예들 가운데 감지한 저항의 저류를 생도맹그발 뉴스와 연결해서 생각했다. 1791년 11월 수적으로 열세인 백인 중 1명은 자메이카 노예들이 프랑스 식민지에서 벌어지는 일에 관해 평균 이상의 관심과 지식을 드러냈다고 기록했다. 그는 생도맹그발 뉴스가 흑인 노동자들을 "이전과 너무나 다른 사람으로" 만들었음을 알아차렸다. 또한 최근의 사건을 보고 "자유의 이념은 모든 니그로의 마음속에 너무 깊숙이 자리 잡아서 최대의 예방책을 취하지 않는다면 어디서든 솟아오를 것이다."라고 추론했다.[79]

관료들이 일찍부터 예상했듯이 아이티혁명이 시작되었다는 뉴스로 불붙은 노예 소요와 폭동에 관한 소문은 자메이카의 북쪽 해안을 따라 현저하게 나타났다. 자메이카의 긴 해안은 외국 식민지에서 접근하기 쉬워서 외국 선박을 끌어들였을 뿐만 아니라 섬의 경비는 포트로열, 킹스턴 그리고 행정 중심지인 스패니시타운에 가까운 섬의 남동쪽 면에 집중되어 있었다. 자메이카가 영국의 노예 식민지가 된 이후 역사를 보면 섬의 북부는 언제나 반란의 중심지였고, 1791년에서 1792년으로 가는 겨울에는 예전에 벌어졌던 거센 반란이 재연될까 싶을 정도였다. 해안가의 노예들이 옆 섬의 폭동 소식을 듣고 "자유의 이념"을 재장전하는 동안, 북부 교구의 주민들은 자메이카에서 비슷한 반란이 일어날 가능성에 대비했다. 그들이 남긴 주의 깊은 관찰 기록은 1791년에서 1793년 사이 이 지역의 의사소통망과 정치를 들여다볼 귀중한 기회를 제공한다.

1791년 말 몇 주 동안 북부 해안의 농장주들은 즉시 조직화에 나섰다. 각 교구에서는 자유토지보유농의 회합이 벌어진 결과 현지 노예의 활동에 관한 모든 정보를 모으고 교구 간 연락망을 유지하는 책무를 맡은 "비밀·안보위원회(committees of secrecy and safety)"를 지명했다. 안전한 스패니시타운에서 명령을 내리는 관료가 보기에 몇몇 "경고"는 과장된 듯했지만, 11월 말 섬의 반대편 해안에 가까운 세인트제임스, 트릴로니, 세인트앤 교구의 안보위원회들은 "북쪽에서 반란이 일어날 것을 우려할 충분한 이유가 있다."라고 보고했다.[80] 자메이카 백인의 "방어적 대응"은 여러 형태를 띠었다. 모든 소도시는 9년 만에 새로 모집한 민병대의 기량을 시험했다. 도의회는 런던에 무기, 병사, 전함을 보내 달라고 청원했다. 전통적으로 연중 규율을 강제하기 가장 힘든 성탄절이 다가오자 총독과 도의회는 12월 10일부터 섬 전체에 계엄령을 발효했다.[81]

계엄령 발효를 전후하여 북쪽 해안을 따라 퍼진 긴장, 흥분, 공포의 분위기에서 아이티혁명의 뉴스는 중요한(심지어 중심적인) 자리를 차지했다. 예를 들어 세인트제임스 교구의 안보위원회는 생도맹그 폭동에 관한 이야기가 지역의 노예 공동체 전체에 퍼지고 있음을 입증하는 몇몇 사건을 적발하고 보고했다. 몬테고베이에서는 "엄청나게 교활한 (…) 시종"으로 묘사된 기(Guy)라는 젊은 남자가 "바람 부는 쪽으로 간 니그로"로부터 "산토도밍고가 봉기하여 보카라(Boccara)•를 죽이고 나라를 차지했다."라는 사실을 전해 들었다. 기와 그의 친구인 콩고 잭(Congo Jack)은 이 뉴스를 동부에서 멀리 서부의 통신원들에게 전하는 데 중추적 역할을 했을 것이다. 조사를 받는 중 그는 둘이서 "정보를 전달했으며 웨스트모어랜드에 있는 몇몇 장원의 니그로와 접촉"했다고 털어놓았다. 몬테고베이를 내려다보는 산간 지역 시골에 점처럼 흩어져 있는 대농장들에서 온 보고서는 노예들이 "외국에서 무슨 일이 벌어졌는지 아주 잘 알고 있다고" 이야기했다. 세인트제임스 교구의 그린폰드(Green Pond) 장원에서 일하는 한 변호사는 "산토도밍고 사건을 비밀로 유지하라는" 명령을 무시하고 노예들과 생도맹그 상황을 계속 논의했다. 그는 마부가 "이에 관해 이미 잘 알"뿐더러 자기는 전혀 몰랐던 다른 교구에서 계획 중인 반란에 관해서도 자세히 덧붙여 말하자 놀라움을 금치 못했다.[82]

위원회 구성원들은 이 뉴스의 출처가 해변, 특히 자유무역항 법령에 따라 자메이카에 왔던 소규모 외국 상인과 선원임을 밝혀냈다. 11월 중순 어떤 장원에서 일하는 백인 고용인은 "한 분별 있는 니그로가 다른 흑인에게 자기가 [몬테고]베이에 갔는데 (…) 어떤 에스파냐인에게서 히스파니올라섬의 니그로가 자유의 몸이 되어 백인의 권리를 누린다는 말을 들었다고 이야기하는 것을 우연히 엿들었다." 몬테고베이 출신의 퀘이커교도 상인으로 세인트제임스 교구의 안보위원회 의장직을 맡고 있던 윈

• 백인.

(J. L. Winn)은 에스파냐의 영향을 받은 몇몇 뉴스가 이제는 익숙해진 주제를 변주하고 있다고 폭로했다. 이에 따르면 "프랑스 니그로가 (…) 완전히 자유를 얻은 것"뿐만 아니라 영국 노예도 마찬가지인데, 그들을 해방하려는 잉글랜드 국왕의 희망을 막고 있는 것은 현지 농장주의 반대뿐이라는 것이다. 에스파냐에 대한 자메이카 유력자들의 비난은 여기서 그치지 않았다. 윈과 그의 동료들은 에스파냐인들이 생도맹그 노예 반란에 관한 "과장된 이야기"를 유통한 데 책임을 물었을 뿐만 아니라 자메이카 흑인이 프랑스 반란자의 예를 따라 저항을 조직할 때 북쪽 해안 노예의 무장을 도운 것도 에스파냐인들이라고 비난했다.[83]

이러한 사례가 적발되자 북쪽 교구들이 현지 노예와 외국인 사이의 빈번한 정보 교환을 막고자 취한 일련의 조치들도 정당화되었다. 다른 곳과 마찬가지로 세인트제임스 교구에서 이러한 예방 조치는 점잖은 상인과 그들의 고용인을 포함하여 현지 에스파냐인을 옥죄었다. 그들은 해변에 정착하여 노예, 가축, 기타 물품 등을 취급하는 수익성 높은 무역업에 종사했는데, 이 사업은 이미 한 세대 동안 합법적으로 운용되어 왔다. 몬테고베이의 안보위원회는 11월 중순 새로운 규정을 집행하여, 외국 선원은 저녁 8시 전까지 배에 타도록 하고 해가 뜰 때까지 입출항을 규제했다. 며칠 내로 더 엄격한 법령이 내려와 많은 에스파냐 "부랑자"—비록 정말 추방된 이들은 약 30명뿐이었지만—에게 즉각 축객령을 내렸고, 다른 의심스러운 에스파냐인이 "여기에 몸을 숨기지 못하게" 하려는 비슷한 노력이 이어졌다. 윈은 집안을 단속하려는 이러한 노력이 "에스파냐 상인의 자발적인 협조"로 이루어졌다고 했지만, 많은 이가 마지못해 협력한 것이었다. 한 선장은 죄수들을 쿠바로 다시 이송하기를 거부했는데, "그들은 모두 법망을 피해 달아난 살인자와 강도라 선상 반란을 일으켜 배를 탈취하려 들 것"이기 때문이었다.[84]

의미심장하게도 1790년대 초반 자메이카 북부 해안의 골칫거리 "에스파냐인" 중에는 많은 유색인이 포함되었다. 1791년 11월 하순, 법망의 추적을 받던 정착민 중 "에스파냐 니그로" 필립은 몬테고베이의 몇몇 가게에서 화약을 사려다 실패한 끝에 투옥되었다. 세인트제임스 교구 안보위원회의 보고서에 묘사된 필립의 신상 개요를 보면 정치적으로 불안정한 시대의 의사소통망에서 중심적 역할을 했을 주인 없이 이동하는 개인의 초상화가 놀랍도록 생생하게 드러난다. "그의 지성, 의뭉스러운 성향, 게으른 인생 행로, 도박, 넓은 인맥으로 눈에 띄었던" 필립은 1788년 봄 그가 태어난 쿠바에서 자메이카로 이민 왔다. 다음 3년간 그는 필수적인 문화적 적응 과정을 거치며 영어를 배우고 자메이카 노예와 결혼했다. 체포 당시에는 3개월 동안 실업자 상태였지만 필립은 "보통 연안무역업에 고용되어 일했으며" 선원으로 일하는 수년간 폭넓은 경험을 쌓고 광범위한 인맥을 구축했다. 필립의 "위험하고 말썽 많은" 친구인 잭은 왕년에 선창 일꾼이었는데, 그도 발이 매우 넓고 자주 이동했다. 체포되기 얼마 전 잭은 주인으로부터 도망친 후 한 유대인 상인의 고용인이 되어 "수수료를 받고 행상을 하며 온 나라를 돌아다니려 했다." 여행 도중 잭은 세인트제임스 교구와 그에 접한 트릴로니와 하노버 교구를 비롯하여 넓은 지역을 돌아다녔고, 몬테고베이에서 시작하여 24마일 정도 떨어진 루시아에 이르기까지 인맥을 쌓았다. 필립과 잭이 마지막에 어떻게 되었는지는 알려지지 않았지만, 쿠바에 이송된 "부랑자"에 속했을 가능성이 크다. 그 후 그들이 어떤 형태로 저항했을지는 추측해 볼 따름이다.[85]

* * *

그리하여 자메이카 북부 해안의 경우처럼 곳곳에서 농장주들은 외국에서 온 주인 없는 사람들에 대항하여 신속하게 경계 태세를 취했다. 생도맹그혁명 초기 단계에서 필립과 잭과 같은 인물은 카리브해 전역의 의사소통망에서 중요한 역할을 한 것으로 밝혀졌다. 하지만 이러한 개인 외에도 노예들이 주변 세상을 이해하는 데 활용할 수 있는 또 다른 정보와 사상의 매개체는 많았다. 생도맹그의 흑인 반란이 노예들에게 즉각적으로 특별한 의미를 전달했다면, 생도맹그를 삼키고 남북 아메리카의 다른 지역으로 퍼져 나가던 더 넓은 이념적 조류, 즉 프랑스혁명의 조류 역시 다른 사건들을 통해 확인할 수 있다. 자메이카의 농장주와 관료가 열띤 군사작전 준비를 비밀에 부치려다 실패한 것과 마찬가지로, 프랑스혁명 이념과 정치에 관한 논의는 1790년대 초 제어할 수 없이 빠르게 공적인 차원을 띠게 되었다.

파리에서 루이 16세가 처형당하고 국민공회가 영국, 에스파냐, 네덜란드를 상대로 선전포고하기 전부터 세 나라는 프랑스와 군사적 충돌이 일어날 가능성에 대비하고 있었다. 잉글랜드와 마찬가지로 영국 식민지에서도 다가올 전쟁에 대한 준비는 군사적 차원뿐만 아니라 이념적 차원을 띠었다. 1793년 초면 잉글랜드에서 유행한 반혁명 의례들이 영국 식민지에서도 나타나기 시작했는데, 여기서 프랑스혁명과 「인권선언」의 신조에 반대하는 이들은 세심하게 기획한 공공 행사를 활용하여 평등주의적 사상의 전파를 막고자 했다. 바베이도스인들은 이미 1월에 "전쟁에 대한 예감이 높아가는 것"을 느꼈는데, 이때 섬의 행정 중심지인 브릿지타운(Bridgetown)에서는 군중이 "자신이 쓴 『인간의 권리』"를 껴안은 톰 페인의 허수아비를 높이 들어 올린 후 거리에서 불태웠다.* 한 달 후 이웃한 그레나다에서도 비슷한 광경이 벌어졌다. 이번에 톰 페인의 허수아비는 "하루 동안 교수대 위에" 전시된 후 "수많은 사람의 환성 속에" 불태워졌다.[86]

1793년 4월, 이러한 관례는 자메이카에 당도했다. 3월 말 생도맹그에서 돌아오는 영국 배와 잉글랜드 본국에서 온 우편물이 동시에 도착하여 영국과 프랑스 사이에 전쟁이 터졌음이 확실해진 이후 섬은 유례없이

---

* 미국 독립혁명에 영향을 미친 『상식(*Common Sense*)』의 저자로 유명한 톰 페인은 프랑스혁명 초반에 혁명을 열렬히 옹호하여 프랑스 명예시민권을 받았다. 그가 1791년에 발표한 『인간의 권리(*Rights of Man*)』는 그 전에 영국의 에드먼드 버크(Edmund Burke)가 프랑스혁명을 비판하며 출간한 책에 대한 반박문으로서 영국에서 즉각 금서의 대열에 올랐다.

분주했다. 4월 3일에 총독은 킹스턴 반경 5마일 바깥으로 나가려는 외국인은 "특별 허가증"을 소지하라고 규정함으로써 이동의 자유를 심각하게 제약하는 포고령을 발표했다. 그사이 해군은 상선대 선원들에게 해군 전함에 타면 포상금을 주겠다고 제안했고, 프랑스 공화국의 전쟁 포로를 수용하고 관리하기 위한 사무소가 문을 열었다.[87] 이어진 몇 주 동안 전쟁 때문에 프랑스혁명은 불편하리만치 가까이 느껴졌다. 포로가 되어 자메이카로 이송된 프랑스 병사들이 허술한 구금 장소에서 탈출한 데 이어, 가석방된 프랑스 장교들은 "자기 나라 모장으로 (…) 장식한 채" 무기를 휘두르고 "그들의 반란 노래인 '사 이라(Ça Ira)'*를 부르며" 킹스턴 거리를 활보하는 "뻔뻔스러움을 보였다."[88]

이렇게 다채로운 배경을 뒤로한 채 자메이카 농장주와 관료는 1793년 4월에서 6월까지 프랑스인들과 그들의 이념을 공격하기 위해 공적인 노력을 기울였다. 미국 독립혁명 당시 카리브해에서 프랑스 함대를 무찌른 로드니(Rodney) 제독의 역사적인 승리를 기념하는 11주년 행사가 루시아와 몬테고베이 양쪽에서 벌어졌을 때, 주된 볼거리는 톰 페인에 반대하는 모닥불 놀이였다. 계속되는 프랑스의 위협과 현재 프랑스의 위험한 모습이 몬테고베이 행사의 주요 테마였다. 페인의 인형은 "평등 나리(Mons. Egalité)"라고 불리던 오를레앙 공작**의 인형과 함께 불태워졌는데, 그 앞에 모인 군중은 "이곳 역사상 최대의 인파"였다고 한다.[89]

5월 중순에는 프랑스 국민공회가 발표한 「인권선언」***에 대한 최초의 공식 영어 번역판이 섬에서 가장 많이 읽히는 신문 1면에 등장했다. 영

---

* '라마르세예즈'와 함께 프랑스혁명 동안 가장 널리 불린 혁명가다.

** 프랑스 왕가의 일원이던 오를레앙 공작은 혁명에 참여하여 1792년 국민공회 의원이 됨으로써 "평등공 필립(Philippe Égalité)"이라는 별명을 얻었다. 이후 공포정치 때 단두대에서 처형당했다.

*** 프랑스 국민공회는 공화정을 선포한 후 1793년 6월 새 헌법의 서문으로 새로운 「인권선언」을 채택했다. 하지만 날짜로 보아 여기서 말하는 것은 제헌의회가 선포한 원래의 「인권선언」으로 보인다.

어를 쓰는 독자층에 호소하려는 노력에 응답하듯이, 자메이카에서 뒤이어 나타난 페인 허수아비 태우기 행사는 더욱 정교해졌고 현지민들의 항의는 더 심하게 탄압받았다. 6월 초 사바나라마르에서는 최근에 "선동적인 표현을 쓴 죄목으로 (…) 유죄 판결을 받고" 공개 형틀에 매여 있던 토머스 불먼(Thomas Bullman)의 얼굴 앞에 공중에 늘어뜨린 페인의 허수아비가 불길하게 오가고 있었다. 여기서 페인 인형이 출현한 것은 불먼과 관심 있는 구경꾼에게 명확한 메시지를 전달하기 위한 것이었다.

> 이 비열한은 붉은 모자(자코뱅이 특징적으로 쓰던 모자)를 쓰고 있었는데, 앞쪽에는 검은 글씨로 "브리소(Brissot)-마라(Marat)-로베스피에르(Robespierre)-평등"이라고, 그 밑에는 "잘못된 철학-학살-약탈-사기-위증"이라고 쓰여 있었다. 오른손에 든 종이에 적힌 제목은 "인간의 권리, 일명 약탈할 권리"였고, 왼팔 아래에는 낡은 코르셋이 놓여 있다.

악단이 「신이여 국왕을 보우하소서」를 연주하는 동안, 화약으로 가득 찬 페인 인형은 몸통에 불이 붙자 "곧 커다란 폭발음과 함께 날아가서 수많은 구경꾼에게 큰 기쁨을 안겼다." 다음 달에도 비슷한 모임이 벌어져서 킹스턴 주민에게 노예제에 반대한 페인의 과거 이력을 상기시켰다. 노예제와 노예무역을 공격하는 소책자를 써서 팸플릿 저자로서의 경력을 시작한 이 영국 급진주의자의 인형은 현대판 반노예제 십자군 중 가장 잘 알려진 윌리엄 윌버포스를 상징하는 인형과 나란히 1793년 7월 킹스턴에서 상징적으로 목이 매달리고 불태워졌다.[90]

신문 기사는 이러한 반혁명 축제의 모습을 상세하고도 도발적으로 그려 내며 "엄청난" 군중이 모여들었다고 언급했지만, 혁명의 시대 노예제 사회에서 대중 정치[혹은 반(反)대중 정치]*의 역할에 관해서는 더 큰

* 이러한 표현은 반혁명 의례가 대중적 정치 집회나 의례를 활용하되 그 목적은 대중, 특

의문이 남는다. 페인과 프랑스 혁명가들의 명망을 떨어뜨리려는 합치된 노력에 대중은 어떻게 반응했을까? 노예제 사회의 역학관계는 이러한 정치적 의례의 성격과 의미에 얼마나 영향을 미쳤을까? 흑인들은 자신을 혁명과 반혁명 정치에서 적극적인 참여자로 간주했을까? 아니면 허수아비 화형식 같은 것은 그들에게 단순히 혼란스럽기만 하고 별 관심을 불러일으키지 못했을까?

이러한 중요한 질문에 완벽하게 답하기는 불가능하겠지만, 자메이카와 기타 영국령 섬에서 반(反)프랑스 화형식이 벌어지던 형태와 빈도를 보면 사바나라마르에서 벌어진 페인 인형 사건과 마찬가지로 프랑스 혁명과 그 이념에 관한 논쟁이 1793년 무렵 공론장에 문자 그대로 터져 나왔음을 알 수 있다. 그리고 계급과 인종의 구분선에 따라 명확히 갈라진 사회에서 현지 엘리트가 벌이는 공개 시위는 양날의 검과도 같았을 것이다. 이러한 행사는 한편으로는 대중을 위협하며 지배 세력에 동조하기를 종용했지만, 동시에 그들이 공적인 의사소통 수단에 호소한 것을 보면 프랑스혁명이 노예제 지배 체제에 얼마나 확고한 도전을 제기했는지 생생히 느낄 수 있다.[91] 페인, 윌버포스, 『인간의 권리』가 불타는 것을 목격한 도시의 노예, 자유민 흑인 그리고 기타 주민이 그전에는 프랑스혁명과 카리브해 혁명이 어떻게 흘러가는지 잘 몰랐다 하더라도, 그들은 이 행사를 후원한 이들의 의도와는 상반된 문제의식을 느끼며 집으로 돌아갔을 공산이 컸다. 페인과 윌버포스 인형을 태운 연기가 채 사그라들기도 전인 1793년 7월 14일 바스티유 기념일 전날 밤, 이웃한 스패니시타운 당국은 최근 붙잡힌 "프랑스 니그로" 4명을 조사하고 노역장에 가뒀다. 놀라운 우연의 일치인지 의미심장한 정치적 발언의 한 형태인지는 알 수 없지만, 구금된 이들 중 1명은 자신을 "존 페인(John Paine)"이라고 밝혔다.[92]

히 유색인 대중의 평등주의적 열정을 억누르는 것이었기 때문이다.

주

1 James Baillie to James Rogers, Richard Martin to Rogers, 14 December 1790, Moses Myers to Rogers, 10 January 1791, Rogers Papers.

2 Juan Baptista Vaillant to Luis de las Casas, Cuba, 3 July 1790, 22 December 1790, 24 December 1790, 26 January 1791, AGI, Cuba, leg. 1434; Lucas de Galvez to Conde del Campo de Alange, Mérida de Yucatán, 8 February 1791, AGI, Sección de Gobierno, Audiencia de México, leg. 3024.

3 Juan Guillelmi to Pedro de Lerena, Caracas, 29 September 1790, AGI, Caracas, leg. 907.

4 Stoddard, *French Revolution in San Domingo*, pp. 72-73에 재인용.

5 Las Casas to Campo de Alange, La Habana, 20 September 1790, AGI, Santo Domingo, leg. 1253. 1789년 9월 23일과 24일의 왕령과 1790년 5월 왕령은 "지위를 막론하고 모든 프랑스인은 유입"을 금했다. Las Casas to Campo de Alange, La Habana, 16 November 1791, AGI, Cuba, leg. 1486 참조.

6 Las Casas to Campo de Alange, La Habana, 17 August 1790, AGI, Santo Domingo, leg. 1253.

7 Philip Affleck to Philip Stephens, 28 December 1789, ADM 1/244, PRO.

8 Domingo Cabello to Antonio Valdés, La Habana, 25 February 1790, AGI, Santo Domingo, leg. 1254.

9 Joaquín García to Antonio Porlier, Santo Domingo, 25 July 1790, AGI, Santo Domingo, leg. 953; Las Casas to Porlier, La Habana, 30 July 1790, AGI, Santo Domingo, leg. 1253; García to Lerena, Santo Domingo, 3 August 1791, AGI, Santo Domingo, leg. 954.

10 García to Valdés, Santo Domingo, 25 May 1790, AGI, Santo Domingo, leg. 953.

11 James, *Black Jacobins*, pp. 74-75.

12 Joseph Antonio Vrizar to Porlier, Santo Domingo, 25 November, 25 December 1790, AGI, Santo Domingo, leg. 1027; Adam Williamson to Lord Grenville, 4 July 1791, C.O. 137/89, PRO.

13 *Savanna-la-Mar Gazette*, 29 July, 5 August 1788; *St. George's Chronicle and New Grenada Gazette* (St. George's, Grenada), 8 October 1790, file in AAS.

14 Affleck to Stephens, 14 September 1789, 12 September 1790, ADM 1/244, PRO.

15 Williamson to Grenville, 5 August 1791, C.O. 137/89, PRO. 프랑스혁명 초반 너무 많은 정보가 자메이카에서 여러 손을 거쳐 갔기 때문에, 생도맹그와 유럽 사건에 관해 에스파냐령 섬들이 보유한 가장 믿을 만한 정보원은 쿠바의 소형 무역선이었다.

16 *Kingston Daily Advertiser*, 12 January 1791, AAS; Williamson to Grenville, 5 August 1791, C.O. 137/89, PRO.

17 Armytage, *Free Port System*, pp. 36-46.

18 E. L. Joseph, *History of Trinidad* (Trinidad, London, and Glasgow, [1838]), pp. 161-166. 조셉은 심지어 1791년 영국이 트리니다드를 병합한 지 40년이 지난 자기 시대에도 "사람들이 쓰는 말은 영어나 에스파냐어보다 크레올 프랑스어다."라고 말했다.

19 Thomas Atwood, *History of the Island of Dominica* (London, 1791), p. 218; Joseph, *History of Trinidad*, pp. 166-167.

20 Minutes of WIPM, 23 March, 1 April, 6 April 1790, reel 3. 1789년 4월 14일 왕령에 관해서는 AGI, Indiferente General, leg. 2787 참조.

21 *St. George's Chronicle and New Grenada Gazette*, 27 August, 10 September, 15 September 1790.

22 *St. George's Chronicle and New Grenada Gazette*, 20 August, 22 October, 29 October, 11 November 1790. 더 많은 사례는 다음을 보라. *Ibid.*, 13 August, 27 August, and 15 October 1790.

23 William J. Callahan, Jr., "La propaganda, la sedición y la Revolución Francesa en la Capitanía General de Venezuela (1789-1796)," *Boletín histórico* (Caracas) 14 (mayo de 1967), pp. 200-202에 인용된 편지를 참조.

24 Porlier to Lerena, Aranjuez, 14 June 1790, AGI, Indiferente General, leg. 2787; Las Casas to Porlier, La Habana, 7 August, 12 August 1790, AGI, Santo Domingo, leg. 1253.

25 Guillelmi to Lerena, Caracas, 29 September 1790, AGI, Caracas, leg. 115.

26 예를 들어 다음 사례를 보라. *St. George's Chronicle and New Grenada Gazette*, 17 September 1790.

27 *St. George's Chronicle and New Grenada Gazette,* 22 October 1790. *Chronicle*은 영어와 프랑스어 양쪽으로 발간되었고, 도미니카 신문인 *Gallagher's Weekly Journal Extraordinary* (Roseau, Dominica)도 마찬가지였다. C.O. 71/18, PRO에서 1790년 12월 21일자를 보라.

28 마르티니크, 과들루프, 세인트루시아에서 발간된 이러한 관보들은 C.O. 71/20, PRO에 축적되어 있다.

29 예를 들어 *St. George's Chronicle and New Grenada Gazette*, 15 October 1790은 도미니카에서 출간된 "귀족적" 노선의 프랑스 신문을 언급한다.

30 José Maria Chacon to Porlier, Trinidad, 27 January 1790, AGI, Caracas, leg. 153; Guillelmi to Valdés, Caracas, 2 March 1790, AGI, Caracas, leg. 115.

31 Lémery, *Revolution française à la Martinique*, pp. 21-22; James Bruce to Lord Grenville, 8 September 1789, C.O. 71/16, PRO.

32 여기서 제시한 것과 다른 해석을 보려면 Michael Craton, *Testing the Chains: Resistance to Slavery in the British West Indies* (Ithaca and London, 1982), pp. 224-225 참조.

33 Minutes of the Privy Council, 22 February 1788, C.O. 71/15, PRO.

34 Orde to Sydney, 10 May 1788, 1 September 1788, C.O. 71/14, PRO; Orde to Sydney, 13 December 1788, 22 January 1789, C.O. 71/15, PRO.

35 Orde to Sydney and enclosed depositions, 29 May 1788, C.O. 71/14, PRO; "Statement of the Case of the Captain & Crew of the Schooner Union of Barbados," 31 December 1790, C.O. 71/18, PRO.

36 Orde to Sydney, 13 April 1788, C.O. 71/14, PRO; Bruce to Grenville, 15 April 1790, C.O. 71/16, PRO; Minutes of the Privy Council, 27 March 1790, C.O. 71/17, PRO; Orde to Grenville, 8 January 1791, C.O. 71/18, PRO.

37 Atwood, *History of the Island of Dominica,* pp. 219-220. 공식 통계에 따르면, 이들 자유민 유색인은 1791년 섬 인구의 3%밖에 되지 않았는데, 비교하자면 백인은 2,000명(11%), 흑인은 15,400명(86%)이었다. "Return of White People, Free People of Colour & Blacks," 14 February 1791, C.O. 71/20, PRO 참조.

38 *St. George's Chronicle and New Grenada Gazette*, 16 July, 26 November 1790.

39 Orde to Grenville, 8 January 1791, C.O. 71/18, PRO.

40 B. Blanc to Orde, 12 January 1791, Renault Briollard to Orde, 13 January 1791, C.O. 71/19, PRO. 노예들이 자기 일을 할 수 있는 휴일을 부여받아 임금을 벌 수 있으리라는 생각은 같은 때 에스파냐의 노예 식민지에 퍼진 소문과 놀라울 정도로 비슷하다. 당시 트리니다드에서 벌어진 에피소드를 감안하면 1789년의 '흑인 법령(código negrero)'이 이 뉴스에 영향을 미쳤을 수도 있다. 3장을 참조하라.

41 Minutes of the Privy Council, 20 January 1791, Orde to Grenville, 3 February 1791, C.O. 71/19, PRO.

42 Minutes of the Privy Council, 17, 20 January 1791, Orde to Laforcy, 20 January, 28 January 1791, C.O. 71/19, PRO.

43 Orde to Magistrates and Plants, 15 January 1791, Council Minutes, 24 C.O. 71/19, PRO.

44 Orde to President of the Council and Speaker of the Assembly, 21 January 1791, C.O. 71/19, PRO.

45 *The Charibbean Register, or Ancient and Original Dominica Gazette*, 26 March 1791, copy in C.O. 71/20, PRO; Minutes of the Privy Council, 29 January 1791, C.O. 71/19, PRO.

46 *L'Ami de la Liberté, l'Enemi de la Licence* (Port of Spain), 22 février 1791, copy in AAS. 안타깝게도 그의 신문 중 아직 남아 있는 인쇄본은 이것이 유일하다.

47 Garrett, *French Colonial Question*, pp. 97-117; Edwards, *History, Civil and Commercial*, III, pp. 68-69; Stoddard, *French Revolution in San Domingo*, p. 129.

48 Thomas O. Ott, *The Haitian Revolution, 1791-1804* (Knoxville, 1973), pp. 47-52; James, *Black Jacobins*, pp. 85-90; Edwards, *History, Civil and Commercial*, III, p. 83.

49 다음에서 인용된 편지를 보라. Deschamps, *Colonies pendant la Révolution*, p. 84. 포르토프랭스와 레카이의 입출항 기록에 관해서는 *Affiches américaines*, 11 septembre 1790, RSD.

50 Benjamin Bailey to Christopher Champlin, 13 February 1790, Samuel Lawton to Christopher and George Champlin, 18 February 1791; *Commerce of Rhode Island, 1726-1800*, 2 vols. (Boston, 1915), II, pp. 409-410, 432-433에 재수록.

51 Las Casas to Campo de Alange, La Habana, 9 November 1791, AGI, Cuba, leg. 1486. 다른 예를 보려면 Nicholas Thorndike (Salem)와 William Newton (Charleston)의 증언과 함께 Las Casas to Ministro de Guerra, La Habana, 8 February 1792, AGI, Cuba, leg. 1486; Las Casas to Campo de Alange, La Habana, 7 May, 11 July 1793, AGI, Santo Domingo, leg. 1261을 참조.

52 Eugene Perry Link, *Democratic-Republican Societies, 1790-1800* (Morningside Heights, N.Y., 1942), pp. 26-27, 95-96; "Lista de los Franceses que se aprendieron el 18 de mayo," La Habana, 8 July 1794, AGI, Cuba, leg. 1474. 1830년대까지도 몇몇 백인 노동계급 조직은 같은 모임에서 톰 페인과 아이티 정부의 "순수한 공화주의"를 위해 건배하는 전통을 이어 나갔다. Eric Foner, *Politics and Ideology in the Age of the Civil War* (Oxford, New York, Toronto, and Melbourne, 1980), p. 61 참조.

53 Vicomte Henri de Grimouärd, *L'Amiral de Grimouärd au Port-au-Prince d'après sa correspondence et son journal de bord (mars 1791-juillet 1792)* (Paris, 1937), p. 58; La Salle to Sonthonax, 24 February [1793]. 후자는 다음에 재수록. Corre, *Papiers du*

Général de la Salle, pp. 148-149.

54 A "List of all Ships & Vessels that have clear'd Outwards at the Port of Jeremie in the Island of St. Domingo since the Commencement of the British Governement 20th September to the 9th Novr. 1793," C.O. 137/92, PRO; Vrizar to Gardoqui, Santo Domingo, 25 February 1794, AGI, Santo Domingo, leg. 957.

55 George D. Terry, "A Study of the Impact of the French Revolution and the Insurrections in Saint-Domingue upon South Carolina: 1790-1805" (M.A. thesis, University of South Carolina, 1975), pp. 11-12, 38-39.

56 P. Bond to Lord Grenville, 2 October 1791, Foreign Office Records, class 4/ vol. 11, PRO; Mary Treudley, "The United States and Santo Domingo, 1789-1866," *Journal of Race Development* 7 (July 1916), pp. 103-104; Alfred Nathaniel Hunt, "The Influence of Haiti on the Antebellum South" (Ph.D. dissertation, University of Texas at Austin, 1975), 221n.

57 Thomas Boyd, *Light-horse Harry Lee* (New York and London, 1931), pp. 206-207; Richard R. Beeman, *The Old Dominion and the New Nation, 1788-1801* (Lexington, 1972), pp. 95-96; Daniel Bedinger to Henry Bedinger, 19 September 1797, Bedinger-Dandridge Family Papers, Duke University Library.

58 Effingham to Dundas, 7 September 1791, C.O. 137/89, PRO; William Dineley to Rogers, 10 September 1791, Rogers Papers.

59 *Royal Gazette*, 26 November 1791.

60 Mary Smith to William Hammet, 29 November 1791, William and Benjamin Hammet Papers, Duke University Library.

61 Fuller to Dundas, 2 January 1792, FLB에 인용된 편지.

62 Williamson to Dundas, 18 September, 6 November 1791, C.O. 137/89, PRO. 예를 들어, 생도맹그 노예 봉기에 부분적으로 착안한 트리니다드 민속 노래에 관해서는 David Lowenthal, *West Indian Societies* (London, New York, and Toronto, 1972), p. 45 참조. 이 노랫말은 사실 어느 정도 자메이카에서 기원했을 수도 있다. 트리니다드의 몇몇 주민이 이 노래를 듣고 기록했던 1807년, 이 섬의 흑인 인구에는 영국이 1797년 이 섬을 합병한 후 자메이카로부터 실려 온 프랑스 흑인 수백 명이 더해졌다.

63 "Extract of a Letter from Jamaica dated Kingston 18th Novr. 1791," C.O. 137/89, PRO; "Extract of a Letter dated Spanish Town Jamaica 5th Ncvr. 1791," FLB.

64 Effingham to Dundas, 17 September 1791, C.O. 137/89, PRO; Stephen Fuller to Dundas, 30 October 1791, FLB.

65 *Journals of the Assembly of Jamaica*, IX, pp. 50, 82, 85; Williamson to Dundas, 12 February 1792, C.O. 137/90, PRO.

66 *Journals of the Assembly of Jamaica*, IX, p. 115; *Royal Gazette*, 26 May 1792.

67 *Journals of the Assembly of Jamaica*, IX, pp. 319, 332; *Royal Gazette*, 28 July 1792.

68 *Royal Gazette,* 25 August 1792, 13 April 1793. 이 시기에 생도맹그를 떠나 자메이카에 온 도망자 사용인의 다른 예(이중언어 사용자를 포함하여)를 보려면 *Royal Gazette*, 28 July, 4 August, 10 November 1792, and 9 March, 17 August, 28 September 1793 참조.

69 Affleck to Stephens, 5 November 1791, "A List of His Majesty's Ships & Vessels on the Jamaica Station, and upon what Services employed," 17 June 1792, ADM 1/244, PRO.

70 하지만 연말이 되면 도의회는 투표하여 이 조치를 폐기하는데, 돈이 너무 많이 들고

자메이카와 외국인 사이의 필수적인 무역에도 해로웠기 때문이었다. *Journals of the Assembly of Jamaica,* IX, pp. 90, 139-140, 173.

71 *Journals of the Assembly of Jamaica,* IX, pp. 218, 235. 날짜가 안 맞기는 하지만, "포르토 프랭스에서 (…) 지붕 없는 배를 타고 여기 온 물라토 남자 1명, 니그로 남자 5명, 여자 2명"이 도착하여 체포되었다는 신문 기사는 아마도 바틀렛이 보고한 것과 같은 사건을 가리킬 것이다. *Royal Gazette*, 31 August 1793 참조.

72 *Royal Gazette*, 21 April 1792; examination of James Ball, 30 October 1794, papers of the prize "7 Negro Slaves" (1794), Records of the High Court of Vice-Admiralty (Kingston, Jamaica), Jamaica Archives, Spanish Town (hereinafter JHCVA Papers, JA). 또한 생도맹그의 프랑스인에게 팔려 갔다가 자메이카로 되돌아온 물라토 존 맥아더(John McArthur)의 경우, *Royal Gazette*, 1 December 1792를 참조하라.

73 *Royal Gazette*, 18 February 1792.

74 *Royal Gazette*, 12 May 1792.

75 *Royal Gazette*, 19 May 1792.

76 예를 들어 다음에서 아조(Adjo) 사건을 보라. *Royal Gazette*, 1 December 1792.

77 *Royal Gazette*, 19 January, 9 February, 13 April 1793.

78 *Royal Gazette*, 19 May 1792, 3 August 1793.

79 "Extract of a Letter from Jamaica, dated Kingston 18th Novr 1791," C.O. 137/89, PRO.

80 London *Morning Chronicle*, 2 February 1792 (사본은 FLB); Williamson to Dundas, 27 November 1791, C.O. 137/90, PRO; Smith to Hammet, 29 November 1791, Hammet Papers.

81 David Geggus, "Jamaica and the Saint Domingue Slave Revolt, 1791-1793," *The Americas* 38 (October 1981), pp. 219-221.

82 모든 예시는 "Minutes of the proceedings of the Committee of Secrecy and Safety in the Parish of St. James's, Jamaica," C.O. 137/90, PRO에서 나온 것이다.

83 바로 위의 "Minutes"과 함께 *Morning Chronicle*, 2 February 1792, FLB에 나온 런던에 보낸 윈의 편지를 참조하라. 산토도밍고의 에스파냐인이 노예 반란자를 조력했다는 프랑스 측의 비난은 자메이카에서 에스파냐를 비난할 때 정당성을 더해 주었다. 다음을 참조하라. *Royal Gazette*, 7 April 1792.

84 "Minutes (…) of the Committee of Secrecy and Safety," C.O. 137/90, PRO. 윈이 첨부한 편지에는 하노버 교구가 에스파냐계 거주민에 대해 비슷한 조치를 취했다고 적혀 있다. 하지만 1793년 몬테고베이에서 신고하라는 명령에 응한 외국인 80명 중 "8분의 7"은 에스파냐인이었다. *Royal Gazette*, 27 April 1793을 참조하라.

85 "Minutes (…) of the Committee of Secrecy and Safety," C.O. 137/90, PRO.

86 *Royal Gazette*, 2 February, 9 March 1793.

87 *Royal Gazette*, 30 March, 6 April, 13 April 1793.

88 *Royal Gazette*, 25 May, 22 June, 14 September 1793.

89 *Royal Gazette*, 20 April, 27 April 1793.

90 *Royal Gazette*, 8 June 1793; [Falconbridge], *Narrative of Two Voyages*, p. 234.

91 잉글랜드의 경우, 톰슨(E. P. Thompson)은 다음과 같이 말한다. "페인의 허수아비에 불붙여진 화톳불 하나하나는 원래의 의도와는 달리, 젠트리의 헌법과 민중의 권리 사이의 차이를 명백히 비추어 주는 역할을 하였다."[E. P. 톰슨, 『영국 노동계급의 형성』

vol. 1, 나종일 외 옮김(창비, 2000), 160쪽] 적어도 페인의 잉글랜드인 추종자 중 한 명은 "토머스 페인의 허수아비를 불태우는 짓 역시 가장 내용 충실한 논리적 주장보다도 오히려 더 유용한 영향을 우리의 대의에 미쳤습니다 (…) 탐구의 정신은 널리 퍼지고 있습니다. 늙은 여인네조차 정치 이야기를 하지 않는 경우가 드뭅니다."라고 관측했다(같은 책, 173쪽).

92 *Royal Gazette*, 13 July 1793. 이 흑인 페인은 프랑스어를 쓰는 사람 중 유일하게 성(姓)을 가지고 있었다. "가슴에 남은 흉터의 개수"를 보면 그가 여러 주인을 거친 말썽 많은 노예였음이 드러난다.

5

너의 진정한 이익을 알라

생도맹그와 남북 아메리카(1793-1800)

존 페인이 자메이카의 감옥에 갇혀 지내는 동안, 범카리브해 지대(greater Caribbean region)*의 다른 지역에 살던 아프로아메리카인들도 프랑스혁명 정치와 이념에 대한 정보를 입수하고 적극적으로 반응했다. 심지어 현지 정부가 그 조류에 강하게 반대하는 곳에서도 마찬가지였다. 1794년 초가 되면 아바나 총독 루이스 데 라스 카사스(Luis de las Casas)는 프랑스에 대항한 8개월간, 이 전쟁이 군사적 충돌만큼이나 마음과 정신을 장악하기 위한 투쟁을 동반했음을 깨달았다. 그는 예전의 적수들과 달리 지금 에스파냐와 싸우는 적은 "무기가 아니라 그들의 말, 그리고 그들이 불어넣으려는 선동과 무정부주의 정신의 전염성 때문에 두려운 것이다."라고 평했다.[1]

라스 카사스는 프랑스 공화주의의 "감염(contagion)"을 제어하기 위해 고안된 일련의 조치를 거의 4년간 지켜보았다. 처음에 에스파냐 식민지는 단순히 프랑스와 관련된 일을 피해서 자신을 보호하고자 했다. 1791년

* 카리브해 섬뿐만 아니라 카리브해를 둘러싼 중앙아메리카와 남미 북부 해안까지 포괄하는 지대를 말한다. 34쪽 지도를 참조하라.

11월 히스파니올라섬에 노예 반란이 일어났다는 첫 뉴스가 본국의 대신들에게 전해지자, 그들은 이 갈등에서 "완벽한 중립"을 지키라고 식민 당국에 지시했다. 물론 이러한 정책은 카리브해 생활의 특징이 된 지역 내 상호작용의 논리와 완전히 어긋났다. 그 이후 벌어진 사건들 때문에 에스파냐 당국은 유동적이긴 해도 보다 적극적인 태도를 보일 수밖에 없었다. 생도맹그 봉기 이후 여러 차례에 걸쳐 쿠바 총독은 프랑스 백인 식민자의 정착을 거부했고, 프랑스 식민자는 받아들이되 그들이 데리고 온 노예는 금지했다. 또한 프랑스 정치를 암시하는 책과 기타 인쇄물의 유입을 막고자 애썼고, 프랑스 선박과 상인이 섬에 화물로 싣고 온 아프리카 노예들을 부려 놓는 것을 금했다.[2]

이러한 노력에도 1794년 이전 몇 달간 프랑스혁명 이념과 실례가 가진 광범위한 호소력이 쿠바와 에스파냐령 카리브해 전역에서 반복적으로 입증되었고, 몇몇 주민은 혁명을 수출하려는 프랑스만큼이나 이를 수입하는 데 열심인 듯 보였다. 1년 후 카라카스에서 일어난 일과 마찬가지로 1793년 뉴올리언스에서는 약재상, 선장, 민병대 장교를 비롯한 많은 이가 공모하여 "온 나라의 시민"에게 "프랑스 공화국에 맞선 폭군들의 연합"에 대항할 것을 촉구하는 국민공회의 팸플릿을 번역하여 유통하고자 했다.* 모든 당파가 "[프랑스] 구호를 채택하고 찬양하기에" 여념이 없다고들 말했다.[3]

이러한 활동을 북돋우는 영감이 생도맹그에서 직접 오는 경우도 많았다. 1793년 말 산티아고데쿠바 상인들은 여기에 오래 살았던 한 프랑스 주민이 카프프랑세에서 오는 현지 정보 공급원의 핵심이라고 지목했다. 이 악명 높은 밀수업자는 생도맹그 식민지 의회의 급진적 의원들과 정기적으로 연락을 주고받았을 뿐만 아니라, 자기 친구들에게 에스파냐의 명

* 당시 프랑스는 혁명 프랑스에 맞선 군주국들의 연합인 대불동맹에 맞서 혁명전쟁 중이었다.

에에 저항하기를 촉구하며 프랑스인들의 "가증스러운 좌우명"을 마음껏 떠들었다. 에스파냐 제국의 다른 지역에서는 뜻이 맞는 프랑스 밀수업자들이 모여 르카프를 작전기지로 이용하여 누에바에스파냐의 베라크루스(Vera Cruz) 항구를 공격하려는 음모를 꾸미고 있었다.[4]

생도맹그혁명이 불만을 품은 상인에게 스스로 반란을 벌이도록 부추겼다면, 생도맹그의 상황은 노예에게 훨씬 더 강력한 실례를 제공했다. 1794년 무렵 노예제 지지자와 노예 양자의 관심은 프랑스에서 반노예제 정치가 어떻게 진전되는지에 집중되었다. 프랑스 식민지에서 노예 반란이 일어나고 2년 반 동안 프랑스 정부의 급진파는 식민지에서 질서를 회복하고 영국과 프랑스 반혁명파의 계략에 대항하여 식민지를 지키기 위해 노예해방을 고려해야 한다는 쪽으로 점차 본국의 정책 방향을 틀었다. 1792년 레제 펠리시테 송토나(Léger-Félicité Sonthonax)라는 자코뱅이 다른 판무관(Civil Commissioners)* 2명과 함께 섬에 도착하여 생도맹그 정부를 장악한 때부터 벌써 그들의 진정한 사명은 생도맹그를 유색인의 지배 아래 놓고, 노예를 해방하며, 노예 반란의 연쇄 작용이 신세계 전역으로 퍼져 나가게 만드는 것이라는 소문이 쿠바와 기타 지역에 돌았다.[5] 1793년 6월 말 영국의 전쟁포로 몇 명을 태우고 막 르카프를 탈출한 작은 카누가 쿠바 동부의 바라코아(Baracoa) 근처에 상륙하여 극적인 뉴스를 전해 주었는데, 이로써 이웃한 에스파냐 농장주와 관료의 걱정이 일리 있었음이 입증되었다. 이에 따르면 흑인 반란군이 카프프랑세를 점령했을 뿐만 아니라 판무관 중 북부 지역을 책임진 악명 높은 송토나가 에스파냐와 영국에 대항하여 프랑스 쪽으로 넘어온 노예들을 해방했다는 것이다.** 쿠바의 에스파

---

* 프랑스의 혁명정부는 카리브해 식민지가 내부 분쟁으로 혼란해지자 질서를 회복하고 식민지에 혁명을 자리 잡게 하고자 정부 대리인으로서 판무관을 파견했다.

** 1793년 6월 20-22일 사이 노예 반란군이 판무관들과 친농장주파 총독 사이의 내분으로 혼란스럽던 카프프랑세를 공격하여 점령했다. 도시의 상당 부분이 불에 탔고, 백인 농장주를 비롯한 주민 다수가 피난을 떠났다. 송토나와 판무관들은 공화국을 위해 싸우는 노예

냐인과 마찬가지로 자메이카의 영국인은 혹시 "일군의 물라토와 흑인이 (…) 우리 섬 북부 어딘가에 상륙해 노예들이 반란을 일으키도록 부추기지 않을까" 경계했다.[6]

1793년 6월 말부터 생도맹그 반란을 피해 도망친 사람 수천 명이 북미와 다른 나라 배를 타고 아메리카 전역의 항구로 떠났고, 그들은 도착한 곳에서 반란군이 승리를 거두기까지 르카프에서 무슨 일이 벌어졌는지 이야기를 늘어놓았다. 6월 22일 오전에만 이민자 1만 명이 생도맹그를 떠났다.[7] 이러한 대규모 탈출은 백인에 국한되지 않았다. 이민자 무리가 항구에서 승선하는 난리통을 목격한 프랑스 관료는 "이 작은 함대로 르카프를 떠나려는 백인, 물라토, 흑인이 얼마나 많은지" 기록을 남겼다.[8] 자메이카와 마찬가지로 쿠바도 자기 몫의 프랑스 이민자들을 받아들였고, 새로 도착한 사람 다수는 아바나와 그 주변에 있는 라스 카사스의 관할구역에 모여들었다.[9]

쿠바와 다른 지역에 프랑스 피난민이 있다고 곧바로 자유와 평등의 이념이 퍼지지는 않았지만, 당시 벌어진 정치적 사건은 이윽고 더 심대한 도전을 제기했다. 라스 카사스가 자신의 관찰을 적어 내려가던 그 순간, 파리의 국민공회는 송토나의 포고령을 승인하고 프랑스 영토에서 노예제를 종식하는 역사적인 법령을 가결했다. 국민공회가 반노예제의 대의를 공언했음을 알게 된 런던의 스테판 풀러는 조만간 대서양 건너편에서도 공유하게 될 염려를 토로했다. 그는 문제의 법령을 "혁명 이후 프랑스가 취한 최악의 정치적 공세"라고 부르며, 과연 프랑스 영토에 인접한 지역에 사는 흑인 노예들이 "이웃한 섬에서는 (…) 모든 니그로가 자유인데 계속 노예제를 참아 내려 하겠느냐?"라고 반문했다.[10] 다음 해 카리

들에게 해방을 약속한 끝에 같은 해 8월 29일 생도맹그 노예해방령을 발표했다. 송토나가 파리에 보낸 대표 3명이 다음 해 2월에 파리에 도착하자 국민공회는 이를 받아 1794년 2월 4일 노예해방령을 포고했다.

브해 농장주들은 노예들이 생도맹그의 전례를 따르는 것을 막고자 억압적 조치에 의존했지만, 반대로 영국과 에스파냐의 개혁가는 노동 체제의 "개편"을 통해 "노예들이 폭력 봉기를 벌여 독립을 요구하는 일을 저지하자고" 제안함으로써 프랑스의 사례가 초래한 난국에 비슷한 대응 방안을 선보였다.[11]

1794년 2월 라스 카사스가 상기한 내용을 이야기하던 무렵, 국민공회가 통과시킨 법령에 관한 뉴스는 아직 아메리카에 도착하지 않았다. 그러나 카리브해 내에서 최근 일어난 일들 자체가 노예들 사이에 기대와 예측의 문화를 활성화했다. 이미 총독은 자기 관할지의 노예들 사이에 "프랑스는 노예가 없기를 바라며 [프랑스인들이] 모든 [노예]를 해방하리라는 소문이 너무 널리 퍼졌다."라고 보고했다.[12]

* * *

에스파냐 식민지는 히스파니올라섬에서 프랑스 식민지와 국경을 맞대고 있었기 때문에, 에스파냐 관료는 생도맹그에서 벌어지는 사건을 관측하는 데 특별한 이점을 가지고 있었다. 에스파냐는 1794년 이전 생도맹그 북쪽 지역에서 벌어진 흑인 반란의 추이를 자세히 관찰했을 뿐만 아니라 혁명의 중대한 국면에서 사람과 이념이 어떻게 움직이는지 가까이에서 지켜보았다. 이때 에스파냐 당국은 혁명이 배태되던 당시 생도맹그 관료와 흑인 반란군이 노예제 종식에 관해 프랑스 식민지 바깥의 흑인들과 소통하는 모습을 목격하고 이를 기록에 남겼다.

1792년 말이면 노예들의 소요와 이에 맞서 질서를 회복하려는 프랑스군의 노력은 카프프랑세로부터 점차 서쪽으로 뻗어 나가 포르도팡(Fort Dauphin), 우아나민테(Ouanaminthe), 발리에르(Vallières)에 있는 소도시들까지 이르렀는데, 모두 에스파냐 영토에서 멀지 않은 곳이었다. 프랑스군이 승리하여 반란군이 후퇴하자 전선은 더 가깝게 이동하여, 에스파냐 국경

수비대는 혁명이 불러온 혼란과 마주하게 되었다. 전황이 계속 바뀌자 에스파냐의 정책도 꼬여만 갔다. 예를 들면 불명확한 정치적 지향성을 가진 피난민들이 프랑스 영역의 전장을 벗어나 보호를 구하며 국경을 넘어왔다. 에스파냐 자료는 피난민 다수가 "[반란군] 흑인의 광란을" 피해 도망친 물라토라고 묘사했으나, 그중에는 프랑스군의 진군을 피해 달아난 흑인 반란자와 프랑스 쪽 대농장에서 탈주한 도망노예도 섞여 있었다.[13]

생도맹그에 대한 에스파냐 정책의 견지에서 보자면, 안전을 찾아 에스파냐 식민지로 온 피난민 집단에서 가장 중요한(그리고 가장 골치 아픈) 이들은 장-프랑수아(Jean-François), 비아수(Biassou), 투생 루베르튀르(Toussaint Louverture)를 포함한 흑인 반란 지도자들이었다.• 1790년에 오제가 그러했듯이 이들은 프랑스와 싸우던 중 도움을 구하며 에스파냐 쪽으로 왔다. 1793년 말 이 반란자들이 지휘하는 부대는 보호와 지원을 대가로 에스파냐 깃발 아래 싸우기로 합의를 맺었다. 에스파냐는 이들 "보조군"을 잘 활용해 생도맹그로 침투하여 식민지 전체를 에스파냐의 영향권 아래 넣고자 했다. 생도맹그를 차지하려는 에스파냐의 노력은 포르도팡에서 처음으로 성공을 거뒀는데, 이곳은 규모는 작아도 전략적으로 매우 중요한 항구였고 여기 사는 프랑스 농장주들은 1794년 1월 에스파냐 제독에게 항복했다.[14]

일단 생도맹그 안에 들어오자 에스파냐는 수많은 문제도 물려받았다. 여기에는 심각한 식량 부족, 공화주의적 관행과 열망을 포기하지 않으려는 성마른 주민들의 저항이 포함되었다. 점령군이 프랑스 도시민에게 일련의 새로운 법을 부과하려 하자 상당한 저항이 터져 나왔다. 포르도팡에 도착한 에스파냐 관료들은 곧 국민공회에서 온 모든 브로드사이

• 모두 노예나 해방노예 출신으로 장-프랑수아와 비아수는 생도맹그 북쪽에서 가장 규모가 큰 흑인 반란군 부대를 이끌었으며, 그들의 부장이었던 투생 루베르튀르는 이후 아이티혁명의 지도자가 된다.

드와 팸플릿을 압수하고 삼색기 모장을 착용하는 것을 금지했다. 또한 인쇄업자의 활동을 엄격히 제약하고, 독립적인 회합을 금지했으며, 프랑스에서 오는 이민자에게 항구를 걸어 잠갔다.[15] 에스파냐는 이러한 규제를 시행하는 가운데 프랑스혁명과 결부된 이념과 의례가 식민지의 다양한 사회 계급에 어느 정도로 뿌리내렸는지 금방 깨닫게 되었다. 포르도팡의 프랑스 주민 수백 명은 이러한 관례에 참여했다는 이유로 존 페인과 같은 수난을 겪었다. 전통적인 의미의 전쟁포로가 아니라 정확히 말하자면 정치범 혹은 사상범으로 분류될 수 있는 이 불운한 사람들은 이념 때문에 위험분자로 낙인찍혀 투옥되었다.

1794년 5월 포르도팡에서 체포되어 아바나로 이송된 죄수 110명은 공화주의 사상과 용어에 영향을 받아 최근에 반혁명적인 에스파냐에 반대하는 표현이나 행동을 했다. 이들의 명단에서 첫 번째를 차지한 것은 악명 높은 루이스와 라파엘 플로레스(Luis & Rafael Flores) 형제였다. 관료들은 이들을 에스파냐를 축출한 후 "공화국을 재건하기로 맹세한 유대인"이라고 묘사했다. 백인 죄수 중에는 도시 내 자코뱅 클럽을 이끌었던 "광적인 공화주의자들"과 "모든 왕당파의 대적자들" 그리고 현지 여관에서 "불과 3일 전에 프랑스 공화국의 무궁함을 위해 건배했던" 므니에(Menier)라는 인물이 끼어 있었다.[16]

하지만 죄수 대다수는 유색인이었다. 물라토와 흑인 공화주의자는 적극적으로 자유와 평등 이념을 찬양하고 에스파냐 당국에 저항했다. 여기서 중요한 것은 이 저항의 맥락이다. 1793년 봄 이후 생도맹그의 다른 도시들과 마찬가지로 카프프랑세와 포르도팡에서 많은 백인 식민자와 그 가족이 도주하자 뒤에 남은 이들은 자유를 누릴 공간이 유례없이 늘어났다. 9월에 에스파냐령 산토도밍고에서 사태를 주시하던 이들이 전달받은 (아마도 과장된) 보고에 따르면 카프프랑세에는 백인 500명밖에 남지 않았고, 포르토프랭스에서 도망치지 못한 백인은 모두 왕당파로 몰려 투옥되었으며, 포르도팡은 "물라토와 몇몇 흑인 하인이 장악"했다는 것이다.[17] 국민공회가 유색인에게 부여한 권리는 유지될 것이라고 에스파냐 측에서 공식적으로 발표했는데도, 에스파냐 점령이 시작되고 몇 주 동안 도시의 많은 흑인과 물라토 주민은 그들의 불확실한 자유를 백인의 통제로부터 되찾기로 마음먹은 듯 보였다. 에스파냐 당국이 체포한 물라토 중 몇몇은 이미 구금된 마르코 안토니오(Marco Antonio)와 니콜로(Nicoló)의 추종자라고 했는데, 니콜로의 죄목은 "자기 집에서 밤에 유색인끼리 회합을 열었다"는 것이었다. 들리발(Delrrival)이라는 "자유민 니그로"는 프랑스혁명의 평등주의적 이념을 카리브해의 인종 정치에 적용하여 공공연히 자신은 "모든 백인의 (…) 적"이자 "훌륭한 공화주의자"라고 선포했다. 다른 이들은 에스파냐 침공에 반대해 무기를 들고 저항했다는 이유로 투옥되었다. 다음 몇 주 동안 다양한 형태의 "사악한 행동"을 이유로 생도맹그에서 쿠바로 이송된 정치범은 노예, 자유민 흑인과 물라토, 백인, 병사와 민간인 등 다양했고, 이들은 반란을 시도하거나 "적군과 서신이나 연락을 계속 주고받는 범죄"를 행했다는 명목으로 처벌받았다. 라스카사스 총독은 이 위험분자들을 "연락망을 끊은 채 안전한 장소에 감금"해 그들의 이념이 쿠바까지 전파되는 것을 막고자 했다.[18]

히스파니올라섬의 에스파냐인도 이미 잘 알고 있었듯이, 반란군이 장악한 생도맹그 지역에서 나온 이념과 이미지는 그러한 경계심을 정당화할 만큼 활발하게 이동했다. 반란군이 르카프를 차지하거나 에스파냐가 포르도팽을 점령하기도 전에 이미 무장한 부대와 민병대는 "주인 없는 흑인과 기타 무리, 도망노예뿐만 아니라 직업이나 직장이 없는 다수의 부랑자"를 추적하느라 "상당히 많은 시간을" 보냈는데, 이들은 "프랑스의 예에 고무되어" 프랑스와 에스파냐 영토 사이를 배회하며 대농장을 습격하고 다른 "나쁜 짓"에 가담했다.[19] 이렇게 이동하는 무리는 때때로 에스파냐 관료들에게 가치 있는 소식통 역할을 했고, 따라서 (관료들이 따져 보니) 잘 이동하지 못하는 노예에게도 같은 역할을 할 수 있었다. 프랑스 영토에서 사로잡힌 한 반란자는 에스파냐 쪽의 대농장에서 오랫

동안 탈주해 있던 도망노예인 것이 드러나 삼엄한 감시 속에 심문을 위해 행정 중심지로 이송되었다.[20]

이처럼 통제 불가능한 움직임은 1793년과 1794년 사이에 더욱 명확한 목적을 띠게 되었고, 에스파냐인은 프랑스 식민지와 관련한 정보를 얻기 위해 흑인에게 점점 더 의지하게 되었다. 르카프 점령 후 몇 달 동안 프랑스가 병력을 증강하고자 노력하는 과정에서 에스파냐군에 붙은 저들 보조군을 회유하는 데 집중했던 때, 이 흑인 부대의 지도자들은 사실상 산토도밍고에 있는 에스파냐인의 눈과 귀가 되어 주었다. 1793년 말에는 이들에게 정보를 의존하고 있다는 사실이 에스파냐인 사이에 불안감을 증폭시켰다. 게다가 국경 너머에서 벌어지는 일과 르카프에서 전해지는 메시지는 그들이 데리고 있는 흑인 동맹군의 충성심을 계속 시험했다. 예를 들어 1793년 8월 29일에 나온 송토나의 역사적인 노예해방령의 사본을 처음 받아 본 사람은 국경 근처에 주둔하던 보조군이었는데, 이는 명백히 의도된 것이었다. 이 문서는 노예의 자유를 보장하고 생도맹그에서 자유 노동자로 전환하기 위한 지침을 제공했다. 에스파냐 관료들은 한 흑인 장군이 문제의 문서를 가르시아 총독에게 넘겨 준 다음에야 포고령을 볼 수 있었다.[21]

프랑스 측은 보조군과 소통하고 이들을 끌어들이기 위해 공식 포고문 이상의 것을 활용했다. 같은 달 카프프랑세로부터 예전에 노예였다가 지금은 자기 부대를 지휘하는 피에로(Pierrot)의 편지를 지닌 전령이 장-프랑수아의 군영에 숨어들어 에스파냐를 버리고 공화국 측에 합류하라고 설득했다. 피에로의 편지에는 르카프에 사는 흑인과 유색인의 삶이 지난 몇 주간 현격히 달라졌다고 쓰여 있었다. 그는 "생도맹그 최대의 도시인 여기서 권력을 쥔 백인은 없다."라면서 "유색인이 지배"한다고 공언했다. 그의 서신을 읽은 당국에 따르면, 피에로는 노예제와 압제에 대항한 공동의 투쟁을 위해 같은 인종끼리 연대한다는 "큰 그림"을 펼쳐 보이며 섬에 사는 모든 흑인에게 현재의 정치적 이견은 떨쳐 버리고 친노예제 세력에 대항하여 프랑스의 깃발 아래 "형제로 뭉칠 것"을 요청했다.[22] 곧 보조군의 다른 지도자들도 국경 너머로부터 이러한 호소문을 받았다고 털어놓았다. 뒤처질세라 1793년 말 비아수 역시 공화주의자들이 보낸 "수많은" 문건이 부하들 사이에 유통되고 있다고 인정했다. 게다가 그는 개인적으로 다양한 "공화국 대표단"을 영접한 적도 있었다. 굵은 글씨체로 인쇄된 비아수와 그의 부대에 대한 호소문은 "눈을 떠 너의 진정한 이익이 어디 있는지 알기를", 즉 노예제를 옹호하는 에스파냐를 버리고 노예제에 반대하는 프랑스 쪽으로 오라고 요청했다. 장-프랑수아와 마찬가지로 비아수 역시 군사적 동맹에 대한 제안과 경작자들의 권리를 보호하는 새로운 농업 체제에 관한 내용이 담긴 합류 요청을 받았다.[23]

이러한 정치적 압력 아래 보조군은 이듬해 봄 각자의 길을 갔다. 장-프랑수아와 비아수는 원래 자리로 돌아오라는 프랑스의 호소에 계속 저항했지만, 투생 루베르튀르는 파리에서 통과된 1794년 2월 법령이 프랑스 식민지에서 노예제를 불법화했다는 사실을 안 후 갑작스레 편을 바꾸어 프랑스와 운명을 함께하기로 했다. 1794년 이후 투생이 프랑스 편에서 보여 준 눈부신 지도력이 카리브해에서 사건의 향방을 완전히 바꿔 놓았기에, 그의 논란 많은 "변절"은 아이티혁명의 주요한 전환점이 되었다.[24] 투생 외에 다른 반란군도 해방령의 결과 프랑스 쪽으로 충성의 대상을 바꾸었다. 1795년 산토도밍고에서 온 한 에스파냐 관료는 프랑스 국민공회의 노예제 폐지가 프랑스에 대항하여 "우리 편에서 싸우던 많은 흑인의 마음을 돌려놓았다."라고 토로했다.[25] 그러나 반노예제와 흑인 자결권의 중심지로서 생도맹그가 서반구 전체에서 이처럼 매혹적인 이미지를 가지게 되자 이들 아이티혁명가의 호소는 히스파니올라섬 내 에스파냐 영토에 있는 프랑스 니그로를 넘어 더 광범위한 청중에게 가닿게 되었다. 1793년에 벌어진 결정적 사건들에 관한 뉴스가 퍼진 결과 생도맹그혁명은 곧 신세계 전역에서 아프로아메리카인의 공감을 얻었다.

* * *

1795년 봄. 카리브해 유역(Caribbean basin)* 바깥 가장자리를 따라 멀리 떨어진 두 에스파냐령, 즉 베네수엘라와 루이지애나의 관료들은 자국 정부에 대항한 중대한 음모를 발견하고 1개월에 걸쳐 진압했다. 베네수엘라 서부에서는 무장한 노예, 자유민 흑인, 물라토, 잠보(zambos)**로 이루어진 집단이 가까운 퀴라소에서 온 한 도망노예의 지도 아래 코로를 굽어보는 산간 지역에서 내려와 해안 도시를 점령한 후 에스파냐의 지배에서 해방된 "다인종적(multiracial)" 공화국을 세우고자 했다. 동시에 루이지애나의 에스파냐 당국은 대농장에서 일하던 프랑스계 노예들이 꾸민 음모의 전모를 밝히고자 심문을 진행했는데, 이곳은 흑인이 대다수인 프앵트쿠페(Pointe Coupee)***라는 교구로 위의 경우와 비슷하게 뉴올리언스 외곽에 고립된 지역이었다. 코로와 프앵트쿠페 음모의 본질과 성격을 결정지은 것은 현지의 요소였지만, 사건이 일어난 시기를 볼 때 여기에는 우연 이상이 작용했다. 1795년이면 5년 동안 벌어진 프랑스혁명 관련 소요는 생도맹그 노예해방의 뉴스가 그러했듯이 두 지역 모두에 큰 영향을 미쳤다. 이러한 일촉즉발의 상황은 본국과 식민지 양쪽에서 벌어진 프랑스혁명이 1790년대 중반 에스파냐령 아메리카에 부과한 긴장을 극적으로 보여 주는 한편, 혁명기에 이 지역 내 의사소통망의 힘, 범위 그리고 통신의 매개체가 된 몇몇 경로를 드러낸다.[26]

카라카스가 자리 잡은 베네수엘라 사령관령이 프랑스혁명이 제기한 도전에 공식적으로 대응한 방식은 처음에는 에스파냐령 아메리카 나머

---

* 북쪽의 플로리다에서 남아메리카 북쪽 해안까지 서인도제도를 포함하여 카리브해 연안 지역을 통틀어 일컫는다.

** 아메리카 선주민과 아프리카인 사이에 태어난 이들.

*** 원래 뉴올리언스를 비롯한 루이지애나는 프랑스의 식민지였으나 7년전쟁 이후 에스파냐로 할양되었다. Pointe Coupee 역시 당시 이름은 프랑스식으로 Pointe Coupée였다.

지 지역과 크게 다르지 않았다. 1789년 이후 당국은 쿠바 관료들과 마찬가지로 똑같이 일련의 방어 조처를 했다. 그들은 외국 노예나 자유민 흑인을 포함하여 모든 잠재적인 프랑스 동조자의 정착을 엄격하게 금지하고, 유럽과 아메리카의 혁명에 관한 인쇄물 일체를 금서로 지정했다. 그리고 입하되는 화물을 수색하여 혁명기 물질문화의 또 다른 표현물, 즉 동전, 시계, 보석, 메달 등 유럽과 아메리카 혁명을 암시하는 기타 물품을 찾아내고자 했다. 그러나 해안 지역과 카리브해 나머지를 연결하는 많은 교류망을 봉쇄하는 것은 불가능했고, 프랑스의 영향력은 다양한 방식으로 에스파냐의 방어망을 뚫고 들어왔다. 마르티니크와 과들루프에서 온 망명객은 트리니다드를 거쳐 내륙으로 들어갔고, 히스파니올라섬에서 온 프랑스 배는 자유무역 조항에 따라 노예를 말이나 기타 가축과 맞바꾸는 데 익숙해져 있어서 에스파냐가 이를 불법화한 후에도 라과이라와 푸에르토카베요 항구를 찾았다. 다른 에스파냐 식민지들이 생도맹그와 관련된 일에 점점 더 연루되자 베네수엘라도 종내에는 중립적 입장을 견지하기 힘들어졌다. 생도맹그에 더 가까운 에스파냐 노예제 사회의 관료는 베네수엘라가 1791년 이후 자신들의 문제의식에 공감하고 노예 반란의 전파를 막기 위한 노력에 동참하리라 믿어 마지않았다. 1793년 에스파냐령 산토도밍고 주민은 프랑스의 침략이 임박했다고 두려움에 떨면서 카라카스 관료의 도움을 요청했다.[27]

따라서 1793년이면 베네수엘라 주민은 유럽에서 벌어진 정치적 사건과 아메리카에 번진 여파를 숙지하고 있었다. 그러나 에스파냐가 생도맹그를 침공하면서 카라카스와 식민지 내의 다른 해안 지방은 프랑스 식민지에서 벌어진 혁명과 별안간 예상치 못하게 직접 접촉하게 되었다. 산토도밍고의 가르시아 총독은 우아나민테와 동동(DonDon) 원정에서 1,000명이 넘는 너무 많은 포로를 붙잡는 바람에 이들을 안전하게 수용할 장소가 부족해지자 1793년 8월에 공화주의자 포로 중 다수를 카라카스로 이송하기로 했다. 그해 느지막이 프랑스 전쟁포로와 정치범 수백 명이 카라카스의 전용 항구 역할을 하던 라과이라에 도착하기 시작했다. 포로 538명가량은 8월 말에 도착했다. 가르시아에 따르면 포르도팡에서 붙잡혀 다음 해 쿠바로 이송된 포로들처럼 이들도 "대부분 혁명적 애국파로서 이른바 프랑스 공화국이라는 새 정부에 충성했다." 그들의 도착을 둘러싼 흥분이 채 가라앉기도 전에 이번에는 태반이 흑인인 포로 422명을 태운 배가 라과이라에 도착했다. 가르시아는 이 흑인 포로들 역시 경계심 넘치는 어조로 묘사했는데, 그들 중 몇몇은 "무장한 채로 붙잡혔고" 다른 탈주자들은 "오랫동안 도망자로 살다가 4년을 자유롭게 보내는 동안 키운 반란 정신과 행동거지가 너무 지나쳐서" 히스파니올라섬에 그대로 남겨 둘 수가 없었다.[28]

이렇게 원치 않는 손님으로 가득 찬 배가 도착한 때부터 1795년 봄까지 카라카스의 관료들은 이 포로들을 물리적으로 가두고 그들의 이념이 식민지로 퍼지지 못하게 막을 방책을 찾느라 고심했다. 두 목표 모두 달성하기 힘든 것으로 입증되었다. 라과이라에 있는 시설로는 그렇게 많은 사람을 수용할 수 없었기 때문에 당국은 죄수 중 얼마는 라과이라에서 서쪽으로 이틀 뱃길에 있는 해안 중심도시인 푸에르토카베요에 넘겼고, 또 얼마는 약 12마일 떨어진 카라카스로 이송했으며, 라과이라에 있는 포도주 제조장 지하실을 감옥으로 급조해서 흑인들을 가두었다.

프랑스 포로들이 도착한 지 두 달도 안 되어 카라카스의 에스파냐 당국은 이들의 "비종교적인 품행"과 "선동적인 구호"를 그 지역에서 뿌리뽑기로 결의하고 힘을 합쳤다. 공식 보고서는 카라카스, 라과이라, 기타 베네수엘라 지역에서 최근 벌어진 우려할 만한 사건들을 언급했다. 프랑스인들은 "왕권을 비하하는 문구가 새겨진" 은화를 카라카스에 유통했다. 석방된 프랑스 장교들은 가톨릭 미사에 참석하기를 거부했고, 참석한 이들은 대담하게도 제단에 등을 돌리고 다른 방식으로 교회의 권위를 조롱했다. 게다가 프랑스에 동조하는 이들이 도시와 시골 양쪽을 활보하고 다녔다. 한 프랑스인은 카라카스에서 멀리 코로까지 여행했는데, 코로 당

국은 그가 폭동을 교사했다는 죄목으로 체포했다.[29]

노예와 자유민 유색인이 흑인과 백인 포로 양쪽에 보이는 과도한 관심, 그리고 이들 포로가 표상하는 바를 보건대 말썽이 생길 것은 뻔했다. 흑인 반란군 포로 중 누가 탈출했다는 공식 기록은 없지만, 그들의 존재 자체가 프랑스 백인이 공공장소에서 벌이는 과시적인 행동과 어우러져 주민의 관심을 모았다. 프랑스 흑인들이 포도주 제조장 겸 감옥에서 분통을 터트리던 라과이라에서는 1793년 가을 빵집에서 일하던 노예 2명이 "우리도 1년 안에 과리코(Guarico)*의 노예처럼 자유롭게 될 것이고" 또한 "과리코 니그로가 프랑스의 멍에에서 벗어났듯이 에스파냐의 멍에를 벗어던질" 것이라고 말했다. 라과이라와 다른 도시 사람들은 예전에는 믿음직했던 노예와 자유민 유색인이 이제 프랑스인과 관련된 평등과 반노예제 이념을 가지고 그들에게 공개적으로 대든다고 이야기했다.[30]

거의 2년간, 심지어 카라카스 관료가 프랑스 백인들을 유럽과 다른 곳으로 보내 감옥을 비운 후에도 흑인 포로와 관련된 문제는 계속되었다. 식민지의 유색인이 프랑스령에서 벌어지는 사건에 관한 정보에 목말라 한다는 증거가 쌓이고 쌓이자 그들이 계속 도시에 있다는 사실은 백인들에게 위협적인 상징이 되었다. 1795년 초 당국은 카라카스의 자유민 흑인과 물라토가 공개적으로 평등주의적 이념을 논하고 있다는 사실을 포착했다. 후안 바티스타 올리바레스(Juan Bautista Olivares)라는 자유민 흑인은 도시에 사는 한 물라토에게 "온유한 자가 땅을 기업으로 받을 것"**이라고 장담했는데, 이 견해를 뒷받침한 것은 올리바레스가 가지고 있던 인쇄된 (파리 대주교의 것으로 추정된) 설교문이었다. 당국은 올리바레스가 읽고 카라카스의 흑인과 물라토에게 여러 번 설파했음이 분명한 이 설교문이 "가장 가증스러운 자유와 평등 이념으로 가득함"을 발견

* 생도맹그의 카프프랑세와 그 주변의 북부 평원을 일컫던 에스파냐식 표현이다.
** 성경(마태복음 5장 5절)에 있는 유명한 구절이다.

했다. "반항의 불꽃"을 보여 주는 또 다른 증거는 도시의 물라토 민병대에서도 나타났다. 대응에 나선 관료들은 소수의 프랑스인을 잡아들여 강제 추방했고, 올리바레스도 체포한 후 에스파냐로 보내 카디스 감옥에 "통신 수단 없이" 가두었다. 마지막으로 그들은 카라카스에서 로켓형 불꽃놀이(skyrockets)도 금지했는데, 이것이 밤하늘을 "언제라도" 밝게 비추어 주인 없는 프랑스인과 "이 근방에서 가장 수가 많은 집단", 즉 유색인을 모으는 "위험한 회합"의 신호를 보낼 수 있음을 알고 경계했기 때문이었다.[31]

* * *

프랑스와 프랑스 영토에서 벌어지는 혁명의 영향력을 베네수엘라에서 몰아내려는 에스파냐의 노력을 방해하는 것은 지리적 요인이었다. 설사 "위험한" 공화주의자를 모두 식민지에서 몰아낸다 하더라도, 베네수엘라는 생도맹그와 다른 프랑스 식민지에 가까운 데다 무방비 상태의 기다란 해안선을 가지고 있어서 혁명은 한층 가까이 다가왔다. 항해 시간으로 따지자면 베네수엘라의 많은 해안 도시의 경우 이 도시들 사이에 항해하는 것보다 히스파니올라섬 남쪽 해안에서 출발하여 여기에 오는 게 더 쉬웠다. 평균 크기의 무역선이라면 갈 때는 세찬 동풍을 받고, 올 때는 해류에 올라타 15일이면 산토도밍고와 라과이라 사이를 왕복할 수 있었다. 반면 동쪽으로 항해하면 해안을 따라 계속 바람과 싸우며 가야 했기 때문에 라과이라에서 마라카이보(Maracaibo)나 트리니다드를 왕복하려면 바다에서 적어도 1개월은 머물러야 했다.[32]

1793년 초부터 생도맹그에서 출발한 프랑스 무장 사략선이 이 지역에 있는 에스파냐 식민지에 무단으로 출몰했는데, 이 배들은 베네수엘라의 취약한 해안을 그냥 두지 않았다. 1795년이면 사략선들은 대서양 양편을 오가는 운송과 지역 내 연안 운송 양쪽을 위협했으며, 물라토와 흑인 해방노예 다수를 포함한 공화주의자 승무원을 종종 해안에 상륙시켰다. 프랑스는 이미 18세기 초부터 전시에 흑인을 수병으로 활용하는 정책을 지지했지만, 혁명전쟁 동안 바다에서 흑인의 존재는 그 어느 때보다 중요해졌다. 1790년대 프랑스 사략선의 승무원 목록에는 종종 흑인 수병이 다수 포함되었고, 배에 탄 흑인에 관한 언급은 영국과 에스파냐 자료 모두에 나타난다. 한 악명 높은 "공화주의 사략선"은 심지어 선장이 물라토라고 자랑했으며, 다른 흑인과 물라토 장교도 자기 배를 통솔하는 것이 분명했다.[33]

경쟁국에서 출항한 사략선과 마찬가지로 이들 역시 적대국의 배라면 다 약탈했지만, 그들의 사나운 해상 활동은 식민지 노예제에 대한 프랑스의 반대를 반영하곤 했다. 예컨대 쿠바와 자메이카 해역 사이에서 활동하던 프랑스 사략선은 노예를 수송하는 에스파냐 배를 골라내 특별히 가혹하게 대우했다. 한 예를 보면, 에스파냐 배가 자메이카에서 산 노예 68명을 화물로 태우고 쿠바 동쪽의 바야모로 향하던 중 프랑스 선박에 나포되었다. 프랑스 승무원은 노예를 풀어 주는 것도 모자라 한술 더 떠서 사로잡힌 에스파냐 선원을 배 바깥으로 던져 버렸다.[34] 게다가 에스파냐 당국은 프랑스 선원이 상륙해서도 대농장을 약탈해 식량과 가축을 빼앗고 노예를 납치하는 등 온갖 나쁜 짓은 다 저지른다고 비난했다. 그러나 트리니다드 총독인 차콘은 1796년 이 섬에 상륙한 프랑스 승무원 대부분은 "물라토와 흑인이고, 흑인 중 다수는 예전에 노예"였다고 밝힘으로써 공화주의 사략선에 탄 유색인 승무원의 활동에 좀 더 의미심장한 해석을 제시했다. 총독은 이들의 존재가 노예에게 심대한 영향을 미친다고 관측했다. 차콘은 현지 노예가 새롭게 해방된 프랑스 선원과 불가피하게 접촉하게 되었고, "그들 사이의 대화와 논의가 (비록 세련되지는 않았을망정) 우리 [노예들의] 생각을 비뚤어지게 하는 데 큰 영향이 없다고는 말할 수 없다."라고 기록했다. 노예들의 행동을 보면 그들이 어떤 대화를 나눴는지 일부 증거를 엿볼 수 있다. 그전에 차콘이 남긴 기록에 따르면, 트리니다드에서 프랑스 "납치범"들에게 잡혀간 흑인 희생자들은 사실은 노예로서 의도적으로 자기네 카누를 사략선 쪽으로 몰고 갔으니, 거기서 자신을 "받아들여 보호할 것을" 알았기 때문이다.[35]

베네수엘라 근처를 맴돌던 프랑스 사략선은 1790년대 중반 식민지의 정치적 분위기에 영향을 미쳤다. 이 배들이 들키지 않고 항구를 쏜살같이 오가는 동안 현지 주민은 승무원뿐만 아니라 그들의 이념과 경험에 접할 수 있었다. 프랑스 선원은 때때로 현지민 몇몇을 자기 배에서 일하도록 끌어들이는 데 성공했다. 1799년 베네수엘라를 방문한 알렉산더 폰 훔볼트와 그의 일행은 생도맹그 사략선의 승무원과 분쟁이 있었는데, 그 승무원은 마라카이보 근처 원주민 마을 출신의 "잠보"로 선장과 바다 위에서 싸우고는 쿠마나(Cumaná)에 버려진 것이었다. 심지어 상륙하지 않고 멀리 떠 있는 프랑스 배들도 해안과 일종의 간접 통신을 유지했다. 1795년 2월 해안 근처에서 나포된 한 프랑스 사략선은 베네수엘라 항구를 오가는 덴마크와 다른 중립국 선박과 접촉하여 "카라카스에서 (…) 일어난 사건에 관한 최신 뉴스"를 모으고 있었다. 추정컨대 정보는 반대 방향, 즉 프랑스 사략선에서 식민지로도 흘렀을 것이다.[36]

경비가 없는 코로 해안 너머의 프랑스 사략선은 1795년 도시 내 반란자들이 에스파냐 정부에 대항하여 대중 반란을 조직하게 만드는 기폭제가 되었다. 봉기 지도자들은 잠재적인 추종자들에게 프랑스가 공격을 지원할 것이라고 설득했으며, 프랑스 배의 출현 덕분에 "그들은 더 자신감 있게 말하고" 반란이 성공할 가능성을 더 확실하게 점쳐 볼 수 있었다.[37]

프랑스 사략선이 멀리 떠 있는 광경도 용기를 북돋웠지만, 코로 반란자들의 행동을 범카리브해 지대의 혁명 세계와 연결한 또 다른 중요한 요소는 코로가 네덜란드 식민지인 퀴라소와 역사적으로 유대를 맺고 있었다는 사실이다. 퀴라소는 히스파니올라섬 동부에서 남쪽 아래에 있는 작은 섬으로 남아메리카 해안에서 50마일도 채 떨어져 있지 않았다. 수년간 카라카스 관료들은 퀴라소가 베네수엘라에 가까운 것이 에스파냐 식민지에 밀수업이 번성한 주요 원인이라고 지적해 왔다. 1790년 카라카스의 총독 후안 기옐미는 코로는 "외국 식민지, 특히 맨눈으로 식별 가능한 거리에 있는 퀴라소의 전초기지"에 불과하다는 견해를 밝혔다.[38] 퀴라소는 외국 배와 승무원이 에스파냐의 폐쇄된 시장에 침투할 수 있는 이상적인 기지였을 뿐만 아니라, 내륙에도 가까워서 베네수엘라 법망을 피해 달아난 에스파냐 도망자나 도망노예에게 편리한 피난처가 되었다. 퀴라소의 노예 수백 명은 거꾸로 코로와 그 배후 지역에 자유민으로 정착했다. 코로 봉기가 일어날 무렵 이 도망자들은 도시와 주변 산간 지역에 안정된 정착지를 만들어 살고 있었고, 심지어 에스파냐의 시의회를 모델로 현지 '시의회'를 만들어 산간 지방 행정을 위임함으로써 (에스파냐 관료의 표현에 따르면) "만만찮은 (…) [자치] 경제와 정치체"를 발전시켰다.[39] 외국에서 온 도망자에게 피난처를 제공하는 것 외에도 코로가 위치한 지역의 전반적인 인구구성 역시 주민 사이에 주인 없는 삶의 비중을 더 높였다. 폭동이 일어날 무렵 현지 출신이건 이민자건 자유민 흑인과 물라토가 이 지역 인구의 44%를 차지했다. 백인은 주민 중 14%였고, 흑인 노예가 12%였다.[40]

이에 걸맞게 1795년 반란의 지도자 중에는 베네수엘라 바깥에서 온 이동하는 도망자와 코로 출신이 1명씩 끼어 있었다. 반란의 중심인물인 호세 카리다드 곤잘레스(José Caridad González)는 퀴라소에서 온 대규모 이민자 집단에 속했다. 그는 현지에서 자라난 불만을 구실 삼아 여러 공동체를 규합했는데, 특히 에스파냐 정부가 직전에 부과한 '판매세(alcabala)'에 대한 저항이 핵심적이었다. 그러나 곤잘레스는 대표 없이 과세하는 부당함을 강조했을 뿐만 아니라, 반란자들에게 "프랑스인들의 법" 아래 노예도 없고 종족적 위계도 사라질 "공화국"에 대한 꿈을 불어넣었다. 곤잘레스는 아마 여러 출처를 통해 이처럼 강력한 이념을 배양했을 것이다. 그는 여러 언어로 소통할 수 있어서 에스파냐어, '파파미엔토(papamiento)'• 그리고 심지어 "프랑스어도 조금" 할 수 있었다. 또한 그는 이동이 아주 잦은 사람이었다. 그는 봉기 전에 카라카스로 여러 차례 여행을 갔는데, 거기서 프랑스혁명과 1793년 이후 크게 대중화된 혁명 이념에 관한 논의에 참여할 수 있었다. 카라카스로 가려면 라과이라도 거쳤을 테고, 그 도시에 갇힌 "프랑스 니그로"의 수난에 관해서도 틀림없이 들었을 것이다. 그와 함께 공모한 현지 출신 '잠보' 호세 레오나르도 치리노스(Jose Leonardo Chirinos)는 한동안 코로의 상점에서 일했다. 그도 카리브해를 두루 여행했고, 생도맹그와 퀴라소를 방문한 적이 있었다.[41]

퀴라소와 계속된 교류 덕분에 코로 지역 사람은 프랑스혁명의 구호와 생도맹그혁명의 뉴스에 접할 수 있었다.[42] 생도맹그혁명은 상업과 정치 양면에서 퀴라소에 심대한 영향을 미쳤다. 퀴라소의 중립국 선박은 생도맹그의 반란자들에게 필수적인 물자를 보급했고, 다중언어를 쓰는 자유민 흑인과 물라토 선원을 대거 활용했다. "퀴라소에서 온 물라토"라는 명칭은 1790년대 중반 생도맹그로 가는 무역선 승무원에 관한 기록에 자주 등장한다. 영어나 에스파냐어를 하는 흑인 선원들은 퀴라소가 고향이라고 주장했다.[43]

코로 봉기를 모의한 야심 찬 계획에 따르면 양쪽 전선에서의 합동 공격이 요구되었다. 곤잘레스가 도시 주민을 규합하는 동안, 치리노스는 교외 지역에서 봉기를 이끄는 책임을 맡았다. 반란은 1795년 5월 초 대중적인 가톨릭 축일 전야에 시작되었다. 그날 밤늦게 축제가 벌어지는 동안 행정 중심지에서 꽤 떨어진 몇몇 이웃한 대농장에서 온 노예들이 모여들어 주인집을 공격하기 시작해 그중 적어도 1명이 살해당했다. 아침 무렵이면 노예 200명에서 300명이 반란에 가담하여 곤잘레스가 지휘하는 동맹군의 지원을 받으리라 기대하며 도시로 행진해 나갔다. 그러나 탈출에 성공한 주인 1명이 늦지 않게 코로에 도착해 관료들에게 반란군의 공격

• 퀴라소에서 쓰이던 크레올 언어.

이 임박했음을 경고했다. 현지 민병대 부대가 신속하게 출동했고, 도시의 잠재적 반란자들은 이들의 준비 태세를 보고 용기가 꺾였다. 행정 중심지를 확보하고 곤잘레스를 살해한 에스파냐 부대는 노예들이 코로에 닿기 전까지 기다렸다가 그들을 급습하여 반란에 종지부를 찍었다.[44]

불운한 코로 봉기가 일어나고 4개월 후, 퀴라소에서도 거센 노예 봉기가 일어나 네덜란드 중계항인 퀴라소섬과 에스파냐 내륙의 연결망이 중요하다는 사실을 또다시 일깨웠다. 1795년 자국 근처와 외국에서 벌어지는 사건들이 합쳐져 퀴라소의 노예 공동체에서 저절로 증식하는 소문을 만들어 낸 결과, 늦여름에 반란이 발생했다. 5월에 헤이그조약(Treaty of the Hague)•으로 프랑스와 네덜란드 사이의 전쟁이 끝나자 네덜란드령 섬의 노예들은 1794년의 노예해방령을 비롯하여 프랑스 법이 그들에게 확대 적용되기를 기대했다. 조약이 식민지에 자유를 가져오지 않자, 퀴라소 노예들은 완고한 네덜란드 당국이 그들의 해방을 막아섰을 뿐이라고 믿었다.

4년 반 전에 도미니카에서 일어난 반란과 마찬가지로 퀴라소 봉기 역시 파업으로 시작되었다. 8월 중순에 한 대농장 노예들이 공격을 시작했고, 이는 설탕 생산지인 섬 서부의 다른 대농장들로 확대되었다. 곧 노예 1,000명 이상이 일을 그만두고 반란군에 합류하여 자유를 요구했다. 소규모 부대와 잠시 근접전이 벌어진 후 반란은 폭력 사태로 치달았다. 1789년 바스티유 요새를 습격했던 파리의 평범한 사람들처럼 퀴라소의 흑인 군중은 노예 감옥에 분노를 집중시켜 수감자들을 풀어 주고 대농장을 향한 공격의 물결을 일으켰으니 이제 반란의 파도는 섬 전체를 삼킬 기세였다. 정부는 반란군을 제압하고자 다시 군부대를 파견했고, 이번에는 폭동

• 프랑스 혁명군은 제1차 대불동맹군과의 전쟁에서 네덜란드 연방 공화국에 승리한 후 1795년 헤이그조약을 맺었다. 이로써 네덜란드는 프랑스의 "자매 공화국"이 되어 그 영향권 아래에 들어갔다.

을 진압하는 데 성공했다. 사태의 추이가 이렇게 흘러가고 정부가 사면을 약속하자 반란자 수백 명이 설득당해 대농장으로 돌아갔다. 그러자 네덜란드군은 반란 지도자들을 체포하여 약식 재판을 거친 후 그중 29명을 행정 중심지에서 모두가 보는 가운데 처형했다.

퀴라소 반란에 불이 붙은 것은 프랑스 정치에 관한 이야기와 생도맹그혁명의 뉴스가 합쳐진 결과였다. 1795년 프랑스와 네덜란드가 맺은 조약의 내용이 아메리카 전역에 알려지자 퀴라소 항구에 프랑스 사략선 수십 척이 모여들었고, 여기에 탄 다인종 승무원들의 존재가 해방의 소문을 증폭시켜 봉기에 이르게 했을 가능성이 있다. 게다가 퀴라소와 생도맹그의 연결망은 퀴라소 노예들이 '프랑스 니그로'의 성공을 본뜨게 자극했다. 생도맹그 남부와 퀴라소의 정기 연락망 때문에, 생도맹그 남부 반란을 이끈 물라토 지도자인 앙드레 리고가 와서 퀴라소의 반란군을 도울 것이라는 소문이 퍼져 1795년 반란을 한층 더 자극했다. 그사이 퀴라소 노예들은 생도맹그 폭동과 연대할 방법을 찾아냈다. 네덜란드 노예제를 조사한 한 연구자는 많은 흑인 부모가 투생 루베르튀르를 따서 아이 이름을 짓기 시작했음을 발견했다. 코로 봉기를 조직한 이들이 아이티혁명과 연관된 이념을 소환했다면, 퀴라소 반란의 주모자들은 한 걸음 더 나아가 생도맹그 반란자들을 직접 언급했다. 1795년 폭동 후 네덜란드 당국이 처형한 주모자 중 1명은 자신을 "투생"이라 불렀고, 당국이 "톨로(Toelo)"라고 밝힌 다른 1명은 섬에서 "리고"라는 별명으로 잘 알려져 있었다.[45]

* * *

멕시코만에 있는 루이지애나는 18세기 말 카리브해 동부의 식민지 섬들과 몇몇 특징을 공유했다. 7년전쟁이 끝나고 프랑스에서 영국으로 넘어간 이른바 "양도된 섬들"과 마찬가지로 프랑스령 루이지애나 역시 주인을 바꿔 1763년 에스파냐의 지배 아래로 들어갔다. 그리고 도미니카 같은 섬들이 영국으로 넘어간 후에도 프랑스 주민과 관습, 프랑스와의 상업적 교류 관계는 계속 유지했던 것처럼, 루이지애나는 1789년까지도 프랑스령과 강한 유대관계를 맺었다.

사회적 구성으로 따지자면 인구가 별로 없는 루이지애나는 카리브해 농부에 있는 에스파냐의 고질석인 "문젯거리"인 트리니다드와 비슷했다. 미국 독립혁명 후 에스파냐 정책결정자들은 루이지애나를 방어하고 그곳의 인구를 늘리고 무역을 촉진하는 문제로 계속 골치를 앓았다. 그들은 1782년 왕령을 통해 프랑스 선박이 루이지애나 식민지와 직접 교역하도록 허용함으로써 무역을 확대하고자 했고, 심지어 루이지애나인이 "긴급히 필요할 때면" 그들이 잘 아는 프랑스령 카리브해 섬들과 합법적으로 무역할 수 있게 허용했다. 여기에 후속 조치들이 더해진 결과 루이지애나와 생도맹그 간 무역은 1785년 이후 빠르게 확대되어, 루이지애나 내 에스파냐의 교역량을 늘리려는 과업은 (좌절한 에스파냐 관료의 말을 빌리자면) "순전히 불가능한 것"이 되었다. 인구 문제를 보자면, 에스파냐는 정착민을 끌어들이기 위해 트리니다드에서 썼던 것과 같은 유인책을 실험해 보았지만 별 성공은 거두지 못했다. 1790년 디에고 데 가르도키(Diego de Gardoqui) 대신은 루이지애나 주민 중 "이런저런 불운으로 여러 왕국에서 추방당한 사람"이 너무 많다고 한탄했다.[46]

여기저기 돌아다니는 배의 선장이었던 장 푸송(Jean Pousson)의 광범위한 인맥을 보면 루이지애나인들이 멀리 떨어진 신세계 각 지역과 연결되었음을 알 수 있다. 프랑스인으로 태어난 그는 위에서 말한 왕령이 포고된 1782년에 뉴올리언스에 정착한 후 에스파냐 깃발을 달고 이후 12년간 캄페체(Campeche)를 비롯하여 다양한 에스파냐령 아메리카의 항구를 드나들었다. 하지만 그는 킹스턴과 찰스턴에서도 자주 교역했고, 1792년 10월까지도 카프프랑세에서 사업을 했다. 사실 1793년 초여름 "카프프랑세가 파괴되었다는 첩보가 도착했을 때" 푸송은 막 찰스턴에서 생도맹그로 떠나려던 참이었다. 이즈음이면 푸송의 항해는 상업적 목적 못지않게 정치적 목적을 띠었을 가능성이 있다. 프랑스령 카리브해에서 혁명적 소요가 벌어지던 초기, 푸송의 배처럼 여기저기 여행하던 배들은 뉴올리언스와 카프프랑세 사이를 오가며 프랑스의 루이지애나 점령을 모의하는 서신을 실어 날랐고, "숨겨진 적군"을 루이지애나 지방으로 데려와 정부를 비판하거나 노예 봉기를 지지하는 전단을 살포하기까지 했다. 나중에 루이지애나에서 자코뱅의 영향력이 절정에 이르렀을 때, 뉴올리언스의 에스파냐 관료들은 푸송과 종종 어울렸던 장 뒤피(Jean Dupuy)라는 인물을 "루이지애나에서 혁명이 일어나리라 암시하는 말"을 했다는 이유로 체포했다.[47]

프랑스혁명이 발발하자 루이지애나의 프랑스계 주민은 에스파냐 당국에 대한 저항을 집결할 계기를 얻었다. 1791년 카론델레 남작(Baron de Carondelet)이 지방 총독이자 지사로 부임했을 때 프랑스혁명의 이야기는 루이지애나 전역에서 들끓고 있었다. 자코뱅 동조자는 해군 함대의 평선원뿐만 아니라 민병대와 보병대 장교 중에도 있었다. 대중 집회가 열리면 프랑스계 청중은 '라마르세예즈'와 더불어 루이지애나 전역의 선술집에서 흘러나온 '사 이라'의 반귀족적 구절을 연주하라고 요구했다. 이러한 상황을 부추기는 요인은 여러 방향에서 발생했다. 배들은 프랑스 신문과 다른 식민지에서 온 승객을 실은 채 뉴올리언스에 들어왔고, 심지어 미국에서는 프랑스계 주민에게 "당신이 치욕스럽게 팔려 간 정부의 노예가 되지 말라"고 촉구하는 팸플릿이 도착했다. 카론델레 총독은 이러한 선동 활동에 대응하여 1793년 초 포고령을 선언함으로써 지역에서 증대하는 혁명적 열기를 저지하기 위한 새로운 규제 조치의 윤곽을 보여 주었다. 이 법은 프랑스 정치에 관해 공개적으로 읽거나 이야기하는 것을 금지했고, 어떤 회합이라도 24시간 전에 정부에 신고할 것을 명했다. 그리고 뉴올리언스에 내리는 선원과 외국인이 새로운 규제 조치를 몰랐다고 주장할 수 없게 모든 선주와 해군 지휘관은 승무원에게 이를 알려 이 법이 부두 근처에서 회자되게 하라고 지시했다.[48]

카론델레가 시도한 엄중한 단속은 그가 없애려 했던 바로 그 소문을 증폭시키는 결과만 가져왔다. 예를 들어 많은 루이지애나인이 에스파냐가 곧 생도맹그와 맞바꿔 루이지애나를 프랑스에 넘길 거라고 수군거렸다. 이 이야기에서 보듯이 루이지애나 주민은 자신들의 운명이 생도맹그와 결부되어 있다고 생각했고, 한동안 실제로 그러했다. 이보다 30년 전 관료들은 생도맹그에서 온 흑인들이 루이지애나에 못 들어오게 막았는데, 이는 직전에 그곳에서 벌어진 일련의 주인 독살 사건이 내륙으로 퍼질까 염려했기 때문이었다. 1790년에도 비슷한 규제 조치가 시행되었다. 그러나 프랑스 식민지로부터 노예와 자유민 유색인이 유입되는 것을 엄하게 금지했음에도, 아이티혁명 내내 이들 두 집단에 속한 많은 이가 뉴올리언스로 향했다. 백인 피난민은 신뢰하는 노예들을 같이 데리고 왔고, 어떤 경우에는 그들을 먼저 보냈다. 게다가 자유민 유색인은 1792년에서 1808년 사이 루이지애나에 정착한 프랑스령 서인도제도 피난민 1만여 명 중 3분의 1을 차지했다.[49]

프랑스와 생도맹그에서 벌어진 두 혁명이 서로 얽힌 여파는 뉴올리언스에서 빠르게 늘어나던 자유민 유색인 인구 집단에 심대한 영향을 미쳤고, 그들은 주변에서 벌어지는 열띤 모의와 사상 교류에 적극적으로 참여했다. 자유민 유색인은 카론델레 총독과 기타 에스파냐 관료에게 소중한 정보 공급원이 되어 주었는데, 이는 한편으로는 그들의 사회적 입지 때문이었고, 다른 한편으로는 그들이 1790년대에 외국으로부터 들어온 뉴스뿐만 아니라 루이지애나에서 소용돌이치던 음모와 이념에 접근할 수 있기 때문이었다. 1793년 중반이면 총독은 국무대신에게 "정부가 어떤 뉴스라도 입수할 수 있는 것은 오직 자유민 유색인을 통해서"라고 보고했다. 당국은 정보를 입수함으로써 "매우 대담한 대화를 나누는 이들과 그들의 원칙을 퍼뜨리려는 자들"을 체포하고, 투옥하고, 추방하는 작전에서 도움을 얻을 수 있었다. 행정 중심지에 임시 연단을 만들어 연설하는 자, 망명객, 혁명 원칙에 동조하거나 프랑스 편으로 보이는 현지민이 이 부류에 속했다. 1793년 초부터 반체제 인사 다수는 뉴올리언스에서 아바나나 다른 지역으로 이송됨으로써 나중에 에스파냐와 프랑스 사이의 개전 선언 후 늘어나게 될 정치범의 첫 번째 물결이 되었다.[50]

1794년 쿠바의 '성채(castillo)'•에 갇힌 죄수 중 페드로(혹은 피에르) 바이(Pedro or Pierre Bailly)라는 자유민 유색인으로서 뉴올리언스 '갈색' 민병대 부대의 중위가 있었다. 바이는 1790년 이전에도 자신과 같은 카스트의 사람들이 불평등한 대우를 받는 것에 소리 높여 항의했고, 이를 두고 현지 당국과 종종 마찰을 빚었다. 1791년 가을에 흑인 봉기의 첫 뉴스가 루이지애나에 도착한 직후 에스파냐 관료는 생도맹그혁명가에게 공개적으로 동조한 죄로 바이를 체포해 재판에 부쳤다. 동료 민병대원들은 바이 중위가 백인 장교와의 평등 문제를 제기했고, "[카프프랑세의] 자유민 물라토의 전범을 따르자고 다른 이들을 부추겼다."라고 증언했다. 그는 뉴올리언스의 한 자유민 흑인이 연 무도회에서 생도맹그 반란을 지지한다고 거듭 말했다. 심지어 그와 몇몇 친구는 르카프에서 소식이 오길 매일 기다리며 "과리코처럼 일격을" 날리길 기대했다고 밝혔다.[51]

바이는 1791년 재판에서는 투옥을 면했지만 2년 후 같은 죄목으로 다시 한번 법정에 서게 되었다. 하지만 두 번째 재판에서 그에 관해 제시된 불리한 증거를 보면 생도맹그혁명의 소식이 처음 뉴스가 되고 2년 동안 그의 견해가 얼마나 발전하고 심화했는지 알 수 있다. 바이의 두 번째 공판에서 동료 장교인 루이스 데클로네(Luis Declonet)는 부대가 프랑스군의 공격을 예상하고 준비 중이던 1793년 11월에 플래크민스(Plaquemines)에 있는 요새에서 바이가 그에게 접근했다고 말했다. 바이는 "실례지만, 적의 뉴스에 관해서 어떻게 생각하시는지?"라고 물었다. 질문에 대한 대답이 부정적인 데 실망한 바이는 동료를 교화하는 작업에 착수했다. 그도

• 원래 요새였다가 당시 감옥으로 쓰이던 쿠바 아바나의 'Castillo del Príncipe'를 가리킨다.

프랑스인들이 왕을 죽인 것은 너무 지나쳤다고 인정했지만, 이를 통해 그들은 "인간에게 권리를 부여하는" 더 큰 대의를 완수했다. 데클로네에 따르면, 바이는 그러고 나서 "우리, 유색인들까지 [포함하여] 인간 사이의 보편적 평등"의 원칙을 아메리카 전역으로 확장하려는 프랑스의 정책을 꽤 오랫동안 찬양했다. 그가 쓴 언어는 같은 때 피에로가 장-프랑수아에게 보내는 편지에서 사용한 다음의 이미지를 떠오르게 한다.

> 우리는 생도맹그와 다른 프랑스령 섬에서 "시민"이라는 칭호를 가졌습니다. [거기서] 우리는 백인 누구나와 마찬가지로 공개적으로 발언할 수 있고, 같은 계급을 가졌습니다. 그리고 현재의 정부 아래서 우리가 이 중 무엇이라도 가졌습니까? 그렇지 않습니다—그리고 그것은 부당합니다. 우리 모두 인간이기에 차이가 있어서는 안 되며, 피부색으로 구분 지어서는 안 됩니다.

다른 증거에 따르면 바이는 민병대에서 전반적으로 불복종하는 태도를 보였고, 위와 비슷한 의사 표명을 해서 뉴올리언스의 백인 주민과 몇 차례 말다툼을 벌였다. 한번은 그와 어느 백인이 거의 주먹다짐까지 갔는데, 바이는 싸움 상대에게 감히 그가 공격한다면 "그들이 먼저 그를 거꾸러트릴 것"이라고 장담했다. 카론델레 총독은 이러한 행동이 "악마적인 자유와 평등 이념"의 징후라고 보고 1794년 2월 24일 바이를 아바나 감옥으로 이송해 프랑스와의 전쟁이 끝날 때까지 정치범들과 함께 가두어 놓았다.[52]

1793년에서 1794년 사이 루이지애나에 자코뱅에 대한 공포가 퍼진 동안 바이와 기타 다수를 추방하는 정도로는 식민지에 공화주의 이념이 퍼지는 것을 막기에 역부족이었다. 생도맹그 폭동이 던진 그림자는 점차 더 짙어져서 루이지애나의 노예와 노예무역에 대한 에스파냐의(그리고 나중에는 프랑스와 미국의) 정책에 계속 심대한 영향을 미쳤다. 게

다가 루이지애나 흑인은 내륙에서 반란을 시도하면서 생도맹그의 흑인과 물라토로부터 영감을 얻었고, 어떤 때에는 직접적인 지원까지 끌어냈다. 1795년 4월 중순, 관료들은 뉴올리언스에서 150마일 정도 떨어져 있고 주민 대부분이 흑인인 프앵트쿠페 교구의 흑인들이 교구 전역에서 현지 대농장주들에 대항하여 봉기하려는 음모를 꾸몄음을 알아냈다. 1개월에 걸친 집중적인 심문 끝에 음모는 쥘리앵 프와드라(Julien Poydras)의 대농장에 있던 프랑스어권 노예 사이에서 시작되었지만, 미시시피강을 따라 멀리 나체즈(Natchez)까지 전파되었다는 증거가 쏟아졌다. 이에 관한 당대인의 기록은 생도맹그 반란이 이 반란군 지망생들에게 영향을 미친 요인 중 하나였음을 보여 준다. 한 프랑스인은 생도맹그에서 온 망명객 하나가 "산토도밍고의 저들[흑인들]이 얼마나 행복한지 묘사해" 반란의 불씨를 붙였다고 장담했다. 또 다른 이는 자코뱅 동조자로부터 시작되어 널리 퍼진 소문, 즉 노예해방령이 도착했는데 농장주와 에스파냐 정부가 이를 막고 있다는 소문을 탓했다. 사건이 종식된 후 에스파냐 법정은 흑인 26명을 교수대로 보내고 다른 이들은 감옥형과 노역형에 처했으며, 생도맹그에서 온 자유민 흑인 루이스 브누아(Luis Benoit)를 비롯한 2명은 공모한 죄목으로 다른 곳으로 이송했다. 카론델레 총독은 브누아와 같은 외국 흑인이 루이지애나에 반란의 씨앗을 심는 데 한몫했다고 확신하고는 즉각 뉴올리언스 항구에 노예가 수입되는 것을 금했고, 이러한 금수 조치는 1799년 카론델레의 후임자가 폐지할 때까지 실행되었다. 그는 또한 생도맹그의 예를 염두에 두고 대농장 사이 이동과 방문을 엄중히 단속하도록 당국에 명령했다.[53]

이로부터 15년 이상 지난 후, 히스파니올라섬의 흑인 반란은 거의 성공할 뻔했던 두 번째 노예 봉기에서 두드러진 영향력을 발휘했다. 10년 전 카론델레와 마찬가지로 클레이번(W. C. C. Claiborne) 주지사*는 "산토도

---

* 루이지애나(지금의 루이지애나주보다 훨씬 넓은 영역)는 7년전쟁 이후 프랑스로부터

밍고 반란에 연루된 노예를 들이는 것을 금하고자" 했지만, 그와 세관원의 노력에도 "현재 그들의 유입을 효과적으로 막을 수 있는 수단은 없다." 라고 한탄했다. 1811년 세인트존더뱁티스트(St. John the Baptist) 교구와 세인트찰스 교구에서 노예 200명에서 500명가량이 뉴올리언스로 행진하면서 길목에 있는 대농장들에 불을 질렀다. 당국이 나중에 밝혀 낸 바에 따르면 샤를 드롱드(Charles Deslondes)라는 "산토도밍고에서 온 자유민 물라토" 마부가 봉기의 주모자 중 하나였다. 몇 번의 근접전 끝에 웨이드 햄프턴(Wade Hampton)이 이끄는 민병대 부대에 패배한 반란군 대부분은 그 자리에서 교수당하거나 목이 베였고 "그들의 목은 (…) 높은 장대에 매달려 도시 남북쪽에, [미시시피]강을 따라 봉기가 시작된 대농장에 이르는 먼 곳까지 효수되었다." 지금까지는 개브리얼(Gabriel), 덴마크 베시(Denmark Vesey), 냇 터너(Nat Turner) 봉기와 같은 19세기 봉기에 가려서 조명받지 못했지만, 1811년 루이지애나 봉기는 북미 대륙 역사상 최대 규모의 노예 반란이었음이 입증되었다.[54]

* * *

1793년 봄 카프프랑세에서 흑인 반군이 승리를 거둔 후 생도맹그에서 대규모 이민이 발생하여 온갖 종류의 피난민이 카리브해 섬 전역에 흩어졌지만, 아메리카 땅에서 가장 많은 망명객을 받아들인 곳은 미국의 항구들이었다. 생도맹그혁명을 피해 달아난 난민 수천 명이 돌연 눈에 띄는 극적인 방식으로 도착하자 인쇄 매체로는 전달하기 힘든 반란의 생생한 감각이 퍼져 나갔다. 북미의 노예와 자유민 흑인은 토막 뉴스를 들으며 카

에스파냐로 넘어갔다가 1800년 나폴레옹이 다시 넘겨받았다. 그러나 나폴레옹은 1803년 이 땅을 미연방에 팔았다. 이른바 '루이지애나 매입(Louisiana Purchase)'을 통해 이 장에서 다루는 뉴올리언스를 비롯한 광대한 영토는 미국 땅이 되었다. 클레이번은 미국령 루이지애나 최초의 주지사였다.

리브해에서 벌어진 노예 봉기의 전모를 짜 맞추던 차에 프랑스 망명객이 들어오자 깊은 인상을 받았다.

1793년에 벌어진 사건들로 프랑스 식민자들이 어쩔 수 없이 생도맹그를 버리기 전부터도, 프랑스령 섬에서는 몇몇 집단이 식민지에서 늘어나는 불안을 피해 북쪽으로 길을 잡았다. 1792년에는 200여 가족으로 이루어진 망명객들이 필라델피아에 도착했다. 같은 해 메릴랜드 주의회는 최근 메릴랜드주에 들어온 생도맹그의 "몇몇 주민"이 데리고 온 노예를 계속 소유하게 허용할지 토론을 벌였다. 1792년 10월이면 생도맹그 식민자 무리가 버지니아주의 클린치강(Clinch River)을 따라 중소 규모의 정착촌을 건설했다.[55]

1791년에서 1792년 사이에도 종종 프랑스령 섬에서 미국으로 이민자가 도착했지만, 다음 해 봄 카프프랑세와 다른 도시들에서 대대적인 피난이 벌어진 결과 1793년 7월 말에 이르자 신생국의 해안 도시들은 갑자기 1만 명이 넘는 주민을 떠안게 되었다. 미국 남부와 북부의 항구 도시에서는 문자 그대로 배 수백 척이 르카프 공격에서 살아남은 비참한 이들을 태우고 돌연 나타나는 광경이 장관을 이루었다. 7월 초에는 인구 4,000명의 도시인 노퍽에 이틀 동안 "20척가량의 배가" 프랑스 승객을 태우고 도착했다. 같은 달 말이 되자 피난민을 태운 배 137척이 노퍽에 닻을 내렸고, 주민들은 마을이 "프랑스인 (…) [그리고] 너무 많은 [프랑스] 니그로로 북적거린다."라고 쑥덕였다. 7월과 8월 사이에 찰스턴에는 "수백 명"에 이르는 흑인, 물라토, 백인 피난민이 도착했고, 7월 10일에서 22일 사이 볼티모어에는 배 53척이 백인 1,000명과 흑인과 물라토 이민자 500명을 태운 채 들어왔다.[56] 프랑스 이민자 다수가 옷가지와 개인 물품 몇 가지만 겨우 수습한 채 도착했기 때문에 버지니아, 사우스캐롤라이나, 메릴랜드 주의회는 1793년 늦여름에 구호금을 책정했다. "어려운 상황에 있는" 프랑스어권 이민자에 관한 1794년 연방정부의 통계를 보면, 구호금 수급 기준에 맞는 이는 메릴랜드주에 400명, 사우스캐롤라이나주에 350

명, 버지니아주에 290명 있었다. 상대적으로 규모가 작은 항구인 노스캐롤라이나주의 윌밍턴(Wilmington)마저도 1794년 가을 생도맹그 출신의 백인 54명과 물라토 30명이 "엄청난 곤경에" 빠져 있다고 보고했다.[57]

어떤 이는 생도맹그 망명객을 동정했지만, 신생국의 백인 다수는 의심의 눈길로 바라보았다. 어떤 측면에서 보자면 이러한 불신은 프랑스혁명 자체에 대한 더 큰 반감에서 비롯되었다. 그러나 가장 큰 염려는 이렇게 눈에 띄는 프랑스인의 존재가 (의도했건 않았건) 북미 노예에게 어떤 함의를 가질 것인가에 집중되었다. 많은 백인은 프랑스 피난민과 여행자 가운데에 미국 남부에서 노예 반란을 일으키려는 급진주의자가 도사리고 있다고 믿어 의심치 않았다. 생도맹그 판무관이 포고한 노예해방령은 이러한 두려움을 더 키웠다. 1793년 자메이카에서는 나포된 배에 올라타고 "북미 주"로 가려고 했던 프랑스인 2명이 투옥되었다. 이들은 생도맹그에서 "판무관의 조치를 적극적으로 시행하던 대리인"이라고 일컬어졌기 때문에, 윌리엄슨 총독은 "그들이 목적지에서 가만히 있을 리 없다."라고 추정했다.[58] 에버니저 페티그루(Ebenezer Pettigrew)라는 인물은 생도맹그에서 온 일군의 승객과 함께 서인도제도에서 찰스턴으로 항해하던 중, "산토도밍고에서 온 저 불쾌한 프랑스인 사이에서 자느니 돛대 머리에서 자는 게 더 빨리 잠들겠다."라고 기록했다. 페티그루는 피난민의 사정을 동정하기는 했지만, "저렇게 많은 피난민이 이 나라로 몰려들어 훨씬 더 많은 백인과 흑인의 마음을 오염시키려 하는 것이 유감"이라며 그 결과는 "무정부 상태, 약탈, 도적질"이 될 것이라고 불길하게 예측했다.[59]

카리브해에서 온 프랑스어권 사람이 도착하면 무슨 일이 벌어질지 모른다는 불안감에 힘입어, 프랑스 사절이 선동적인 활동을 벌인다는 소문은 빠르게 퍼져 나갔다. 1793년 11월, 찰스턴의 소식통을 인용한 한 보스턴 신문은 사우스캐롤라이나주 관료들이 생도맹그에서 온 몇몇 프랑스 "밀사"를 체포했는데, 이들이 소지한 서류에는 "남부 주에서 대대적인 니그로 반란을 일으키려는 계획"이 담겨 있다고 보도했다. 찰스턴에서 받은 처우에 여전히 분노해 있던 당사자들은 이러한 협의에 답하여 당국은 단지 자신들의 강한 공화주의 성향 때문에 박해했을 뿐이라고 비난하며 문제의 꾸러미에는 통상적인 외교 서신밖에 없다고 주장했다. 그들은 "남부의 미국인이여, 진정한 공화주의자인 프랑스 애국자에게 그대들은 아무것도 두려워할 것이 없다."라고 장담했다.[60]

그러나 사우스캐롤라이나주 관료들은 찰스턴 항구에 도착하는 프랑스 여행자에게 계속 의심의 눈길을 던졌다. 그들은 프랑스 식민지에서 오는 흑인을 특별 감찰 대상으로 삼았다. 1793년 10월 찰스턴 안보위원회는 제보에 따라 르카프에서 배를 타고 오면서 "생도맹그에서 백인 11명을 직접 학살"했다고 자랑한 흑인 이민자를 체포했다. 위원회는 즉각 문제의 혁명가를 그가 타고 온 배의 선장에게 넘기며, 이 흑인 여행자를 안전히 돌려보냈음을 확인하는 공증 문서를 르카프에서 받아 오기 전에는 찰스턴항에 재입항하는 것을 금지했다. 사우스캐롤라이나주 당국은 안 그러면 선장이 교수대에 설지도 모른다고 협박했다. 이 사건이 벌어진 후 몰트리(Moultrie) 주지사는 생도맹그에서 온 모든 자유민 흑인과 유색인을 열흘 내에 추방하라는 명령을 포고했다.[61] 다음 해 사우스캐롤라이나 주의회는 서인도제도 출신 흑인이 주 경계선 내로 들어오는 것을 불법화했다. 1793년에서 1795년 사이 "프랑스 니그로 통과"와 "프랑스 니그로 감금"에 대해 몇몇 항목을 기재한 지방정부 회계장부를 보면, 1793년 여름의 엄청난 물결 이후에도 예전보다는 적지만 상당히 많은 서인도제도 출신 흑인이 찰스턴 항구에 도착했음을 알 수 있다.[62]

1793년부터 상당수의 "프랑스 니그로"가 도착해서 정착한 주의 주의회들은 사우스캐롤라이나주의 선례를 따라 서인도제도에서 오는 흑인 이민을 제한하는 법을 통과시켰다. 그해 나온 조지아주의 법령은 흑인의 유입을 심하게 제약했다. 1794년에 나온 사우스캐롤라이나주의 법은 카리브해에서 오는 흑인에 대한 금지령을 확대했다. 1795년 노스캐롤라이나 주의회는 "서인도제도와 바하마제도, 남아메리카 해안에 있는 프랑스,

네덜란드, 에스파냐령 정착지에서 오는 사람은 누구든 우리 주로 노예를 데려오는 것"을 금했다. 메릴랜드 주의회도 1797년 비슷한 조처를 했다. 외국 태생 흑인에 대한 이러한 염려는 멀리 보스턴에까지 미쳐, 1800년에는 주 내에서 태어나지 않은 모든 흑인 주민이 강제 추방을 당할 수 있다고 위협받았다.[63]

비록 버지니아 주의회는 비슷한 법을 통과시키지 않았지만, '올드 도미니언'의 백인도 다른 해안 주의 백인 못지않게 흑인 이민 문제에 신경을 곤두세웠음이 드러났다. 1795년 1월 노퍽에서는 관료들이 모여 "니그로와 유색인이 자주 이민 와서 (…) 생긴 주민 구성의 특이 상황"에 대해 논했고, 대규모 강제 추방에 찬성하는 분위기가 강하게 나타났다. 4월에서 6월 사이 노퍽 당국은 카리브해 동부에서 "프랑스 니그로"를 태우고 온 선박의 입항을 거부했고, 흑인 선원을 태우고 항구에 들어오는 프랑스 선박에 두려움을 표현했다. 교외에 사는 백인 주민은 "서인도제도와 광범위한 (…) 기타 지역에서 들어오는 다양한 자유민 니그로" 때문에 계속 불안해했다.[64]

이러한 반대에도 자유민 유색인을 포함하여 생도맹그에서 온 정착민은 그들만의 공동체 생활을 확립했고, 그들 대부분은 미국에는 잠시 머물 뿐이라고 생각했기에 곧 카리브해 섬들과의 통신 수단을 마련하여 거기서 벌어지는 사건에 관한 최신 뉴스를 입수하고자 했다. 1790년에서 1800년 사이 미국에 있던 생도맹그 이민자들이 프랑스 시민의 관심에 특화된 신문을 많이 발행한 것을 보면 이러한 통신망의 중요성과 범위를 알 수 있다. "산토도밍고에서 온 새로운 뉴스"라는 굵직한 활자의 표제를 앞세운 신문은 으레 날개 돋친 듯 팔려나갔고, 북미에 이러한 뉴스가 얼마나 많이 도착했던지 1790년대 내내 보스턴에서 찰스턴에 이르기까지 프랑스어 신문들이 일정한 간격을 두고 계속 발간될 정도였다. 1793년 말에서 1794년까지 이 신문들은 에스파냐와 영국의 생도맹그 정복에 관해 폭넓은(종종 부정확하기는 했지만) 뉴스를 제공했다. 이러한 기사에서는

종종 흑인 여행자들이 최신 뉴스를 가져온 소식통이라고 밝혔다.[65]

프랑스인은 자기들 신문의 지면을 노예제 문제를 둘러싼 투쟁을 이어 나가는 데 활용하기도 했다. 1793년 도착한 직후부터 프랑스 망명객들은 노예제 문제에 대해 프랑스의 국민공회가 어떠한 태도를 보였는지 서로 엇갈리는 뉴스에 접하게 되었고, 그 결과 공개적인 논의가 이어졌다. 가을이면 국민공회가 노예제를 폐지했다는 소문이 동부 연안의 주들에 어찌나 거세게 퍼져 나갔던지, "필라델피아의 유색인 시민"으로 이루어진 한 단체는 국민공회에 보내는 편지를 작성해서 "프랑스 식민지에서 노예제의 흔적 일체를 없애는 불멸의 법령"으로 "우리의 쇠사슬을 부순 것에" 감사를 표명하고 "우리 후손에게 [당신들의] 선행을 전하리라" 약속했다. 그러나 같은 도시에서 발간된 신문들은 노예제가 폐지되었다는 뉴스에 반박하면서 "국민공회는 흑인에게 주어진 보편적 자유를 철회했으며 (…) 니그로 무역 폐지에 관한 법령도 취소했다."라고 장담했다.[66] 프랑스 노예 소유주들은 1794년 5월까지도 국민공회가 2월에 정말로 노예제를 폐지했음을 인정하지 않았다. 그러나 펜실베이니아, 델라웨어, 메릴랜드 그리고 다른 주에 있던 프랑스인 소유의 노예들은 이미 알아서 문제를 해결하기로 마음먹고 주인으로부터 달아났는데, 그전에 퍼졌던 노예제 폐지 법령의 소문 때문이었을 가능성이 크다. 도망자 중 어떤 이들은 카리브해로 돌아가려고 했지만, 다른 이들은 아마도 노예와 자유민 흑인으로 이루어진 도시의 현지 공동체로 파고들었을 것이다.[67]

* * *

1792년과 1793년 생도맹그로부터의 대규모 이민이 동부 해안의 큰 항구도시에 집중되고 그들이 도착하면서 점화된 정치적 논쟁이 이어지면서, 여기에 사는 흑인은 이 문제에 관심을 가질 수밖에 없었다. 사실상 카리브해에서 벌어진 흑인 반란을 피해 정치적 피난민들이 유입된 때는 1790

년대에 북미에서 흑인 도시 인구가 빠르게 팽창하기 시작한 때와 겹쳤다. 매사추세츠주에서 사우스캐롤라이나주까지 도시 내 흑인 인구의 증가는 건국 초기에 핵심적인 인구학적 추세 중 하나였으며, 이러한 이주는 아프로아메리카인의 사회적, 제도적 발전에도 중요한 결과를 가져왔다. 매사추세츠주에서 노예제가 쇠퇴한 후 흑인들은 자유로운 삶을 누리고자 해안 지방으로 이동했고, 1795년이 되면 주 내 흑인 주민은 "시골을 완전히 떠난 것은 아니지만 전반적으로 해안의 소도시로 몰려들었다."[68] 필라델피아의 흑인 공동체는 1790년에서 1800년 사이 176% 증가했는데, 이때 백인 인구는 43% 증가했다. 볼티모어의 흑인 인구는 1790년 1,600명에서 10년 후에는 5,600명으로 늘어났다. 찰스턴에서는 자유민 흑인이 1790년에서 1820년 사이 3배로 증가했고, 노예 인구 역시 상당히 늘어났다.[69]

항구도시는 흑인 주민에게 해양업에 관련된 고용 기회 외에도 바다에 접근할 수 있다는 또 다른 특혜를 주었다. 그 이점은 외국에서 오는 매우 다양한 정보와 뉴스를 접하는 것이었다. 흑인 도시민이 특히 관심을 가진 뉴스는 보통 카리브해를 거치는 무역로를 따라 들어왔다. 예를 들어 로드아일랜드주 뉴포트(Newport)의 흑인은 시에라리온 식민화 계획에 큰 열정을 보였는데, 이에 관한 뉴스는 "아프리카로부터 서인도제도를 거쳐" 온 것이었다. 찰스턴에서는 피터 프리노(Peter Freneau)가 명백히 공화주의적인 『시티 가제트(*City Gazette*)』를 발행해 카리브해 뉴스와 쟁점을 다루며 프랑스령 서인도제도에서 벌어지는 최근 사건을 전했는데, 그의 사무실에서 일하는 노예들은 매호 2백 부씩 가져가서 자기들끼리 돌려 보았다.[70] 하지만 건너들은 이야기와 신문으로는 1793년 여름 도착한 비참한 피난민 수천 명만큼 강렬하게 생도맹그 흑인 폭동의 성공을 전할 수 없었다. 볼티모어에서는(그리고 아마 다른 지역에서도 마찬가지였겠지만) 뉴포트 바워스(Newport Bowers)라는 한 흑인이 피난민의 운명과 그들이 떠나온 나라에 지대한 관심을 보였다.

이름만 봐도 뉴포트가 미국 독립혁명 후 해안 도시로 몰려온 아프리카계 미국인 세대의 일원임을 알 수 있다. 매사추세츠주에서 자유민으로 태어난 바워스는 볼티모어의 선창 지구에서 선원이나 상인으로 일했을 가능성이 크다.[71] 카프프랑세를 떠나 북쪽으로 향한 프랑스 배 50척 이상이 1793년 6월 중순 며칠 사이 피난민을 태우고 한꺼번에 볼티모어에 도착했다. 바워스는 분명 그들이 도착한 것과 같은 시점에 반대 방향으로 여행하여 르카프를 방문하기로 마음먹은 것으로 보인다.

그는 새로운 주위 환경이 자극적이라고 느꼈음이 틀림없다. 바워스는 르카프에 6개월간 체류하면서 반란군이 승리한 후 북부 지방에서 자유의 드라마가 펼쳐지는 모습을 직접 목격했고, 피에로가 장-프랑수아에게 자랑했던 자치가 (불안정한 상황에서도) 발전하는 과정에도 참여했다. 바워스는 비록 반란군이 생도맹그 최대 도시인 르카프를 손에 넣는 사건은 보지 못했지만, 1793년 10월 송토나가 이런 종류로는 아메리카 역사상 최초였던 해방령•을 포고했을 때 바로 거기에 있었다. 그는 르카프에 "가게"를 열어 북미 각지를 비롯하여 여러 곳에서 들어오는 배의 선원과 자주 교역했음이 분명하다. 바워스는 모종의 이유로 미국에 돌아가려고 1793년 12월 4일 르카프를 떠나 볼티모어로 가는 '쥬노(Juno)'호에 탑승 수속을 했다.

바워스 외에도 다른 흑인 승객 최소 6명이 12월의 그날 쥬노호에 올라탔고, 모두 프랑스어를 하는 생도맹그 주민이었다. 바워스는 나중에 그들은 "판무관들에 의해 해방되어 [바워스]와 함께 미국에 가기로 한 사람들"로서 "자유민 니그로이지, 배에 탄 그 누구의 소유물도 아니었다."라고 말했지만, 승무원 중 백인은 아바나에 들러 그들을(그리고 틀림없이 바워스도) 팔아서 이득을 챙길 속셈이었다.[72] 그러나 바워스의 계획도 승무원

• 개인이나 특정 집단의 노예를 해방하는 것이 아니라 정부가 한 나라 전체의 노예를 법을 통해 해방하는 보편적 노예해방령(general emancipation)을 가리킨다.

들의 계획도 모두 수포가 되었다. 출발한 지 얼마 안 되어 영국 순양함이 쥬노호를 나포하더니 전리품으로 자메이카에 끌고 간 것이다. 식민지 해사법원은 배를 포획한 이에게 유리하게 판결하여 "프랑스 니그로"를 팔아서 이익금을 얻게 했다. 존 페인, 페드로 바이 그리고 이 시기 기록되지 않은 많은 주인 없는 흑인처럼 뉴포트도 자유를 잃고 법정에 의해 킹스턴 노역장에 넘겨졌다. 그는 자신의 여행을 끝맺지 못했다. 다음 해 3월 "노역장에서 죽은 뉴포트가 가졌던 옷가지 몇 점"이 공개 경매에서 팔렸다.[73]

실패로 끝난 뉴포트 바워스의 짧은 모험은 흑인이 바다 여행에서 마주치는 위험 전반을 보여 주는 한편, 18세기 말 직접적인 장거리 통신에 따르는 어려움이 얼마나 컸는지 반영한다. 이러한 장애물에도 또 다른 영어권 미국 흑인들이 생도맹그혁명 초기의 핵심 단계들을 목격했음을 사료에서 확인할 수 있다. 1791년 11월 반란에 가담한 죄로 포르토프랭스에서 이송되어 온두라스에서 경매에 부쳐진 200명 이상의 남성 노예 중에는 영어를 쓰는 찰스턴 태생의 폴 윌리엄스(Paul Williams)가 있었다.[74] 사실 바워스가 마지막 여행을 떠났던 바로 그 배의 승무원 중에도 "아프리카 해안에서 태어난 (…) 흑인"이라고 묘사된 요리사가 있었는데, 그는 볼티모어 기점에서 출항할 때 탑승했다. 게다가 바워스의 친구였던 브리지워터(Bridgewater)라는 인물은 연락선으로 그를 쥬노호에 실어다 주었고 나포 당시에도 그 자리에 있었는데, 한 승무원은 그를 두고 머뭇거리며 "영국인"이라고 말했지만 아마 그도 미국인이었을 것이다.[75]

바워스와 같은 때 생도맹그로 여행을 떠났던 미국 흑인 중에는 그곳에서 혁명을 경험하고 무사히 북미의 고향으로 돌아와 보고 겪은 이야기를 풀어놓은 이도 있었다. 필라델피아의 윌리엄 존슨(William Johnson)은 같은 도시에 있던 프랑스 상인 2명이 빌린 필라델피아 선박인 '뜨는 해(Rising Sun)'호에 요리사로 탑승하여 바워스와 마찬가지로 1793년 7월 카프프랑세에 도착했다. 르카프를 떠난 후 배는 해안을 따라 포르토프랭스로 갔는데, 여기서 송토나 본인이 이 배를 돈과 서류 수송 목적으로 대여했다. 한 영국인 승객은 이 필라델피아 선박이 "예전부터 송토나 씨와 북미에 있는 그의 대리인(들)에게 고용되어 운항"했다는 소문이 생도맹그에서 돌았다고 증언했다.[76] 리치먼드에서 온 한 흑인 요리사는 '낸시(Nancy)'호에 탑승했는데, 이 배는 1792년에서 1793년 사이 적어도 3번은 생도맹그에 오간 적이 있었다. 1793년 늦여름 생도맹그에 있는 동안 낸시호는 포르토프랭스와 레카이에 기항했는데, 여기서 물라토 2명과 흑인 2명을 포함하여 북미로 가려는 일군의 프랑스 승객을 태웠다.[77]

그러나 아프리카계 미국인들이 1793년 생도맹그에 있었다는 흩어진 증거 가운데 버지니아주 피터즈버그(Petersburg) 선박인 '여우(Fox)'호에 남은 많은 편지 중 하나가 가장 흥미롭다. 이 배는 1793년 늦여름 히스파니올라섬 남단의 레카이에서 출항하여 볼티모어로 갔다. 문제의 편지를 보면 찰스턴에서 온 한 젊은 여성이 어머니에게 자신의 최근 여행과 경험에 관해 이야기한다. 그는 자기를 최근에 산 "주인"이 "내게 정말로 친절했고", "같은 주인 밑의 여자 노예 중 뉴욕에서 온 소녀"와 좋은 친구가 되었다고 말했다. 이어지는 내용에는 "집에서 어떻게들 지내는지 알 수 있게 어머니에게서 편지 1통만 받으면 더 바랄 게 없다."라고 쓰여 있다. 편지를 쓰던 당시 그는 생도맹그에서 친구와 함께 주인이 프랑스로 돌아가기를 기다리고 있었다. 그는 "이 나라는 문제가 많다"라고 말하며, "백인이 하나도 없으니 그들은 군인이 되려는 니그로 모두에게 자유를 줄 수밖에 없다."라고 썼다.[78]

* * *

미국 승무원들이 위에서 말한 지나(Ginna)의 수수께끼 같은 편지를 북미로 향하는 커다란 꾸러미에 챙겨 넣는 동안, 찰스턴과 다른 지역 주민은 노예들의 소요가 끓어오른다고 입을 모았다. 사우스캐롤라이나주의 항구도시 찰스턴에서는 친프랑스파 주민들이 행렬과 건배로 '바스티유의 날'

을 축하했다. 이곳에서는 카프프랑세에서 최초의 피난민이 상륙하기 불과 몇 주 전에 프랑스에서 온 시민 쥬네(Genet)가 혁명을 지지하는 세력을 끌어 모았으며, 프랑스 사략선들은 열의에 불타는 북미 선원을 모아 영국에 대항하고자 했다. 상황이 이러하니 백인들은 1793년 가을부터 벌써 임박한 노예 봉기의 징후를 감지했다. 프랑스 정치를 지지하는 대중 시위가 찰스턴에서 많이 일어났을 뿐만 아니라, 생도맹그의 사절이 카프프랑세에서 국경을 넘어 에스파냐령 히스파니올라섬에 있던 흑인 부대에 전했던 것과 같은 종류의 인쇄물이 북미에도 도착한 것으로 보인다. 한 프랑스인 관찰자에 따르면, 10월이면 송토나의 "보편적 자유 포고령"의 "사본 다수가" 도시에 유통되었다. 같은 때 신문은 찰스턴의 노예들이 "매우 불손해졌고", "산토도밍고 니그로들이 봉기의 씨앗을 뿌렸다."라고 보도했다. 1794년 6월 프랑스 국민공회가 노예해방령을 포고했다는 첫 뉴스가 찰스턴에 도착할 무렵이면 백인들은 신속히 행동에 나서 이 뉴스가 또다시 찰스턴 노예들을 선동하는 것을 막고자 했다. 6월 11일 열린 회합에서는 입항하는 모든 배를 검수하고 "그 악마적인 법령이 가져올 일체의 사악한 결과를 막기 위해" 후속 조치를 논의했다.[79]

1796년 6월에는 일련의 화재 사건이 벌어져 찰스턴 백인들 사이에 의구심을 키웠으니, 그중 몇몇은 "산토도밍고식으로 일을 벌이려는 프랑스 니그로"를 의심했다. 다음 해에는 생도맹그의 선례와 피난민의 존재에 직접 영향을 받아 찰스턴을 불태우려는 음모가 나타났는데, 이는 그 도시의 "프랑스 니그로로부터 시작되었다." 당국은 프랑스어를 하는 흑인 5명을 음모에 가담한 죄로 재판에 부치면서, 그들이 "산토도밍고에서 예전에 그랬던 것처럼 여기서도 일을 벌이고자" 했다고 비난했다. 법정은 음모자 3명을 교수형에 처하고 2명은 유배 보냈다. 현지 백인은 "우리나라 니그로가 단 1명"이라도 연루되기 전에 음모가 적발되어 "완전히 분쇄된" 것에 안심을 표명했다.[80]

1793년 생도맹그에서 벌어진 대규모 피난은 북쪽으로 더 올라가서 버지니아주 해안 지방에도 비슷한 긴장을 가져왔다. 1793년 7월에는 리치먼드에 살던 노예 2명이 "프랑스 섬의" 흑인들처럼 "조만간 여기 있는 백인들을 죽여 버리자고" 모의하는 것을 누군가 엿들었다. 구치랜드 카운티(Goochland County)의 백인은 "특히 프랑스인이 도착한 후" 새롭게 긴장감이 퍼지는 것을 느꼈다.[81]

"프랑스 니그로 수백 명이 우리 도시에 도착했다."라고 보고한 포츠머스 백인들은 8월 22일 밤•의 두 번째 기념일이 다가오자 프랑스계 노예 다수가 "히스파니올라섬 반란에 참여했던" 것으로 안다며 이들이 해코지할까 두려워했다. 10월에 이 지역 관료들은 여러 인종의 사람이 참여한 반란 계획을 적발했는데, 공모자들은 포츠머스와 노퍽에 있는 프랑스 선박들을 불태우고자 했다. 국민공회가 프랑스 노예 모두를 해방했다는 소문이 동부 해안을 따라 널리 퍼졌음을 생각할 때, 이는 보이지 않는 항의의 층위를 반영한다고 할 수 있다.[82] 같은 때 피터즈버그 관료들은 "일요일 거리에서 벌어지는 니그로의 무질서한 모임, 그들의 야간 회합 및 불법적인 야간 보행"에 관한 대배심의 조사가 벌어진 후 봉기가 일어날 위험을 경고했다. 포와탄 카운티(Powhatan County)의 노예들도 비슷한 활동에 참여하여 버려진 학교 건물에서 회합하고자 밤에 숲으로 숨어들었다.[83]

이어진 몇 해 내내 버지니아주 백인은 노예 소요를 생도맹그 출신 피난민과 결부시켜 생각했다. 1795년 노퍽 시장 토머스 뉴턴(Thomas Newton)은 국민공회의 해방령에도 불구하고 미국 법에 따라 노예로 간주된 몇몇 '프랑스 니그로'의 눈빛에서 "자유의 번뜩임"을 감지했다. 관료들은 다시 한번 대규모 강제 추방을 논의했다.[84] 아이티의 유령은 1800년에 다시 나타났으니, 개브리얼 프로서(Gabriel Prosser)가 이끄는 무리가 리치먼드에서 노예 반란을 도모했다. 그러나 반란 전날 심한 비바람과 홍수가 일어나

• 생도맹그 북부에서 흑인 노예들의 대반란이 일어나 아이티혁명이 시작된 1791년 8월 22일을 말한다.

다리가 무너지고 도로가 유실되었다. 개브리얼과 동료 반란자들은 재판 후 처형되었는데 이 재판의 세부 사항은 오늘날까지도 비밀에 부쳐져 있다. 리치먼드의 한 신문 기사는 "공공 안보와 정의 구현을 존중하기에 절제하는 심정으로" 개브리얼이 생도맹그를 염두에 두고 음모를 꾸몄을지 논하지는 않았지만, "우리 주에 사는 불행한 흑인이 프랑스 식민지의 투생 루베르튀르를 보고 무슨 생각을 할지 뻔하지 않은가?"라고 말하는 데 거리낌이 없었다.[85]

1790년대가 저물어 갈 때도 흑인들은 아이티혁명이 불러일으킨 자결권과 반노예제 이념을 자신의 현지 상황에 끊임없이 적용했다. 뉴포트 바워스가 태어난 먼 북쪽 매사추세츠주에서는 흑인 프리메이슨 회원이었던 프린스 홀(Prince Hall)이 "프랑스령 서인도제도에서는" 새 시대의 새벽이 밝았다고 선포했다. 홀은 최근 프랑스령 카리브해에서 벌어진 사건은 마침내 오랫동안 기다리던 그날, 즉 "에티오피아가 그 손을 노예제에서 거두어 신세계 전역에 사는 아프리카계 주민들을 위한 자유와 평등을 향해 뻗을 그날"을 가리키는 징후라는 간절한 희망을 품었고, 아메리카 전역에 사는 노예와 자유민 흑인은 그의 희망을 공유했다.[86]

많은 백인 관찰자에게도 노예제의 몰락이 임박해 보였다. 지난 10년간의 혼란에 대한 반응으로 버지니아주의 세인트조지 터커(St. George Tucker)는 심판의 날이 필연적으로 임하기 전에 버지니아주 노예를 다른 해안에 안전하게 이주시키자는 캠페인을 벌였다. 터커는 노예가 자유를 찾아 직접 행동에 나서지 못하게 막기 점차 더 어려워질 것임을 인정해야 한다고 강변했다. 터커는 "우리는 지금까지 그들이 연합하여 행동하기 어렵다는 사실에 주로 의존"해 왔지만, 최근의 사건을 보건대 "그 어려움이 극복 못할 문제가 아니라는 사실"이 여실히 증명되었다고 이야기했다. 법적인 금지 조항과 다른 억압 조치에도 노예들은 "그 범위를 보건 지속 기간을 보건 진정 놀라운 통신망"을 어떻게든 유지해 왔다. 그에 따르면 장차 아메리카에서 일어날 발전은 "통신 발달을 더 촉진할 것이므로"

점진적으로 노예제 제도를 철폐해야 할 때가 왔는지도 모른다.[87]

하지만 서반구에 사는 백인 대부분은 아이티의 반란자들을 고립시키는 것이 더 실행 가능한 해결책이라고 보았다. 그들의 주장에 따르면 생도맹그혁명과 다른 지역에서 최근 벌어진 노예 반란의 물결은 주인 없는 카리브해인을 제약할 필요성을 명백히 보여 줄 따름이었다.

주

1 Luis de las Casas to Conde del Campo de Alange, La Habana, 20 February 1794, AGI, Cuba, leg. 1488.

2 Juan Baptista Vaillant to Las Casas, Cuba, 27 July 1793, 3 October 1793, AGI, Cuba, leg. 1434; Las Casas to Conde de Lerena, La Habana, 30 March 1792, Josef Pablo Valiente to Lerena, La Habana, 28 March 1792, AGI, Indiferente General, leg. 2822. "완벽한 중립" 원칙에 관해서는 다음을 참조하라. Conde de Floridablanca to Las Casas, San Lorenzo, 26 November 1791; (다음에 재수록) in José Luciano Franco, ed., *Documentos para la historia de Haiti en el Archivo Nacional* (La Habana, 1954), p. 67.

3 Barón de Carondelet to Las Casas, Nueva Orleans, 28 October 1793, AGI, Estado, leg. 14, doc. 54; Pedro Carbonell to Duque de Alcudia, Caracas, 31 August 1794, AGI, Estado, leg. 65, doc. 20.

4 Vaillant to Alcudia, Cuba, 29 October 1793, AGI, Estado, leg. 14, doc. 53; John Rydjord, *Foreign Interest in the Independence of New Spain: An Introduction to the War for Independence* (Durham, 1935), pp. 133-136.

5 Joaquín García to Acuña, Santo Domingo, 13 January 1793, AGI, Santo Domingo, leg. 956. 또한 다음에 첨부된 "뉴스(Noticias)"도 참조하라. Vaillant to Campo de Alange, Cuba, 3 May 1793, AGI, Santo Domingo, leg. 1260.

6 Vaillant to Campo de Alange, Cuba, 30 June 1793, AGI, Santo Domingo, leg. 1260; Adam Williamson to Henry Dundas, 13 July 1793, C.O. 137/91, PRO.

7 Stoddard, *French Revolution in San Domingo*, p. 220.

8 "Treasurer Paymaster of the Colony of St. Domingo to Bizouard his predecessor," [Port Républicain], 8 [September?] 1793. *Rising Sun* (1793), JHCVA Papers, JA에 포함된 문서 참조.

9 Gabriel Debien, "Les colons de Saint-Domingue réfugiés à Cuba (1793-1815)," *Revista de Indias* 13 (octubre-diciembre de 1953), pp. 562-565.

10 Stephen Fuller to Committee of Correspondence (Jamaica), 20 February 1794, Fuller to Williamson, 8 March 1794, FLB.

11 *Considerations on the Present Crisis of Affairs, as it respects the West-India Colonies, And the probable Effects of the French Decree for Emancipating the Negroes. Pointing out a Remedy* (London, 1795), p. 11. 놀랍도록 비슷한 Joseph Antonio Vrizar의 보고서에 관해서는 다음을 참조하라. *Regente* of the *audiencia* of Santo Domingo, entitled "Discurso sobre Modificacion de la esclavitud," Santo Domingo, 25 June 1795, AGI, Santo Domingo, leg. 1032. 양쪽 계획 모두 프랑스령 식민지에서 노예제 폐지 압력이 올라오는 상황에서 노예의 충성심을 유지할 방책을 제시했다.

12 Las Casas to Campo de Alange, La Habana, 20 February 1794, AGI, Cuba, leg. 1488.

13 García to Diego de Gardoqui, García to Acuña, Santo Domingo, 25 November 1792, AGI, Santo Domingo, leg. 955; García to Campo de Alange, Santo Domingo, 12 March 1793, AGI, Santo Domingo, leg. 956; Archbishop of Santo Domingo to Acuña, Santo Domingo, 25 May, 25 September 1793, AGI, Santo Domingo, leg. 1110.

14 García to Acuña and enclosures, Bayajá, 5 February 1794, AGI, Santo Domingo, leg. 957. 에스파냐인들은 포르도팡을 "바야야(Bayajá)"라고 불렀다.

15 García to Gardoqui, Bayajá, 6 February 1794, AGI, Santo Domingo, leg. 957; "Reglamento para el buen Gobierno (…) de las partes conquistadas en la colonia Francesa," n.d., with Vrizar to Alcudia, Santo Domingo, 2 February 1794, AGI, Estado, leg. 13, doc. 3.

16 Las Casas to Ministro de Guerra, La Habana, 17 July 1794; 그리고 이에 동봉된 *relación*, n.d., AGI, Cuba, leg. 1488. 죄수들에 관한 더 자세한 설명을 보려면 Joaquín García to Las Casas, Bayajá, 18 May 1794; "Lista de los Franceses que se aprendieron el 18 de mayo," La Habana, 8 July 1794, AGI, Cuba, leg. 1474를 참조하라.

17 Archbishop to Acuña, Santo Domingo, 25 September 1793, AGI, Santo Domingo, leg. 1110.

18 "Lista de los Franceses," AGI, Cuba, leg. 1474. 추가로 다음을 참조하라. Las Casas to Campo de Alange, La Habana, 20 February 1794, AGI, Cuba, leg. 1488, and García to Las Casas, Bayajá, 4 June, 18 June 1794, AGI, Cuba, leg. 1474. 들리발의 모호한 공화주의에 관해서는 1793년 생도맹그를 떠나 자메이카로 떠났던 '보렐 씨(Monsieur Borel)'라는 인물의 묘사를 참조하라. 그에 따르면 들리발은 "상상할 수 있는 가장 난폭한 민주주의자"이지만 "가진 특권 중 어느 것도 절대 포기하지 않으려 할 유색인에 대해서는 매우 적대적이었다." Williamson to Dundas, 5 September 1793, C.O. 137/91, PRO.

19 Archbishop to Acuña, Santo Domingo, 25 May 1793, AGI, Santo Domingo, leg. 1110.

20 García to Marques de Bajamar, Santo Domingo, 25 November 1791, AGI, Santo Domingo, leg. 954.

21 García to Acuña, Santo Domingo, 12 September, 22 October 1793, AGI, Santo Domingo, leg. 956. 프랑스의 계획은 가내 사용인은 고정된 월급을, 농장 일꾼에게는 일하는 장원에서 연간 생산된 이윤의 3분의 1, 그리고 음식과 의복을 더해 받을 수 있는 자격을 부여했다.

22 García to Acuña, Santo Domingo, 6 September 1793, AGI, Santo Domingo, leg. 956. 현대에 나타난 흑인 단합(black unity)의 구호와 놀랄 만큼 흡사한 이러한 표현은 1804년 독립 후 아이티 민족성의 주춧돌이 되었다. 이에 관해서는 다음을 참조하라. David Nicholls, *From Dessalines to Duvalier: Race, Colour, and National Independence in Haiti* (Cambridge, 1979), pp. 41-46.

23 García to Acuña and enclosures, Santo Domingo, 23 November 1793, AGI, Santo Domingo, leg. 956 참조.

24 투생이 에스파냐로부터 "변절"한 정황과 그의 동기는 여전히 논쟁거리다. 다음을 참조하라. David Geggus, "From His Host Catholic Majesty to the Godless *République*: The "*Volte-Face*" of Toussaint Louverture and the Ending of Slavery in Saint Domingue," *Revue française d'histoire d'Outre-Mer* 65 (1978), pp. 481-499.

25 Vrizar, "Discurso sobre Modificación de la esclavitud," n.p.

26 코로와 프앵트쿠페 사건에 관한 기록은 다음을 참조하라. Pedro M. Arcaya, *Insurrección de los negros de la Serranía de Coro* (Caracas, 1949), and Jack D. L. Holmes, "The Abortive Slave Revolt at Pointe Coupée, Louisiana, 1795," *Louisiana History* 11 (Fall 1970), pp. 352-361. 이 두 봉기는 1795년 벌어졌던 흑인 봉기의 극히 일부에

불과하다. 쿠바, 푸에르토리코, 자메이카, 그레나다에서 같은 해 벌어졌던 반란에 대해서는 다음을 각각 참조하라. José Luciano Franco, "La conspiración de Morales," in *Ensayos históricos* (La Habana, 1974), pp. 95-100; Guillermo A. Baralt, *Esclavos rebeldes: Conspiraciones y sublevaciones de esclavos en Puerto Rico* (1795-1873) (Río Piedras, 1981), pp. 13-20; A. E. Furness, "The Maroon War of 1795," *Jamaican Historical Review* 5 (November 1965), pp. 30-49; and Cox, *St. Kitts and Grenada*, pp. 76-91.

27 Callahan, "Revolución Francesa en Venezuela," pp. 177-179; Sanz Tapia, *Militares emigrados y prisioneros franceses*, pp. 41-50; Carbonell to Gardoqui, Caracas, 30 November 1793, AGI, Caracas, leg. 94; Esteban Fernández de León to Gardoqui, Caracas, 19 May 1792, AGI, Caracas, leg. 503; Carbonell to Alange, Caracas, 31 July 1793, AGI, Caracas, leg. 94.

28 García to Gobernador de Caracas, Santo Domingo, 16 August 1793, AGI, Estado, leg. 58, doc. 4; León to Gardoqui, Caracas, 11 December 1793, AGI, Caracas, leg. 505; García to Gardoqui, Santo Domingo, 25 October 1793, AGI, Santo Domingo, leg. 956.

29 García to Gardoqui, Caracas, 11 December 1793, AGI, Caracas, leg. 505; "Duplicados de las Juntas" [1793], with letter of Carbonell, Caracas, 13 March 1794, AGI, Estado, leg. 58, doc. 4.

30 "Duplicados de las Juntas," AGI, Estado, leg. 58, doc. 4. 에스파냐인은 카프프랑세와 주변 지역을 "과리코(Guarico)"라고 불렀다.

31 Antonio López Quintana to Gardoqui, Caracas, 15 February 1795, AGI, Caracas, leg. 472; León to Gardoqui, Caracas, 15 January 1795, AGI, Caracas, leg. 507; *consulta* (Manuel Romero, Juan Gonzalez Bustillo, Jorge Escobedo, Vicente Hora), Madrid, 6 October 1795, AGI, Caracas, leg. 15. 같은 때에 필라델피아 당국도 로켓형 불꽃놀이를 금하는 조치를 고려했는데, "이것이 산토도밍고에서 신호로 이용되었기 때문"이었다. 다음을 참조하라. Thomas Wentworth Higginson, *Travellers and Outlaws: Episodes in American History* (Boston, 1889), p. 208.

32 라과이라에서 에스파냐령 아메리카로 가는 항해 시간에 관해서는 다음을 참조하라. "Reglamento para Transportes de Oficiales de los Puertos de esta Capitanía General para todos los de la Península de Europa, y de unos a otros Puertos en América," Caracas, [1800], AGI, Caracas, leg. 96.

33 Richard Pares, "The Manning of the Navy in the West Indies, 1702-1763," *Transactions of the Royal Historical Society*, 4th ser., 20 (1937), pp. 31-32. 예를 들어, *Le Flibustier* (1795) and *L'Adelaide* (1795), JHCVA Papers, JA, 그리고 Juan de Araoz to Las Casas, La Habana, 4 June, 13 June 1795, AGI, Cuba, leg. 1455에 동봉된 프랑스 죄수에 관한 보고서(relaciones)를 참조하라. 물라토 선장의 활동에 대해서는 다음을 참조하라. Juan Nepomuceno de Quintana to Las Casas, Cuba, 29 July 1796, AGI, Cuba, leg. 1435.

34 이 경우와 에스파냐 노예무역선에 대한 다른 공격에 관해서는 다음을 참조하라. Vaillant to Gardoqui, Cuba, 15 May, 27 May, 9 June 1795, AGI, Santo Domingo, leg. 1263. 아프리카 해안에서 출항한 프랑스 배들은 영국, 네덜란드, 포르투갈 노예무역선들에 더 심한 공격을 감행하여 배를 불태우고 아프리카 포로들을 풀어주었다. *Courrier de la France et des colonies* (Philadelphia), 15 octobre 1795 (microfilm copy in Yale University Library)를 참조하라.

35 Archbishop of Santo Domingo to Príncipe de la Paz, Santo Domingo, 15 October 1796, AGI, Estado, leg. 11-A, doc. 1; José María Chacón to Gardoqui, Trinidad, 17 June 1796, AGI, Indiferente General, leg. 1595; Chacón to Gabriel Aristizábal, Trinidad, 29 December 1795, AGI, Caracas, leg. 153.

36 Alexander von Humboldt, *Personal Narrative of Travels to the Equinoctial Regions of America, during the Years 1799-1804*, trans. and ed. Thomasina Ross, 3 vols. (London, 1881), I, pp. 343-345; Quintana to Gardoqui, Caracas, 19 February 1795, AGI, Caracas, leg. 514.

37 "Testimonio del expediente formado sobre la sublevación de los negros, Sambos, mulatos Esclavos y libres de la Jurisdicción de Coro," Caracas, 23 March 1797, AGI, Caracas, leg. 426.

38 카르보넬(Carbonell)은 그의 전임자인 기옐미의 말을 캄포 데 알랑헤(Campo de Alange)에 보내는 편지에 인용했다. Caracas, 13 March 1794, AGI, Caracas, leg. 95.

39 León to Lerena, Caracas, 27 February 1792, AGI, Caracas, leg. 503; "Papeles Relativos a los Quejas de los vecinos de Curazao," 28 March 1770, AGI, Indiferente General, leg. 2787; Guillelmi to Antonio Porlier, Caracas, 23 January 1791, AGI, Estado, leg. 58, doc. 2; *informe of the ayuntamiento of Coro,* Coro, 21 April 1796, AGI, Caracas, leg. 95.

40 인구 통계에 관해서는 다음을 참조하라. Jorge I. Domínguez, *Insurrection or Loyalty: The Breakdown of the Spanish American Empire* (Cambridge, 1980), p. 56.

41 *Testimonio* of Mariano Ramírez Valderrain, Coro, 23 May 1795, AGI, Caracas, leg. 426; Arcaya, *Insurrección de los negros de Coro*, pp. 34-35.

42 *Informe* of Manuel de Carrera, Caracas, 26 September 1796, AGI, Caracas, leg. 426.

43 다음의 취조 기록을 참조하라. Barbados native Michael Brown, n.d., papers of *Speedwell* (1793); John Domingo and John Francisco, 18 February 1795, papers of *Le Flibustier* (1795); 또한 흑인 선장인 Nicolás Manuel의 취조 기록으로 26 March 1796, papers of *Trimmer* (1796), in JHCVA Papers, JA.

44 Arcaya, *Insurrección de los negros de Coro*, pp. 37-39; Domínguez, *Insurrection or Loyalty*, pp. 56-57.

45 이 사건들에 관한 기록은 다음을 참조하라. Leo Gershoy, *The French Revolution and Napoleon* (New York, 1964), p. 303; Cornelis Christiaan Goslinga, *Emancipatie en emancipator: de geschiedenis van de slavernij op de Benedenwindse eilanden en van het werk der bevrijding* (Assen, [1956]), pp. 34-40; idem, *A Short History of the Netherlands Antilles and Surinam* (The Hague, Boston, and London, 1979), pp. 113-114.

46 Arthur Preston Whitaker, ed., *Documents Relating to the Commercial Policy of Spain in the Floridas, with Incidental Reference to Louisiana* (Deland, Fl., 1931), pp. 30-39, 107, 119. 이민을 장려하기 위한 노력이 별 효과가 없었던 문제에 관해서는 다음을 보라. Gilbert C. Din, "Proposals and Plans for Colonization in Spanish Louisiana, 1787-1790," *Louisiana History* 11 (Summer 1970), pp. 197-213.

47 Jean Pousson의 취조 기록, 26 February 1794; George Clark, 27 February 1794; Henry B. Ludlow, 4 April 1794; and Lachlan McNeal, 8 April 1794, papers of *Joseph/St. Joseph* (1794), JHCVA Papers, JA; Carondelet to Las Casas, Nueva Orleans, 14 April 1792, AGI, Cuba, leg. 1446. For the arrest of Dupuy, see Thomas Marc Fiehrer, "The Baron de Carondelet as Agent of Bourbon Reform: A Study of Spanish Colonial Administration

in the Years of the French Revolution" (Ph.D. dissertation, Tulane University, 1977), p. 480.

48 Jack D. L. Holmes, *Honor and Fidelity: The Louisiana Infantry Regiment and the Louisiana Militia Companies, 1766-1821* (Birmingham, Al., 1965), p. 65; Ernest R. Liljegren, "Jacobinism in Spanish Louisiana, 1792-1797," *Louisiana Historical Quarterly* 22 (January 1939), pp. 47-56; Charles Gayarré, *History of Louisiana*, 4 vols. (New Orleans, 1885), III, pp. 327, 337; Las Casas to Alcudia, La Habana, 2 March 1793, Carondelet to Las Casas, Nueva Orleans, 15 February 1793, AGI, Estado, leg. 14, doc. 7. 포르토프랭스에서 들은 뉴스를 가지고 루이지애나로 가는 배에 관해서는 다음을 참조하라. Las Casas to Campo de Alange, La Habana, 2 July 1792; 또한 여기에 동봉된 프랑스 선장의 보고서를 보라. AGI, Santo Domingo, leg. 1259.

49 Carondelet to Las Casas, Nueva Orleans, 15 February 1793, AGI, Cuba, leg. 1489; Marc de Villiers du Terrage, *The Last Years of French Louisiana*, trans. Hosea Phillips, ed. Carl A. Brasseaux and Glenn R. Conrad (Lafayette, La., 1982), p. 183; Joseph Villars Dubreuil, draft of speech to legislature, n.d., Joseph Villars Dubreuil Papers, Duke University Library; François Barbé-Marois, *The History of Louisiana, Particularly of the Cession of that Colony to the United States of America*, trans. anon. (Philadelphia, 1830), p. 198; Fiehrer, "Carondelet," p. 394.

50 H. E. Sterkx, *The Free Negro in Ante-Bellum Louisiana* (Rutherford, Madison, and Teaneck, N.J., 1972), pp. 79-83; Fiehrer, "Carondelet," pp. 484, 485.

51 Las Casas to Alcudia, La Habana, 14 May 1794; 그리고 동봉된 "Testimonio de la Sumaria contra el Mulato libre Pedro Bailly," [Nueva Orleans, 1794], AGI, Estado, leg. 14, doc. 60; Caroline Maude Burson, *The Stewardship of Don Esteban Miró, 1782-1792* (New Orleans, 1940), 123n.

52 "Testimonio (…) contra el Mulato libre Pedro Bailly," AGI, Estado, leg. 14, doc. 60; Roland C. McConnell, *Negro Troops of Antebelum Louisiana: A History of the Battalion of Free Men of Color* (Baton Rouge, 1968), p. 28. 1798년 브라질 남동부의 바이아(Bahia)에서 봉기를 이끈 유색인 주앙 데 데우스(Joao de Deus)도 바이와 매우 비슷한 말로 같은 평등주의 이념을 표명했고, 마찬가지로 프랑스 공화주의 이상을 기초로 새로운 사회를 세울 것을 요청했다. 다음을 참조하라. Emilia Viotti da Costa, "The Political Emancipation of Brazil," in A. J. R. Russell-Wood, ed., *From Colony to Nation: Essays on the Independence of Brazil* (Baltimore, 1975), pp. 68-69.

53 다음에 재수록된 폴 알리오(Paul Alliot)의 진술을 보라. James Alexander Robertson ed., *Louisiana under the Rule of Spain, France, and the United States, 1785-1807*, 2 vols. (Cleveland, 1911), I, p. 119; Paul F. Lachance, "The Politics of Fear: French Louisianans and the Slave Trade, 1786-1809," *Plantation Society in the Americas* 1 (June 1979), p. 174; and Holmes, "Slave Revolt at Pointe Coupee," pp. 345-349, 352-361. 카론델레의 조치에 관해서는 다음을 보라. United States, Congress, *American State Papers: Documents, Legislative and Executive, of the Congress of the United States, from the First to the Second Session of the Tenth Congress, Inclusive, 1789-1809*, 2 vols. (Washington, 1834), I, pp. 380-381.

54 William C. C. Claiborne to James Madison, 12 July 1804, in Donnan, *Documents Illustrative of the Slave Trade to America*, IV, p. 663; Eugene D. Genovese, *From Rebellion*

to Revolution: Afro-American Slaves Revolts in the Making of the Modern World (Baton Rouge and London, 1979), p. 43; Gayarré, *History of Louisiana*, IV, pp. 266-268.

55 Monroe Fordham, "Nineteenth-Century Black Thought in the United States: Some Influences of the Santo Domingo Revolution," *Journal of Black Studies* 6 (December 1975), p. 116; Laws of Maryland, *Made and Passed at a Session of Assembly* (…) (Annapolis, 1792), ch. XVI; James Innis to Governor Lee, 27 February 1792, M. de Tubeuf to Governor and Council, 29 October 1792, in William P. Palmer and Sherman McRae eds., *Calendar of Virginia State Papers and Other Manuscripts Preserved in the Capitol at Richmond,* 11 vols. (Richmond, 1875-1893), V, p. 452; VI, pp. 112-113 (이후 CVSP로 표기).

56 Frances Sergeant Childs, *French Refugee Life in the United States, 1790-1800: An American Chapter of the French Revolution* (Baltimore, 1940), p. 15; Thomas Newton to Governor, 9 July 1793, CVSP, VI, p. 443; Tommy L. Bogger, "Slave Resistance in Virginia during the Haitian Revolution, 1791-1804," *Journal of Ethnic Studies* 5 (April 1978), p. 89; Terry, "Impact of the French Revolution," pp. 43-45; Walter Charlton Hartridge, "The Refugees from the Island of St. Domingo in Maryland," *Maryland Historical Magazine* 38 (June 1943), pp. 103-107.

57 Childs, *French Refugee Life in the United States*, pp. 89-90.

58 Williamson to Dundas, 10 August 1793, C.O. 137/91, PRO.

59 Ebenezer Pettigrew to James Iredell, 4 July 1804, James Iredell Papers, Duke University Library.

60 Boston *Independent Chronicle*, 8 November 1793; Baltimore *Daily Intelligencer*, 4 December 1793.

61 *Journal des Révolutions de la partie française de Saint-Domingue* (Philadelphia), 28 octobre, 9 décembre 1793, RSD.

62 Thomas D. Candy, *A Digest of the Laws of the United States and the State of South Carolina, now of Force,* (…) *for the Government of Slaves and Free Persons of Color* (Charleston, 1830), p. 147; Terry, "Impact of the French Revolution," pp. 63-64.

63 *Digest to the Laws of the State of Georgia, from its Settlement as a British Province, in 1755, to the Session of the General Assembly in 1800, Inclusive* (Savannah, 1802), pp. 442-443; James Iredell, *Laws of the State of North Carolina* (Edenton, 1791), pp. 1-2, 10-11; *Laws of Maryland,* n.p. (1797); Higginson, *Travellers and Outlaws*, p. 208.

64 "In Council," 14 January 1795; Thomas Newton to Governor, 28 April, 9 June, 11 June, 23 June, 29 June 1795; A. Dunscomb to Lieutenant Governor Wood, 18 September 1795, CVSP, VII, p. 475, VIII, pp. 254-256, 260, 274, 277-278, 298.

65 George Parker Winship, "French Newspapers in the United States from 1790 to 1800," *Papers of the Bibliographical Society of America* 14 (1920), pp. 82-91; *The American Star, or, Historical, Political, and Moral Journal* (Philadelphia), 4 February 1794, file in Historical Society of Pennsylvania, Philadelphia (이후 HSP로 표기).

66 *Journal de Révolutions de la partie française de Saint-Domingue*, 6 janvier 1794, file in HSP; "Les citoyens de couleur de Philadelphia à L'Assemblée Nationale," 24 [September] 1793, RSD; *American Star*, 6 February 1794.

67 몇몇 동부 연안 주의 도망노예 수배 광고에 관해서는 다음을 참조하라. *American Star*,

4 March, 1 April, 10 April, 1 May 1794.

68 "Queries Respecting the Slavery and Emancipation of Negroes in Massachusetts, Proposed by the Hon. Judge Tucker of Virginia, and Answered by the Rev. Dr. Belknap. Williamsburg, Virginia, January 24, 1795," *Collections of the Massachusetts Historical Society*, 1st ser. (1795), p. 206. *Cities, 1790-1825* (Charlottesville, 1967), p. 33; George C. Rogers, Jr., *Charleston in the Age of the Pinckneys* (Norman, 1969), p. 141.

69 W. E. B. DuBois, *The Philadelphia Negro: A Social Study* (Philadelphia, 1899), p. 17; Everett S. Lee and Michael Talli, "Population," in David T. Gilchrist ed., *The Growth of the Seaport Cities, 1790-1825* (Charlottesville, 1967), p. 33; George C. Rogers, Jr., *Charleston in the Age of the Pinckneys* (Norman, 1969), p. 141.

70 Samuel Hopkins to Granville Sharp, 15 January 1789, in Hoare, ed., *Memoirs of Granville Sharp*, pp. 340-342; E. S. Thomas, *Reminiscences of the Last Sixty-Five Years, Commencing with the Battle of Lexington*, 2 vols. (Hartford, 1840), I, pp. 77-78.

71 다음에서 뉴포트 바워스의 취조 기록을 보라. 16 December 1793, in papers of *Juno* (1793), JHCVA Papers, JA. 바워스가 볼티모어에 살았다는 가정은 전적으로 그가 "고향"에 돌아가려고 볼티모어행 선박의 자리를 잡았다는 사실에 기초한 것이다. 본문 내용을 보라.

72 Examinations of Bowers; George Parker and Robert Ellis, 14 December 1793; and James Fuller, 17 December 1793, ibid.를 참조하라. "외국인" 흑인 크레올 구입을 금하는 에스파냐의 훈령에도 불구하고 승무원들은 아바나에서 이들을 팔 수 있으리라 자신했다는 점을 새겨 볼 필요가 있다.

73 Balance sheet, 25 May 1795, ibid.

74 Entry of 18 November 1791, "Minutes of the proceedings of the Magistrates and Inhabitants of Honduras respecting a Cargo of Slaves from St. Domingo landed and left on English Key," C.O. 137/90, PRO.

75 Examinations of Parker and Fuller, papers of *Juno*, JHCVA Papers, JA. 이들 가운데 누군가도 다른 이처럼 팔렸거나 바워스와 함께 투옥되었는지는 분명하지 않다.

76 Examinations of Peter Torris, 25 November 1793, and William Johnson, n.d. [November 1793]; affidavit of James Patterson, 30 November 1793, in papers of *Rising Sun* (1793), JHCVA Papers, JA.

77 Examinations of David Crocker and Howland Powers, 25 October 1793, in papers of *Nancy* (1793), JHCVA Papers, JA.

78 Ginna [?] to "Miss Polly Morgan at Mrs. Russel's Widow, No. 5 White point, Charleston," 28 August 1793, in papers of *Fox* (1793), JHCVA Papers, JA.

79 *Journal des Révolutions de la partie française de Saint-Domingue*, 28 octobre 1793; *New York Journal and Patriotic Register*, 16 October 1793, quoted in Treudley, "United States and Santo Domingo," p. 124; Nathaniel Russell to Ralph Izard, 6 June 1794 (다음에 재수록), Ulrich B. Phillips, "The South Carolina Federalists, II," *American Historical Review* 14 (July 1909), p. 735; Terry, "Impact of the French Revolution," p. 80.

80 New York *Minerva*, 16 July 1796, (다음에 재수록) Terry, "Impact of the French Revolution," p. 102; Edward Rutledge to John Rutledge, Jr., 21 November 1797, John Rutledge Papers, Duke University Library; J. Alison to Jacob Read, 5 December 1797, Jacob Read Papers, Duke University Library; Lisle A. Rose, "A Communication," *William*

and Mary Quarterly, 3rd ser., 26 (January 1969), pp. 162-164.

81 Deposition of John Randolph, 21 July 1793, E. Langhorn to Governor, 3 August 1793, CVSP, VI, pp. 452-453, 470.

82 Willis Wilson to Governor, 21 August 1793, CVSP, VI, p. 490; Thomas Newton to Governor, 1 October 1793, CVSP, VI, pp. 571-572.

83 Minute Book, Hustings Court (1791-1797), p. 85, Petersburg Courthouse, Petersburg, Virginia; Robert Mitchell to J. Marshall, 23 September 1793, CVSP, VI, p. 547.

84 Bogger, "Slave Resistance in Virginia," p. 92에서 재인용.

85 Virginia *Argus* (Richmond), 3 October 1800. 개브리얼 반란 사건에 관해 더 보려면 Mullin, *Flight and Rebellion*, pp. 140-163을 참조하라. 개브리얼 반란 불과 몇 주 전에 애덤스 대통령은 생도맹그에 있는 투생 루베르튀르 정부와의 교역에 걸었던 금수령을 해지했다. 에필로그를 참조하라.

86 "Extract from a charge delivered to the African Lodge, June 24th, 1797 (…) by the Right Worshipful Prince Hall." 다음에 재수록. William Cooper Nell, *The Colored Patriots of the American Revolution, with Sketches of Several Distinguished Colored Persons* (Boston, 1855), p. 64.

87 St. George Tucker, *Letter to a Member of the General Assembly of Virginia on the Subject of the late Conspiracy of the Slaves, with a Proposal for their Colonization,* 2nd ed. (Richmond, 1801), pp. 10-11.

에필로그

1791년 말 생도맹그 폭동에 관한 최초의 뉴스가 자메이카에 도착한 직후, 북부 해안의 교구에서 온 어느 기민한 노예는 자기 동료들이 자메이카에서 비슷한 폭동을 일으킬 계획을 세우는 것을 보고 경고를 하나 했다. 그의 경고에 따르면, 아무리 반란 계획을 짜도 "백인이 바다와 연결된 통신망을 가지고 있는 한 니그로는 아무것도 할 수 없다."[1] 19세기가 시작되며 새로운 생도맹그 사회가 출현해 10년 전만 해도 불가능해 보이던 일, 즉 바다 위에 자율적인 흑인 공동체가 존재할 수 있다는 가능성을 제시했다. 투생 루베르튀르는 생도맹그혁명을 공고하게 만들 방편으로 당연하게도 "바다와 연결된 통신망"에 눈을 돌렸다. 그러나 서반구에 흑인 반란이 퍼지는 것을 방지하고자 노력하던 아메리카 전역의 노예 소유주 세력은 흑인 반군이 바다에 접근하는 것을 막아 생도맹그가 나머지 아메리카 지역과 접촉하는 것을 제약하고자 결연하게 행동에 나섰다.

개브리얼이 1800년 리치먼드 반란 사건을 준비할 무렵, 생도맹그는 독립의 문턱에 서 있었다. 해방노예군은 투생의 지도 아래 1796년 에스파냐 점령군을 물리쳤고, 2년 후에는 영국군이 생도맹그를 병합하기 위해 들인 5년간의 값비싼 노력을 포기하게 만듦으로써 그보다 더 큰 승리를 거머쥐었다. 영국군 사령관인 토머스 메이틀랜드(Thomas Maitland)는 퇴각하면서 투생과 공인되지 않은 "비밀 협약"을 맺었다. 투생이 자메이카로 혁명을 수출하지 않겠다고 약속하는 대가로 영국은 생도맹그 일에 더는 간섭하지 않기로 약속했다.

이 조약 후 2년 동안 영국과 미국 모두 투생의 정권을 어떻게 다룰 것인가 하는 골치 아픈 외교적 문제와 씨름했다. 투생 쪽에서는 수년간의 전쟁 후 식민지를 재건하는 데 필요한 무역을 유치하고자 두 나라에 화해의 손짓을 보냈다. 런던과 필라델피아에서 활발한 논의가 오간 끝에 영국과 미국 정부 양쪽의 승인을 받은 정책이 탄생했다. 영국과 미국은 투생의 지배 아래 있는 생도맹그 지역과 무역을 개시하고 정치적 독립을 향한 생도맹그 식민지의 움직임을 지지하여 아메리카 내 프랑스 제국에 타격을 입히는 데 합의했다. 1799년 5월 투생은 또 다른 일련의 비밀 교섭을 통해 몇 주 전 영국과 미국 대표가 필라델피아에서 조율한 조건에 동의했다. 하지만 투생과 이웃한 힘세고 걱정 많은 나라들은 생도맹그가 실질적인 독립을 얻도록 조력하기보다는 이 협약을 이용하여 카리브해 지역 내 문제에서 그가 자율적으로 행동할 일체의 가능성을 봉쇄하고자 했다.[2]

1798년과 1799년 미국과 영국이 바삐 생도맹그의 미래를 논하는 동안, 생도맹그에서 온 주인 없는 사람들은 필라델피아에서 베네수엘라까지 걸친 각지의 항구도시에 나타나 혁명 사상을 실어 날랐다. 이미 미국의 연방의회에서는 반항적인 외국인을 신생국 영토에서 쫓아내고 내부 불만을 억압하고자 만들어진 '외국인과선동법(Alien and Sedition Acts)'을 두고 열띤 논쟁이 벌어지고 있었는데, 1798년 6월 이 문제를 더 절박하게 느끼게 하는 사건이 벌어졌다. 필라델피아에서 얼마 안 떨어진 델라웨어강에 생도맹그에서 온 프랑스 선박들이 정박해 있었는데 여기 타고 있던 흑인 250명에서 300명가량이 "위험한 반란"을 모의한다는 뉴스가 의회 강당에 당도했다. 장교들이 보고한 바에 따르면 "니그로로만 이루어진 소형 전함 1척의 승무원들이 (…) 니그로를 태운 다른 배들 사이를 오가며" 자기 배에 머물러야 한다는 규제를 깨고 상륙을 시도 중이라는 것이다.[3] 1799년 5월에는 생도맹그에서 온 여러 인종으로 구성된 승무원들이 거짓 구실을 대고 프랑스 배 3척을 베네수엘라 해안의 마라카이보 항구에 몰고 와서 에스파냐 당국에 대항하여 현지민의 반란을 선동하고자 했다.[4] 같은 해 얼마 후에는 생도맹그의 반란자가 "자유라는 마법의 언어를 빌려" 혁명을 수출할 것이라는 자메이카 백인의 오랜 두려움이 거의 실현되는 듯 보였다. 1799년 2월 영국 관료는 생도맹그에서 온 유대인 상인으로 프랑스와 카리브해에서 벌어진 혁명을 지지하던 아이삭 사스포르타스(Isaac Sasportas)를 처형했는데, 죄목은 생도맹그가 자메이카를 침략하기 위해 흑인 지지 세력을 규합하려는 목적으로 섬에 침투했다는 것이었다. 사스포르타스가 받은 지령은 자유로운 교역이 잠재적으로 선동적 성격을 지니고 있음을 명확히 입증했으니, 그는 산티아고데쿠바에서 온 에스파냐인 밀수꾼들과 자메이카에 도착해 "[프랑스의] 정치 이념에 대한 여론"을 타진하고자 "술집에 자주 드나들었고", 도망노예 지도자들과도 만났다.[5]

투생과의 관계 회복에 비판적인 이들은 생도맹그와의 해상무역을 허가해 주면 이런 일이 더 자주 생겨서 노예 관리를 어렵게 만들 뿐이라고 생각했다. 1799년 애덤스 대통령이 생도맹그 무역 금지령을 해제한 후, 토머스 제퍼슨은 "이제 우리는 흑인 승무원, 화물관리인, 선교사가 그곳으로부터 남부 주로 들어올 것을 예상할 수 있다."라면서 "이 불씨가 어떤 명목으로든 우리 사이에 들어온다면 두려워해 마땅하다."라고 말했다. 제퍼슨과 마찬가지로 자메이카 해군기지 사령관인 영국 제독 하이드 파커(Hyde Parker)도 "유색인과의 의사소통에 대해 (…) 강한 반대"를 표명했다. 자메이카 도의회는 식민지 정책 결정자들에게 투생과의 협정을 재고할 것을 요청했는데, "부적절하고 위험한 인물"이 자메이카와 생도맹그 사이를 여행하는 것을 막거나 생도맹그에 있는 사상 최악의 반란 노예와 우리 정부 사이에 공인된 교류가 존재한다는 사실을 자메이카 노예에게 숨기는 것은 "거의 불가능할" 것이기 때문이었다.[6]

정부가 프랑스의 반란 식민지와 상업적, 외교적 관계를 쌓는 것을 막지 못하자 현지 관료는 익숙한 방편을 통해 대비하려 했다. 예를 들어 자메이카 도의회는 투생과 무역하려는 상인과 선장에게 허가증을 발행할 때 엄격한 조건을 부과하는 조치를 통과시켰다. 이 규제 조치는 선장이 프랑스 선원과 "니그로, 혹은 물라토로 분류되는 유색인"을 고용하지 않겠다는 협의문에 서명하고, 생도맹그에서 돌아오자마자 세관에 서류를 제출하여 "외국인이 선원이라는 명목으로 배에 타고 들어오지 못하도록" 강제했다. 무허가 통신망을 막기 위한 또 하나의 안전 조치로, 영국령과 프랑스령 섬들 사이의 무역을 관할하는 자메이카 법령은 감찰위원회(Board of Police)가 영국 배에 실려 양방향으로 오가는 모든 편지를 검사하도록 했다.[7]

하지만 투생과 맺은 1799년 5월 협약의 비밀 조항에는 이와 같은 목적을 위해 만들어진 더 광범위하고 효과적인 조치들이 포함되어 있었다. 영국 내무대신은 투생과의 조약에 대한 비판에 응수하여 이 협약이 다른 영토의 니그로와 "우리 섬의 니그로 사이에 벌어질 수 있는 일체의 통신에 대비한 최선의 안보 조치"를 제공한다고 반박했다.[8] 관료들 간의 개인 서신을 보면 생도맹그에 대한 영국과 미국의 정책이 흑인의 의사소통망을 통제하는 데 특별히 초점을 맞췄음이 드러난다. 영국과 미국은 당시 수많은 외교적 문제를 두고 마찰을 빚었지만 "두 나라의 노예 사이에 위험한 원칙이 퍼지지 않도록 막는 데에는 공통의 이해관계"가 있음을 깨닫고는, "산토도밍고 니그로가 누리는 자유 때문에 제기되는 주된 위험은" "결과적으로 그들의 항해가 늘어나는 것"이라고 의견을 모았다. 미국 주재 영국 공사였던 로버트 리스턴(Robert Liston)은 필라델피아에서 영국 정부와 미국 정부 관료 사이에 벌어진 문제의 회합에 참여하여 조약의 초안 작성을 도왔는데, 그는 이때 벌어진 논의를 요약하면서 영국과 북미는 "산토도밍고섬에서 벌어지는 모든 해상 작전과 활동을 '완전히(in toto)' 혹은 최대한 틀어막기 위해" 힘을 합칠 것이라고 선언했다.[9]

투생은 1798년 영국에 대항한 전쟁에서 승리했을지언정 평화는 분명히 잃어버린 셈이었다. 그의 예전 적에게는 달가운 일이었지만, 그는 영국과 미국 선박에 공동으로 생도맹그 해외무역에 대한 독점권을 부여함으로써 사실상 생도맹그가 "다른 생필품은 물론 매일의 식량을 얻는 데 우리에게 완전히 의존하게" 만들었다.[10] 현지 선박은 항구 사이에 벌어지는 연안 무역에 대한 통제권을 어느 정도 회복했지만, 조약의 규제 때문에 무장한 "국가 귀속 선박"으로 구성된 투생의 신생 함대나 작은 보트의 활동에는 "심각한 제약"이 부과되었다. 이 규제 조치는 선박의 톤수와 승무원 규모를 제한했고, 결정적으로 모든 현지 선박이 해안으로부터 5리그, 즉 15마일 반경 바깥으로 나갈 수 없게 했다. 이를 어긴 배는 나포 대상이었다.[11]

투생에게는 실망스럽게도 생도맹그 연안을 순찰하는 영국 순양함은 해상 활동에 대한 이러한 제약을 엄격히 강제했다. 당연한 일이지만 영국 지휘관들은 투생의 지휘 아래 있는 무장 선박들에 가장 큰 관심을 쏟았다. 한 영국 보고서에 따르면, 1799년 12월 투생의 "해상 전력"은 "주로 니그로들이" 탄 배 13척과 700명 남짓한 선원으로 구성되었다.[12] 영국 기준에서 보면 이 함대는 별것 아니었지만, 영국 해군은 이 배들과 여기 탄 흑인 승무원을 잠재적인 말썽거리로 간주하고는 곧 그들이 협약 조항을 어겼다고 비난했다. 1799년 말 영국 장교들은 투생의 명령에 따라 포르레퓌블리캥(Port Républicain)*에서 남부 해안의 자크멜로 향하던 "작은 해군 함대"를 나포했다고 보고했다. 영국 전함은 이 배들이 15마일 반경 제약을 벗어나 자메이카 동부에 위험하리만치 가까이 항해했다고 주장하면서, 400명 이상이 탄 배 4척을 전리품 삼아 포트로열에 끌고 왔다. 1800년 2월 영국 선박들은 바다에서 "뱃사람 500명에서 600명가량"을 잡아서 자메이카의 혼잡한 감옥에 전쟁포로로 가뒀다. 파커 제독은 포로들을 풀어 주면 바로 사략선에 올라타 자메이카 배를 공격할 것이라고 주장하며, 이들을 생도맹그로 돌려보내라는 투생과 밸캐러스 총독의 요청을 거부했다.[13]

---

* 예전의 포르토프랭스.

파커는 투생과의 조약에 강경하게 반대했으며, 많은 영국 배가 그의 지휘 아래 주어진 권한의 경계를 열심히 넘나들었다. 그들은 의심스러운 구실을 붙여 무장한 배들을 가로막았으며 해안 무역에 종사하는 더 작은 배들을 위협하고 나포했다. 투생이 "내 배들을 존중해 달라"고 거듭 요청했는데도 영국 해군 순양함들은 종종 화물용 바지선까지 먹이로 삼아 강제로 상륙시켜 전리품으로 삼곤 했다.[14]

결국 영국과 그 외 열강은 생도맹그에서 발생하는 독립적인 해상 활동 일체를 신속히 분쇄함으로써 생도맹그의 흑인 반란자들을 봉쇄하려는 노력에 박차를 가했다. 1799년 쿠바에서도 다음 해 자메이카에서도 관료들은 생도맹그에서 배를 사들이려고 파견한 사절에게 스쿠너를 판매하지 못하게 막았다. 심지어 미국 배 1척이 생도맹그로 밀수해 들어가던 화물 가운데 돛을 만드는 천이 소량 숨겨진 채 발견되자 영국 상인들은 투생이 은밀하게 해상 원정을 획책한다고 의심했다.[15]

1798년에서 1800년 사이의 불확실한 시기에 시작된 봉쇄 정책은 생도맹그를 이웃들로부터 고립시키는 데 성공함으로써 10년에 걸친 전쟁 후 식민지를 재건하고 평등한 입장에서 국제사회에 합류하려던 투생의 꿈을 좌절시켰다. 이러한 실패는 생도맹그에서 투생의 지지 기반을 심각하게 갉아먹어 종국에는 몰락을 가져왔다. 1801년* 나폴레옹 원정군은 이 흑인 지도자를 생포하여 프랑스의 감옥으로 추방했는데, 이는 본국의 신(新)정부가 식민지에서 노예제를 복구하고자 입안한 계획의 일부였다.**

하지만 이어진 사건을 보면 영국 시인 윌리엄 워즈워스나 아프로아

---

* 원문에는 1801년이라고 나오지만 실제는 1802년.

** 1799년 나폴레옹이 쿠데타로 정권을 장악하고 통령정부의 수반이 된 이후 프랑스의 식민지와 노예제 정책이 뒤집혔다. 프랑스 식민지에 원정군이 파견된 결과 영국군의 점령으로 노예해방이 실행되지 못했던 마르티니크는 원래대로 돌아갔고, 노예해방이 실행되었던 과들루프에서는 전투 끝에 노예제가 복구되었다. 그러나 생도맹그로 온 원정대는 투생을 생포했지만 계속된 전쟁에서 패배하여 결국 생도맹그는 아이티로 독립했다.

메리카인 프리메이슨이던 프린스 홀의 믿음이 증명되었음을 알 수 있다. 워즈워스가 1802년 투생의 죽음이 임박했다는 소식을 듣고 예측했듯이 "모두의 바람을 들이마시는 누구도" 투생을 잊지 않았고, 그의 죽음조차도 생도맹그혁명의 기세를 뒤집을 수는 없었다. 프랑스 병사들은 황열병에 유린당하는 한편 흑인 군단의 저항을 보며 프랑스혁명의 유산을 계속 떠올리고 있었으니,• 이들은 그토록 큰 대가를 치르고 얻어 낸 자유를 보전하기 위해 싸우는 해방노예의 상대가 되지 못했다. 1804년 1월 1일, 장-자크 데살린(Jean-Jacques Dessalines)은 아이티가 신세계에서 두 번째로 독립한 공화국임을 선포했다. 독립 후에도 아이티는 흑인 해방의 대의를 계속 지지했다. 1807년 처음 발행된 『아이티국 공식 관보(*Gazette officielle de l'etat de Hayti*)』 첫 호는 최근 벌어진 영국의 노예무역 폐지를 기념하여 전체 이야기를 연재물로 실으면서 윌리엄 윌버포스와 다른 주요 노예제폐지론자의 역할을 강조했다.[16] 흑인 공화국의 주민은 서반구 다른 지역에 있는 흑인과의 의사소통망도 유지했다. 노예혁명으로 태어난 신생국을 괴롭히던 수많은 경제적·정치적 문제가 있었음에도, 아이티인들은 라틴아메리카의 정치적 자유를 위한 운동에 중요한 기여를 했다.

아이티 독립 후 1년이 지난 1805년부터 벌써 브라질 관료는 리우데자네이루 민병대 내 흑인이 데살린의 초상화를 다는 것을 금지했다.[17] 1804년 이후 자메이카에서 도망친 노예에 관해 영국 관료의 불평이 집중되는 곳은 쿠바가 아니라 아이티였다. 1818년 자메이카로 돌아온 한 도망노예는 아이티에 머무는 동안 자메이카 출신 도망자 "30명에서 40명가량"을 보았다고 증언했고, 아이티에서 온 선원이 탈출하는 노예를 자주 격려하고 도와주었다고 말했다. 이 선원 중 일부는 자메이카나 다른 지역

• 아이티독립전쟁을 다루는 당시 기록에는 원래 유럽에서 혁명군으로 싸우던 프랑스군이 프랑스혁명가를 부르며 자유를 위해 싸우는 흑인 병사의 투쟁을 보며 자신의 대의에 의문을 가졌다는 내용이 등장한다.

의 도망자 출신이었을 수도 있다. 1818년 6월에는 자메이카 흑인 수병 4명이 해군 전역 후 런던에 발이 묶여서, 섬으로 돌아갈 방도를 찾고자 '극빈층선원 구호위원회(Committee for the Relief of Destitute Seamen)'에 도움을 청했다. 하지만 그중 2명이 고향으로 돌아가길 바란 것은 단지 "그러면 산토도밍고로 가기 쉽기" 때문이었다. 그들은 거기 가면 "화물용 바지선이나 연안 무역선에서 일거리를 찾을 수 있으리라" 희망했다.[18] 관료들은 종종 자메이카 거리에서 조직 활동에 여념이 없는 아이티인을 발견하기까지 했다. 1817년 도의회는 토머스 스트래포드(Thomas Strafford)라는 아이티 주민이 "매우 해로운 인쇄물을 이곳에 유포"했다는 혐의를 제기하며 "흑인과 백인에 관한 고찰"이라는 제목의 팸플릿을 증거로 들었다.[19]

에스파냐령 아메리카에서 독립운동이 벌어지는 동안 아이티 지도자들은 시몬 볼리바르(Simón Bolívar)와 기타 혁명가에게 피난처를 제공했다. 1817년 볼리바르는 "베네수엘라의 적에 맞서" 싸우기 위해 아이티의 레카이에서 "여러 나라 출신에 피부색도 다양한" 승무원들로 채운 배를 준비시켜 출항했는데, 베네수엘라 깃발 아래 항해한 배들 다수는 사실 "아이티 주민이 소유하고 조종하는" 배였다. 1810년대 에스파냐 관료는 아이티의 흑인 시민이 멀리는 멕시코까지 아메리카의 독립운동을 공공연히 옹호한다고 보고했다. 에스파냐 배들은 에스파냐령 아메리카의 항구로 향한 배들에서 아이티 신문 『텔레그래프(*Le Telegraph*)』를 압수했는데, 보다시피 신문 제목("전보")조차 원거리 통신의 이미지를 활용했다.[20]

19세기 내내 그리고 20세기까지도 아프리카계 미국인은 아이티의 자유가 보여 준 실례에 영감을 받았고, 아이티와 직간접적 관계를 유지했다. 찰스턴의 덴마크 베시는 어릴 때 배에서 일하는 사환으로 여러 번 카리브해를 다녀왔고 생도맹그에서 몇 년간 거주했는데, 그는 1822년 노예와 자유민 흑인의 봉기를 조직하면서 적어도 부분적으로는 아이티를 참조항으로 삼았다. 베시와 그 부하들은 흑인 신생국에서 무슨 일이 벌어지는지 주시하며 신문 기사를 돌려가며 읽었다. 베시의 재판에서 그의 동료는 그가 "산토도밍고와 관련된 신문 기사에 나오는 모든 문장을 내게 읽어 주는 버릇이 있었다."라고 증언했다. 베시는 찰스턴과 아이티를 오가는 무역선에서 일하는 흑인 요리사들을 통해 연락을 주고받는다고 주장하며, 추종자들에게 우리가 일단 자유를 위해 첫 일격을 날리기만 하면 아이티인이 도우러 올 것이라고 약속했다.[21] 1820년대에는 미국에서 아이티로 이주하는 자유민 흑인의 물결이 최초로 나타났고, 흑인들은 노예제가 종식되고 한참 후까지도 흑인 공화국으로 이주했다.[22]

해방노예였던 윌리엄 웰스 브라운(William Wells Brown)과 같은 19세기 아프리카계 미국인 역사가들은 생도맹그혁명을 아프로아메리카인의 역사에서 중추적 역할을 한 사건으로 규정했다. 브라운은 1850년대에 이 주제로 강연을 했고, 투생 루베르튀르와 아이티 역사를 연구하기 위해 런던과 파리의 문서고를 방문했다. 오늘날까지도 투생과 아이티혁명은 여전히 북미 흑인의 문화적 기억에서 중심적 위치를 차지하고 있다. 브라운이 아이티혁명에 관한 대중강연을 출간한 지 한 세기 후, 응토자케 샹게(Ntozake Shange)•는 투생을 1950년대 미국 중서부에서 성장한 소년으로 형상화했으니, 이를 통해 그의 최근 작품에서 가장 기억에 남는 장면이 탄생했다.[23]

• 미국의 흑인 페미니즘 극작가로서 여기서 가리키는 작품은 『무지개가 떴을 때 자살을 생각한 흑인 소녀들을 위해(*For colored girls who have considered suicide, when the rainbow is enuf*)』(1977)라는 무용시극(choreopoem)이다. 작품 속에서는 1955년, 8세의 한 흑인 소녀가 도서관에서 우연히 투생 루베르튀르와 아이티혁명에 관한 책을 읽은 후 투생에 매료되어 세인트루이스에 갔다가 이름이 투생인 흑인 소년을 만나는 장면이 나온다.

주

1 "Minutes of the examination of Duke," 11 January 1792, C.O. 137/90, PRO.

2 이 시기에 벌어진 극도로 복잡한 외교에 관해 자세히 알고 싶다면 다음을 참조하라. Logan, *Diplomatic Relations of the United States with Haiti,* pp. 64-111; Alexander DeConde, *The Quasi-War: The Politics and Diplomacy of the Undeclared War with France, 1797-1801* (New York, 1966), pp. 130-141; and Bradford Perkins, *The First Rapprochement: England and the United States, 1795-1805* (Philadelphia, 1955), pp. 106-111.

3 United States, Congress, *The Debates and Proceedings of the United States Congress* (*Annals of Congress*), 42 vols. (Washington, 1834-1856), 5th Congress (1797-1799), vol. II, col. 2057; Lewis Toussard to Secretary of War, 28 June 1798; (다음에 재수록) United States, Office of Naval Records and Library, *Naval Documents Related to the Quasi-War between the United States and France,* 7 vols. (Washington, 1935-1938), I, p. 149 (이후 Quasi-War Documents로 표기).

4 Manuel de Guevara to Antonio Cornel, Caracas, 31 August 1800, AGI, Caracas, leg. 97.

5 Parker to Spencer, 8 December 1799, in Corbett and Richmond, eds., *First Lord of the Admiralty*, III, pp. 282-283; Antoine Chaulatte to Minister of the Marine (translation), [1800], C.O. 137/105, PRO; John Wigglesworth to Duke of Portland, 26 December 1799, War Office Records, Class 1/Vol. 74, PRO (이후 W.O. 1/74, PRO로 표기); "Dispositions à suivre pour preparer la descente et s'emparer de l'Isle de la Jamaïque," n.d., C.O. 137/103, PRO.

6 Thomas Jefferson to James Madison, 12 February 1799, reprinted in Paul Leicester Ford, ed., *The Writings of Thomas Jefferson,* 10 vols. (New York, 1892-1899), VII, p. 349; Hyde Parker to Lord Spencer, 19 May 1799. (다음에 재수록.) Julian S. Corbett and H. W. Richmond eds., *Private Papers of George, Second Earl Spencer, First Lord of the Admiralty, 1794-1801*, 4 vols. (London, 1913-1924), III, pp. 275-276; Jamaica Assembly, *Report from the Committee Appointed to Inquire into the State of the Colony* (1800), p. 15.

7 Jamaica Assembly, *Report from the Committee to Inquire into the State of the Colony* (1800), p. 48; Balcarres to Portland, Maitland to Balcarres, 4 June 1799, C.O. 137/102, PRO.

8 Portland to Balcarres, 17 June 1799, C.O. 137/101, PRO.

9 생도맹그와의 교역에 관한 토머스 피커링(Thomas Pickering)의 "조항(Articles)"에 관해서는 다음을 참조하라. Adams ed., *Works of John Adams*, VIII, 639n.; Robert Liston to Edward Robinson, 4 November 1800, C.O. 137/105, PRO.

10 Portland to Balcarres, 17 January 1799, C.O. 137/101, PRO.

11 Thomas Maitland to Hyde Parker, 31 May 1799, C.O. 137/102, PRO; Edward Stevens to Christopher R. Perry, 11 October 1799, *Quasi-War Documents*, IV, pp. 279-280.

12 "List of General Toussaint's force by sea," [1 December 1799], *Quasi-War Documents,* IV, pp. 468-469.

13 Wigglesworth to Portland, 20 December 1799, W.O. 1/74, PRO; Henry Shirley to Edward Shirley, 21 May 1800, C.O. 137/104, PRO; Parker to Balcarres, 6 February

1800, C.O. 137/105, PRO.

14 "Extract of a Letter from Gen. Toussaint to Edw. Robinson dated 26 Fructidor an 8," Edward Corbet to Balcarres, 31 March 1801, C.O. 137/105, PRO.

15 Marqués de Someruelos to Mariano Luis de Urquijo, La Habana, 6 August 1799, AGI, Estado, leg. 2, doc. 11; H. Shirley to E. Shirley, 21 May 1800, C.O. 137/104, PRO; Hugh Cathcart to Balcarres, 16 September 1799, C.O. 137/102, PRO.

16 *Gazette officielle de l'état de Hayti* (Port-au-Prince), 7, 14 mai 1807, copies in British Library, London.

17 Luiz R. B. Mott, "A revolução dos negros do Haiti e o Brasil," *Mensario do Arquivo Nacional* (Rio de Janeiro) 13 (1982), p. 5.

18 George Hibbert to Lord Bathurst, [April 1818], J. Erokson to Henry Gaulburn, 17 June 1818, C.O. 137/146, PRO; Patterson, *Sociology of Slavery*, p. 263.

19 Jamaica Assembly, Sessional Papers, 28 November 1817, C.O. 140/100, PRO.

20 Examination of Antoine Louis Pellerin, 23 May 1817, C.O. 137/144, PRO; J. Fray to John Bennett, Jr., 21 November 1816, C.O. 137/145, PRO; "Papeles que remite desde la bahía de Santo Domingo el Comandante del bergantín Perignon," 12 March 1817, AGI, Estado, leg. 4, doc. 13. 다음 글은 라틴아메리카 독립에서 아이티의 역할을 요약해서 보여 준다. Eleazar Córdova-Bello, *La independencia de Haití y su influencia en Hispanoamérica* (Caracas, 1964), pp. 115-170.

21 John Lofton, *Insurrection in South Carolina: The Turbulent World of Denmark Vesey* (Yellow Springs, Oh., 1964), pp. 5-26, 73; *The Trial Record of Denmark Vesey* (Boston, 1970), pp. 28, 42, 68, 70-71, 88, 93, 117; confessions of Bacchus and John, n.d., Hammet Papers.

22 Floyd J. Miller, *The Search for a Black Nationality: Black Emigration and Colonization, 1787-1863* (Urbana, Chicago, and London, 1975), pp. 74-82, 232-249.

23 William Wells Brown, *St. Domingo: Its Revolutions and its Patriots* (Boston, 1855); *ibid.*; *The Rising Son; or, The Antecedents and Advancement of the Colored Race* (Boston, 1874), pp. 140-242; Ntozake Shange, *For colored girls who have considered suicide/when the rainbow is enuf* (New York, 1977), pp. 25-30.

참고문헌

1차 사료

필사본

Archivo General de Indias, Sevilla, Spain.
  Sección de Gobierno, Audiencia de Caracas, legajos 15, 94-97, 113-115, 153, 168, 180, 426, 472, 503, 505, 507, 514, 907.
  Sección de Gobierno, Audiencia de México, legajos 3024, 3025.
  Sección de Gobierno, Audiencia de Santo Domingo, legajos 953-957, 1027, 1028, 1031, 1032, 1110, 1253-1256, 1259-1264.
  Sección de Indiferente General, legajos 802, 1595, 2787, 2822.
  Sección de Estado, legajos 2, 4, 11, 13, 14, 58, 65.
  Papeles procedentes de la isla de Cuba, legajos 1434, 1435, 1439, 1446, 1460, 1465, 1468, 1469, 1474, 1486, 1488-1490, 1499-A, 1508-A, 1526, 1528.
  Pasquines y Loas, 4.
John Carter Brown Library, Providence, Rhode Island.
  Révolutions de Saint-Domingue Collection.
Duke University Library, Durham, North Carolina.
  Bedinger-Dandridge Family Papers.
  Stephen Fuller Papers.
  William and Benjamin Hammet Papers.
  James Iredell Papers.
  Jacob Read Papers.
  James Rogers Papers.
  John Rutledge Papers.
  Joseph Villars Dubreuil Papers.
  William Wilberforce Papers.
Jamaica Archives, Spanish Town, Jamaica.
  Records of the Jamaica High Court of Vice-Admiralty, 1793-1799.
National Library of Jamaica (Institute of Jamaica), Kingston, Jamaica.
  MS 368, 1731.
Petersburg Courthouse, Petersburg, Virginia.
  Minute Book, Hustings Court (1791-1797).
Public Record Office, London, England.
  Admiralty Records, 1/244, 245.
  Colonial Office Records, 71/14-20; 137/25, 87-91, 95, 96, 98, 101-105, 144, 145; 140/103.
  Foreign Office Records, 4/11.
  War Office Records, 1/74.
University of Virginia Library, Charlottesville, Virginia.

West Indian Travel Journal of Robert Fisher, 1800-1801 (typescript).
West India Committee Archives. Institute of Commonwealth Studies, London. England. Minutes of the West India Planters and Merchants (microfilm, 17 reels), M-915.

출간된 1차 사료

Adams, Charles Francis, ed. *The Works of John Adams*. 10 vols. Boston: Little, Brown, and Co., 1850-1856.

Burdon, Sir John Alder, ed. *Archives of British Honduras*. 3 vols. London: Sifton, Praed, & Co., Ltd., 1931-1935.

Candy, Thomas D., ed. *A Digest of the Laws of the United States and the State of South Carolina, now of Force, ... for the Government of Slaves and Free Persons of Color*. Charleston: A. E. Miller, 1830.

Commerce of Rhode Island, 1726-1800. 2 vols. Boston: Massachusetts Historical Society, 1915.

Corbett, Julian S. and Richmond, H. W., eds. *Private Papers of George, Second Earl Spencer, First Lord of the Admiralty, 1794-1801*. 4 vols. London: Navy Records Society, 1913-1924.

Corre, A. *Les papiers du Général A.-N. de la Salle (Saint-Domingue 1792-1793)*. Quimper: Imprimerie Ch. Cotonnec, 1897.

Debrett, John, ed. *The Parliamentary Register, or History of the Proceedings and Debates of the House of Commons*. 45 vols. London: Printed for J. Debrett, 1781-1796.

Digest to the Laws of the State of Georgia, from its Settlement as a British Province, in 1755, to the Session of the General Assembly in 1800, Inclusive. Savannah: n.p., 1802.

Donnan, Elizabeth, ed. *Documents Illustrative of the History of the Slave Trade to America*. 4 vols. Washington: Carnegie Institution of Washington, 1930-1935.

Ford, Paul Leicester, ed. *The Writings of Thomas Jefferson*. 10 vols. New York: G. P. Putnam's Sons, 1892-1899.

Franco, José Luciano, ed. *Documentos para la historia de Haiti en el Archive Nacional*. La Habana: Archivo Nacional de Cuba, 1954.

Great Britain. Board of Trade. *Report of the Lords of the Committee of Council appointed for the consideration of all matters relating to trade and foreign Plantations*. 6 pts. London: n.p., [1789].

Hoare, Prince, ed. *Memoirs of Granville Sharp. Esq., Composed from own Manuscripts and other Authentic Documents in the Possession of his Family and of the African Institution*. London: Printed for Henry Colburn, 1820.

Iredell, James, ed. *Laws of the State of North-Carolina*. Edenton: Hodge & Wills, 1791.

Jamaica Assembly. *Further Proceeding of the Honourable House of Assembly of Jamaica, Relative to a Bill Introduced into the House of Commons, for Effectually Preventing the Unlawful Importation of Slaves, and Holding Free Persons in Slavery, in the British Colonies*. London: Printed for J. M. Richardson and J. Ridgeway, 1816.

_______. *Journals of the Assembly of Jamaica*. 14 vols. Jamaica: A. Aikman and John Lunan, 1811-1829.

_______. *The New Act of Assembly of the Island of Jamaica. Commonly Called. The New*

Consolidated Act, which was passed by the Assembly on the 6th of November—by the Council on the 5th Day of December—and by the Lieutenant Governor on the 6th Day of December 1788; Being the Present Code Noir of that Island. London: Printed for B. White and Son, J. Sewell, R. Faulder, J. Debrett, and J. Stockdale, 1789.

_______. *The Proceedings of the Governor and Assembly of Jamaica, in Regard to the Maroon Negroes; Published by Order of the Assembly.* London: John Stockdale, 1796.

_______. *Proceedings of the Honourable House of Assembly of Jamaica, on the Sugar and Slave-Trade. In a Session which Began the 23d of October. 1792.* London: Stephen Fuller, 1793.

_______. *Report from the Committee of the Honourable House of Assembly, Appointed to Inquire into the State of the Colony, as to Trade. Navigation, and Culture. Ac. Since the Report made to the House, on the 23d of November, 1792.* St. Jago de la Vega: Alexander Aikman, 1800.

Jameson, John Franklin, ed. *Privateering and Piracy in the Colonial Period; Illustrative Documents.* New York: Macmillan, 1923.

King, Charles R., ed. *The Life and Correspondence of Rufus King; Comprising His Letters, Private and Official. His Public Documents, and His Speeches.* 6 vols. New York: G. P. Putnam's Sons, 1894-1900.

Konetzke, Richard. *Colección de documentos para la historia de la formación social de Hispanoamérica.* 3 vols. Madrid: Consejo Superior de Investigaciones Científicas, 1953-1962.

Memoir of the Life, Writings, and Correspondence of James Currie. 2 vols. London: Longman, Rees, Orme, Brown, and Green, 1831.

Palmer, William P. and McRae, Sherwin, eds. *Calendar of Virginia State Papers and Other Manuscripts. Preserved in the Capitol at Richmond.* 11 vols. Richmond: James K. Goode, Printer, 1875-1893.

La Revolution française et l'abolition de l'esclavage; Textes et documents. 12 tomes. Paris: Éditions d'histoire sociale, [1968].

Robertson, James Alexander, ed. *Louisiana under the Rule of Spain, France, and the United States, 1785-1807.* 2 vols. Cleveland: Arthur H. Clark Co., 1911.

The Trial Record of Denmark Vesey. Boston: Beacon Press, 1970.

United States. Congress. *American State Papers: Documents, Legislative and Executive, of the Congress of the United States, from the First Session of the First to the Second Session of the Tenth Congress, Inclusive. 1789-1809.* 2 vols. Washington: Gales and Seaton, 1834.

_______. *The Debates and Proceedings in the Congress of the United States (Annals of Congress), First to Eighteenth Congress.* 42 vols. Washington: Gales and Seaton, 1834-1856.

_______. Office of Naval Records and Library. *Naval Documents Related to the Quasi-War between the United States and France.* 7 vols. Washington: Government Printing Office, 1935-1938.

Whitaker, Arthur Preston, ed. *Documents Relating to the Commercial Policy of Spain in the Floridas with Incidental Reference to Louisiana.* Deland, Fl.: Florida State Historical Society, 1931.

Williams, Eric, ed. *Documents on British West Indian History, 1807-1833.* Port-of-Spain: Trinidad Publishing Co., 1952.

여행자와 당대인의 기록

Atwood, Thomas. *History of the Island of Dominica.* London: Printed for J. Johnson, 1791.

Beckford, William. *A Descriptive Account of the Island of Jamaica.* 2 vols. London: Printed for T. and J. Egerton, 1790.

Brissot de Warville, J. P. *New Travels in the United States of America, 1788.* Translated by Mara Soceany Vamos and Durand Echeverria. Edited by Durand Echeverria. Cambridge: Harvard University Press, 1964.

[Carteau, Félix.] *Soirées bermudiennes, ou entretiens sur les événemens qui ont opéré la ruine de la partie française de l'isle Saint-Domingue.* Bordeaux: Pellier-Lawalle, 1802.

Chalmers, Colonel. *Remarks on the Late War in St. Domingo, with Observations on the Relative Situation of Jamaica, and Other Interesting Subjects.* London: Nichols and Son, 1803.

Clarkson, Thomas. *An Essay on the Impolicy of the Slave Trade, In Two Parts.* London: J. Phillips, 1788.

_______. *The History of the Rise. Progress, and Accomplishment of the Abolition of the African Slave-Trade by the British Parliament.* 2 vols. London: Longman, Hurst, Rees, and Orme, 1808.

Considerations on the Present Crisis of Affairs, as it respects the West-India Colonies, And the probable Effects of the French Decree for Emancipating the Negroes. Pointing out a Remedy for Preventing the Calamitous Consequences in the British Islands. London: T. Gillet, 1795.

Cugoano, Ottobah. *Thoughts and Sentiments on the Evil and Wicked Traffic of the Slavery and Commerce of the Human Species. Humbly Submitted to the Inhabitants of Great Britain.* London: n.p., 1787.

Dallas, R. C. *The History of the Maroons, from their Origin to the Establishment of their Chief Tribe at Sierra Leone.* 2 vols. London: A. Strahan, 1803.

Ducoeurjoly, S. J. *Manuel des habitans de Saint-Domingue.* 2 tomes. Paris: Lenoir, 1802.

Edwards, Bryan. *The History, Civil and Commercial, of the British Colonies in the West Indies.* 4th ed. 3 vols. London: John Stockdale, 1807.

[Equiano, Olaudah.] *The Life of Olaudah Equiano, or Gustavus Vassa the African. Written by Himself.* London: Isaac Knapp, 1837; reprint ed., New York: Negro Universities Press, 1969.

[Falconbridge, Anna Maria.] *Narrative of Two Voyages to the River Sierra Leone. During the Years 1791-1793. Performed by A. M. Falconbridge.* 2nd ed. London: L. I. Higham, 1802.

Hilliard d'Auberteuil, Michel René. *Considérations sur l'état présent de la colonie française de Saint-Domingue.* 2 tomes. Paris: Grangé, 1776.

Humboldt, Alexander von. *Ensayo politico sobre la isla de Cuba.* La Habana: Publicaciones del Archivo Nacional de Cuba, 1960.

_______. *The Island of Cuba.* Translated by J. S. Thrasher. New York: Derby & Jackson, 1856.

_______. *Personal Narrative of Travels to the Equinoctial Regions of America, during the Years 1799-1804.* Translated and edited by Thomasina Ross. 3 vols. London: G. Bell & Sons, 1831.

Kelly, James. *Voyage to Jamaica, and Seventeen Years' Residence in that Island: Chiefly Written with a View to Exibit Negro Life and Habits.* 2nd ed. Belfast: J. Wilson, 1838.

Lewis, Matthew Gregory. *Journal of a Residence among the Negroes in the West Indies.* London:

John Murray, 1845.
Moreau de Saint-Méry, M. L. E. *Description topographique, physique, civile, politique et historique de la partie française de l'isle Saint- Domingue.* Nouvelle édition. 3 tomes. Paris: Société Française d'Histoire d'Outre-Mer, 1958.
Nation, Robert. *A Letter to a Member of Parliament: proposing a Plan of Regulations for the Better and More Compleat Manning the Navy.* London: Printed for the Author, 1788.
Perkins, Samuel G. *Reminiscences of the Insurrection in St. Domingo.* Cambridge, Mass.: John Wilson and Son, 1886.
Pinckard, George. *Notes on the West Indies.* 2 vols. London: Baldwin, Cradock, and Jay, 1816.
"Queries Respecting the Slavery and Emancipation of Negroes in Massachusetts, Proposed by the Hon. Judge Tucker of Virginia, and Answered by the Rev. Dr. Belknap. Williamsburg, Virginia, January 24, 1795." *Collections of the Massachusetts Historical Society,* 1st ser. (1795).
Thomas, E. S. *Reminiscences of the Last Sixty-Five Years, Commencing with the Battle of Lexington.* 2 vols. Hartford: Case, Tiffany, and Burnham, 1840.
Tucker, St. George. *Letter to a Member of the General Assembly of Virginia on the Subject of the late Conspiracy of the Slaves, with a Proposal for their Colonization.* 2nd ed. Richmond: H. Pace, 1801.
Valous, Marquis de. *Avec les "rouges" aux Iles du Vent: Souvenirs du Chevalier de Valous.* Paris: Calmann-Lévy, 1930.
Walton, William, Jr. *Present State of the Spanish Colonies: including a Particular Report of Hispañola, or the Spanish Part of Santo Domingo.* 2 vols. London: Longman, Hurst, Rees, Orme, and Brown, 1810.

신문

Affiches américaines (Port-au-Prince), 1790.
Affiches américaines (Supplément) (Cap Français), 1790.
The American Star, or, Historical, Political, and Moral Journal (Philadelphia), 1793-1794.
L'Ami de la Liberté, l'Enemi de la Licence (Port of Spain), 1791.
Barbados Gazette (Bridgetown), 1788.
The Charibbean Register, or Ancient and Original Dominica Gazette (Roseau), 1791.
Cornwall Chronicle and Jamaica General Advertiser (Montego Bay), 1791.
Courrier de la France et des colonies (Philadelphia), 1795.
Daily Intelligencer (Baltimore), 1793.
Gallagher's Weekly Journal Extraordinary (Roseau, Dominica), 1790.
Gazette Nationale ou le Moniteur Universel (Paris), 1790.
Gazette officielle de l'état de Hayti (Port-au-Prince), 1807.
Independent Chronicle (Boston), 1793.
Journal des Révolutions de la partie française de Saint-Domingue (Philadelphia), 1793-1794.
Kingston Daily Advertiser (Kingston), 1791.
Morning Chronicle (London), 1792.
Nouvelles diverses (Port-au-Prince), 1790.
Royal Gazette (Kingston), 1787, 1791-1793.

St. George's Chronicle and New Grenada Gazette (St. George's, Grenada), 1790.
Savanna-la-Mar Gazette (Savanna-la-Mar, Jamaica), 1788.
Virginia Argus (Richmond), 1800.

2차 사료

1900년 이전에 출간된 저서와 논문

[Aspinall, James]. *Liverpool a Few Years Since, by an Old Stager.* 2nd ed. Liverpool: A. Holden, 1869.

Barbé-Marois, *François. The History of Louisiana. Particularly of the Cession of that Colony to the United States of America: with an Introductory Essay on the Constitution and Government of the United States.* Translator anonymous. Philadelphia: Carey and Lea, 1830.

Bréard, Charles. *Notes sur Saint-Domingue, tirées des papiers d'un armateur du Havre. 1780-1802.* Rouen: Imprimerie de Espérance Cagniard, 1893.

Bridges, George Wilson. *The Annals of Jamaica.* 2 vols. London: John Murray, 1828.

Brooke, Richard. *Liverpool as it was during the last Quarter of the Eighteenth Century. 1775 to 1800.* Liverpool: J. Mawdsley and Son; London: J. R. Smith, 1853.

Brown, William Wells. *The Rising Son: or, the Antecedents and Advancement of the Colored Race.* Boston: A. G. Brown & Co., 1874.

________. *St. Domingo: Its Revolutions and its Patriots.* Boston: Bela Marsh, 1855.

Deschamps, Léon. *Les colonies pendant la Révolution, la Constituante et la réforme coloniale.* Paris: Perrin et Cie., 1898.

DuBois, W. E. B. *The Philadelphia Negro; A Social Study.* Philadelphia: Published for the University of Pennsylvania, 1899.

Gardner, W. J. *A History of Jamaica, from its Discovery by Christopher Columbus to the Year 1872.* Reprint, new ed. Frank Cass & Co., Ltd., 1971.

Gayarré, Charles. *History of Louisiana.* 4 vols. New Orleans: A. Honiker, 1885.

Higginson, Thomas Wentworth. *Travellers and Outlaws: Episodes in American History.* Boston: Lee and Shepard, 1889.

Hill, Robert T. *Cuba and Porto Rico, with the other Islands of the West Indies.* New York: Century, 1899.

Joseph, E. L. *History of Trinidad.* Trinidad: Henry James Mills; London: A. K. Newman and Co.; Glasgow: F. Orr and Sons, 1838.

Peytraud, Lucien. *L'esclavage aux Antilles françaises avant 1789. d'après des documents inédits des archives coloniales.* Paris: Hachette, 1897.

Picton, J. A. *Memorials of Liverpool Historical and Topographical, Including a History of the Dock Estate.* 2 vols. London and Liverpool: Longmans, Green, & Co.; Liverpool: Walmsley, 1875.

Sagra, Ramon de la. *Histoire physique et politique de l'isle de Cuba.* 2 tomes. Paris: A. Bertrand, 1844.

Steward, T. G. *How the Black St. Domingo Legion Saved the Patriot Army in the Siege of Savannah. 1779.* Washington: The American Negro Academy, 1899.

Valdés, Antonio J. *Historia de la isla de Cuba y en especial de la Habana.* La Habana: Comisión Nacional Cubana del UNESCO, 1964.
Williams, Gomer. *History of the Liverpool Privateers and Letters of Marque, with an Account of the Liverpool Slave Trade.* London: W. Heinemann; Liverpool: E. Howell, 1897.

1900년 이후에 출간된 저서와 논문

Abrahams, Roger D. *Deep the Water. Shallow the Shore: Three Essays on Shantying in the West Indies.* Austin and London: The University of Texas Press, 1974.
Acosta Saignes, Miguel. *La trata de esclavos en Venezuela.* Caracas: Centro de Estudios Históricos, 1961.
Aimes, Hubert Hillary Suffern. *A History of Slavery in Cuba, 1511 to 1868.* New York and London: G. P. Putnam's Sons, 1907.
Anstey, Roger. *The Atlantic Slave Trade and British Abolition 1760-1810.* London and Basingstoke: Macmillan, 1975.
Aptheker, Herbert. *American Negro Slave Revolts.* New ed. New York: International Publishers, 1974.
Arcaya, Pedro M. *Insurrección de negros de la Serranía de Coro.* Caracas: Instituto Panamericano de Geografía e Historia, 1949.
Arcaya U., Pedro M. *El cabildo de Caracas.* [Caracas: Comisión de Cultura del Cuatricentenario de Caracas, 1965].
Armytage, Frances. *The Free Port System in the British West Indies; A Study in Commercial Policy, 1766-1822.* London, New York, and Toronto: Longmans, Green, and Company, 1953.
Aspinall, Arthur. "The Reporting and Publishing of the House of Commons' Debates 1771-1834." In *Essays Presented to Sir Lewis Namier*, pp. 227-257. Edited by Richard Pares and A. J. P. Taylor. London: St. Martin's Press, 1956.
Baralt, Guillermo A. *Esclavos rebeldes: Conspiraciones y sublevaciones de esclavos en Puerto Rico (1795-1873).* Río Piedras: Ediciones Huracán, 1981.
Baur, John. "International Repercussions of the Haitian Revolution." *The Americas* 26 (June 1970): 394-418.
Beeman, Richard R. *The Old Dominion and the New Nation, 1788-1801.* Lexington: University Press of Kentucky, 1972.
Begouën-Démeaux, Maurice. *Memorial d'une famille du Havre: Stan- islas Foäche (1737-1806).* Paris: Larose, 1951.
Besson, Maurice. "La police des noirs sous Louis XVI en France." *Revue de l'histoire des colonies françaises* 21 (juillet-août 1928): 433-446.
Blume, Helmut. *The Caribbean Islands.* Translated by Johannes Maczewski and Ann Norton. London: Longman, 1974.
Bogger, Tommy L. "Slave Resistance in Virginia during the Haitian Revolution." *Journal of Ethnic Studies* 5 (April 1978): 86-100.
Boyd, Thomas. *Light-horse Harry Lee.* New York and London: Charles Scribner's Sons, 1931.
Brathwaite, Edward. *The Development of Creole Society in Jamaica 1770-1820.* London: Oxford University Press, 1971.

Brutus, Edner. *Révolution dans Saint-Domingue.* 2 tomes. [Belgium]: n.p., n.d.
Buckley, Roger Norman. *Slaves in Red Coats: The British West India Regiments, 1795-1815.* New Haven and London: Yale University Press, 1979.
Burns, Sir Alan. *History of the British West Indies.* London: George Allen & Unwin, 1954.
Burson, Caroline Maude. *The Stewardship of Don Esteban Miró, 1782-1792.* New Orleans: American Printing Co., 1940.
Callahan, William J., Jr. "La propaganda, la sedición y la Revolución Francesa en la Capitanía General de Venezuela (1789-1796)." *Boletín histórico* (Caracas) 14 (mayo de 1967): 177-205.
Carroll, Joseph Cephas. *Slave Insurrections in the United States, 1800-1865.* Boston: Chapman & Grimes, 1938.
Childs, Frances S. *French Refugee Life in the United States, 1790-1800: An American Chapter of the French Revolution.* Baltimore: The Johns Hopkins University Press, 1940.
Christelow, Allan. "Contraband Trade between Jamaica and the Spanish Main, and the Free Port Act of 1766." *Hispanic American Historical Review* 22 (May 1942): 309-343.
Clarke, Colin G. *Kingston, Jamaica: Urban Development and Social Change, 1692-1962.* Berkeley, Los Angeles, and London: University of California Press, 1975.
Coatsworth, John H. "American Trade with European Colonies in the Caribbean and South America, 1790-1812." *William and Mary Quarterly*, 3rd ser., 24 (April 1967): 243-266.
Córdova-Bello, Eleazar. *La independencia de Haiti y su influencia en Hispanoamérica.* Caracas: Instituto Panamericano de Geografía e Historia, 1964.
Coupland, Reginald. *The British Anti-Slavery Movement.* London: Frank Cass & Co., 1964.
Cox, Edward L. *Free Coloreds in the Slave Societies of St. Kitts and Grenada. 1763-1833.* Knoxville: University of Tennessee Press, 1984.
Craton, Michael. *Testing the Chains: Resistance to Slavery in the British West Indies.* Ithaca and London: Cornell University Press, 1982.
Curtin, Philip D. *The Atlantic Slave Trade: A Census.* Madison, Milwaukee, and London: University of Wisconsin Press, 1969.
Davis, David Brion. *The Problem of Slavery in the Age of Revolution. 1770-1823.* Ithaca and London: Cornell University Press, 1975.
Debien, Gabriel. "Les colons de Saint-Domingue refugies à Cuba (1793-1815)." *Revista de Indias* 13 (octubre-diciembre de 1953): 559-605.
_______. "Les colons de Saint-Domingue refugies à Cuba (1793-1815) (Conclusión)." *Revista de Indias* 14 (enero-junio de 1954): 11-36.
_______. *Études antillaises (XVIIIe siècle).* Paris: Librairie Armand Colin, 1956.
_______. "Gens de couleur libres et colons de Saint-Domingue devant la Constituante (1789-mars 1790)." *Revue d'histoire de l'Amérique française* 4 (décembre 1950): 393-426.
_______. "Le marronage aux Antilles françaises au XVIIIe siècle." *Caribbean Studies* 6 (October 1966): 3-41.
_______. "Les marrons de Saint-Domingue en 1764." *Jamaican Historical Review* 6 (1966): 9-20.
_______. *Plantations et esclaves à Saint-Domingue.* Dakar: Publications de la Section d'Histoire, 1962.

DeConde, Alexander. *The Quasi-War: The Politics and Diplomacy of the Undeclared War with France, 1797-1801.* New York: Charles Scribner's Sons, 1966.

Deerr, Noel. *The History of Sugar.* 2 vols. London: Chapman and Hall, 1949-1950.

Din, Gilbert C. "Proposals and Plans for Colonization in Spanish Louisiana, 1787-1790." *Louisiana History* 11 (Summer 1970): 197-213.

Domínguez, Jorge I. *Insurrection or Loyalty; The Breakdown of the Spanish American Empire.* Cambridge, Mass. and London: Harvard University Press, 1980.

Dunn, Richard S. *Sugar and Slaves: The Rise of the Planter Class in the English West Indies, 1624-1713.* Chapel Hill: University of North Carolina Press, 1972.

Elliott, Marianne. *Partners in Revolution: The United Irishmen and France.* New Haven and London: Yale University Press, 1982.

Farmer, Henry George. *Military Music.* London: Parrish, 1950.

Fisher, Ruth Aima. "Manuscript Materials Bearing on the Negro in British Archives." *Journal of Negro History* 27 (January 1942): 83-93.

Foner, Eric. *Politics and Ideology in the Age of the Civil War.* Oxford, New York, Toronto, and Melbourne: Oxford University Press, 1980.

Fordham, Monroe. "Nineteenth-Century Black Thought in the United States: Some Influences of the Santo Domingo Revolution." *Journal of Black Studies* 6 (December 1975): 115-126.

Fouchard, Jean. *Les marrons de la liberté.* Paris: Éditions de l'École, 1972.

_______. *Les marrons du syllabaire.* Port-au-Prince: H. Deschamps, 1953.

_______. et Debien, Gabriel. "Aspects de l'esclavage aux Antilles françaises: le petit marronage à Saint-Domingue autour du Cap (1790-1791)." *Cahiers des Amériques Latines: série "Sciences de l'homme"* 3 (janvier-juin 1969): 31-67.

Franco, José Luciano. "La conspiración de Morales." In *Ensayos históricos*, pp. 95-100. La Habana: Editorial de Ciencias Sociales, 1974.

_______. *Las minas de Santiago del Prado y la rebelión de los cobreros, 1530-1800.* La Habana: Editorial de Ciencias Sociales, 1975.

Furness, A. E. "The Maroon War of 1795." *Jamaican Historical Review* 5 (November 1965): 30-49.

García Chuecos, Hector. "Una insurrección de negros en los dias de la colonia." *Revista de historia de América* 29 (junio de 1950): 67-76.

Garrett, Mitchell Bennett. *The French Colonial Question, 1789-1791.* Ann Arbor: George Wahr, 1916.

Gaspar, David Barry. "A Dangerous Spirit of Liberty: Slave Rebellion in the West Indies during the 1730s." *Cimarrons* 1 (1981): 79-91.

Geggus, David Patrick. "From His Most Catholic Majesty to the Godless *République*: The "*Volte-Face*" of Toussaint Louverture and the Ending of Slavery in Saint-Domingue." *Revue française d'histoire d'Outre-Mer* 65 (1978): 481-499.

_______. "Jamaica and the Saint Domingue Slave Revolt, 1791-1793." *The Americas* 38 (October 1981): 219-233.

_______. *Slavery, War, and Revolution: The British Occupation of Saint Domingue 1793-1798.* London: Oxford University Press, 1982.

Genovese, Eugene D. *From Rebellion to Revolution: Afro-American Slave Revolts in the Making of the Modern World.* Baton Rouge and London: Louisiana State University Press, 1979.

George, Carol V. R. *Segregated Sabbaths: Richard Allen and the Emergence of Independent Black Churches, 1760-1840.* New York: Oxford University Press, 1973.

Gershoy, Leo. *The French Revolution and Napoleon.* New York: Appleton-Century-Crofts, 1964.

Gipson, Lawrence Henry. *The British Empire before the American Revolution.* 15 vols. New York: Alfred A. Knopf, 1966-1970.

Goslinga, Cornelis Christiaan. *Emancipatie en emancipator: de geschiedenis van de slavernij op de Benedenwindse eilanden en van het werk der bevrijding.* Assen: Van Gorcum & Comp., [1956].

_______. *A Short History of the Netherlands Antilles and Surinam.* The Hague, Boston, and London: Martinus Nijhoff, 1979.

Goveia, Elsa. *Slave Society in the British Leeward Islands at the End of the Eighteenth Century.* New Haven: Yale University Press, 1965.

Greene, Lorenzo Johnston. *The Negro in Colonial New England.* New York: Columbia University Press, 1942.

Guerra y Sánchez, Ramiro. *Sugar and Society in the Caribbean: An Economic History of Cuban Agriculture.* New Haven and London: Yale University Press, 1964.

Haring, Clarence H. *The Buccaneers in the West Indies in the XVII Century.* London: Methuen & Co., 1910.

Harris, Sheldon H. *Paul Cuffe: Black America and the African Return.* New York: Simon and Schuster, 1972.

Hartridge, Walter Charlton. "The Refugees from the Island of St. Domingo in Maryland." *Maryland Historical Magazine* 38 (June 1943): 103-122.

Heuman, Gad J. *Between Black and White: Race, Politics, and the Free Coloreds in Jamaica, 1792-1865.* Westport: Greenwood Press, 1981.

Hill, Christopher. "Radical Pirates?" In *The Origins of Anglo-American Radicalism*, pp. 17-32. Edited by Margaret Jacob and James Jacob. London, Boston, and Sydney: George Allen & Unwin, 1984.

_______. *The World Turned Upside Down: Radical Ideas during the English Revolution.* London: Maurice Temple Smith Ltd., 1972.

Holmes, Jack D. L. "The Abortive Slave Revolt at Pointe Coupée, Louisiana, 1795." *Louisiana History* 11 (Fall 1970): 341-362.

_______. *Honor and Fidelity: The Louisiana Infantry Regiment and the Louisiana Militia Companies, 1766-1821.* Birmingham, Al.: By the Author, 1965.

Jackson, Melvin H. *Privateers in Charleston, 1793-1796: An Account of a French Palatinate in South Carolina.* Washington: Smithsonian Institution Press, 1969.

James, C. L. R. *The Black Jacobins: Toussaint L'Ouverture and the San Domingo Revolution.* 2nd ed., rev. New York: Vintage, 1963.

_______. *Mariners, Renegades, and Castaways: The Story of Herman Melville and the World We Live In.* New York: By the Author, 1953.

Katzin, Margaret Fisher. "The Jamaican Country Higgler." *Social and Economic Studies* 8 (December 1959): 421-435.

King, James Ferguson. "Evolution of the Free Slave Trade Principle in Spanish Colonial Administration." *Hispanic American Historical Review* 22 (February 1942): 34-56.

Kiple, Kenneth F. *Blacks in Colonial Cuba, 1774-1899.* Gainesville: University of Florida

Press, 1976.
Klein, Herbert S. *The Middle Passage: Comparative Studies in the Atlantic Slave Trade.* Princeton: Princeton University Press, 1978.
Kuethe, Allan J. "The Status of the Free *Pardo* in the Disciplined Militia of New Granada." *Journal of Negro History* 56 (April 1971): 105-117.
Lachance, Paul F. "The Politics of Fear: French Louisianans and the Slave Trade, 1786-1809." *Plantation Society in the Americas* 1 (June 1979): 162-197.
Landers, Jane. "Spanish Sanctuary: Fugitives in Florida, 1687-1790." *Florida Historical Quarterly* 62 (January 1984): 296-313.
Leal, Ildefonso. "La aristocracia criolla venezolana y el Código Negrero de 1789." *Revista de historia* (Caracas) 6 (febrero de 1961): 61-81.
Lee, Everett S. and Lalli, Michael. "Population." In *The Growth of the Seaport Cities, 1790-1825*, pp. 25-37. Edited by David T. Gilchrist. Charlottesville: University Press of Virginia, 1967.
Lefebvre, Georges. *The Great Fear of 1789: Rural Panic in Revolutionary France.* Translated by Joan White. New York: Vintage, 1973.
Lémery, Henry. *La Révolution française à la Martinique.* Paris: Larose, 1936.
Lemisch, Jesse. "Jack Tar in the Streets: Merchant Seamen in the Politics of Revolutionary America." *William and Mary Quarterly*, 3rd ser., 25 (July 1968): 371-407.
Léon, Pierre. *Marchands et spéculateurs dans le monde antillais du XVIIIe siècle; les Dolle et les Raby.* Paris: Société d'édition "Les Belles Lettres," 1963.
Liljegren, Ernest R. "Jacobinism in Spanish Louisiana, 1792-1797." *Louisiana Historical Quarterly* 22 (January 1939): 47-97.
Linebaugh, Peter. "What If C. L. R. James Had Met E. P. Thompson in 1792?" *Urgent Tasks* 12 (Summer 1981): 108- 110.
Link, Eugene Perry. *Democratic-Republican Societies, 1790-1800.* Morningside Heights, N.Y.: Columbia University Press, 1942.
Lofton, John. *Insurrection in South Carolina: The Turbulent World of Denmark Vesey.* Yellow Springs, Oh.: Antioch Press, 1964.
Logan, Rayford W. *The Diplomatic Relations of the United States with Haiti, 1776-1891.* Chapel Hill: University of North Carolina Press, 1941.
Lowenthal, David. *West Indian Societies.* London, New York, and Toronto: Oxford University Press, 1972.
Lynch, John. *Spanish Colonial Administration, 1782-1810: The Intendant System in the Viceroyalty of Río de la Plata.* London: University of London Press, 1958.
McCloy, Shelby T. *The Negro in France.* Lexington: University Press of Kentucky, 1960.
McConnell, Roland C. *Negro Troops of Antebellum Louisiana: A History of the Battalion of Free Men of Color.* Baton Rouge: Louisiana State University Press, 1968.
MacInnes, Charles Malcolm. "Bristol and the Slave Trade." In *Bristol in the Eighteenth Century*, pp. 161-184. Edited by Patrick McGrath. Bristol: David and Charles, 1972.
_______. *A Gateway of Empire.* London: Arrowsmith, 1939.
Manigat, Leslie. "The Relationship between Marronage and Slave Revolts and Revolution in St-Domingue-Haiti." In *Comparative Perspectives on Slavery in New World Plantation Societies*, pp. 420-438. Edited by Vera Rubin and Arthur Tuden. New York: New York Academy of Sciences, 1977.

Metcalf, George. *Royal Government and Political Conflict in Jamaica. 1729-1783.* London: Longmans, 1965.

Miller, Floyd J. *The Search for a Black Nationality: Black Emigration and Colonization, 1787-1863.* Urbana, Chicago, and London: University of Illinois Press, 1975.

Mintz, Sidney, and Hall, Douglas. "The Origins of the Jamaican Internal Marketing System." *Yale University Publications in Anthropology* No. 57, 1960.

Montague, Ludwell Lee. *Haiti and the United States, 1714-1938.* Durham: Duke University Press, 1940.

Moreno Fraginals, Manuel. *The Sugarmill: The Socioeconomic Complex of Sugar in Cuba 1760-1860.* Translated by Cedric Belfrage. New York and London: Monthly Review Press, 1976.

Mörner, Magnus. *Race Mixture in the History of Latin America.* Boston: Little, Brown and Co., 1967.

Mott, Luiz R. B. "A revolução dos negros do Haiti e o Brasil." *Mensario do Arquivo Nacional* (Rio de Janeiro) 13 (1982): 3-10.

Mullin, Gerald W. *Flight and Rebellion: Slave Resistance in Eighteenth-Century Virginia.* New York: Oxford University Press, 1972.

Nash, Gary B. *The Urban Crucible: Social Change, Political Consciousness, and the Origins of the American Revolution.* Cambridge and London: Harvard University Press, 1979.

Nelson, George H. "Contraband Trade under the Asiento." *American Historical Review* 51 (October 1945): 55-67.

Nicholls, David. *From Dessalines to Duvalier: Race, Colour, and National Independence in Haiti.* Cambridge: Cambridge University Press, 1979.

Ott, Thomas O. *The Haitian Revolution, 1789-1804.* Knoxville: University of Tennessee Press, 1973.

Packwood, Cyril Outerbridge. Chained on the Rock: Slavery in Bermuda. New York: Eliseo Torres; Bermuda: Baxter's Ltd., 1975.

Pares, Richard. "The Manning of the Navy in the West Indies, 1702-1763." *Transactions of the Royal Historical Society*, 4th ser., 20 (1937): 31-60.

_______. *Merchants and Planters.* Cambridge: Cambridge University Press, 1960.

_______. *Yankees and Creoles: The Trade between North America and the West Indies before the American Revolution.* Cambridge: Harvard University Press, 1956.

Patterson, Orlando. *The Sociology of Slavery: An Analysis of the Origins. Development, and Structure of Negro Slave Society in Jamaica.* Rutherford, Madison, and Teaneck: Farleigh Dickinson University Press, 1967.

Perkins, Bradford. *The First Rapprochement: England and the United States, 1795-1805.* Philadelphia: University of Pennsylvania Press, 1955.

Phillips, Ulrich B. "The South Carolina Federalists, II." *American Historical Review* 14 (July 1909): 731-743.

Pitman, Frank Wesley. *The Development of the British West Indies, 1700-1763.* New Haven: Yale University Press, 1917.

Price, Richard, ed. *Maroon Societies: Rebel Slave Communities in the Americas.* Baltimore: The Johns Hopkins University Press, 1979.

Quarles, Benjamin. *The Negro in the American Revolution.* Chapel Hill: University of North Carolina Press, 1961.

Ragatz, Lowell Joseph. *The Fall of the Planter Class in the British Caribbean, 1763-1833.* New York and London: Century, 1928.
Reinecke, John E. "Trade Jargons and Creole Dialects as Marginal Languages." *Social Forces* 17 (October 1938): 107-118.
Resnick, Daniel P. "The *Société des Amis des Noirs* and the Abolition of Slavery." *French Historical Studies* 7 (Fall 1972): 558-569.
Roberts, George W. *The Population of Jamaica.* Cambridge: Cambridge University Press, 1957.
Rogers, George C., Jr. *Charleston in the Age of the Pinckneys.* Norman: University of Oklahoma Press, 1969.
Rogers, H. C. B. *The British Army of the Eighteenth Century.* New York: Hippocrene, 1977.
Rose, Lisle A. "A Communication." *William and Mary Quarterly*, 3rd ser., 26 (January 1969): 162-164.
Rose, R. Barrie. "A Liverpool Sailors' Strike in the Eighteenth Century." *Transactions of the Lancashire and Cheshire Antiquarian Society* 68 (1959): 85-92.
Rout, Leslie B. *The African Experience in Spanish America: 1502 to the Present Day.* Cambridge, London, New York, and Melbourne: Cambridge University Press, 1976.
Rydjord, John. *Foreign Interest in the Independence of New Spain: An Introduction to the War for Independence.* Durham: Duke University Press, 1935.
Sánchez-Albornoz, Nicolás. *The Population of Latin America: A History.* Translated by W. A. R. Richardson. Berkeley, Los Angeles, and London: University of California Press, 1974.
Sanz Tapia, Angel. *Los militares emigrados y los prisioneros franceses en Venezuela durante la guerra contra la Revolución: Un aspecto fundamental de la época de la preëmancipación.* Caracas: Instituto Panamericano de Geografía e Historia, 1977.
Shange, Ntozake. *for colored girls who have considered suicide/when the rainbow is enuf.* New York: Macmillan, 1977.
Sheridan, Richard B. "The Jamaica Slave Insurrection Scare of 1776 and the American Revolution." *Journal of Negro History* 61 (July 1976): 290-308.
________. *Sugar and Slavery: An Economic History of the British West Indies.* Baltimore: The Johns Hopkins University Press, 1973.
Siebert, Wilbur H. *The Legacy of the American Revolution to the British West Indies and Bahamas: A Chapter out of the History of the American Loyalists.* Columbus: Ohio State University, 1913.
Sterkx, H. E. *The Free Negro in Ante-Bellum Louisiana.* Rutherford, Madison, and Teaneck: Farleigh Dickinson University Press, 1972.
Stoddard, T. Lothrop. *The French Revolution in San Domingo.* Boston and New York: Houghton Mifflin, 1914.
Tarrade, Jean, *Le commerce colonial de la France à la fin de l'Ancien Régime; l'évolution du régime de l'Exclusif de 1763 à 1789.* 2 tomes. Paris: Presses Universitaires de France, 1972.
TePaske, John J. "The Fugitive Slave: International Rivalry and Spanish Slave Policy, 1687-1764." In *Eighteenth-Century Florida and Its Borderlands*, pp. 1-12. Edited by Samuel Proctor. Gainesville: University of Florida Press, 1975.
Thésée, Françoise. *Négociants bordelais et colons de Saint-Domingue; "Liaisons d'habitations;" La maison Henry Romberg. Bapst et Cie, 1783-1793.* Paris: Société Française d'Outre-Mer, 1972.
Thompson, E. P. "Patrician Society, Plebeian Culture." *Journal of Social History* 7 (Summer

19/4): 382-405.

_______. *The Making of the English Working Class.* New York: Pantheon, 1974.

Todd, Loreto. *Pidgins and Creoles.* London and Boston: Routledge and Kegan Paul, 1974.

Torre Revello, José. "Origen y aplicación del Código Negrero en la América española (1788-1794)." *Boletín del Instituto de Investigaciones Históricas* (Buenos Aires) 15 (julio-septiembre de 1932): 42-50.

Toth, Charles W., ed. *The American Revolution in the West Indies.* Port Washington, N.Y. and London: Kennikat Press, 1975.

Treudley, Mary. "The United States and Santo Domingo, 1789-1866." *Journal of Race Development* 7 (July 1916): 83-145.

_______. "The United States and Santo Domingo, 1789-1866." *Journal of Race Development* 7 (October 1916): 220-274.

Trouillot, Hénock. "Les sans-travail, les pacotilleurs et les march-ands à Saint-Domingue." *Revue de la société haïtienne d'histoire* 29 (1956): 47-66.

Vassière, Pierre de. *Saint-Domingue: la société et la vie créoles sous l'ancien régime (1629-1789).* Paris: Librairie Académique, 1909.

Viles, Perry. "The Slaving Interest in the Atlantic Ports, 1763-1792." *French Historical Studies* 7 (Fall 1972): 529-543.

Villiers du Terrage, Marc de. *The Last Years of French Louisiana.* Translated by Hosea Phillips. Edited by Carl A. Brasseaux and Glenn R. Conrad. Lafayette, La.: Center for Louisiana Studies, University of Southwestern Louisiana, 1982.

Viotti da Costa, Emilia. "The Political Emancipation of Brazil." In *From Colony to Nation: Essays on the Independence of Brazil*, pp. 43-88. Edited by A. J. R. Russell-Wood. Baltimore: The Johns Hopkins University Press, 1975.

Walker, James W. St. G. *The Black Loyalists: The Search for a Promised Land in Nova Scotia and Sierra Leone 1783-1870.* London: Longman and Dalhousie University Press, 1976.

Walvin, James. *The Black Presence: A Documentary History of the Negro in England, 1555-1860.* London: Orbach and Chambers, 1971.

_______. "The Public Campaign in England Against Slavery." In *The Abolition of the Atlantic Slave Trade*, pp. 63-79. Edited by David Eltis and James Walvin. Madison and London: University of Wisconsin Press, 1981.

Wells, Robert V. *The Population of the British Colonies in America before 1776: A Survey of Census Data.* Princeton: Princeton University Press, 1975.

Winship, George Parker. "French Newspapers in the United States from 1790 to 1800." *Papers of the Bibliographical Society of America* 14 (1920): 82-147.

Wood, Peter H. *Black Majority; Negroes in Colonial South Carolina from 1670 through the Stono Rebellion.* New York: Alfred A. Knopf, 1974.

_______. "'Taking Care of Business' in Revolutionary South Carolina: Republicanism and the Slave Society." In *The Southern Experience in the American Revolution*, pp. 268-293. Edited by Jeffrey J. Crow and Larry E. Tise. Chapel Hill: University of North Carolina Press, 1978.

Woodson, Carter G. *The History of the Negro Church.* Washington: Associated Publishers, 1921.

Zilversmit, Arthur. *The First Emancipation: The Abolition of Slavery in the North.* Chicago and London: University of Chicago Press, 1967.

학위 논문

Fiehrer, Thomas Marc. "The Barón de Carondelet as Agent of Bourbon Reform: A Study of Spanish Colonial Administration in the Years of the French Revolution." Ph.D. dissertation, Tulane University, 1977.

Hunt, Alfred Nathaniel. "The Influence of Haiti on the Antebellum South." Ph.D. dissertation, University of Texas at Austin, 1975.

Terry, George D. "A Study of the Impact of the French Revolution and the Insurrections on Saint-Domingue upon South Carolina: 1790-1805." M.A. thesis, University of South Carolina, 1975.

찾아보기

ㅁ

ㅂ

ㅅ

ㅇ

ㅍ

ㅎ